온라인 교육과 평생학습

Online Education for Lifelong Learning

Yukiko Inoue 지음 | 미래교육공학연구회 옮김

아카데미프레스

Online Education for Lifelong Learning

Yukiko Inoue

역자 서문

인간의 기대수명이 과학의 발전과 함께 늘어나면서 오늘날은 학령기간에 집중적으로 주어지는 학교교육만으로는 사회적 구성원으로서의 충분한 능력과 역할을 하기에는 어려운 시대가 되었다. 학교를 졸업하고 직장생활을 하면서, 직장 은퇴 후 노후생활에서도 평생학습이 계속되어야 하는 사회가 되었다. 이러한 평생학습사회는 테크놀로지의 발달과 이의 교육적 활용으로 그 범위와 구체성을 확대시켜 가고 있다.

교육공학을 전공하고 각자의 영역에서 실제 적용과 탐구활동을 하고 있는 '미래교육공학연구회'는 평생학습사회에서 교육공학의 이론과 실제들이 학교학습뿐만 아니라 평생학습, 특히 성인교육과 고등교육기관에서 어떻게 적용되고 있으며, 앞으로 어떤 방향으로 전개되는 것이 바람직할 것인가에 관심을 가져 왔다. 미래 사회의 주역이 될 학생들의 학교학습 못지않게, 지식기반의 열린 평생학습사회에서 성인학습자들의 교육을 위해서 교육공학은 어떤 역할과 기능을 했으며, 해야 하고, 할 수 있는가?

이 책은 Yukiko Inoue 외 20명이 공저한 *Online Education for Lifelong Learning*을 번역한 것이다. 그동안 온라인교육에 관한 많은 책이 출간되었고, 평생학습에 관한 책 역시 많이 출간되었지만, 각각의 주제에 초점을 집중한 측면이 강하였다. 반면, 온라인 평생학습의 개발과 실행, 학습이론과 평생학습을 위한 온라인 적용, 평생학습을 위한 기술지식과 커뮤니케이션 테크놀로지, 평생학습을 위한 온라인 교육에 대한 사례연구 등 5개 영역의 총 14장으로 구성된 이 책은 평생학습사회에서 테크놀로지의 발전이 가져온 혁신과 교육적 접근을 원격교육과 접목시켜 이론과 실제를 제공함으로써, 평생학습에 기반을 둔 교육공학의 탐구 지평을 성찰하게 하고 있다. 또한 대학 또는 다른 교육기관들이 평생학습사회에서 온라인 교육을 통하여 '평생학습' 기관이 되어야 하는 새로운 관점을 제공하고 있다.

미래교육공학에 대한 이론 고찰 및 적용 분야를 탐구하고 연구하고자 하는 목적을 가진 '미래교육공학연구회'의 연구회원 12명은 교육현장에서 관련 강의의 참고자료 혹은 읽기자료로서의 필요성을 공감하고 이 책을 번역하기로 하였다. 번역과정에서 모든 회원이 각자의 역할에 충실하였고, 연구모임을 통한 토론과정에서 서로간의 관심영역과 연구분야를 넓힐 수 있는 기회 및 동문 네트워킹을 할 수 있는 부수적인 효과도 있었다.

이 자리를 빌어서, 연구모임이 즐겁고 유익하도록 만들어 준 모든 회원들에게 고맙다는 말씀을 드리고 싶다. 더불어, 어려운 경제사정과 전문서적 출판환경에도 불구하고 이 책을 번역하고 출판하기까지 여러 가지 지원을 아끼지 않으신 아카데미프레스의 홍진기 사장님에게도 깊은 감사를 드린다.

이 책은 교육공학이나 평생교육, 교육방법을 연구하는 학부생이나 대학원생들의 학문탐구에 도움이 될 것으로 생각한다. 특히, 원격교육에 관심이 있거나 이 분야에 근무하고 있는 사람들에게 원격교육설계나 적용에 대한 창의적인 아이디어를 제공할 수 있는 참고자료가 될 것으로 기대한다.

번역작업을 통해서 우리는 이 작업이 결코 쉽지 않은 일임을 알았다. 문화와 환경의 차이는 차치하고라도, 원격교육 자체가 각국의 교육상황에 따라 다르게 채택 · 활용되어 왔을 뿐만 아니라 정보통신 테크놀로지의 발전에 따라 하루가 다르게 변화하고 있는 분야이기 때문에, 번역작업 과정에서 용어의 선정과 문맥상의 의미소통을 위한 재작업이 요구되곤 하였다. 역자들은 가급적 원서에 충실하고자 하였으나, 부득이한 경우 한국 독자들이 이해할 수 있도록 번역하고자 노력하였다. 그럼에도 불구하고 다소 매끄럽지 못하거나 어색한 번역은 역자들의 부족이며 독자들의 너그러운 이해를 바란다.

모든 작업에서 완벽함이란 어려운 일이라는 위안을 하며, 부끄러운 책이나마 관련분야를 공부하고 연구하는 이들에게 도움이 되기를 바란다.

2010. 2.

역자들의 마음을 담아 왕방산 자락의 연구실에서 이경희 씀

저자 서문

> *원격학습과 새로운 이러닝의 시대가 시작되었다. 다양한 목적을 가진 교육기관들에서 원격교육을 시도하는 비율이 급속히 증가하고 있다. 온라인 학습기회의 인기가 상승하고 실제로 적용이 증가하고 있음에도 불구하고 많은 연구자들과 현장전문가(practitioner)들은 이러닝 설계를 안내할 (연구를 통해) 타당성이 입증된 프레임워크의 부족을 호소하고 있으며 또 일부의 연구자들과 현장전문가들은 효과적인 전통적 학습환경에서 이루어지는 학습 효과가 온라인 학습환경에서 구현될 수 있을지의 여부에 대해 반신반의하고 있다. 이에 교육자, 연구자, 정책입안자들은 급격하게 세계화(globalization)되고 변화하고 복잡해지는 환경에 학습자들이 보다 잘 적응할 수 있도록 학습과 학교교육 모델의 개선 그리고 새롭게 등장한 전자학습(e-러닝) 테크놀로지의 활용에 대해 논쟁을 지속하고 있다(Mccombs & Vakili, 2005. p. 1582).*

온라인 학습, 웹기반 학습, 원격학습 또는 테크놀로지 기반 학습이라고 언급되는 이러닝은 최근 국제적으로 중요한 주목을 받고 있는 개념이다. 또한 이러닝의 중요성은 전 세계적으로 인식되고 있다(Waight, Willging, & Wentling, 2004).

이 책, 『온라인 교육과 평생학습(Online Education for Lifelong Learning)』은 평생학습을 활성화하기 위한 방안으로 온라인 교육의 중요한 가능성과 과제들을 파악하고자 하였다. 최근 고등교육 분야에서는 개방학습과 원격학습을 통한 교육의 새로운 가능성을 탐색하고 있다. 실제로 개방학습과 원격학습은 성인 교육(continuing education)에 한정된 것이 아니라 고등교육에의 접근을 확대하고 성공적으로 학업을 수행하도록 촉진하는 온라인 학습 공동체에 의해 만들어진 개척지로 인식되고 있다.

오늘날 전자정보 시대의 모든 학습자들은 McGrath(2004)가 제안한 바와 같이 다음과 같은 4개 영역에 대한 능력이 필요하며 이러한 기능을 습득함으로써 21세기를 성공적으로 살아갈 수 있다.

1. **디지털 시대 문해능력**(기초학습능력, 과학, 경제, 테크놀로지 활용능력; 시각-정보 문해능력; 다문화적 문해능력과 세계에 대한 인식)
2. **발상적 사고**(수용성, 복잡 업무 관리능력, 자기주도성; 호기심, 창의성, 위기관리; 고차원적 사고, 강력한 추론)
3. **효과적인 커뮤니케이션**(팀 형성, 협력, 상호의존적 기능; 개인적, 사회적, 시민의식; 상호작용적 커뮤니케이션)
4. **고도의 생산성**(업무순위 결정, 계획, 결과물 관리; 도구의 효과적 사용; 최적의 고품질 제품을 생산하는 능력)

온라인 원격학습의 환경

고등교육의 교육적 또는 조직적 구조는 학술적 책무성의 강조, 경쟁력 확보, 아웃소싱, 학습내용의 표준화, 그리고 소비자로서 학습자의 요구를 수용하는 것으로 변화되고 있다(Howell, Williams, & Lindsay, 2004). "교육지원비용의 문제(fund challenge)는 평생학습자의 확대되는 요구에 부응하기에는 부족한 자원으로 인하여 커지고 있다. 이러한 상황에서 원격교육 특히 온라인 학습의 경우, 지역 독립적인 학습, 효과적인 코스관리 시스템 및 테크놀로지를 사용하는 교수전략에 대한 요구가 증가하면서 더욱 관심이 높아지고 있다"(p.16). 앞서 언급한 바와 같이 고등교육 공동체는 온라인 학습의 새로운 시대가 갖는 특별한 가능성을 발견하고 있다. 온라인 학습은 보다 많은 학습자들이 학습을 지속할 수 있도록 기회를 제공하는 것만큼이나 전통적인 교육환경에 비해 비용효과적이고 편리하다는 특성을 갖고 있다(Richardson & Swan, 2003).

온라인 학습은 학습자들이 지리적인 위치에 상관없이 시간과 장소에 구애받지 않고 자유롭게 학습에 참여하도록 함으로써 학위를 받기 위하여 더 이상 면대면으로 만날 필요가 없다는 점에서 진보해 왔다. Richardson과 Swan (2003)은 다음과 같이 온라인 교육환경에 의해 제공되는 구체적인 장점을 여섯 가지로 제시하고 있다.

1. 언제, 어디서, 어떤 장소에서든지 학습할 수 있는 편리성과 융통성이 제공된다.
2. 접근성은 학습자가 자신이 어디에 있든지, 하루 24시간 동안 학습과정과 학습자료에 접근할 수 있다는 것을 의미한다. 이러한 것들은 전통적인 교육경험에 비해 학습자에게 상당한 편리성을 제공한다.
3. 비동시적 학습은 전통적인 교실수업과는 달리 학습자들이 반응을 하기 전에 학습자료나 자신들의 반응에 대해 성찰하도록 한다.
4. 학습자들은 자신의 속도로 학습을 할 수 있다. 특히 이것은 모국어 학습자가 아닌 학습자들에게 효과적이다.
5. 개인 정보가 나타나지 않기 때문에 모든 학생들은 인종, 성, 장애, 외모와 상관없이 동등한 위치에서 학습할 수 있다.
6. 온라인 학습과정에 포함된 다양한 표상을 선택하면서 학습자들은 보다 효과적으로 정보를 저장하거나 인출할 수 있다.

그러나 이와 동시에 Richardson과 Swan은 (1) 웹기반 또는 온라인 학습 환경은 면대면 상호작용이나 대인관계 형성의 기회가 부족하기 때문에 전통적인 학습 환경만큼 효과적이지 못하다 (2) 온라인 교육과정을 수강하는 학습자들은 얼굴을 마주 보거나 목소리 표현 그리고 직접적인 커뮤니케이션과 피드백을 포함하는 전통적 교실환경의 일반적인 특성들이 부족하기 때문에 다른 동료로부터 동떨어진 느낌을 갖는다는 한계점 또한 분명히 밝히고 있다.

온라인 교육의 도전 과제

이러닝의 질을 향상하기 위해서는 적합한 피드백이 교수자와 학습자 모두에게 도움이 되는 것이 사실이다. 이는 무엇보다 온라인 교육의 교수자는 권위 있는 지식의 원천이 아니라 촉진자, 안내자, 멘토, 코치가 되도록 요구되기 때문이다(Lawhon & Ennis-Cole, 2005). 고등교육에서 교육내용을 전달하는 방법으로 원격학습 테크놀로지를 사용하는 것은 대학교수들에게 "교육"이라는 확고하고 뿌리 깊은 개념에 대해 다시 고려하도록 하는 도전이 될 수 있다. 다시 말하면 현재 대부분의 대학 교수들은 강의법에 지나치게 의존하고 있기 때문에 어떻게 교육을 규정해야 하는지에 대해 총체적으로 재평가하는 새로운 도전에 직면해 있는 것이다(Travis & Price, 2005).

대학교수들이 직면하고 있는 또 다른 도전은 개인적인 교수전략(teaching strategies)을 향상하고 학생들의 읽기, 쓰기, 성찰, 학습자료의 통합 등과 같은 능력을 증진시키는 테크놀로지 활용법을 습득하는 것이다. 실제로 학습자-교수자 간에 이루어지고 있는 커뮤니케이션을 분석해보면, 성공적인 교수자는 보다 긍정적인 온라인 학습환경을 조성하기 위해 다양한 테크닉과 자료를 사용하고 있음을 발견할 수 있다(Lawhon & Ennis-Cole, 2005). 그러나 무엇보다 원격교육 교수자가 직면하고 있는 가장 부담스러운 문제는 수업과정을 준비하고, 채점과 피드백, 상호작용과 관계형성을 하는 데 상당한 시간을 소요해야 한다는 것이다(Travis & Price, 2005). 아울러 온라인 교육과 함께 도서관이 그 기능을 확장해 왔다는 것도 주목해야 한다. 온라인 학습과 관련한 도서관의 기능은 (1) 개인들이 쓰기와 커뮤니케이션 테크놀로지를 사용하는 학습을 하도록 돕고, 그들이 시각적으로 읽도록 지원하며 (2) 특정한 학습대상자를 위한 별도의 학습사이트를 제공하는 등의 사항을 포함한다(Yancey, 2005).

오늘날의 고등교육은 지식의 영역을 확장하고 학생들에게 지식을 전수하는 전통적인 역할과, 교육매체, 교육용 테크놀로지, 도서관, 그리고 원격교육을 통하여 대중적 고등교육을 위한 기회를 제공하는 기능을 겸비하여야 한다. 아울러 고등교육은 "세계화 과정(globalization process)"으로 이해해야 한다(Dodds, 2003). Cobb(1999)의 견해에 의하면 교육을 받은 시민들은 세계 경제 내에서 국가의 성장과 발전에 필수적인 요소이기 때문이다. 따라서 고등교육기관이 담당해야 할 중요한 임무는 세계 경제에서 경쟁력을 갖도록 학습자를 돕는 것이다.

미국의 고등교육이 이러한 경쟁력을 확보하기 위하여 교육의 목적과 그것을 달성하기 위한 수단이 함께 변화하고 있음은 보다 더 강조되어야 한다. 인종이나 사회적 지위, 성장 잠재성 면에서 분류된 다양한 학습자에 더하여 최근에는 비전통적인 학습자 수가 급속히 증가하고 있다. 이와 같은 환경에서 고등교육은 점차 기술적으로 첨예해지는 사회에서 경쟁력을 가질 수 있도록 성인 학습자에게 재교육을 제공할 임무를 갖고 있다. 성인 학습자와 관련하여 고등교육의 사명이 변화되고 있는 것이다.

평생학습과 온라인 교육

비록 평생학습이 다양한 용어로 사용되고는 있으나 분명한 것은 사람들이 자신의 전 생애를 통해서 학습을 한다는 것이다. 텔레비전을 보거나 독서를 통해서, 또는 인터넷 검색을 통해서 새로운 것을 경험하고 대화를 통해서 새로운 지식과 기능을 획득한다(Alheit & Dausien, 2002): "이와 같이 학습은 숨을 쉬는 것처럼 자신들이 인식하지 못하는 가운데 발생한다" (p.3). 결국 평생학습의 핵심은 개인의 특성, 사회적 관습 또는 고용으로 인하여 특정한 분야에서 자신의 지식과 기능, 역량을 향상하기 위하여 전 생애를 통해 수행하는 활동을 언급하는 개념이다(Field, cited in Koper, Giesbers, Rosmalen, et al., 2005). Dodds(2003)는 대학이 교육과 학습의 기회가 개인의 생애를 통해 이루어진다는 것을 인식한다면 개인들이 평생학습자가 되도록 도울 수 있음을 언급한 바 있다. 또한 최근 새로운 테크놀로지와 이에 대한 관심이 성장하고 있으며 개방-원격교육에 대한 접근이 확대되고 있음을 강조하였다. 온라인 원격학습은 고등교육에의 실현 가능성(접근성과 비용)의 문제와 융통성(시간, 장소, 학습속도) 요구에 대한 해답을 제공하고 있다. 결과적으로 테크놀로지 매개 학습과 원격학습은 모두 오늘날 지식기반사회에서 평생학습의 요구를 충족시키는 주요한 도구가 되고 있다(Beller, 1998).

학습지속에 대한 요구와 새로운 커뮤니케이션 테크놀러지의 기술적 혁신이 결합되면서 원격교육은 최근 교육계를 선도하고 있다(Garrison, 2000). 앞서 언급한 바와 같이 온라인 원격교육은 평생학습 분야에서 강력하게 성장하고 있다. 특히 "웹기반 테크놀로지의 급속한 발전으로 인하여 온라인 유형의 원격교육 프로그램은 대학에서 급속하게 인기를 모으고 있는 교수전략이 되고 있다" (Townsend & Wheeler, 2004, p.121). 그럼에도 불구하고 Linn(1998)은 다음과 같은 호기심을 자극하는 질문을 제시한다.

> *현대의 테크놀로지를 이용하여 모든 전통적 학습의 특성을 반영한 원격학습 환경을 설계하는 것이 과연 가능할 것인가?*

최근 "변화는 매우 급속하게 이루어지고 있으나 학습을 향상시키기 위한 새로운 테크놀로지의 사용에 대한 동향 및 관련성을 발전시키거나 분석할 시간이 거의 없다"는 논의도 주목된다(Havice, Havice, Isbell, Grimes, & Wilson, 2004, p.111).

이 책의 목적

이 책 『온라인 교육과 평생학습』은 온라인 학습의 접근과 테크놀로지의 혁신의 관점에서 대학과 대학교수들의 변화된 역할에 대한 중요한 논점을 제공하고 있다. 특히 보다 생산적이고 개별화된 교육과 학습을 위한 테크놀로지의 사용에 초점을 두었다. 오늘날 원격학습, 온라인 평생학습, 교육 테크놀로지는 별개의 것으로 생각할 수 없을 만큼 밀접하게 연관되어 있기 때문이다.

이 책의 세 가지 주요한 목적은 다음과 같다.

1. 각 장의 저자들은 국제적으로 명성이 있으며 그들은 온라인 평생학습에 긍정적인 영향을 미치는 자신들의 전문적인 경험과 연구를 토론하고 공유하기를 원한다. 저자들의 다양한 경험과 실천, 발견 그리고 향후 전망은 다른 교육환경이나 고등교육기관에 적용될 수 있을 것이다.
2. 이 책은 특히 개방학습 또는 원격학습의 접근과 테크놀로지 혁신의 관점에서 오늘날 대학의 역할을 논의하고 있다. 이러한 접근과 혁신은 대학이 진정한 '평생학습'의 기관이 되도록 힘을 실어줄 것이다.
3. 이 책은 테크놀로지(인터넷, 비동시적 상호작용 도구 등)의 실제적 적용에 초점을 두고 있으므로 평생교육을 위한 원격교육설계의 새로운 모델을 제시한다. 이것은 온라인 교수 학습환경의 설계, 개발, 실행, 평가에서 독자들에게 많은 도움이 될 것이다.

이 책의 구성

이 책은 총 14장으로 구성되어 있으며 개요, 온라인 평생학습의 개발과 실행, 학습이론과 평생학습을 위한 온라인 적용, 평생학습을 위한 기술지식과 커뮤니케이션 테크놀로지, 평생학습을 위한 온라인 교육의 사례연구의 5개 영역으로 이루어져 있다.

각 장은 다음과 같이 구성되어 있다.

제1장에서는 평생학습의 이론에 기초하여 온라인 교육의 개념에 대한 공유된 이해를 나타내는 최근의 연구들을 전반적으로 검토하였다. 평생학습은 변화하는 환경에서 학습자들이 경쟁력을 갖고 그들이 고용된 기업에서 유능한 존재가 될 수 있도록 한다는 점에서 그 중요성이 증가하고 있다. 이러한 관점에서 (1) 평생학습, (2) 자기주도학습, (3) 테크놀로지와 국제화, (4) 개방학습과 원격교육, (5) 온라인 학습의 평가, (6) 고등교육과 성인교육의 여섯 가지 주제를 포함하였다.

제2장에서는 온라인 학습의 효과에 영향을 미치는 핵심 요소로서 교수자와 학습자 간의 상호작용과 관계 형성을 탐색하였다. 이 두 가지 요소는 학습자가 취하는 태도에 따라 상당한 영향을 미친다. 온라인 학습은 평생학습을 위한 보다 많은 가능성이 개방되어 있다. 이 장은 온라인 교육에 관한 중요한 논의를 제공하며 전달시스템(delivery system)을 바탕으로 하는 이론과 함께 대학의 테크놀로지 매개 학습 환경에서 학습자 공동체를 형성한 사례를 다루고 있다.

제3장에서는 정보통신기술(ICT)이 온라인 전달을 통해 학습 경험을 변화시킬 수 있는 방법을 탐색하였다. 상호작용, 조사, 적용, 통합, 변형의 관점에서 학습자들의 ICT 사용에 대한 개념화를 설명한 후, 평생학습에 대한 온라인 학습의 영향을 살펴보기 위해 다음과 같은 두 가지 상이한 학습환경을 제시하고, (1) 호주내 유치원 어린이에서부터 15세에 이르기까지 교육서비스를 제공하는 경우와 (2) 고등교육과정의 성인학습자를 위해 온라인 학습을 설계하는 경우 고려해야 하는 측면들을 소개한다.

제4장에서는 외국어 수업에서 수업을 촉진하고 학습자들이 평생 외국어 학습자가 되는 것을 도울 수 있도록 외국어 교사들이 기억효율접근법(memory effective approach: MEA)과 함께 최신 테크놀로지를 교육매체로 사용하는 내용을 다루고 있다.

제5장에서는 구성주의 이론 중 Vygotsky 관점에 의해 안내된 온라인 수업에서 교수학습에 대한 인식을 탐색하였다. 온라인 학습에 대한 구성주의적 접근은 '좋은 교수법이란 협력과 고도의 개인학습의 과정이 통합적으로 이루어져야 함' 을 강조하는 교육전문가들의 의견을 상기시킨다. 이 장은 온라인 구성주의 기반 교육과정 개발과 적용에 관한 연구에 중점을 두고 저자가 실제로 수행한 프로젝트를 소개하고 있다. 이 프로젝트는 채팅과 온라인 학습 공동체의 촉진을 위한 교수자의 관점과 학습자의 온라인 구성주의적 경험을 탐색한 것이다.

제6장에서는 평생학습을 위한 효과적 교수설계의 원형이라 할 수 있는 최신의 교수 설계 모델을 소개한다. 평생학습을 촉진하기 위한 온라인 교육의 도입 확대와 함께 최근 교과서가 책자로 출판되어 등장한 이래 처음으로 교수-학습에 대한 검증이 시도되고 있다. 오늘날 원격교육은 기존의 프로그램 교수법으로부터 웹기반 교육과정에 이르기까지 모든 교육과정에서 학습자를 몰입시키고 학습자 중심의 활동을 향상시키기 위하여 과정의 설계와 교육내용 전달에 새로운 전략을 사용할 것을 교수자들에게 요구하고 있다.

제7장에서는 온라인 학습환경에서 자기주도성의 개발과 활용이라는 이름으로 평생학습을 지원하는 이론적 논점와 실제적 도전에 대해 설명하였다. 이 장은 자기주도성의 Vygotsky 관점이 온라인 교수-학습의 사회문화적 맥락에서 보다 잘 적용될 수 있음을 제안하고 있다. 면대면과 온라인 환경에서 자기주도학습에 초점을 둔 사례연구들과 개인적 에세이, 최신의 연구들은 온라인 환경에서 평생학습을 지원하는 핵심적 도전과 전략들을 설명한다.

제8장에서는 학습자의 커뮤니케이션 스타일과 실제 문제(real would problem)를 해결하는 능력을 향상하기 위하여 구성주의 온라인 동시 커뮤니케이션 접근에 기반한 프레임워크를 개발하는 시도를 다루고 있다. 개인들은 수동적

인 존재에서 지식의 구성을 통해 능동적인 학습자가 될 수 있다는 관점에서 필자는 매체 풍부성(media richness) 이론에 따른 프레임워크를 개발하였다. 필자는 과제 관련 모호성을 줄이기 위해서는 정보 테크놀로지와 커뮤니케이션의 구조가 균형을 이루어야 한다고 주장한다.

제9장에서는 유아교사가 교육 테크놀로지를 이용한 학습을 통해 유아의 학습에 대한 관심과 흥미를 고취시키도록 지원하는 방법을 소개하고 있다. 또한 온라인 화상회의(online video conference)를 사용하여 제공된 유아교육 프로그램이 대학생의 학습을 증진시킨 방법에 대해 설명하였다. 유아 교사 모두를 위한 웹사이트와 함께 유아를 위한 교육용 소프트웨어에 대한 유용한 제안도 포함되었다.

제10장에서는 평생학습을 위하여 대학과 공동체 간에 어떻게 온라인 지식 네트워크를 형성하였는지에 대해 설명하였다. 온라인 학습자는 다양한 자원, 다문화적 경험, 평등한 기회의 경험이 자신들의 마음을 열고 새로운 커뮤니케이션 테크놀로지에 대한 시각을 넓혀 주었다고 언급하고 있다. 그러므로 이 장은 평생학습을 위하여 새로운 커뮤니케이션 테크놀로지를 바탕으로 온라인 공동체를 형성한 대학-공동체 간 파트너십의 주요한 특성을 토론한다.

제11장은 전문성 개발 프로그램에서 최신 테크놀로지의 실제적인 적용에 초점을 두고 있다. 컴퓨터와 새로운 테크놀로지 적용에 대한 도입은 학습의 지평을 변화시켰고 특히 고등교육영역에 큰 영향을 미쳤으며, 전통적 대학 강의실 학습으로부터 공동체 기반 성인 계속교육 프로그램에 이르기까지, 온라인 또는 원격학습 테크놀로지에 의해 지원되는 교육은 일상적인 것으로 볼 수 있다. 온라인 학습은 교육내용의 전달, 교육자원에의 접근 증진, 고등교육에서의 성취를 위한 공통의 전략이 되고 있다.

제12장은 사회문화적 특성이 고려되지 않은 상황에서 이루어진 문화 간 정보이전의 예로서 마이크로네시아 태평양 연안에 미국의 정보기관(도서관)이 유입된 사례를 다루고 있다. 원격교육 테크놀로지와 토착적인 공동체의 특성 간에 상호 자율적인 영향을 미쳐야 할 것을 제안한다. 그러한 영향은 토착적인 공동체가 고착된 문화와 사회적 가치로부터 발생한 지식과 정보의 개념에 속

해 있기 때문에 본래적 가치를 부정하면서 이루어진다.

제13장에서는 Web CT라는 웹기반 코스의 교육적 가치를 파악하기 위하여 온라인 원격교육 프로그램에 참가한 학습자의 인식을 평가하였다. 그 결과 Web CT의 시각적 표현과 교육과정에서 제시된 자료의 적합성이 높게 평가되었다. 이것은 온라인 코스의 교육적 질을 판단하는 중요한 측면으로 간주될 수 있는 학습자의 반응과 상당히 밀접한 관계가 있다. 또한 이 결과는 온라인 코스에 있어서 상호작용, 설계, 편리성, 피드백, 사용성 등과 함께 시각적 표현과 교육자료가 교육적 질에 관한 학생들의 관점에 영향을 미치는 또 다른 요인임을 나타낸다.

제14장은 최근 기업과 학습자, 교육담당자들이 직면하는 새로운 역량과 도전에 중점을 두고 교육담당자와 훈련담당자의 역할 측면에서 평생학습과 온라인 교육의 영향을 조사하였다. 이 장은 학습과 지식관리에 대한 요구가 지속적으로 증가되는 것과 마찬가지로 이미 존재하거나 또는 기업 내에서 곧 시행하게 될 새로운 온라인 학습환경에서 자신의 전문성을 발휘해야 하는 교육담당자나 훈련담당자를 위한 역량을 다룬 프레임워크를 작성하였다. 이와 같은 목적을 위하여 금융조직 내에서 학습을 지원하기 위한 온라인 학습시스템이 설계되고 실행될 수 있는 방법을 설명하는 사례연구가 제시되었다.

이 책의 목적은 연구자와 대학교수를 비롯하여 개방교육 또는 원격교육 환경과 새로운 테크놀로지를 사용하는 교수전략에 전문적인 관심을 갖는 현장전문가들을 대상으로 실제적인 도움을 제공하는 데 있다. 온라인 학습자의 학습을 지원하거나 원격학습활동에 종사하는 사람들은 누구든지 이 책의 유용성을 발견하게 될 것이다.

Yukiko Inoue
Mangilao, Guam
September, 2006

참고문헌

Alheit, P., & Dausien, B. (2002). The double face of lifelong learning: Two analytical perspectives on a silent revolution. *Studies in the Education of Adults, 34*(1), 3-22.

Beller, M. (1998). The crossroads between lifelong learning and information technology. *Journal of Computer-Meditated Communication, 4*(2). Retrieved August 12, 2006, from http://www.ascusc.org/jcmc/vol4/issue2/beller.html

Cobb, V. L. (1994). *An international comparison of teacher education*(ERIC Database #ED436486)

Dodds, T. (2003). *Universities, adult basic education, open and lifelong learning and new technology*. Retrieved August 12, 2006, form http://www.eldis.org/static/DOG13384.htm

Garrison, R. (2000). Theoretical challenges for distance education in the 21st century. *International Review of Research in Open and Distance Learning, 1*(1). Retrieved August 12, 2006, from http://www.icaap.org/iuicode?149.1.1.2

Havice, P. A., Havice, W. L., Isbell, C., Grimes, L., & Wilson, K. (2004). Bridging communities: Lifelong learning opportunities through distributed staff development. *The Quarterly Review of Distance Education, 5*(2), 111-116.

Howell, S. L., Williams, P. B. & Lindsay, N. K. (2004). *Thirty-two trends affecting distance education: An informed foundation for strategic planning*. Retrieved August 12, 2006, from http://www.westga.edu/~distance/ojdla/fall63/howell63.html

Koper, R., Giesbers, B., Rosmalen, P.-V., et al. (2005). A design model for lifelong learning networks. *Interactive Learning Environments, 13*(1-2), 71-92.

Lawhon, T., & Ennis-Cole, D. (2005). Advice from the trenches: Experienced educators discuss distance learning. *Journal of Faculty Development, 20*(2), 105-110.

Linn, M. C. (1998). Instances of distance learning: Cognition and distance learning. *Journal of the American Society for Information Science, 47*(11), 826-842.

McCombs, B. L., & Vakili, D. (2005). A learner-centered framework for e-learning. *Teachers College Record, 107*(8), 1582-1600.

McGrath, D. (2004). Equity revisited. *Learning & Leading with Technology, 32*(9), 36-39.

Richardson, J. C., & Swan, K. (2003). Examining social presence in online courses in relation to students' perceived learning and satisfaction. *Journal of Asyn-*

chronous Learning Networks, 7(1), 68-88.

Townsend, M., & Wheeler, S. (2004). Is there anybody out there? Teaching assistants' experiences of online learning. *The Quarterly Review of Distance Education, 5*(2), 127-138.

Travis, J. E., & Price, K. (2005). Instructional culture and distance learning. *Journal of Faculty Development, 20*(2), 99-103.

Waight, C. L., Willging, P., & Wentling, T. (2004). Recurrent themes in e-learning: A narrative analysis of major e-learning report. *The Quarterly Review of Distance Education, 5*(3), 195-203.

Yancey, K. B. (2005, March-April). The people's university. *Change*, 13-19.

차례

제1부 개요

제2부 온라인 평생학습의 개발 및 실행

제4부 평생학습을 위한 Tech-Knowledge와 커뮤니케이션 기술

제1부

개요

제 1 장 | 평생학습을 위한 온라인 교육: 조용한 혁명

평생학습을 위한 온라인 교육: 조용한 혁명

Yukiko Inoue, University of Guam, Guam

요약

평생학습이라는 용어는 사회학이나 교육경제학과 같은 학문영역뿐만 아니라 정치적 논의에서도 중요하게 다루어지고 있다. 평생학습은 변화하는 환경에서 제자리를 잡고 잘 적응하며 조직에서 창의적인 사람을 키우기 위해 21세기 대학교육에서 점점 더 중요해지고 있다. 평생학습이라는 용어는 활발하게 사용되고 있으나, 글로벌 수준에서 용어의 사용에 대한 일치가 이루어지지 않고 있다. 이 장은 일반적인 평생학습과 온라인 평생학습의 개념에 대한 광범위한 개요를 제공한다. 개요는 평생학습, 자기주도학습, 공학과 세계화(technology and globalization), 개방학습과 원격학습(open and distance learning), 온라인 학습 평가, 고등교육과 성인교육이라는 6개의 주제로 이루어져 있다.

도입

「21세기 기술, 우리의 가능성 인식(21st Century Skills, Reading Our Potential)」이라는 영국의 정부보고서는 정보통신기술(information and communication technology: ICT)을 읽기와 셈하기 기술과 함께 "삶을 위한 기술"로 제시하였다(NIACE, n.d.). ICT는 평생학습을 가능하게 하는 강력하고 없어서는 안 될 도구이다. 평생학습이라는 용어는 사회학이나 교육경제학과 같은 학문영역뿐만 아니라 정치적 논의에서도 중요한 역할을 해왔다. 그러나 급속하게 변화하는 ICT 환경과 관련하여 이들 용어들의 관련성은 거의 고려되지 않고 있다(Friesen & Anderson, 2004). 평생학습이라는 용어는 활발하게 사용되고 있으나, 글로벌 수준에서 용어의 사용에 대한 일치가 이루어지지 않고 있다(Medel-Añonuevo et al., 2001). 한 예로서 지난 10년간 많은 현업전문가에게 문제거리가 되어 왔던 평생학습에 대한 경제적 해석은 평생 벌기와 벌기 위한 학습이었다.

평생학습은 변화하는 환경에서 제자리를 잡고 잘 적응하며 창의적인 사람들을 키우기 위해 21세기 대학교육에서 점점 더 중요해지고 있다. 또한 고등교육은 과거 20년 동안 엄청난 변화를 겪어 왔다(Peat, Taylor, & Franklin, 2005). 게다가 민족, 사회지위, 기대 등이 다양한 학생들의 수가 증가하고 있고, 성인이 되어 재입학하는 학생들의 비율이 눈에 띄게 증가하고 있다. 이러한 환경에서 고등교육은 재교육을 받은 학생들이 기술적으로 복잡한 사회의 직장에서 경쟁력을 가질 수 있도록 재교육과 재훈련을 해야 하는 의무가 있다

따라서 이 장의 목적은 정보사회에서 평생학습을 위한 온라인 교육의 개념을 설명하는 현재 문헌들의 개요를 제공하는 것이며, 개요는 6가지 주제로 제시된다.

1. 평생학습
2. 자기주도학습
3. 공학과 세계화
4. 개방학습과 원격학습
5. 온라인 학습 평가
6. 고등교육과 성인교육

평생학습을 위한 온라인 교육

평생학습

Alheit와 Dausien(2002)의 「평생학습의 두 얼굴(The Double Face of Lifelong Learning)」이라는 논문은 평생학습의 2가지 관점 간 긴장(tensions)에 초점을 맞추고 있다. 하나는 교육체계의 재조직이며, 다른 하나는 평생학습의 현상학적 측면이다. 구체적으로:

> *첫 번째 관점은 1960년대부터 평생학습의 국제적 정책 기초를 위한 토대를 형성하였다. 이러한 접근의 배경은 시민사회의 보다 큰 역할을 포함하는 사회변화, 구조변화, 전환의•빠른 속도가 전통적 교육형태의 속도와 제도화된 형태에서는 얻을 수 없는 사회행위자(social actor)의 경쟁력과 융통성을 요구한다는 진단이다. 두 번째 관점은 주제중심의 교육과학에서 개인 사회행위자의 학습과정에 초점을 맞추고 있다. 여기서 평생학습에 대한 관점은 무형식, 비형식, 비제도화, 자기조직학습(self-organized learning)을 강조한다 (p.5).*

Alheit와 Dausien(2002)이 지적했듯이, 교육에서 가장 중요한 질문은 성공적으로 가르치는 데 어떤 자료가 어떻게 도움을 줄 것인지가 아니라 어떤 학습환경이 자기결정학습(self-determined learning)을 가장 잘 자극할 것인가이다. 평생학습은 다양한 의미, 아이디어, 말로 표현된 이외의 의미를 포함한다. 평생학습은 재생산적인 형태의 학습에 국한되는 것이 아니라 생산적인 활동을 포함한다. 예를 들면, 작업명세서로부터 나오는 주문형학습(learning-on-demand)과 현재의 과제는 학습의 재생산적인 면을 포함하고 있는 반면 생성적 학습(generative learning)은 능동적 시민, 개혁 참여, 지식 창출, 지속적 변화의 생산적 면을 강조한다. 평생학습은 전문적 개발과 직업적 훈련에 국한되는 것이 아니라 삶의 모든 측면에 영향을 준다(Allert, Richter, & Nejdl, 2004).

평생학습의 개념은 사람들이 전문적으로, 사회적으로, 개인적으로 그들의 지식, 기술, 이해능력을 개선하기 위해 행하는 것과 관련되어 있다. 이러한 점에서 평생학습자를 위한 ICT 네트워크를 개발할 때 4가지 시사점을 탐구할 수 있다(Koper & Tattersall, 2004).

1. 평생학습자는 자기주도적이며 자신의 학습과정에 책임감이 있다.
2. 학습자들은 일생동안 다양한 형태의 형식학습과 비형식학습 활동에 참여한다.
3. 평생학습은 초보자가 경험 있는 사람들과 협력하는 학습 공동체를 만들어 학습자의 이질성을 해결하도록 그 문이 열려 있다.
4. 학습자들이 그들의 현재 지식과 기술을 확장하는 데 적합한 새로운 학습 시설을 찾을 수 있도록 지속적이고 표준화된 방법으로 개인의 성장 기록을 유지하는 것이 필요하다.

평생학습은 삶의 과정 전체를 받아들인다. 학습에 대한 동기, 접근, 결과는 사람들이 주어진 단계에서 그들이 찾는 다른 환경에 따라 매우 다양하다(Schuller, 2004). 평생학습은 사람들이 가정, 학교, 직장, 보다 큰 정치 공동체를 포함하여 과정을 수료하는 많은 학습상황에서 효과적인 교육기회를 증진시킬 필요가 있다(Fischer, 1999, p.7).

오늘날 혁신적인 기술과 비즈니스 과정은 높은 수준의 *생산성*과 *효율성*을 유지할 수 있는 새로운 지식과 기술의 획득을 요구한다. 성인들은 새로운 일에 맞추어 기술을 향상시키거나 자격증을 획득하기 위해 학습하기를 원한다. 또한 성인들은 지속적인 변화와 속도 때문에, 그리고 평생학습이 생활방식이나 가치체계의 변화를 다루기 때문에 학습하기를 좋아한다.

나이가 많은 성인 학습자들은 어린 성인 학습자들보다 더 많은 경험과 실제적인 정보를 가지고 있다. 그리고 새로운 지식과 그들이 이미 알고 있는 지식이 어떻게 관련되는지를 아는 데 특히 관심이 많다(Whiteman, 2002).

> *Whiteman이 말한 것처럼, 성인 학습자를 돕는 효과적인 접근은 가르치는 내용과 가르치는 방법에 학생들을 참여하게 하는 것이다. 평생학습을 북돋우기 위해서는 지역사회 대학의 미션을 유지하는 데 있어 성인 학습자의 학습참여를 북돋우고 지원하는 것이 중요하다(p.7).*

많은 지역사회 대학생들이 테크놀로지와 함께 성장해 왔고, 테크놀로지가 그들의 학습경험에 중요한 부분이 되기를 원한다. Frey와 Donehue(2003)는 직원들을 대상으로 테크놀로지와 관련된 조사를 실시하였다. 조사결과 (1) 대부분의 직원들은 컴퓨터를 사용하는 것(특히 워드프로세싱, 인터넷 검색 엔진, 스프레드시트, 데이터베이스, 프레젠테이션 소프트웨어 등)이 '매우 편안하다' 와 '보통이다' 라고 답했다. (2) 직원들이 그래픽 소프트웨어와 전자 출판을 사용하는 데 편안함을 느끼기 위해서는 약간의 도움이 필요한 것으로 나타났다. 그들의 조사에 의하면 '온라인' 과 '면대면' 과정에서 가르치는 능력을 가진 교수자들이 그들의 대학에서 가치 있는 자산이라고 했다. 그 이유는 지역사회 학생들과 잠재적 직원들 모두 교육과정과 교수(instruction)에 있어 테크놀로지의 사용을 기대하고 요구했기 때문이다.

자기주도학습

평생학습은(예: 자기주도적 문제상황에서 지식과 기술을 획득하고 적용하는 데 지속적으로 참여) 설명적이고 처방적인 목적을 갖고 있어야 한다. 다시 말하면, 학습은 내적인 보상활동의 추구를 포함해야 한다. 그리고 학습을 지원하는 기술과 과정도 평생습관으로서 개발되어야 한다(Fischer, 1999). 삶에 변화를 주는 일들과 함께 스트레스가 증가하고 축적되는 것처럼 학습경험에 대한 성인들의 동기도 증가하는 것으로 보편적으로 인식되고 있다. *자기주도학습*, *비판적 성찰*, *경험적 학습*, *학습하기 위한 학습*은 성인 학습자의 중요하고 독특한 4개 학습과정으로 규명될 수 있다. 결과적으로 평생학습의 중요성은 커져 왔으며, 인터넷과 컴퓨터 매개 학습을 통해 유용한 실시간 멀티미디어 어플리케이션의 개발에 의해 촉진되어 왔다(Huang, 2002).

대학 교수는 컴퓨터 매개 교수학습 장소로 옮겨지면서 새로운 미디어뿐만 아니라 혁신적인 교육학적 접근에 있어서도 많은 스트레스를 받고 있다: "온라인 환경에서 감정이입과 교육학적으로 적절한 기술의 획득은 교수능력의 가장 중요한 요소이다"(Creanor, 2002, p.57). 미국의 고등교육에서는 강력한 학습환경을 만들고, 기존 학생들의 질을 향상시키고, 학습방법과 환경의 일차적 디자이너로서 교수를 간주하는 것을 포함하여 교수기관으로부터 학습기관으로 움직이는 패러다임 전환이 일어나고 있다(Goetz, 2004).

예를 들면, 일본에서 평생학습에서의 매체 사용에 대한 긍정적 관심은 2000 평생학습 의회 보고서 「새로운 ICT를 활용한 평생학습 증진에 대한 평가(Measures to Promote Lifelong Learning Using New ICT)」에서 발표되었다 (Sakamoto, 2002). 그러나 실제 일본의 매체나 ICT 활용은 비디오나 도서와 자료들의 데이터베이스 또는 교수자료 배포시 이메일 사용에 제한되어 있다. 매체사용에 있어 두드러진 경향은 위성방송과 일반 매체로부터 인터넷으로 전환되고 있다는 것이다(Sakamoto, 2002, p.15).

컴퓨터매개학습은 분배학습(distributed learning), e-러닝, 원격교육, 온라인 학습 등 동의어가 많지만, 다음과 같은 5가지 기준에 의해 정의된다. (1) 교수자와 학생들은 거리적으로 떨어져 있다 (2) 교수(instruction)는 컴퓨터기술을 통해 전달한다 (3) 커뮤니케이션은 상호작용적이다(교사와 학생들은 피드백을 주고 받는다) (4) 학습은 비실시간으로 일어난다(따라서 전달은 동시에 일어나지 않는다) (5) 교수자는 컴퓨터를 통해 콘텐츠를 전달하고 학생들은 후에 반응한다(Whiteman, 2002).

세계적으로 커뮤니케이션 네트워크와 강력한 컴퓨터기술의 등장으로 원격학습에 대한 정의가 새롭게 내려졌다. 예를 들면, Bourne, Harris, Mayadas (2005)는 온라인 학습의 질에 대한 5가지 기준을 규명했다. (1) 학습효과성(사회적 상호작용, 학습 공동체의 구성과 같은 영역) (2) 학생만족도 (3) 직원만족도 (4) 접근성(접속이 약하거나 해결해야 할 것 때문에 문제가 생기기 때문) (5) 비용효과성(온라인과정의 개발과 운영비용은 시간이 지날수록 하락한다). 온라인 학습은 비인격적 속성, 멀티미디어 소프트웨어 에러와 처리속도의 지연 등 기술적 문제와 같은 절대적인 단점을 가지고 있으나, 학습량과 시간에서의 융통성, 자동화된 평가와 피드백, 원거리 사용자 간 토론 등 *자기주도학습*을 촉진하는 명백한 장점이 있다(Medford, 2004).

Oncken과 Wass(1974)의 은유적 방법(metaphorical monkey)의 개념(교사와 학생 간 학습에 대한 책임감을 분배하는 방법)과 Grow(1991)의 자기주도학습 모델은 효과적으로 통합되어 Flores와 Flores(2003)의 4단계 모델로 개념화되었다.

- **1단계**: 의존적 학습자(권위자로서의 교사: 학생은 감독이 필요); 학습자는 지도, 동기, 교육을 교사의 책임으로 본다(see).
- **2단계**: 흥미 있는 학습자(동기부여자로서의 교사: 학생은 지속적 감독과 함께 잘 활동); 학습자는 지도, 동기, 교육을 교사의 책임으로 고려한다(consider).
- **3단계**: 관여된 학습자(촉진자로서의 교사: 학생은 교사의 규칙적인 투입과 함께 잘 활동); 학습자는 지도, 동기, 교육을 교사의 책임으로 받아들인다(accept).
- **4단계**: 주도적 학습자(컨설턴트로서의 교사: 학생은 자신의 학습을 직접 지도); 학습자는 지도, 동기, 교육을 교사의 책임으로 안다(know).

그러므로 평생학습의 중요한 원칙은 '*자기주도적 능력*'이다. 그러나 실제 학생들은 의존방법은 다양한 단계에 있다. 따라서 온라인 교사는 그들의 수업에 있는 다양한 학습자들을 인식하고 그들을 독립적 학습자로 지도하기 위한 전략을 실행해야 한다(Flores & Flores, 2003, p.239). 교사의 책임과 관련하여 Moore는 다음과 같이 말하였다.

테크놀로지가 효과적이냐 그렇지 않느냐는 그것을 사용하는 교사의 지식과 기술에 달려 있다. 교사들이 그들의 기술을 개발하고 적용할 상황에서 제공될 교육 조직에 대한 광범위한 준비를 하는 것이다. 이것은 원격교육에서 교수학습과정이 의미 있게 차별화될 것인지 아닌지와 관련된 질문에 분명히 집중할 수 있게 한다(p.38).

공학과 세계화

최근 사회적 담론의 중요한 주제가 되고 있는 세계화(globalization)는 Jarvis(1999)가 지적한 바와 같이, 복잡한 현상이며 경제적 현상이다.

세계화는 정보공학과 급속한 통신시스템이 지구촌을 변화시킨 것처럼(비록 마을이라는 용어가 세계문화를 단일 마을의 문화보다 덜 동질적인 것으

로 오해하게도 했지만), 경제기구의 힘과 전 세계에 대한 경제기구의 영향과 관련되어 있다.

평생학습과 지식은 경제적 부유를 누리는 데 있어 더욱 중요한 요소가 되었다. 남성과 여성 모두 일과 가정에서뿐만 아니라 삶의 모든 부분에서 더 나은 학력에 대한 요구를 부분적으로 받고 있다. 원격교육은 많은 여성들에게 교육적 목적을 성취할 수 있는 새로운 기회를 제시한다. Kramarae는 다음과 같은 논의를 제공한다. (1) 여성은 왜 *제3의 변화*를 추구하는가? (2) 그들은 어떻게 *일, 가족, 교육*을 조화롭게 관리하는가? (3) 무엇이 그들에게 원격학습을 더 쉽게 해주는가? 다시 말하면 대부분의 여성들에게는 사무실이 제1의 변화, 가정이 제2의 변화이며, 이제 교육이 제3의 변화로 고려된다(p.249).

*교육*과 *평생학습*이 국가 간, 회사 간 글로벌 경쟁에서 가장 중요한 요인이라는 사실을 근거로 하여 Illeris(2003)는 무엇이 학습인가, 어떻게 학습을 증진시킬 수 있는가, 왜 티칭이 항상 학습을 일으키지는 않는가와 같은 흥미로운 질문을 했다. Illeris는 '학습' 을 다음과 같이 정의한다.

학습을 더 이상 교수요목이나 커리큘럼의 획득으로만 생각할 수 없다. 만약 사람들이 면접을 보거나 개인 매니저를 인터뷰한다면 일반 기술과 인격을 전문 자격만큼 중요하게 고려한다. 그러한 기술과 자격은 현대 삶의 복잡한 기능을 관리하고 사회의 민주적 기능을 관리하는 것 모두에 필수적이다. 그리하여 직장과 사회생활뿐만 아니라 교육에서 배워야 하는 것은 전통적인 것과 최신의 지식, 오리엔테이션과 개요, 전문 기술과 일상의 기술, 그리고 융통성, 개방성, 독립성, 책임감, 창의성과 같은 보다 광범위한 개인의 특성을 결합하는 복잡한 전체이다.

오스트리아에서 *세계화*와 *국제화*는 고등교육과 성인교육에 다양한 기회를 제공하는 것으로 고려된다(Allport, 2000).

- 국가는 평생학습모델을 기반으로 제3의 교육을 통해 시민들에게 국가 간 경제에 참여하는 데 필요한 광범위한 기술을 제공할 수 있다.
- 교육기관은 국가나 국제적 학생을 교육하는 데 투자함으로써 사적인 수

입을 올릴 수 있다.

- 일과 고등교육기관을 강하게 연결함으로써 세계 경제에서 정보기반 산업의 새로운 고용을 창출할 수 있다.
- 글로벌 지식네트워크는 연구생산성을 강화하고 연구훈련 기회를 확대할 수 있다.
- 대학은 국가 간 협력과 교환을 통해 서로 다른 문화에 대한 이해를 증진시키고, 연구와 참여정신을 통해 지식을 발전시켜 나갈 수 있다(p.38).

Randall Fielding(2002)은 그의 논문 「개별화된 공간과 글로벌 맥락」에서 학습에 대한 혁신적 아이디어를 제시했다. (1) 모든 학생은 언제나 학습한다(학습은 교실 안이나 밖에서 발생한다. 모든 환경은 학습기회를 제공한다) (2) 직접 경험은 개인의 이해를 형성한다(뇌의 활동은 자극적인 환경의 관여와 비례한다. 구체적인 경험은 추상적인 개념의 이해를 확실하게 한다) (3) 개인들은 패턴, 관계, 관련성을 형성하고 재작업함으로써 배운다 (4) 환경에서의 변화가 자극이 된다.

오늘날과 같은 지식기반 사회에서 고등교육은 글로벌 경제와 사회에의 참여를 완전하게 하고 만족시키는 선수조건이다. 고등교육 참여율은 세계적으로 계속하여 성장할 것이다(EDUCAUSE, 2005).

오늘날의 대학은 많은 꽃들을 피움으로써 지속적으로 성공할 수 있다. 제도적 구조를 달리하는 것은 변화된 집단의 변화된 교육적 요구와 경제적 요구를 충족하기 위해서이다. 새로운 정보공학은 다른 학습유형을 개발하고 지원한다. 고등교육기관은 이제 상아탑에서 멀어져 다양한 사회체제로 확장되고 있다(p.5).

개방학습과 원격학습

1970년대와 1980년대 영국의 개방대학(Open University)에 의해 자극을 받은 세계 각국 정부들은 개방교육과 원격교육을 국가 발전의 목적을 성취하기 위한 수단으로 보기 시작했다. 그 결과 새로운 경제적 분위기에서 직원의 자격을 개선하고, 이전에 학교에서 제외되었던 개인의 접근성과 기회를 개선하게 되었다(Calvert, 2005, p.228).

*개방학습과 원격학습*의 용어는 1991년에 나타났으나(예컨대, 1970년대의 개방(open)이라는 용어는 원격대학에 등록하는 데 고등학교 자격이 필요하지 않았던 것을 의미하였다), 항상 같은 실제를 묘사한 것은 아니었다. 앵글로색슨 국가에서 네트워크를 기반으로 하는 학습시스템은 개방학습과 원격학습을 고려하지 않았으나, 기술과 온라인 학습시스템이 강조될 때 웹기반교육과 테크놀로지기반학습(technology supported Learning)은 다른 영역으로 고려되었다(Blandin, 2000). *e-러닝*은 정의가 다양하지만, 일반적으로 학습을 설계, 전달, 운영, 확장하기 위하여 네트워크 기술을 사용하는 것으로 정의된다.

*온라인교육*과 *원격학습*이라는 용어는 위에서 언급한 지역이 아닐 때 학생, 교사, 학습자원과 관련된 시스템과 과정을 말하는 것이다. 원격교육은 미국에서 효율적 우편시스템의 구축을 시작으로 여러 해 동안 ICT와 함께 병행되어 왔다(Kramarae, 2001).

> *과거 수십 년에 걸쳐 원격교육의 형태는 종이기반 교수에서부터 통합된 멀티미디어(TV 프로그램을 통한 과정의 전달과 같은), 네트워크화된 컴퓨터의 사용(인터넷)과 웹에 이르기까지 다양하게 변화되어 왔다. 인터넷기반 원격교육은 미국에서 중요한 전달수단이 되고 있다(p.4).*

일반적으로 원격교육의 개념은 학습자와 교수자가 분리된 공간과 분리된 시간에 실행하는 것이며, 학습자와 교사 간, 학생들 간의 처방이나 상호작용과 관련된 사회적인 용어를 규명하는 영역에서의 개념화는 포함하지 않는다(Saba, 2005).

많은 원격학습의 경험을 통해 학생들의 고립감, 비동기화, 압박감, 비도전의 요소들이 중요하게 도출되었다. 따라서 전략의 하나로서 원격교육에서 온라인 토론이 일반적 학습과 특히 심화학습을 위해 필수적으로 이루어져야 한다(Du, Harvard, & Li, 2005). 표 1은 역동적인 온라인 원격교육의 깊이 있는 학습을 위한 개념적 틀을 제시한다.

위에서 제시한 WebCT 게시판은 세 영역으로 구성되어 있으며, 학생들은

표 1 3개의 카테고리로 구성된 WebCT bulletin 구조

프레임워크의 일반적 과정	게시판 카테고리	카테고리 디자인
정보	기술적	융통성 있는 동료 간 토론
방법	이론적	구조화된 주제 토론
인지	보편적	협력적 과제 토론

출처: Du, Harvard, & Li, 2005, p.213

과제완성을 통해 토론에 일부분 참여한다. "제안된 프레임워크와 역동적인 토론전략을 기반으로 하여 학생참여는 과정 완성을 위해 요구되는 모든 측면에서 강화될 수 있다. 역동적인 토론은 온라인과정의 통합된 부분이다(Du et al, 2005, p.216). 온라인 토론전략과 관련하여 Beuchot와 Bullen(2005)는 "연구자들은 온라인 커뮤니케이션의 사회적 측면뿐만 아니라 상호작용의 질에 영향을 미치는 것들에 대해 연구를 해야 하며 과정설계자와 온라인 교수자는 학생들이 어떻게 상호작용하며 그룹이 컴퓨터매개 환경을 어떻게 개발해 가는지를 이해할 필요가 있다" 고 말했다(p.67).

오스트리아에서 원격학습 활용의 잠재성을 가진 기술은 광대역 비디오컨퍼런싱이다(Smyth, 2005): "원거리 학생들을 위해 학습환경을 풍부하게 하고 융통성을 주기 위해 그리고 교사와 학생들이 그들의 수업에 상호작용적으로 참여할 기회를 보다 많이 제공하기 위해 광대역 비디오컨퍼런싱의 잠재성은 크다" (p.816). 이것은 비디오컨퍼런싱이 (1) 교사, 학생과 다른 교사, 학생들과의 접근을 개선하고 지원 네트워크의 개발을 촉진함으로써 원거리 학습자의 고립감을 감소시켜 주며 (2) 동료 간 또는 그 분야에서 일하는 전문가들과 상호작용할 기회를 제공함으로써 직장을 가진 학생들의 경험을 강화하기 때문이다.

원격교육의 실행에 있어서 정부 의제는 기관 의제로 대체되었다(고객은 학부대학의 차석 학습자보다 수업료를 내는 대학 졸업 후의 학습자로 전환된다); 교육방법이 온라인 혁명에 의한 도전을 받고 있는 것이다(Calvert, 2005).

이전에는 분리된 학습의 장이었던 원격교육은 이제 수렴(convergence)의

맥락에서 운영되고 있다. 원격교육의 방법은 거리 없는 교육과정을 주요 흐름으로 통합하고 있다. 이것의 수단은 온라인 기술이다. 사실 원격교육은 비연속적 온라인 학습을 가지고 실시간으로 만드는 것이며, 이는 주요한 연구 안건이다. 이 영역의 새로운 연구자들은 원격교육 이론과 연구에서 축적된 내용물에 연구의 근거를 두지 않는다.

원격교육의 실제와 관련하여 2개의 이슈가 지적되었다. 하나는 원격교육의 실행과 방법에 관련된 것이고, 다른 하나는 연구와 학문에 관련된 것이다. Calvert(2005)는 현대의 모습은 3가지 면에서 과거와 중요한 차이가 있다고 했다. (1) 원격교육 참여자가 더욱 많아졌다(많은 전통적인 캠퍼스기반 대학들은 요구가 많거나 특정분야의 원격과정을 제공하고 있다) (2) 원격교육 기관은 다른 집단의 학생들을 목표로 하고 있다(예를 들면, 1980년대 대부분의 원격교육 학생들은 학부과정이었다) (3) 커뮤니케이션, 행정, 학습자원 분배, 마케팅을 촉진하기 위한 온라인 기술과 함께 기관들은 학생들을 위한 교류시장을 찾고 있다.

고등교육 안에서의 변화는 *온라인* 교육과 *원격*교육에 포함된 교수자의 역할과 교수의 속성에 대한 변화를 불러일으켰다. 온라인 수업은 전통적 수업환경과 콘텐츠 전달, 자기주도학습, 면대면을 통한 인간적 상호작용 등 여러 면에서 다르다(Milheim, 2004). Bennett와 Lockyer(2004, pp.235-236)에 의한 비교는 교수방법에 대한 특성을 전체적으로 이해하는 데 매우 유용하다(표 2 참조).

교사는 온라인 환경에서 학습에 대한 촉진자로서 행동을 하지만 촉진적 역할을 수행하기 위해 도입하는 기술은 다르다. Bennett와 Lockyer는 온라인 교수자는 다음과 같이 해야 한다고 했다.

- 다른 장소, 다른 시간, 다양한 시설에서 참여하는 학습자들의 협력활동을 설계하고 촉진한다.
- 일정을 개발하고 수업보다 일정표와 관련된 가이드를 학습한다.
- 전자적인 과제 제출과 피드백 과정을 관리한다.
- 보다 큰 범위의 전자적 자원을 만들고 통합한다.

• 컴퓨터 매개 도구를 일차적 커뮤니케이션 수단으로 사용할 기술과 전략을 개발한다.

Boettcher(2005)가 말한 것처럼, 온라인 상호작용은 융통성과 편의성을 지원하며 동시성은 더욱 효율적이고 자연스러운 상호작용을 제공한다.

표 2 전통 모드와 온라인 모드

영역	전통 모드	온라인 모드
평가과제	- 평가과제의 내용은 첫 수업시간에 제공된다. - 평가과제에 관한 토론은 후속시간에 계속된다. - 평가 산출물은 교사에게 직접 제출한다. - 교사는 학생들에게 직접 피드백을 주고 채점한다.	- 평가과제의 내용은 온라인에서 제공된다. - 교사는 평가과제에 대한 토론을 온라인상에서 촉진한다. - 평가 산출물은 온라인상에서 제출되고 교사는 다운로드한다. - 교사는 온라인상으로 피드백을 주고 채점한다.
자원	- 워크숍 유형의 프레젠테이션과 토론은 정보의 주요 자원이다. - 인쇄된 핸드아웃이 제공된다.	- 과목 웹사이트가 주요 정보자원이며, 이를 통해 전자적 자원이 제공된다. - 도서관 온라인 소장물을 통해 많은 저널이 유용하다.
활동	- 학생들은 워크숍 유형의 수업에 집중한다. - 수업은 토론활동과 학생들의 프레젠테이션, 그룹활동에 초점을 맞춘다.	- 개인 및 그룹 온라인 활동은 하위과제가 학습자들이 평가과제를 완성하는 데 도움이 되도록 설계된다. - 온라인 토론활동은 아이디어와 피드백을 공유하기 위해 사용된다.
일정	- 일정은 매주 활동과 함께 규칙적인 수업 미팅을 중심으로 구성된다.	- 일정은 평가과제를 완성하는 데 필요한 시간대를 중심으로 구성된다.
상호작용	- 면대면 미팅이 상호작용의 주요 기회이다. - 면대면 수업 중에 일대일 커뮤니케이션이 일어나고 전화로 상담시간이 주어진다.	- 온라인 커뮤니케이션 기술을 통해 지속적인 상호작용이 일어난다. - 학생들은 협력학습과 토론지원을 위해 커뮤니케이션 도구를 사용할 기회를 가진다.

물리적 교실에 모였을 때 우리는 많은 유형의 경험을 한꺼번에 한다. 강의, 토론, 질문과 대답, 대그룹 및 소그룹 활동 등을 결합한다. 그리고 많은 전통적 수업에서 동시적 도구가 강의 또는 프리젠터로 설계되었다 할지라도, 새로운 동시적 도구는 더욱 구체화되고 협력적 상호작용을 위해 설계된다. 동시적 도구가 지원하는 이러한 종류의 교수경험은 학습자들이 토론을 이끌거나 짧은 시범을 하거나 세션을 검토하거나 초대한 전문가와 함께 살아있는 상호작용을 보거나 듣는 생생한 비디오를 포함한다(p.21-22).

인터넷과 온라인 학습의 성장은 고등교육기관에 지속적 도전이 될 것이다. Song, Singleton, Hill, Koh(2004)는 2개의 질문에 초점을 맞추고 있다: 학습자들이 학습과정을 돕는 것으로 인식하는 온라인 학습 환경의 구성요소가 무엇인가? 학습자들이 도전할 만한 것으로 생각하는 온라인 학습 환경의 구성요소는 무엇인가? 그 결과로서 참여자는 다음과 같은 요소들을 제시하였다: 과정설계, 온라인기술에 대한 편안함, 시간관리. 교수목적과 기술적 문제를 이해하는데 있어서의 어려움은 온라인 학습 환경에서 도전할 요소로 규명되었다. 결론적으로 다음 요소들이 중요하다: (1) 온라인 학습에 대한 효과적 교수설계(즉, 디자인은 기술적 측면뿐만 아니라 학습자의 목적, 목표, 기대에 초점을 맞추어야 한다) (2) 시간관리전략(학습자들이 정적이고 리얼타임 상황의 학습에 익숙해져 있을 때, 의미 있는 시간관리 문제가 발생한다) (3) 공동체를 구성하거나 온라인상황에서 소속감을 느끼게 함으로써 학생을 지원한다.

온라인 학습 평가

Bradshaw, Powell, Terrell(2005)은 석사과정 프로그램, 박사논문, 지속적인 전문 학습에 학생들이 참여했던 Ultealab(10년 이상 온라인 학습 공동체를 이용해 대규모 온라인 프로젝트 수행)의 온라인 공동체 개발과 평가에 대해 언급했다.

학습자 관여 방법과 그 결과로 생기는 그들의 참여는 학습자들의 목적에 대한 인지, 정체감과 신뢰감, 학습활동의 틀, 학습 촉진자와 튜터와의 상호

작용, 학습공간에 대한 정보 아키텍처 등 여러 요소들과 관련되는 것으로 고려된다. 탐구에 대한 공동체는 공동체의 주요 목적으로 제시되었다 (p.205).

반면, Steinweg, Dabis, Thomson(2005)의 연구에서 온라인과정의 평가에 있어 특정 교육과정의 온라인 학습과 전통적 수업에 등록한 참여자 간 지식의 변화, 성향의 변화는 통계적으로 유의미한 차이가 없는 것으로 나타났다. Steinweg 외(2005)는 콘텐츠의 지속성과 온라인 및 전통적 수업의 구조는 유사한 결과의 요소들이라고 했다(p.70). 그리고 자격 있는 특정 교사에 대한 요구, 보다 쉽게 접근할 수 있는 방법으로 필요한 과정을 제공할 온라인 수업에 대한 요구는 지속적으로 성장할 것이다(p.71).

Garrison과 Cleveland-Innes(2005)는 원격교육 설계에 있어 온라인 상호작용의 속성에 초점을 맞추어 온라인 학습의 깊이를 평가했다. 그들이 찾아낸 점은 다음과 같다. (1) 학습의 이해를 지속하는 인지적 실재감을 만들기 위해 온라인 학습경험을 어떻게 설계하고 촉진할 것인지가 도전이다. (2) 집중토론, 도전과 평가 아이디어에 초점을 맞춘 매력적인 질문을 제공하는 것이 중요하다. 그들은 설계와 조직화 관점에서 분명한 기대 설정, 관리가능한 콘텐츠 선택, 적절한 활동의 구조화(협력과 개인), 의도된 목적을 가지고 그에 일치하는 평가의 수행을 제안하였다.

온라인 학생은 동질한 전체가 아니라 다른 배경, 다른 학습욕구, 다른 적성, 다른 능력, 다른 자기주도 정도를 가진 여러 조각들임을 인식하는 것이 중요하다. 이러한 요구에 부합하는 학습환경을 적극적으로 만들고 그러한 다양성을 강조하는 것은 온라인 대학 교육자에게 주어진 도전이다(Flores & Flores, 2003, p.246).

온라인 환경은 대학 직원들의 역할을 기획과 전달에서 듣고 지원하는 것으로 전환하였으며, 이러한 전환의 장점은 직원들이 학생의 이해와 학습의 개발에 초점을 맞추기 때문에 더 잘 학습할 수 있는 기회를 제공한다(Doubler, Grisham, & Paget, 2003). 그러나 많은 온라인 수업에 있어서 학생의 50% 이상이 실패하거나 수료하지 못한다. 이러한 결과는 이념적인 반의 진리(결국 학습에 있어 물리적 실재감이 기본이며, 교육은 면대면 환경이 최적이다)의 결과를 낳았다. 그럼에도 불구하고 중요한 요인은 물리적 실재감이나 교사나 학생의 부재가 아니라 그들 자신의 학습을 이끌어가는 학생들의 능력이다(Flores & Flores, 2003).

Calvert(2005)는 원격교육 그 자체와 그것에 대한 국제적 연구는 공통의 정체성에 의해 특성화될 뿐만 아니라 원격교육에 대한 연구가 산재해 있음을 강조한다. Calvert는 연구에 유용한 가이드라인을 만들 수 있는 원격교육이 직면한 다음과 같은 이슈와 질문을 제안한다.

- 다국적 원격교육은 수익 잠재성 때문에 기관에 유용하다. 무엇이 다국적 원격교육의 성장을 방해하는가?
- 기관이 온라인 학습 환경에서 온라인과 오프라인 학생들의 다른 기대를 어떻게 채울 것인가?
- 기관이 WebCT나 Blackboard와 같은 학습관리시스템을 통해 수행을 표준화할 때 교사는 원격교육의 개혁을 어떻게 촉진할 것인가?
- 학문적 업무와 교수의 본성을 위한 장기적 시사점은 무엇인가?

비동시적 성찰과 협력적 속성, 텍스트기반의 원격 온라인 학습은 학습접근에 잘 적응한다(인지적 실재감). 그러므로 교수학습 접근에 있어 온라인 상호작용의 질적인 속성을 연구해야 한다. 더 나아가 높은 수준의 학습을 지원하기 위한 온라인 상호작용의 속성을 이해하는 것도 매우 필요하다(Garrison & Cleveland-Innes, 2005).

비동시적 원격학습은 e-교육(e-education)의 가장 의욕적인 형태이다. 그러나 일반 교실수업보다 교수들의 업무부담이 더 큰 원격교육은 일반적으로 참여에 있어 장벽이 있다(Dibiase & Rademacher, 2005). Dibiase와 Rademacher는 성공적 온라인과정의 실행은 다음과 같은 점에 초점을 맞추어야 한다고 강조하였다.

- 과정 관리시스템 안에서 새롭게 준비되는 수행과제와 운영 및 조정과 관련된 지속적 과제를 포함하는 조직과 코디네이션

- 수정, 개정, 텍스트와 그래픽의 추가를 포함하는 콘텐츠 개발과 유지
- 토론, 이메일, 전화, 학습자내 대화를 포함하는 커뮤니케이션
- 항목 수정, e-포트폴리오에 출판된 프로젝트의 평가, 리포트와 개별 학생에게 보내지는 코멘트를 포함하는 평가와 피드백

고등교육과 성인교육

전통적 방법으로 가르치는 교수들은 교실이 학습하기에 최상의 장소임을 지지할 연구결과가 없음에도 불구하고, 교수경험의 질이 학생들을 면대면 강의에 참석하게 한다고 생각한다. 실제적으로 전통적 방법으로 공부하는 학생들과 원격으로 공부하는 학생들 간 비교에서 학습결과는 유의미한 차이가 없었다(Ebersole, 2003).

ICT와 테크놀로지기반학습은 지난 10년 이상 빠르게 교육의 주요 주제가 되어 왔다. 세계 각국의 교육자들은 중등교육과 중등학교 후 교육을 위한 변화의 무대로 ICT를 보도해(Gorard, Selwyn, & Madden, 2003) 왔다. 20년의 정보공학(IT) 개혁(개별 컴퓨터의 도입에서부터 인터넷과 이메일의 배포에 이르기까지)은 고등교육으로 전환되었고, 커뮤니케이션, 행정, 연구, 그리고 대학 풍토를 변화시켜 놓았다(Roach, 2004). 고등교육의 목적은 학생들의 학습을 강화하고 교수자와 학습자의 만족도를 향상시키는 것이다. 그리고 무엇보다 중요한 것은 학생들이 평생학습에 대한 책임감을 가지도록 가르치는 것이다(Harrison, 2004). 그러므로 고등교육 교사, 행정가, 정책입안자들은 학생들이 새로운 기술과 지식을 획득할 능력을 가지도록 제공하면서 학생들을 효과적인 평생학습자로 만드는 일에 최우선순위를 두어야 한다. 결과적으로 학생들은 그들의 능력을 학습과정을 통제하도록 개발하게 된다.

> *1980년대 중반에 평생학습과 지식의 중심개념에 대한(특히 정책과 실행이라는 용어에 있어서) 급속한 재정의가 일어났다. 고도의 테크놀로지는 기계적 또는 산업적 생산에서 지식에 더 많은 투자를 하게 했다. 전통적 생산에 투자된 지식보다 많은 양의 지식이 고도의 공학적 생산과 1980년대 중반에*

발생한 변화들에 투자되었다. 1990년대 진보주의자들은 전자 서명을 했다. 그리고 교사들은 튜터가 되거나 코치가 되었다. 지식은 더 이상 패키지로 보이지 않으며, 카달로그나 인터넷, 데이터베이스에서 찾을 수 있는 것이 되었다.

현재 미국에서 대부분의 많은 고등교육기관들이 원격 교수학습 형태를 제공하고 있다. 모든 고등교육기관의 등록자 수가 3,077,000명이며, 2000~2001년 원격과정 등록자가 127,400명으로 추정되었다(Saba, 2005). 만약 현재 경향이 지속된다면, 원격교육이 교수학습의 지배적인 형태가 되는 것은 시간 문제일 것이다. 그것은 가까운 미래에 발생하지 않을 수도 있다. 그럼에도 불구하고 어떻게 특정 기술을 사용할 것인지를 학습해야 하는 위압적인 과제가 있는 것이 현실이다. 그 외에 대학 교수들은 소프트웨어와 하드웨어의 끝없는 변화에 일상적으로 부딪치고 지원인력의 부족, 수업부담 가중, 학생들의 다양해지는 공학기술, 준비와 학생 상호작용에 필요한 시간 투자의 증가 등에 직면해 있다(Travis & Price, 2005).

미래 동향

미국의 고등교육시스템의 명확한 비전 설정에 대한 긴박함은 오늘날 유사이래 가장 절실할 것이다. Nair(2003)는 미국 고등교육이 염두에 두어야 하는 4개의 변화 행위 또는 동향을 (1) *테크놀로지 중심의 정보성장과 커뮤니케이션*(그것은 기술진보의 양적 도약에 의해 지속적으로 가속화되고 있음) (2) *세계화*(테크놀로지의 발달과 세계화의 가속화라는 2개 동향이 강조되고 있음) (3) *경쟁*(세계 시장에서 교육자체가 상품이 되고 있음) (4) *책무성*(고등교육기관에 재정적으로 지장을 주는 기금과 관련된 충분한 수행 평가의 부족)으로 보았다.

현대의 고등교육은 세계화 과정이 되기 위한 것으로 이해되어야 한다. 가르치는 것에 있어 교수 개발은 교육강화에 있어 주요 요소이며, 결국 학생들을 세계 일터에서 일하고 살아갈 수 있게 하기 때문이다. 그리고 교육은 글로벌 상품이 되고 있으며, 인터넷을 활용한 정보공학과 같이 실제적 적용을 할 수 있기 때문이다(Inoue, 2004).

통합적 문헌 검토(21세기는 읽거나 쓸 수 없는 사람이 아니라 배울 수 없고, 배우지 못하거나 재학습할 수 없는 사람들에 대한 묘사)를 기반으로 Howell, Williams, Lindsay(2004)는 다음과 같은 온라인 교육의 32가지 미래 동향을 제시하였다.

학생/등록 동향

- 온라인 원격학습자 및 성인 학습자를 포함한 고등교육 학습자의 프로필이 변하고 있다.
- 성인, 여성, 소수 학습자의 비율이 증가하고 있다. 보유율은 행정가 및 교수와 관계가 있다.

교수 동향

- 전통적 교수의 역할이 전환되거나 분산되고 있다.
- 교수 개발, 지원, 훈련에 대한 요구가 증가하고 있다.
- 원격교육과정의 교수자는 고립감을 느낄 수 있다.

학문 동향

- 지식과 정보가 실질적으로 증가하고 있다.
- 조직구조가 분산화로 전환되고 있다.
- 고등학교, 대학, 미래연구 간 교육의 질이 더욱 균등해지고 있다.
- 고등교육의 아웃소싱과 파트너십이 증가하고 있다.

기술 동향

- 기술 장치는 점점 다목적이 되고 어디에나 산재해 있다.

- 인터넷 사용이 증가한다.
- 기술의 숙달이 졸업의 요구사항이 되고 있다.

경제 동향

- 기금 문제는 많은 기관에서 IT와 관계가 있다.
- 평생학습은 경쟁적 필수요소가 되고 있다.
- 인터넷은 다른 원격교육매체에 있어 지배적이다.
- 원격교육과 지역교육 간 차이가 사라지고 있다.

21세기의 가장 기본적이고 중대한 변화는 교육에서 일어날 것이다. 21세기 학교는 모든 측면에서 매우 중요하다. 즉, 가상의, 개별화된, 튜터화된, 능동적인 학습의 의미가 중요하고, 교사의 개념이 아닌 학습자의 개념에 근거해야 한다(Free, 2000).

원격학습 저널의 최근 이슈는 행정가들이 예측되는 도전과 동등한 전략적 계획을 준비하도록 요구하는 것이다. 왜냐하면 고등교육의 많은 동향이 원격학습의 미래에 영향을 줄 것이기 때문이다. 예를 들면, Howell와 그의 동료들(2004)이 말한 것처럼 (1) 업무량, 보상, 교수적 이슈가 학생들을 원격학습의 참여에서 멀어지게 하면서 전통적 교수의 역할, 동기, 훈련에 대한 요구가 바뀌고 있다. (2) 인터넷과 다른 정보기술 장치가 도처에 산재하고 기술 숙달에 대한 기대가 보편화되어 있다. (3) 원격교육은 더욱 풍부해지고 있으며, 특히 온라인에 있어서는 효과적 교육과정 관리시스템에 대한 요구와 온라인 기술을 활용하는 교수전략에 대한 요구가 증가하고 있다.

요약 및 결론

연구들은 새로운 집단의 학습자와 직장 성인으로부터의 요구, 평생학습, 적시적이고 융통성 있는 적절한 학습기회를 강조하고, 국경 없는 교육에 대한 중요한 원동력으로서 온라인 원격교육에 대한 요구가 세계적으로 증가하고 있음을 보여준다(Wende, 2002). 오늘날의 주 학생은 직장과 학업, 그리고 가정생활을 병행한다는 사실이며, 이것은 원격교육이 고등교육의 강력한 모드가 될 것임을 설명하는 것이다(Calvert, 2005).

많은 고등교육기관의 학생들은 그 규모가 2배가 되었고, 이것은 다양한 학생집단을 증가시키게 되었다(Peat et al, 2005). 미국의 고등학습기관은 학생들에게 더욱 민감할 것이며, 더 이상 전통적일 수 없다. 학생들은 일하는 학생, 나이가 많은 재입학 학생, 파트타임 학생, 영어가 제2 국어인 학생, 그리고 학생으로 볼 수 없었던 자신들의 지식을 새롭게 하기 위한 전문가 등을 포함한다.

고등교육은 급속한 ICT 발달로 많은 졸업생을 배출하고 있다. 결과적으로 미래 기회와 선택은 5가지 이슈를 다룰 수 있다. (1) 접근성: ICT를 통해 고등교육은 특정한 시간에 출석할 수 없었던 그룹을 수용하고 원거리에 있는 학생들에게 폭넓은 접근을 제공한다 (2) 참여: 학습참여와 ICT를 활용한 탐구를 증진시킨다 (3) 공동체: ICT는 온라인 공동체를 통해 공동체를 증진시키는 데 사용될 수 있다 (4) 교수법: ICT는 다시 생각할 기회, 커리큘럼, 성인을 위한 교수법 개발을 제공한다 (5) 비용: 어떤 사람들은 ICT가 단위 비용을 줄이고 국제적 시장의 성장을 확보한다고 하는 반면, 어떤 사람들은 고등교육에서 ICT를 활용한 변화가 느리다고 말한다(Millwood & Terrell, 2005).

White(2005)가 말한 것처럼 개별학습의 발전에 대한 ICT의 공헌과 원격교육의 공헌은 평생학습자들이 많아졌다는 점이다.

> *교육기회를 위한 미래 준비에 중요한 역할을 하는 원격교육을 위해 원격교육을 받는 학습자들에게 지속적인 관심이 필요하다. 학습자를 둘러싼 환경, 요구, 학습자들이 원격교육에 반응하는 방법에 대한 이해는 질 높은 학습경험을 제공하고 개발하며, 개별학습자의 발달에 기여할 수 있는 중요한 근거가 된다. 연구는 이러한 입장의 실행가능성에 대한 중요한 역할을 한다 (p.177).*

교사와 학생 간 상호작용은 원격학습환경에 있어 학습을 결정하는 중요한 변인으로 간주된다(Offir, Barth, Lev, & Shteinbok, 2005): "학생들의 수행과 관련된 데이터의 온라인 수집은 각 개별 레슨 동안에 이루어진 교사의 상호작용에 대한 분석과 결합되어 연구자로 하여금 효과적으로 학생활동을 지원하는 교사의 상호작용 패턴을 규명할 수 있게 한다"(p.165). 그러므로 행정가들과 교수들은 온라인 교수(instruction)에 대한 새로운 패러다임과 조화를 이루도록 기대된다: "기술을 교수에 있어 전달 도구가 아닌 교수방법으로 간주하는 테크놀로지의 역할에 대한 잘못된 인식은 효과적인 테크놀로지 사용을 방해한다"(p.99). 교수들은 그들의 창의적 능력을 원격학습상황에 불어넣어야 한다(Travis & Price, 2005).

학생과 교수자를 위해 인터넷 시설을 이용하여 시공을 초월한 커뮤니케이션이 가능하게 하고 다양한 정체성을 형성하도록 하며, 다양한 기회와 도전을 추구할 수 있도록 한다(Papastephanou, 2005). 과정의 웹사이트는 수업으로 통하는 열린 문이 될 것이다. 그리고 웹사이트는 수업 동료 간 "동질감"을 창출할 것이다(현재 교수들은 교실수업에서 동질감을 창출하기 위해 노력한다)(Koepke, 2000). 확실히 그것은 유용하며, 흥미로운 생각이다.

참고문헌

Alheit, P., & Dausien, B. (2002). The double face of lifelong learning: Two analytical perspectives on a silent revolution. *Studies in the Education of Adults, 34*(1), 3-22.

Allert, H., Richter, C., & Nejdl, W. (2004). Lifelong learning and second-order learning objects. *British Journal of Educational Technology, 35*(6), 701-715.

Allport, C. (2000). Thinking globally, acting locally: Lifelong learning and the implications for university staff. *Journal of Higher Education Policy and Management, 22*(1), 37-46.

Bennett, S., & Lockyer, L. (2004). Becoming an online teacher: Adapting to a changed environment for teaching and learning in higher education. *Educational Media International, 41*(3), 231-244.

Beuchot, A., & Bullen, M. (2005). Interaction and interpersonality in online distance forums. *Distance Education, 26*(1), 67-87.

Blandin, B. (2000). *Open and distance learning: An overall survey at the beginning of 2000.* Retrieved July 23, 2006, from http://www.eden-on line.org/contents/publications/New_ Learning/ODL Within_The_World_of VET.pdf

Boettcher, J. V. (2005). Designing for the virtual interactive classroom. *Campus Technology, 18*(9), 20-30.

Bourne, J., Harris, D., & Mayadas, F. (2005). Online engineering education: Learning anywhere, anytime. *Journal of Engineering Education, 94*(1), 131-146.

Bradshaw, P., Powell, S., & Terrell, I. (2005). Developing engagement in Ultralab' s online communities of enquiry. *Innovations in Education and Teaching international, 42*(3), 205-215.

Calvert, J. (2005). Distance education at the crossroads. *Distance Education, 26*(2), 227-238.

Commonwealth of Learning. (2000). *The concept of open and distance learning.* Retrieved July 23, 2006, from http://www.col.org/resources/startupguides/intro_learning.htni

Creanor, L. (2002). A tale of two courses: A comparative study of tutoring online. *Open Learning, 17*(1), 57-68.

Dibiase, D., & Rademacher, H. J. (2005). Scaling up: Faculty workload, class size, and student satisfaction in a distance learning course on geographic information science. *Journal of Geography in Higher Education, 29*(l), 139-158.

Doubler, S. J., Grisham, L., & Pagct, K. F. (2003, January). *Emerging facult role.* Paper presented at the American Association of Colleges for Teacher Education Annual Meeting, New Orleans. (ERIC Database #ED473257)

Du, J., Havard, B., & Li, H. (2005). Dynamic online discussion: Task-oriented interaction for deep learning. *Educational Media International, 42*(3), 207-218.

Ebersole, J. (2003). It's not whether to innovate, but how. *Adults Learning, 15*(1). Retrieved July 23, 2006, from http://web15.epnet.com/citation.asp?tb=1&_ug=sid-DF4FD738%2D8A9F%2D4E0D%2D8

EDUCAUSE. (2005). *The pocket guide to U.S. higher education.* Boulder, CO; Washington, DC: Author.

Fielding, R. (2002). *Personalized learning space in a global context.* Retrieved July 23, 2006, from http://www.designshare.com/Research/AIA/Cambridge/Personal_Global_3.htm

Fischer, G. (1999). *Lifelong learning–more than training.* Retrieved July 23, 2006, from http://www.13d.cs.colorado.edu/~gerhard/papers/11199.pdf

Flores, J., & Flores, B. (2003, March). The gradual student. *Teaching English in the Two-Year College (ETYC)*, 239-247.

Free, C. (2000). *The future of vocational education.* Retrieved July 23, 2006, from http://www.eden-online.org/contents/publications/New_Learning/ODL_Within_The_World_of_VET.pdf

Frey, B., & Donehue, R. (2003). Making the transition from traditional to cyberspace classroom. *PAACE Journal of Ljfelong Learning, 12*, 69-84.

Friesen, N., & Anderson, T. (2004). Interaction for lifelong learning. *British Journal of Educational Technology, 35*(6), 679-687.

Garrison, R. D., & Cleveland-Innes, M. (2005). Facilitating cognitive presence in online learning: Interaction is not enough. *The American Journal of Distance Education, 19*(3), 133-148.

Goetz, J. R. (2004). *Confessions of an early Internet educator* (DETC occasional paper). Washington, DC: The Distance Education and Training Council.

Gorard, S., Selwyn, N., & Madden, L. (2003). Logged on to learning? Assessing the impact of technology on participation in lifelong learning. *International Journal of Lifelong Education, 22*(3), 281-296.

Grow, G. (1991). Teaching learners to be self-directed. *Adult Education Quarterly, 41*(3), 125-149.

Gustavason, B. (2002). What do we mean by lifelong learning and knowledge? *International Journal of Lifelong Education, 21*(1), 103-23.

Harrison, R. F. (2004). The school library: The educational extension (administrator' s perspective). *Teacher Librarian, 31*(3), 63.

Howell, S. L., Williams, P. B., & Lindsay, N. K. (2004). *Thirty-two trends affecting distance education: An informed foundation for strategic planning.* Retrieved July 23, 2006, from http://www.westga.edu/~diStaflCe/ojdla/fall63/howell63.html

Huang, H.-M. (2002). Toward constructivism for adult learners in online learning environments. *British Journal of Educational Technology, 33*(1), 27-37.

Illeris, K. (2003). Towards a contemporary and comprehensive tbeoty of learning. *International Journal of Lifelong Education, 22*(4), 396-406.

lnoue, Y. (2004). Higher education: A globalizing process (revised version). In L.-H. N. Chiang, J. Lidstone, & R. A. Stephenson (Eds.), *The challenges of globalization: Cultures in transition in the Pacjflc-Asia region* (pp. 59-72). Lanham, MD: University Press of America.

Jarvis, P. (1999). Global trends in lifelong learning and the response of the universities. *Comparative Education, 35*(2), 249-257.

Koepke, M. L. (2000). Portfolio development: Multimedia presentations for designers. In D. G. Brown (Ed.), *Teaching with technology* (pp. 178-182),

Bolton, MA: Anker.

Koper, R., & Tattersall, C. (2004). New directions for lifelong learning using network technologies. *British Journal of Educational Technologies, 35*(6), 689-700.

Kramarae, C. (2001). *Excerptsfrom the thirdshift: Women learning online.* Retrieved July 23, 2006. from http://darkwing.uoregon.edu/~cheris/third%20shift.pdf

Medel-Añonuevo, C., Ohsako, T., & Mauch, W. (2001). *Revisiting lifelong learning for the 21st century.* UNESCO Institute for Education.

Medford, A. (2004). Online learning. *Quality in Primaty Care, 12*, 87-9.

Milheim, K. L. (2004). Strategies for designing on-line courseware. *International Journal of Instructional Media, 31*(3), 267-272.

Millwood, R., & Terrell, I. (2005). Overview: New technology, learning and assessment in higher education. *Innovations in Education and Teaching International, 42*(3), 195-204.

Moore, G. M. (2003). *From Chautauqua to the virtual university: A century of distance education in the United States* (Information Series No. 393). Columbia, OH: Center on Education and Training for Employment, Ohio State University. (ERIC Database #ED482357).

Nair, P. (2003). *Imperatives for change in higher education: Planning the future of the Anierican campus.* Retrieved July 23, 2006, from hftp://www.designshare.com/Research/Nair/HigherEd/imperatives_higher_ed.htm

National Institute of Adult Continuing Education (NIACE). (n.d.). *ICT skill for life.* Retrieved July 23, 2006, from http://www.niace.org.uk/Research/ICT/ICTskillforlife.htm/

Offir, B., Barth, I., Lev, J., & Shteinbok, A. (2005). Can interaction content analysis research contribute to distance learning? *Educational Media International, 42*(2), 161-171.

Oncken, W., & Wass, D. L. (1974, November-December). Management time: Who got the monkey? *Harvard Business Review*, 75-80.

Papastephianou, M. (2005). Difference-sensitive communities, networked learning, and higher education: Poteiitiahities and risks. *Studies in Higher Education, 30*(1), 81-94.

Peat, M., Taylor, C.E., & Franklin, S. (2005). Re-engineering of undergraduate science curricula to emphasize development of lifelong skills. *Imovations in Education and Teaching International, 42*(2), 135-146.

Roach, R. (2004). Technology: Riding the waves of change. *Black Issues in Higher Education, 21*(9), 92-95.

Saba, F. (2005). Critical issues in distance education. *Distance Education, 26*(2), 255-272.

Sakamoto, T. (2002). E-learning and educational innovation in higher education in Japan. *Education Media International, 39*(1), 9-16.

Schuller, T. (2004). Visual imagery, lifecourse structure and lifelong learning. *Studies in the Education of Adults, 36*(l). Retrieved July 23, 2006, from http://web35.epnet.comlcitation.asp?tb=1 &_ug+sid+DFDC 1135%2D4E4B%2

Smyth, R. (2005). Broadband videoconferencing as a tool for learner-centered distance learning in higher education. *British Journal ofEducational Technology, 36*(5), 805-820.

Song, L., Singleton, E. S., Hill, J. R., & Koh, M. H. (2004). Improving online learning: Student perceptions of useful and challenging characteristics. *Internet & Higher Education, 7*(1), 59-70.

Steinweg, S. B., Davis, M. L., & Thomson, W. S. (2005). Acomparison of traditional and online instruction in an introduction to special education course. *Teacher Education and Special Education, 28*(1), 62-73.

Travis, J. E., & Price, K. (2005). Instructional culture and distance education. *Journal of Faculty Development, 20*(2), 99-103.

Wende, M. (2002). *The role of U.S. higher education in the global e-learning market.* Retrieved July 23, 2006, from http://www.utwente.nl/modelsofchange

White, C. (2005). Contribution of distance education to the development of individual learners. *Distance Education, 26*(2), 165-181.

Whiteman, J.-A. M. (2002). *The adult learner in the computer mediated environment.* (ERIC Database #ED467889).

제2부

온라인 평생학습의 개발 및 실행

이제 우리 말을 들을 수 있나요?
상호작용과 라포(rapport)로 향하는 자세

Susan J. Wegmann, University of Central Florida, USA
Joyce K. McCauley, Sam Houston State University, USA

요약

이 장에서는 온라인 학습의 효과에 영향을 미치는 두 가지 주요 요인, 학습자와 교수자 간의 상호작용과 라포(rapport)를 조사해 보고자 한다. 이 두 가지 요인은 학습자의 태도에 따라 많은 영향을 받는다. 온라인 학습은 평생교육에 더 많은 기회를 열어주고 있다. 이 장에서는 온라인 교육에 관한 중요한 토의와 이 전달시스템을 이루고 있는 배경이론, 그리고 과학기술을 매개로 한 학습환경 속의 학습자 공동체를 만들고자 하는 어느 한 대학의 교수들의 도전에 관해서 다룰 것이다. 학장이 제안하기를 "우리 석사과정의 독서교과목(Reading Master courses)을 온라인 형식으로 만듭시다" 그리고 "우리는 대학원 과정을 21세기로 옮겨야 합니다. 시대에 뒤처질 순 없습니다"라고 하였다. 그녀는 우리 여섯 명에게 그녀의 제안에 대해 토의하라고 하고 회의실에서 나갔다. 하지만 토의할 것이 뭐가 있단 말인가? 답변은 "안됩니다"였다. 그것은 그냥 불가능했다. 우리는 잘 알려진 우리 학교만의 학생들과의 개인적인 접촉을 잃게 될 것이다. 우리는 그 활발한 토의와 뜻 깊은 상호작용을 잃게 될 것이다. 왜, 심지어 학생들이 서로 보지 않는데 그들 혼자서 우리를 보게 해야 하는가? 우리 자신이 그 의견에 대해 열정을 갖고 있지 않은데 어떻게 평생교육을 권장할 수 있겠는가? 그 의견은 전부 실행 불가능하고 비실제적이고 상상할 수 없는 것이었다. 교육과정을 온라인 형식으로 만들자고? 생각할 가치도 없어!

그랬던 것이 4년 전이다. 그로부터 온라인 수업과 학습에 대한 우리들의 태도에 약간의 변화가 있었다. 현재 우리는 면대면(face-to-face)과정과 온라인 석사과정의 독서교육(Master of Education Reading) 프로그램을 실행하고 있다. 두 교육과정 모두 내용과 엄격함에서는 동일하다. 그리고 두 과정 모두 우리의 교육 신념인 학습자 공동체를 만드는 데 있어서 정서적 요인의 중요성을 반영하고 있다. 이 장에서는 우리의 관찰내용과 우리 대학 온라인 과정에 등록한 학생들의 반응과 상호작용을 검토하여 얻은 새로운 이해를 공유하고자 한다.

도입

원격교육으로 제공되는 평생교육은 더 이상 귀족적인 경험이 아니며 대부분의 고등교육기관에서 제공해 주리라 기대되고 있는 것이다. 뿐만 아니라 이는 졸업 후 과정으로 전국에 걸쳐서 힘과 명성을 얻고 있다(Lao&Gonzales, 2005). 미 교육부(U.S. Department of Education)에 따르면 1995년과 1997년 사이에, 2년제 또는 4년제 대학기관에서 제공하는 온라인 수업의 수는 거의 2배 가까이 증가했다(2002). 1999~2000년도에 124,420명의 사람들이 교육학 석사학위를 취득했다(U.S. Department of Education, 2000). 이 학생들 중 약 12%가 온라인 형식의 학습에 참여했다. 국가교육통계청(National Center for Educational Statistics)에서 발표하기를, 2000~2001년 동안 학위취득이 가능한 2년제 또는 4년제 공교육 기관의 89~90%가 원격교육을 제공하였다. 뿐만 아니라. 4년제 대학기관 거의 반이 온라인 학위를 수여하였다.

이 장은 어느 한 교수진이 온라인 프로그램을 개발하는 여정과 더불어 온라인 상호작용과 라포(rapport)의 본질에 대해 탐구한 것을 묘사하고 있다. 우리는 교수자와 학습자의 태도가 온라인 경험에 크게 영향을 미친다는 것을 믿으므로, 학생들과 교사들의 분석을 설명한 이후에 몇 가지 제안을 하겠다.

온라인 학습의 장점은 문헌에서 폭넓게 탐구되었다(Benbunan-Fich & Hiltz, 1999; Maher & Jacob, 2006). 가장 흔히 알려진 장점은 강의실을 찾아가야 하는 일이 없어진 것이다(Barkley & Bianco, 2001). 학생들은 자신들이 "강의실 안"에 전국 각지에서 온 다른 사람들과 함께 있다는 것을 발견한다. 이는 다양한 생각과 경험, 의견의 교환이 이루어지게 한다. 우리 대학원 학생 중 한 명은 다음과 같이 말했다. "다른 주에서 온 여러 훌륭한 교육자 분들과 함께 있다 보니 우리가 진정으로 전국에 걸쳐 강한 힘을 가지고 있다는 것을 깨닫게 되었다." 또한 원격교육은 학생들로 하여금 언제, 어디서, 얼마동안 강의 자료에 시간을 보낼 것인지 결정하게 하여 좀 더 자율적인 학습에 대한 선호를 가능하게 한다(DeRouin, Fritzsche, & Salas, 2005; Laferriere, Lamon, & Chan, 2006; Lin, Cranton, & Bradglall, 2005). 이것은 마지막 강의 평가에 인용된 것에서 볼 수 있다:

> *일이 끝난 뒤 집에 돌아와서 편하게 공부할 수 있는 편리함은 확연히 이익이다. 나는 나의 창의성이 조수간만처럼 밀려드는 "정수"에 아침 일찍 혹은 저녁 늦게 원하는 시간에 공부할 수 있다. 심지어 약간의 추가 비용은 가스 마일리지와 차의 소모성, 그리고 한 시간 반의 통근시간과 비교해 봤을 때 경제적이다.*

그리고 마침내, 점점 더 이동성이 커지는 현대 학습자들의 생활방식에 온라인 교육이 적합하게 되었다. "사람들은 그들의 전 생에 걸쳐서 학습하기 위해 이동학습의 자원과 기회를 추구하고 궁극적으로는 요구하게 될 것이다" (Wagner & Wilson, 2005, p.1).

대학이 온라인 강의로 바꾸는 방법은 여러 가지가 있지만, 어떤 변화든 대개 약간의 걱정과 근심을 안게 된다(Beller & Or, 1998). 예를 들어, 시나리오상으로(인용구로부터), 우리 교수진은 국가적으로 공인받고 독서전문가 시험(Reading Specialist Exam)에서 성공적인 졸업생 합격비율도 가진 좋은 석사과정의 독서교육(Master of Education in Reading) 프로그램을 개발했다. 교수진은 계속해서 프로그램(강의내용)을 평가하고 발전시켜 나갔으며 강의 지원자들의 긍정적이고 용기를 북돋아주는 반응에 만족했다. 2000년 가을, 이사진으로부터 프로그램을 온라인 형식으로 지원하는 것에 대해 토의해 보라는 지시가 떨어졌다. 많은 조사와 토의 후에 교수진은 한 번에 한 강의씩 온라인 형식으로 시험해 보기로 결정했다.

첫 강의는 2001년 봄 학기에 개발되었고 2001년 여름 온라인 형식으로 전달되었다. 학기마다 강의가 추가되었다. 또한 학기마다 교수진은 아이디어, 조사, 도전, 그리고 수강생들의 반응을 공유하였다. 2003년 봄까지 36시간의 석사과정의 독서교육 프로그램이 온전히 온라인 형식으로 전달되었다.

지난 3년 동안, 프로그램은 온라인으로 제공되었으며 동시에 면대면과 화상강의 형태로도 제공되었다. 수강생들은 후보들이 평가와 보충 인턴십을 완료하고 세미나에 참석하는 캠퍼스에서의 3주를 제외한 기간 동안 모든 강의를 온라인으로 들을 수 있다. 모든 강좌는 종신직 재직권을 가졌거나 종신직 지위를 인정받게 될 교직 신분의 교수들이 가르친다. 이 프로그램을 제공받는 대부분의 학생들은 교사로 종사하거나 직장인으로 주로 밤에 수업을 듣는다. 이 프로그램은 전자칠판과 교사들이 집에서 강의할 수 있는 컴퓨터 프로그램, 파워포인트, 비동기적 토론 게시판 질문, 그리고 강의 내용을 전달하는 데 필요한 다른 자료들에 의해서 지원되었다. 학생들에게는 매주 과제가 주어지고(대개 읽기 과제와 교수에게 이메일로 보내지는 쓰기/답변 과제) 대화방 형식의 토론 게시판에서 동료들과 질문 및 답변을 하도록 요구된다. 비동기적 대화(게시되고 나중에 다른 사람들이 볼 수 있는 코멘트, 질문, 답변)가 동기적 대화(실시간으로 이루어지는 대화)보다 선호되었다. 교수들은 자주 학생들에게 강의 필수 읽기자료와 보충 읽기자료를 이용하여 학생들의 흥미에 맞는 소규모 그룹 프로젝트를 하라고 한다. 또한 학생들은 문학 비평, 파워포인트 발표, 그리고 그동안 배운 것을 보여줄 수 있는 그 외 다른 형식을 포함한 학기말 프로젝트를 완성해야 한다.

매 학기 교수들이 대면 수업을 온라인 강의로 바꾸면서 그들은 같은 목표, 읽기자료, 과제 그리고 경험을 통하여 강의 내용의 통합성을 유지하기 위해 애썼다. 몇몇 항목들은 온라인 과제의 본질을 반영하기 위해서 수정되었다. 하지만 가능한 한 대면수업 버전과 유사하도록 수정하였다. 그러나 교수진은 정서적인 요소가 지속가능할지 확신하지 못했고 몇몇은 상호작용과 라포의 수준에 대해 걱정하였다. 초등학교 수업에서 교사 대 학생 및 학생 대 학생의 상호작용과 라포(정서의 공유)는 학생들의 학습동기 유발을 위해 모두 중요하다(Simpson & Galbo, 1986). 상호작용과 라포가 성인 학습자에게도 동기를 부여하고 영향을 미치기 때문에 전국의 교사-교육자들은 온라인 상에서 보여지는 상호작용과 라포가 대면수업에서와 같이 강력할지 우려하였다(Killian & Willhite, 2003; Martinez & Sweger, 1996; Wegmann & McCauley, 2006).

우리 교수진은 처음 몇 강좌를 개발할 동안 많은 질문을 했다: 학생들이 인터넷 기반의 강의를 좋아할까? 개인적 접촉, 웃음, 여담, 핵심을 설명하기 위한 짧은 이야기, 어려운 개념을 명확하게 하기 위한 부가 설명, "일들이 어떻게 진행되고 있는가", 비공식적인 수업 시작 전 농담 등에는 어떤 변화가 일어날까? 이러한 모든 것들은 온라인 학습 공동체(learning community)를 만드는 데 중요하다. 이 모든 것들이 대화에 풍부함을 더해준다. 컴퓨터를 매개로 한 의사소통이 필수적인 강의에서 이러한 요소들에 어떤 일들이 벌어질까? 강의가 발전해 갈수록 다음과 같은 질문들이 고려되었다.

1. 웹기반의 상호작용이 어떻게 의사소통을 쉽게 하며, 순수한 토론, 중요한 의사소통, 또는 참여적인 태도의 기회가 어떻게 온라인에 존재하도록 하는가?
2. 신체적으로 볼 수 없는 온라인 강의에서 교사들은 어떻게 학생들과 라포를 형성하는가?

이 장의 목적은 3년에 걸쳐서 우리 온라인 강좌에서 찾은 상호작용과 라포를 분석한 결과를 토대로 이러한 질문들에 대해 토의하는 것이다. 수업은 평균 12명의 학생들로 이루어졌다. 석사과정의 온라인 독서교육 프로그램 3(online Master of Education in Reading program 3) 강좌가 분석되었다: 처음 2개(읽기 강좌의 기초와 읽기 교육에서 다문화 강좌)는 프로그램의 1년차에 생겼고 세 번째(읽기에서 교재 강좌)는 2년차에 생겼다. 이 장의 나머지는 온라인 상호작용 및 토의와 더불어 교사와 학생들이 확립해야 하는 라포에 대해서 말할 것이다.

방법

데이터 수집은 일정비교방법(constant comparison method)으로 이루어졌다. 우리는 석사 수준의 온라인 강의 3개를 설문조사했는데, 학생들에게 그들 수업에서 이루어지는 토의의 특징에 대해 질문하였다(부록 A의 설문문항 참조). 우리는 게시판 내용을 분석하기 위해서 참여자 관찰 모델을 따랐다. 상호작용의 밀접성에 초점을 맞추기 위해 하나의 토론 게시판을 골라서 그 곳에서 이루어지는 상호작용을 배치, 분류하였다. 프로그램 미팅이 끝날 때쯤 참가자들과 직접 대면 인터뷰를 하여 분석결과를 입증하였다. 우리는 읽기 과정과 강의실 상호작용을 이해하기 위한 이론적인 배경으로 Vygotsky(1978)의 사회적 상호작용 개념과 Rosenblatt의 교류이론(transaction theory, 1994)을 받아들였다. 우리는 또한 *참여자의 태도*(Britton, 1993; Wegmann, 2001)가 *사회적 존재*(Moore, 1991; Shsort, Williams, & Christie, 1976; Stein, Wanstreet, Calvin, Overtoom, & Wheaton, 2005)를 확실시하기 위해 필요하다는 것을 이해하였다. 이 장의 목적은 온라인 상호작용과 토의의 특징 및 본질을 묘사하는 것이다. 온라인 상호작용에 관한 양적 분석(예를 들어, 학부생과 졸업생 강의에서 누가 누구와 왜 상호작용을 하는지, 그리고 교사의 태도가 상호작용에 어떤 영향을 미치는지 정량화하는 것)을 하는 것은 이 장의 범위를 넘어서지만 가까운 미래에는 그럴 수 있기를 희망해 본다.

온라인 상호작용이 컴퓨터 매개 커뮤니케이션을 어떻게 촉진하는가?

상호작용은 어떤 학습에 있어서든 중요한 요소이며(Dewey, 1938; Vygotsky, 1978) 온라인 학습에 있어서 주요 구성체임이 밝혀졌다(Li & Akins, 2005; Shovein, Huston, Fox & Damazo, 2005; Vrasidas, 2002). Simpson과 Galbo(1986)는 상호작용을 "개인과 그룹이 서로를 향해 하는 행동 …… 지속적으로 새로 만들어지는 과정, 가장 포괄적인 감각의 의사소통"이라고 정의했다(p.38). 일련의 토론은 컴퓨터를 매개로 이루어지는데 여기에는 컴퓨터로 매개된 의사소통의 복잡성이 추가된다(Mondada, 2006). 원격교육자들은 4가지 유형의 상호작용을 정의하였다: (1) 학습자-교사, (2) 학습자-내용, (3) 학습자-학습자, (4) 학습자-인터페이스(Hillman, Willis, & Gunawardena, 1994). 마지막 상호작용은 원격교육에 있어서 최근에 생긴 독특한 양상이다. 게다가, 상호작용은 그냥 일어나기만 하지 않는다—그것들은 교수설계(instructional design)의 계획적인 부분이 되어야 한다(Althaus, 1997; King & Doerfert, 1996; Saba & Shearer, 1994; Smith, 2005; Zhang, Perris, & Yeung, 2005). 그렇다면 온라인 상호작용이 실제로 의사소통을 쉽게 만드는가 아니면 사람과 내용 간의 매개체로 작용하는 컴퓨터가 진정한 의사소통을 방해하는가?

몇몇 수준의 상호작용은 교수(teaching)/학습경험의 매 순간 일어난다. 대부분 직접 대면하는 강좌는 평가반응 활성화((initiate respond evaluate: IRE) 패턴을 반영한다(Mehan, 1979). 평가반응 활성화 패턴 내에서 교사들은 주로 질문을 주도하고 학생들의 답변을 구체적인 질문에 맞추어 평가한다. 학생들은 보편적으로 교사 주도의 질문에 대답한다. 교실 내 대화의 전문가들은 평가반응 활성화 패턴이 학생들의 학습에 있어서 최적의 패턴이 아니라는 것을 발견하였다(Cazden, 1988; Mehan, 1979). 대신에, 연구자들은 더 나은 상호작용이 순수한 토론(Dillon, 1994)이나 진정한 대화(Eeds & Wells, 1989)를 통해 이루어진다고 주장했다. 결정적인 대화란 학생과 교사가 참여적인 태도를 보이거나(Wegmann, 2001) 개인적으로 뜻 깊은 방식의 언어(예를 들어 가능성을 탐구하거나 개인적인 질문을 연구하는 것)를 사용한 대화를 말한다. 컴퓨터를 매개로 한 학습이 이루어지는 웹기반의 상호작용을 고려하면 다음과 같은 질문이 생긴다: 순수한 토론, 대규모의 대화 또는 참여적인 태도를 위한 기회가 온라인에 존재하는가?

Bakhtin(1986)에 따르면 모든 발언은 다른 말의 답변이거나 연장선이거나 혹은 기대이다. 이런 일련의 *대화의 고리(dialogic chain)*는 학습과 성장을 위한 평생도구이다; 다른 사람과 상호작용하는 것은 자주 새로운 학습의 계기가 된다. 역사적으로 발언의 본질을 탐구하기 위하여 연구자들은 구술적 상호작용 패턴을 분석해 왔다. 온라인 강좌에서 토론 게시판은 상호작용의 도구로 널리 사용되었다(Burnette & Buerkle, 2004; Waltonen-Moore, Stuart, Newton, Oswald, & Varonis, 2006). 토론 게시판에 있는 일련의 발언은 며칠 또는 학기 전체에 걸쳐 생겨날 수 있다. 온라인 강좌에서 상호작용 패턴을 분석하기 위해서는 면대면 토론 대신에 비동기적 토론 게시판이 발언(대화)의 성격을 결정한다.

예를 들어, 다음 토론은 6일 동안 이루어졌다(표 1 참고). 석사과정 2학기차의 학생인 Kristy는 글쓰기 과정과 이론에 초점을 맞춘 Lucy Calkins 저자의 장(chapter)에 반응했다.

표 1 토론회 엔트리 및 참가자들의 예상되는 행동

참가자, 요일, 날짜, 시각	참가자들의 실제 발언 내용: 교사로서 토론회에서 제기한 문제: Calkins의 이론은 수업에서 쓰기를 가르칠 때 당신이 알고 있는 것과 얼마나 '부합하는가(fit)'?	참가자의 입장을 확인시키는 예상되는 행동
Kristy, 화요일, 2월 11일, 오후 9시 45분	Calkins는 자신의 믿음에 맞게 우리를 가르칠 수 있다고 나는 생각한다. 그녀는 학생들 자체가 작가이며, 그들은 글을 쓸 많은 이유를 갖고 있다고 믿고 있다. 그녀는 또한 그렇게 중요하지도 않을 수 있는 글쓰기에 있어서도 매우 적극적인 자세로 임하였다. 또한 그녀는 학생들에게 문제를 제기하고 그들로 하여금 사고의 깊이를 심화시켜 주었다. Calkins의 태도를 통해 나는 Mathewson의 이론을 깨닫게 되었고, 어떻게 해야 학생들로 하여금 자신들이 중요한 사람이며, 자신들이 좋은 환경 속에 있다는 것을 스스로 느끼게 할 수 있는가를 생각하게 되었다. 만약 우리가 처음부터 우리 학생들의 글쓰기 능력을 믿는다면, 우리는 그들에게 좋은 출발을 제공할 수 있다고 생각한다.	새로운 주제 도입, 의견 공유 다른 글 읽기와 연결하기 의견과 믿음의 공유
Kristy에 대한 Michael의 대응, 수요일, 2월 12일, 오전 8시 24분	학생들은 자신들의 글쓰기에서 의미를 찾기를 원한다. 나는 학생들이 흥미를 느끼는 주제를 제공해 주어야만 한다. 그렇지 않으면 그들은 반 페이지도 쓸 수 없다. 내가 그들이 관심을 갖는 주제를 제시하면 그들은 두 페이지를 쓴다. 나는 나의 수업시간에 별 수고 없이 쓰기 과제를 처리할 수 있다. 나는 고등학교에서 학생들을 가르치는데, 우리가 가장 주안점을 두는 것은 말하기(TALKS)시험이다. 나의 학생들은 이 테스트에서 청취에 피곤함을 느끼고 있다. 또한 학생들은 긍정적인 자기강화가 필요하다. 만약 학생들이 교사가 자신들을 믿고 교사들이 자신들에게 도움을 주려고 한다는 것을 안다면, 그들은 교사를 위해 자신의 과업을 잘 수행할 것이다.	교실에서의 자기 경험과 연결하기 새로운 주제 도입 의견과 믿음의 공유 자신의 생각과 연결하기

Kristy에 대한 Mary Ann의 대응, 수요일, 2월 12일, 오후 8시 20분	당신도 알다시피, 무릇 교사가 어떻게 가르쳐야 하는가에 관하여 그녀가 말한 것 모두가 실제 수업에 적용될 수 없다는 점에 나도 동의한다. 이 분야의 교수들은 학교 현장과 동떨어져 있다. 그녀가 이 책을 언제 썼는가? 1980년이다. 시험을 치르는 것은 미친 짓이다. 실제 상급 학년의 교사들은 학생들이 시험에 합격할 수 있도록 도움을 주기를 원한다. 자신의 수업과 한 해의 상반기에는 나는 친절한 교사들 중의 한 사람이지만, 하반기에는 다른 모습의 교사가 된다는 것을 잘 알고 있다. 학생들은 Clay의 원리를 배울 필요가 있다. 그들은 그 원리를 사용하는 방법을 배워야 한다. 학생들이 지도된(guided) 읽기와 지도된 글쓰기 교육에 한시라도 빨리 노출될수록, 그들에게 더 좋은 일이다. 나는 근접(approximation)의 방법을 사용하지만 학생들 또한 조만간 자신들의 학업성취에 발전이 있기를 원하게 된다는 점을 말하고 싶다. 나는 Matthewson과의 연관성을 볼 수 있어서 기뻤다. 나는 실제로 Calkins의 저작에서 Cambourne을 보았다. 그래서 나는 Cambourne의 이론의 많은 부분—근접(approximation), 기대감(expectations), 책임감(responsibility) 등을 보았다. 나는 이들 이론가, Clay, Cambourne, Calkins에 관해 의문점이 있다. 세 사람 중 누가 가장 앞에 썼는가? 내가 파악하기론 그들간에 수정되고 같은 것에 대해 다르게 재해석하는 것 같다. 다만 Cambourne가 학습과정(읽기와 쓰기)을 분명하게 기술하고 있는 것 같다. 그렇다면 그가 시대적으로 가장 최근의 사람인가? 당신의 생각은 어떠한가?	라포 구축, 의견 공유, "우리 vs. 그들" Michael과 의견 일치 그녀 자신의 수업과 연결하기 다른 읽기와 연결하기 라포 구축, 의견 공유 Kristy와 라포 구축 의아하게 생각하기 (놀라움) 다른 읽기와 연결하기 수업에 의문점 탑재
Kristy에 대한 Caroline의 대응, 목요일, 2월 13일, 오전 11시 17분	Kristy, 당신은 Calkins 논문의 주요 요소들 중의 하나, 즉 구어체 언어는 비단계적으로(non-sequenced), 그리고 전체 과제를 기반으로(whole-task basis) 발달되며, 그래서 쓰기의 경우에도 같은 식으로 보아야 한다는 점을 다루었다. 나의 훈련법과 실제 수업의 많은 부분이 기능 위주(skill-based)로 되었기 때문에 아마도 더 그렇게 느끼는 것 같다. 나는 실제로 나의 패러다임의 많은 부분을 보다 전체 과제기반으로 그리고 비단계적 관점으로 변화시키기 위해 노력하고 있다. 만약 내가 규칙적으로 수업에 참가한다면, 커리큘럼을 넘어서서 목적성을 띤 쓰기 과제에 학생들과 같이할 수 있다면 나의 불안감을 해소하는 데 도움이 될 것 같다.	라포 구축 의견 공유 자신의 생각과 연결하기 자신의 노력 보이기

(계속)

Kristy에 대한 Frannie의 대응, 목요일, 2월 13일, 오후 5시 56분	Calkins는 쓰기 교육에 관해 두 개의 다른 의견을 제시하고 있다. 나는 머리속으로 벤다이어그램을 그려 보았다. 중요한 점은 중간에 겹쳐진 공통 부분인가? 이 두 의견은 모두 장점을 갖고 있는가? 물론 그럴 것이다. 궁극적인 목표는 성공적인 작가를 배출하는 것이다. 이를 위해서는 양쪽 견해로부터 조금씩 얻어야 할 것이다. 작가들은 구조와 빌딩 블록을 필요로 하며, 또한 자유로이 실험하고 자신의 저작을 "느낄" 수 있어야 한다. 이것이 교육자가 매달려야 하는 것이며, 이외에는 다른 방법이 없다. 훌륭한 교사는 이 둘의 적절한 조합을 찾기 위해서 양측으로부터 모두 택할 것이다. 교사가 만약 현명하다면, 평가하는 괴물이 되지 않도록 조심해야 할 것이다.	정보를 조직화하는 방법 제시 의견 공유 다른 읽기와 연결하기 Michael의 의견에 반응하기
Kristy에 대한 Traci의 대응, 목요일, 2월 13일, 오후 8시 10분	문제 제기를 통해 학생들로 하여금 자신들의 사고의 깊이를 심화시키는 것에 대한 당신의 의견은 Carol Avery의 책, *And With A Light Touch*를 생각나게 한다. 그 책은 학생들에게 글쓰기에 필요한 바를 지도하는 여러 예시들로 가득 차 있다. 이것은 가르침을 회피하는 것이 아니라, 문제 제기나 다른 테크닉을 사용해서 학생들로부터 앎을 끌어냄으로써 학생들 스스로 더 많은 것을 발견할 수 있도록 한다.	다른 읽기와 연결하기
Traci에 대한 Kristy의 재대응, 목요일, 2월 20일, 오후 10시 45분	매우 재미있는 책인 것 같군요. 한번 살펴보겠습니다. 학생들은 스스로 생각하는 모든 기회를 가질 필요가 있다고 생각한다. 때때로 우리는 학생들에게 즉각적인 해답을 갖고 있는 문제를 너무 많이 제시해서 그들에게 생각할 기회를 주지 않고 있다.	Traci와 라포 구축 의견 공유 자신의 생각과 연결하기

첫 번째 해석이 글을 적는 것임을 깨닫고 난 후(Mischler, 1991), 우리는 참여자들이 답변을 쓰는 동안 그들이 연결되었을 만한 가능성이 있는 행동을 밝히기 시작했다. 참여자들이 정기적으로 질문에 답을 하고 동료들에게 반응하는 것이 아니라는 것이 곧 밝혀졌다. 그들은 의견을 공유하고 새로운 논제를 소개하고 다른 내용과 연결시켰다. 학생들은 그들이 읽기 과제의 내용을 다음에 연결하고 있다는 증거를 보여주었다.

- 그들의 생각(Michael의 답변; Caroline의 답변; Kristy의 마지막 답변)
- 그들의 교실(Mary Ann의 답변; Michael의 답변)
- 다른 읽기 자료(Mary Ann의 답변; Traci의 답변; Frannie의 답변)

학생들이 썼듯이, 그들은 그들의 읽기와 지난번의 답변에 대해 반성해 볼 수 있었다. Kristy의 마지막 답변은 그녀가 다른 사람들의 답변을 읽고 그들의 관점을 고려해 보았다는 것을 보여준다. 또한 주목해야 할 점은 교사의 목소리가 인용문에 들어있지 않다는 것이다. 이 학생들은 단지 평가반응 활성화(IRE) 토론을 한 것이 아니다(Mehan, 1979). 그들은 확실하게 이론에 관한 그들 자신의 의견을 말하고, 그들만의 생각을 종합하고, 그들이 보기에 두드러진다고 보는 독서의 측면에 주의를 기울였다. 평가반응 활성화 패턴 대신에, 이 토론 게시판의 목록은 어떤 것들을 *참여적인 태도(자세)*라고 불러야 하는지를 나타낸다(Wegmann, 2001). 참여적인 태도는 학생들이 다양한 목적으로 복잡한 문제를 다루기 위해 언어를 사용할 때 나타난다. James Britton은 숙고하여 묵독을 하는 동안 사용하는 언어에 대해서 쓸 때 *참여자(participant)*와 *방관자(spectator)*라는 용어(1993)를 처음 사용하였다. 하지만 이 용어들은 여기에서도 효과적으로 쓰일 수 있는데, 왜냐하면 온라인 강의가 묵독과 글로써 답하는 것을 포함하기 때문이다. 대면이든 온라인이든 참여적 태도를 보이는 학생들은 스포츠 경기 참가자들과 비교할 수 있다. 왜냐하면 그들은 언어를 도구로 사용하여 적극적으로 세상을 이해하기 때문이다. 더 이상 그들은 언어에 대해 말하는 방관자로서 방관적 견지에 서 있는 것이 아니라 궁금해하고 질문하고 추측하는 일들을 대개 언어를 사용하여 해결하려고 한다.

다른 측면에서 보면, 이러한 토론 게시판 상호작용은 또한 그림 1과 같이 나타낼 수 있다.

이 그림은 에피소드가 10여 일에 걸쳐 일어났고, 그중 이틀 동안 가장 빈번하게 일어났다는 사실을 보여준다. 이것은 복잡한 상호작용의 성격과 하나의 토론 게시판 글(목록)이 여러 개의 답변을 생성한다는 것을 보여준다. Kristy의 답변에는 5개의 댓글이 달렸고, 그중 3개는 또 다른 댓글을 생성했다. Bakhtin (1986)은 모든 언사는 대답 혹은 다른 반응을 자극하는 것이라고 주장했다.

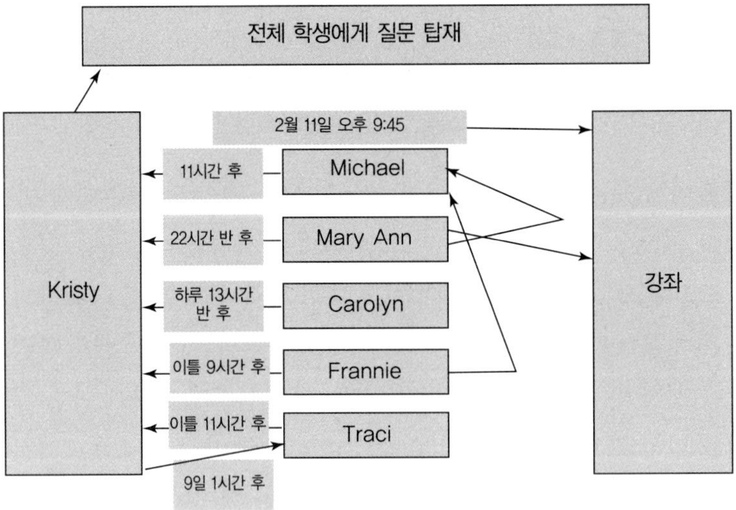

그림 1 토론 게시판 목록(entry)에 대한 그림 설명

Mary Ann은 Kristy의 답변에 반응하며 대화고리(dialogic chain)와 관련된 하나의 예를 제공했다(Bakhtin, 1986). 그녀는 답변에서 Michael의 답변을 언급했을 뿐만 아니라 수업 전체를 도전적이게 만들었다. (사실상 모든 참여자들이 수업 전체를 도전적으로 만들었다고 볼 수 있는데 왜냐하면 모든 참가자들이 토론 게시판을 읽을 수 있기 때문이다.) Mary Ann이 학기말의 설문에 답했을 때 그녀는 토론 게시판에 의한 상호작용이 가장 기억에 남는다고 말했다. 대화고리는 명확했다: 교사의 질문, Kristy의 답변, Mary Ann의 반응 (수업 전체를 향한 도전을 포함한) 등등.

온라인상의 비동기적 토론은 학생들에게 동료들의 코멘트를 되돌아볼 시간을 주고 때때로 심오한 생각을 이끌어낸다(이전의 사례를 보면서 탑재하는 시간이 넓게 퍼져있다는 것에 대한 또 하나의 설명이 가능함). 이러한 성찰의 시간은 직접 대면하는 상호작용에서는 나타나지 않을 수 있으며 특정한 성격 유형에 의해 선호될 수 있다. Lin과 그 동료들(2005)은 성격 유형(psychological type)과 관련된 것으로써 비동기적 온라인 환경을 연구하였다. 참가자들은 그들의 생각을 다시 읽고 명확하게 하는 시간을 준 것이 매우 가치 있었다고 보고했다. 그들의 주된 연구 결과는 성격 유형과 온라인 수업에서 "공존성"을 느끼는 학생들의 능력으로부터 기인되었다. 위에서 인용된 토론 게시판에서, 학생들은 탑재된 질문에 답하거나 다른 학생들이 그들의 답변에 관여하는 동안 참여적인 태도를 취한다고 가정하기 때문에 공존성을 느꼈다.

성찰 시간을 주는 비동기적 토론의 효과는 학기말 학생들의 평가로 확인되었다.

- "나는 온라인으로 내 자신을 표현하는 것이 더 좋게 느껴진다. 말하기 전에 내가 무엇을 말할 것인지 다시 한 번 생각하고 반성할 수 있게 되었다."
- "온라인 토론 포럼은 다른 학생들의 탑재물(postings)에 반응하기 전에 내 생각을 숙고할 기회를 주었고 직접 대면할 때보다 더 깊은 반성을 할 수 있게 해 주었다."
- "한 번 내뱉으면 빨리 잊혀지는 말과 달리 토론 게시판의 쓰기 형식은 나로 하여금 당신의 주요 질문에 좀 더 심사숙고하여 답변하게 하였다. 아마 정규 강의에서는 그런 질문에 같은 깊이로 대답할 수 없었을 것이다. 게다가, 내 답변은 "바람에 사라졌을 것"이다. 대신에 게시판에는 나와 내 동료들의 회고 문서가 있었다. 나는 그것을 인쇄할 수 있었고 이후 공부와 만족을 위해 다시 읽을 수 있었다."

온라인 학생들도 다른 모든 학생들과 같이, 동기와 언어적인 경험의 저장이 다양하다(Rosenblatt, 1994). 이에 더해, 온라인 강좌에서 쓰이는 언어는 구두로 하는 것이 아니라 쓰여지는 것이다. 예를 들어, 만약 학생들이 토론 게시판에 답변을 한다면, 거기에는 즉각적인 피드백이나 스스로의 교정 가능성은 거의 없다. 반면에, 만약 대면하는 수업에서 학생의 답변에 교사가 인상을 찌푸리면, 그는 비언어적인 암시를 눈치 채고 그의 답변을 교정하거나, 수정하거나, 개선할 것이다. 목소리의 어조 또한 온라인 상호작용에서는 없다. 어조나 비언어적인 대화를 통한 암시는 상호작용을 강화한다. 온라인 플랫폼에서, 학생들이 이러한 암시들을 이용하여 답변을 수정할 기회는 없다. 중요한 암시 시스템(cue system)이 없기 때문에 온라인 상호작용은 모니터링하거나 보완하기가 힘들 수 있다.

암시 시스템은 온라인에서 학생들로 하여금 참여적인 태도를 가지도록 하는 데 도움이 되는 라포와 연관되기 때문에, 우리는 학생들이 오디오 나레이션을 추가한 파워포인트를 만들고, 전화로 다른 사람들과 수다를 떨고, 글을 적을 때 이모티콘을 사용하도록 장려했다. 이모티콘은 컴퓨터 키를 통해 만들어지는 그림으로 적혀진 글에 대한 감정적인 의도를 연결시켜 준다. 여기에 우리 학생들이 사용하는 몇몇 이모티콘이 있다.

미소 짓다(smile) :)
찡그리다(frown) :(
윙크하다(wink) ;)
웃다(laugh) :D
열을 올리다(mad) 〉:(
무관심하다(indifferent) :|

이모티콘 사용이나 개인적인 의사소통과 같은 전략은 상호작용과 라포를 강화한다. 교사들이 보고하기를:

- "학생들은 서로에게 매우 협력적이다. 그들은 상상의 공간('ether')에서 상호협력적인 네트워크를 형성한다. 그들은 아이디어를 소규모 집단 내에서 탐색할 줄 알며 그들이 시작한 곳보다 더 나은 곳에서 끝낸다."
- "나는 학생들에게 토론 게시판에 있는 질문에 '완전한(full)' 답변을 작성하는 예를 보여주는 것으로 학기를 시작하였는데 그들이 잘 따라한다는 것을 발견했다. 요즈음 나는 학생들에게 많은 것을 기대하고(규정과 예제들 때문에) 그들은 그들이 얼마나 상호작용적인지 보여주어 자주 나를 놀라게 한다."
- "온라인으로 가르치는 것이 내가 가장 좋아하는 교수 방법이라고 말할 수는 없지만 토론과 상호작용이 꼭 필수적으로 '더 나은 것'이 아니라 '다르다'는 것을 알았다. 루브릭(rubric)을 사용한 것이 도움이 되었다고 생각한다. 나는 학생들이 토론을 진행시킬 것이라고 생각했고 그들은 그렇게 했다! 이것이 우리가 강의를 해 나가는 방식이다."

교수자는 어떻게 온라인에서 라포를 형성하는가?

온라인과 직접 대면하는 강의에서 학생들과 라포를 형성하는 것은 교사의 가장 중요한 일 중 하나이다(Delucchi, 2000). 비록 교사들이 특정 분야에 정통해 있을지 몰라도 학생들과 좋은 라포가 형성되어 있지 않다면 학습은 지지를 받지 못하게 된다. 성인 교육자들은 긍정적인 학습환경을 만들기 위해서 그들의 학생들과 성인 대 성인 라포를 형성해야만 한다(Imel, 1985). 하지만 어떻게 교사들이 실제로 보지도 못하는 학생들과 온라인으로 라포를 형성할 수 있는가? 읽기, 쓰기, 반응하기가 비공식적인 대화와 익살스러운 말로 라포를 형성할 수 있을까? 수강생들이 우리 강의에서 제공한 상호작용과 라포에 대한 높은 만족감을 나타내었기 때문에 우리와 비슷한 여행을 지금 막 떠나려는 사람들에게 몇 가지 제안을 해 주기로 결정했다. 이 장의 나머지 부분에서는 우리의 성공과 함께 상호작용 및 라포 개선책들을 소개한다.

우리는 교사들이 "공적으로도 사적으로도 일과 사회적 상호작용에 종사하려는 요구를 지원하기 위해서는 다양한 방법의 의사소통 방법"을 제공해야 한다는 것을 재빠르게 깨달았다(Haythornthaite, Kazmer, Robbins, & Shoemaker, 2000, para.3). 온라인 강의에서 라포는 어쩌면 학생들 사이 또는 교사와 학생들 간의 개인적인 이메일을 통해서 이루어질 수 있다. 「고등교육 교수진과 운영진에 의한 원격교육 교수: 1998년 가을(Distance Education Instruction by Postsecondary Faculty and Staff: Fall 1998)」(미국 교육부, 1998)에 따르면 원격교육 강좌를 가르쳐 본 교수들이 정규 강좌를 가르쳤던 교수들에 비해 학생들과 더 잘 상호 소통하는 것으로 나타났다. 이 같은 상호작용은 교수의 연구실 재실시간(office hour)이나 이메일의 형식으로 나타났다. 원격교육 강좌를 담당했던 교수들은 총 7.5시간의 재실시간을 가진 반면, 정규 수업을 가르쳤던 교수들은 평균 매주 6.4시간의 재실시간을 가졌다. 뿐만 아니라 온라인으로 수업한 교수들은 평균 매주 4시간 동안 학생들과 이메일로 의사소통한 반면, 온라인 강의를 하지 않은 교수들은 매주 2.6시간만을 사용했다.

하지만 이메일이 온라인 상호작용과 라포를 형성하게 해 주는 유일한 수단인 것은 아니다. 다음과 같이 온라인 상호관계와 라포 형성에 도움이 되는 10

개의 전략이 있다.

1. 각각의 강좌를 "서로 알아가기(getting to know you)" 활동으로 시작하고 학생들로 하여금 서로 친숙해지도록 요구하라.
2. 수강생들이 수행하기 전에 그들의 기술적인(테크놀로지적인) 이해력을 측정하라. 그들의 자각과 능력을 늘리되 한계점까지 늘리지는 않는다.
3. 직접 대면하는 것과 온라인상 모두 정기적인 재실시간을 가져라. 학생들의 스케줄에 맞추기 위하여 온라인 시간을 저녁에 잡는 것을 고려해 본다.
4. 학생 개개인마다 매주 적어도 한 번 만나라(이메일, 토론 게시판 답변(댓글), 과제에 대한 답변 등을 통해서)
5. 과제에 사려 깊고 뜻 깊게 반응하기 위해 문서에 있는 마이크로소프트 워드 문서에 "track changes"나 "add comment" 기능을 사용하라.
6. 가능하면 이메일에 24시간 안에, 과제에는 5일 내에 답장을 하도록 하라.
7. 온라인 강좌를 통한 그룹과제를 만들어라. 참여 수준에 대한 기준을 명시한 주의사항(rubrics)을 추가하고 동료들에게 글 쓰는 책임을 학생에게 부여한다.
8. 수업과정의 중반정도 되었을 때, 학생들에게 이 강의에서 자신들의 상호작용 만족도를 평가하도록 요구하라.
9. 학기동안 다양한 시간에 서로 연락을 취하도록 학생들에게 요구하라.
10. 토론 게시판에 참여한 깊이, 다른 학생들에 대한 반응, 수업 중 이루어진 토론에 기여한 정도, 수업내용 등을 포함하는 피드백을 주기 위한 주의시항(루브릭)을 매주 사용하라.

라포와 관심을 증가시키는 다른 방법으로는 수업과제 형식이 있다. 옆에 코멘트를 달아주고 글꼴의 폰트나 종류 색깔을 바꾸는 것은 학생들을 웃거나 미소 짓게 만든다. 그래픽은 이해를 높일 뿐만 아니라 관심과 유머도 더해준다(DeRouin et al., 2005). 우리 학교 수업에서 가져온 몇 가지 예는 그림 2와 같다.

수업 시간에 교사가 어떻게 도식(schema)을 활성화 내지 창출하는지에 관해 몇 개의 아이디어를 동료들에게 제시하라. 비록 그 당시에는 도식 이론을 몰랐음에도 불구하고, 도처에서 도식 이론이 스며 나오는 곳에서 이미 행했던 몇몇 열띤 수업에 관해 말해야 할지도 모른다.

이 과제를 보고 패닉 상태에 빠지지 마라. 남은 학기 동안 쭉 행해져야 할 일이므로 하나하나 철저하게 과제를 받아들여라. 한 번에 일주일씩. 그러면 당신은 잘 하게 될 것이다.

몇 개의 PRE 코스적인 생각 ……
당신이 이 과제를 해결하는 데 약 한두 시간이 소요될 거야 ……
만약 조용히 앉아서 생각할 시간이 없다면, 시작하지 마라.
…… 그렇다고 당신이 이 친구(로댕의 생각하는 사람)와 같이 벌거벗을 필요는 없어. ☺

그림 2 라포와 그래픽에 대한 관심 증가시키기

결론

온라인 상호작용과 라포에 관한 3년 동안의 분석결과는 다른 상황에 일반화하여 적용할 수 없다. 하지만 최근 3년간의 코스를 통하여 우리는 상호작용과 라포에 대한 교사들의 태도가 온라인 강의 성공의 핵심인 복잡한 의사소통의 문제라는 사실을 깨달았다. Tannen(1995)이 주장했듯이, "의사소통은 당신이 의미하는 것을 말하는 것처럼 그렇게 간단한 것이 아니다"(p.138). 온라인 강좌에서 컴퓨터를 매개로 한 의사소통은 당신이 뜻하는 글쓰기처럼 간단하지 않다. 당신이 뜻하는 것을 쓰는 것(writing)에 있어서 한 가지 장애물은 교사와 학생이 지리적으로 떨어져 있을 때 발생할 수 있는 *교류의 거리(transactional distance)* 혹은 심리적 거리이다.

교사 대 학생, 학생 대 학생 사이의 대화를 늘림으로써 교류의 거리를 줄여야 한다. 이러한 대화는 이메일, 토론 게시판 참여, 또는 개인적인 전화의 형식을 띨 수 있다. 대화는 직접 마주 보고 하는 토론과는 다른 진지한 토론의 형식을 띨 수도 있다. 우리가 지난번 교사들이 참여하는 태도를 유지하기 위해서 한 제안들도 교류거리 감소에 도움이 된다. 온라인 학습은 다양한 형태의 진지한 토론을 가능하게 해주고 이와 더불어 학생들과 라포를 형성하게 해준다. 온라인을 통한 진지한 토론(Dhillon, 1994)은 좀 다르게 보일 수 있지만 직접 마주 보고 하는 면대면 토론과 내용과 실습 면에서 비교할 만하다. 우리 연구의 한 참가자가 보고하기를:

> *나는 기술이 이끄는 세상에 태어났다. 이것은 기술적 의사소통의 새로운 시대이다. 손가락을 이용하지 않고 대화하는 것은 나에게 있어서 자연스럽다—좋고 나쁘냐는 문제가 되지 않는다. …… 이것은 현실이다. 그렇기 때문에, 나는 온라인으로 토론하는 것이 의사소통의 정상적인 형태라고 느끼고 그것은 매우 가치 있는 의사소통 방법 중 하나임이 증명되었다고 느낀다. 나는 온라인 토론을 통해 동료들로부터 많은 것을 배운다. 나는 온라인 토론을 통한 공부의 양에 지치기도 한다. 물론 몇몇 학생들은 어떻게 하는 것인지 배울 필요가 있겠지만 매일 행해지기 때문에 이것은 쉽고 효율적으로 완료된다.*

이 학생은 온라인으로 상호작용하는 것을 편안하게 느꼈으며 "이런 방법을 근간으로 하는 세상에서 활동하며 상호작용을 쌓기 위해" 그녀의 생각을 시간을 들여 설명하는 것에 대해 편안하게 느꼈다(Vrasidas, 2002, p.289). 따라서 온라인 강좌를 개설하고자 하는 교사들은 학생들이 토론 게시판이나 집단 활동에서 서로 대답할 수 있는 충분한 기회가 있다는 것을 확실하게 해야 한다(Ruan & Beach, 2005). 만약 그들이 매력적이고 상호적인 과제에 몰두해 있다면, 학생들은 잠재적으로 긍정적인 관계를 가질 것이고, 따라서 라포 형성과 참여하는 태도를 형성할 가능성이 증가할 것이다.

모든 학생들이 온라인 형식을 받아들이는 것은 아니다. 특히 컴퓨터 사용 초보자들은 말이다. 교사들이 초보 학생들에게 좀 더 세심한 관심을 기울이고 (Meyen & Lian, 1997) 직접 대면하는 시간을 늘려 학생들과의 신뢰를 쌓으면 (Sainsbury & Baskerville, 2006) 이 과정을 촉진할 수 있다. 이러한 세심함은 라포를 형성하여 학생들로 하여금 교사들이 추가적인 도움을 제공하여 그들의 학습을 뒷받침해주고(scaffold) 싶어한다는 것을 깨닫게 해준다. 학생들은 컴퓨터 기술을 익히기 위해서 참여적인 태도를 가지게 되고, 이는 곧 교사와 학생 사이의 교류의 거리를 줄이는 데 도움이 된다. 만약 심리적인 선호에 따른 컴퓨터 사용문제라면 교사는 마찬가지로 세심하게 살펴야 한다. Lin과 그 동료들(2005)이 말하듯이:

> *우리는 개인의 운명을 의도하지 않은 외부의 기술 통제로부터 지키고 자치성을 고취시키기 위하여 다양한 사용자들을 위한 새로운 기술의 장점과 단점에 대해 인식하고 있어야 될 뿐만 아니라 개인적인 맹점을 발견하고 능력을 확장시켜야 한다(p.1810).*

온라인 교사들은 유대활성화를 증진시키는 강좌를 만들어야 하고 그와 더불어 계속적인 상호작용과 참여를 지원, 감독하여야 한다. 매우 효율적인 프로그램에서는 상호작용과 라포 형성을 위해 학생들에게 많은 뒷받침이 제공된다. 이전 학습에 대한 스캐폴딩(scaffolding) 없이 학생이 프로그램의 중간으로 나아가고 있다면, 이때 문제가 발생할 수 있다. 어느 한 교사의 말처럼 "프로그램에서 선수강좌를 이수하지 않은 학생들은 경험이 있는 학생들이 기대하게 되는 것과 같은 방법으로 초반에 서로에게 '존재하기(to bo present)' 에는 어려움을 느낀다."

온라인 형식에서 어떤 학습자들이 성공할 것인가? Gardner(1993)의 다중지능이론이 온라인 상호작용과 라포 형성에 관해 더 나아간 연구를 지시할 것이다. 대인관계와 개인 내의 지능에 의존하는 사람은 분명히 온라인 형태가 "인간적인 차원(human dimension)"을 허용하지 않는다는 것을 발견하고 대인간 교류거리의 효과 때문에 힘들어할 수도 있다. 아니면 오히려 온라인 플랫폼(platform)형태가 직접 대면하는 것 대신 컴퓨터를 매개로 또 다른 새로운 종류의 대인관계 의사소통을 만드는가?

미래 동향

교육에서의 원격학습은 도전하고 풍요롭게 하며, 시간과 공간을 초월하며, 사람과 자원을 연결하는 무한한 평생학습의 문을 열어 주었다(McCombs & Vakili, 2005). 온라인 학습의 기회가 증가할수록 온라인 수업에 대한 우리의 이해도 증가하여야 한다(DeRouin et al., 2005; Wegmann, Price, Robbins, Miller, Higgins, & Breen, 2005). 온라인에서의 라포와 상호작용은 학습에 있어서 중요한 국면이며, 학습이 이루어지기 위해서는 잘 이해되고 지지되어야 한다. 우리는 절대 기술적 이해력에 기대어 부적절한 수업을 보상하려고 해서는 안 된다. "어떤 기술도 질이 낮은 수업(poor teaching)을 극복할 수는 없다; 질이 낮은 수업은 실제로 원격교육의 적용으로 더 악화되었다"(Barker, 1995, para.8). 대신에, 온라인 학습을 같이 해 나가기 위해서 우리는 의사소통의 거리(교류거리: transactional distance)를 줄이고, 학생들의 노력을 뒷받침해 주며, 참여자의 태도를 고취시키는 방법을 찾아야만 한다.

교수진의 일원으로서 우리는 온라인 상호작용에 대한 우리 학생들의 만족도를 알아보기 위하여 설문조사를 통해 좀 더 연구해 보기로 결정하였다(Appendix B). 우리는 부록 B에 있는 것과 같은 도구의 활용이 학생들이 온라인 강의에서 좋은 상호작용과 라포를 느끼고 있는지의 여부를 평가해 주기를 희망한다. 이와 같은 노력은 우리 강좌에서의 사회적 존재감과 참여하는 태도를 증진시키고자 하는 우리들의 희망을 위한 첫걸음에 불과하다.

오늘날 우리는 시, 주, 국경의 경계를 넘어서 학생들을 사이버 강의에 불러 모았다고 말할 수 있다. 그것은 4년 전 전율과 함께 시작되어 계속해서 도전이 되고 있다. 하지만 우리는 교류거리를 줄이고 상호작용과 라포를 증진시켜 평생교육 학습자 공동체를 만들기로 하였다. "이제 우리 말을 들을 수 있나요?" (이제 우리는 상호 의사소통이 되나요?) 답변은 "네(Yes)" 이다.

참고문헌

Althaus, S. L. (1997). Computer-mediated communication in the university classroom: An experiment with on-line discussion. *communication Education, 7*, 158-174.

Bakhtin, M. (1986). The problem of speech genres. In M. Bakhtin (Ed.), *Speech genres and other late essays* (pp. 60-102). Austin: University of Texas Press.

Barker, B. O. (1995). *Strategies to ensure interaction in telecommunicated distance learning.* ACSDE Research Monograph. The Pennsylvania State University. Retrieved August 4, 2006, from http://www.csusm.edu/ilast/vcyear3/transactional/Barker.htm

Barklcy, S., & Bianco, T. (2001). Learning experts examine shortfalls in onsite and online me training. *Performance Improvement Journal, 40*(5). Retrieved August 4, 2006, from http://www.ispi.org/pub1ications/pitocs/pimayjune2001e.htm

Beller, M., & Or, E. (1998). The crossroads between lifelong learning and information technology: A challenge facing leading universities. *Journal of computer Mediated Communication, 4*(2). Retrieved August 4, 2006, from http://jcmc.indiana.edu/vol4/issue2/beller.html

Benbunan-Fich, R., & Hiltz, S. R. (1999). Educational applications of CMCS: Solving case studies through asynchronous learning networks. *Journal of Computer Mediated Communication, 4*(3). Retrieved August 4, 2006, from http://www.ascusc.org/jcmc/vol4/issue3/benbunan-fich.html

Britton, J. (1993). *Language and learning.* Portsmouth, NH: Boynton/Cook.

Burnette, G., & Buerkle, H. (2004). Information exchange in virtual communities: A comparative study. *Journal of Computer Mediated Cotnmimication. 9*(2). Retrieved August 4, 2006, from http://www.ascusc.org/jcmc/vol9/issue2/burnett.html

Cazden, C. (1988). *Classroom discourse.* Portsmouth. NH: Heinemann.

Delucchi, M. (2000). Don' t worry, be happy: Instructor likeability, student perceptions of learning, and teacher ratings in upper-level sociology courses. *Teaching Sociology, 28*, 220-231.

DeRouin, R. E., Fritzsche, B. A., & Salas, E. (2005). E-lcarning in organizations. *Journal of Management. 31*(6), 920-940.

Dewey, J. (1938). *Experience in education.* New York: Macmillan.

Dhillon, M. (1994). *Using discussion in classrooms.* Philadelphia: Open University

Press.

Eeds, M., & Wells, D. (1989). Grand conversations: An exploration of meaning construction in literature study groups. *Research in the Teaching of English, 23*, 4-29.

Gardner, H. (1993). *Frames of mind. The theory of multiple intelligences.* New York: Basic Books.

Haythornthwaite, C., Kazmer, M. M., Robbins, J., & Shoemaker, 5. (2000). Community development among distance learners: Temporal and technological dimensions. *Journal of Computer-Mediated Communication, 4*(2). Retrieved August 4, 2006, from hftp://www.ascusc.org/jcmc/vol6/issue1/haythoruthwaite.html

Hillman, D. C., Willis, D. J., & Gunawardena, C. N. (1994). Learner-interface interaction in distance education: An extension of contemporaiy models and strategies for practitioners. *The American Journal of Distance Education, 8*(2), 30-42.

Imel, S. (1985). *Guidelines for working with adult learners. ERIC Digest, 77* (ERIC#ED299456).

Killian, J., & Willhitc, G. (2003). Electronic discourse in preservice teacher preparation. *Journal of Technology and Teacher Education, 11*(3), 377-395.

King, J. C., & Doerfert, D. L. (1996). *Interaction in the distance education setting.* Retrieved August 4, 2006, from http://www.ssu.missouri.edu/ssu/AgEd/NAERM/s-e-4.htm

Laferri?re, T., Lamon, M., & Chan, C. (2006). Emerging c-trends and models in teacher education and professional development. *Teaching Education, 17*(1), 75-90.

Lao, T., & Gonzales, C. (2005). Understanding online learning through a qualitative description of professors and students' experiences. *Journal of Technology and Teachcr Education, 13*(3), 459-474.

Li, Q., & Akins, M. (2005). Sixteen myths about online teaching and learning in higher education: Don't believe everything you hear. *TechThends, 49*(4), 51-60.

Lin, L, Cranton, P., & Bridglall, B. (2005). Psychological type and asynchronous written dialogue in adult learning. *Teachers College Record, 10*(8), 1788-1813.

Maher, M., & Jacob, E. (2006). Peer computer conferencing to support teachers' reflection during action research. *Journal of Technology and Teacher Education, 14*(1), 127-150.

Martinez, R , Jr., & Sweger, B. (1996). Plugged in: Long distance technology offers benefits and drawbacks to teacher education programs. *Vocational Education Journal, 71*(3), 30-31.

McCombs, B., & Vakili, D. (2005) A learner centered framework for e-learning. *Teachers college Record, 107*(8), 1582-1600.

Mehan, H. (1979). *Learning lessons.* Cambridge, MA: Harvard University Press.

Meyen, E., & Lian, C. (1997). Teaching online courses. *Distance Education, 12,* 166-175.

Mischler, E. G. (1991). Representing discourse: The rhetoric oftranscription. *Journal of Narrative and Life History, 4,* 255-280.

Mondada, L. (2006). Participants' online analysis and multimodal practices: Projecting the end of the turn and the closing of the sequence. *Discourse Studies, 8*(1), 117-129.

Moore, M. G. (1991). Distance education theory. *The American Journal of Distance Education, 5*(3), 1-6.

National Center for Education Statistics (NCES). (2003). *Distance education at the degree granting post-secondary institutions: 2000-2001.* Washington, DC: Department of Education. Retrieved August 4, 2006, from http://nces.ed.gov/surveys/peqis/publications/2003017

Rosenblatt, L. (1994). *The reader, the text, the poem.* Carbondale: Southern Illinois Unix ersity Press.

Ruan, J., & Beach, S. (2005). Using online peer dialogue journaling to promote reflection in elementary preservice teachers. *Action in Teacher Education, 27*(3). 64-75.

Saba, F., & Shearer, R. L. (1994). Verifying key theoretical concepts in a dynamic model of distance education. *The American Journal of Distance Education, 8*(1), 36-57.

Sainsbury, R., & Baskerville, R. (2006). *Distrusting online: Social deviance in virtual teamwork.* Paper presented at Hawaii International Conference on System Sciences, Honolulu.

Short, J., Williams, E., & Christie, C. (1976). *The social psychology of telecommunications.* London: John Wiley & Sons.

Shovein, J., Huston, C., Fox, S., & Damazo, B. (2005). Challenging traditional teaching and learning paradigms: Online learning and emancipatory teaching. *Nursing education perspectives, 26*(6), 340-343.

Simpson, R. I., & Galbo, J. J. (1986). Interaction and learning: Theorizing on the art of teaching. *Interchange, 17*(4), 37-51.

Smith, R. (2005). Working with difference in online collaborative groups. *Adule Education Quarterly, 55*(3), 182-199.

Stein, D. S., Wanstreet, C. E, Calvin, J., Overtoom, C., & Wheaton, J. E. (2005). Bridging the transactional distance gap in online learning environments. *The American Journal of Distance Education, 19*(2), 105.

Tannen, D. (1995). The power of talk: Who gets heard and why. *Harvard Business Review 73*(5), 138-149.

U.S. Department of Education. (1998). Distance Education instruction by Postsecondamy Faculty and Staff. *National Center for Education Statistics* (NCES 2005-155). Washington, DC: U.S. Government Printing Office.

U.S. Department of Education. (2000). 1999-2000 National Postsecondary Student Aid Study. *National Center Education Statistics* (NC ES 2005-165). Washington, DC: U.S. Government Printing Office.

U.S. Department of Education. (2002). The Condition of Education, *National Center for Education Statistics* (NCES 2002-025). Washington, DC: U.S. Government Printing Office.

Vrasidas, C. (2002). A working typology of intentions driving face-to-face and online interactions in a graduate teacher education course. *Journal of Technology and Teacher Education, 10*(2), 273-297.

Vygotsky, L. S. (1978). *Mind in society.* Cambridge, MA: Harvard University Press.

Wagner, E. D., & Wilson, P. (2005). Disconnected. *Training and Development, 59*(12), 40-43. Retrieved August 4, 2006, from http://www.astd.org/astd/Publications/TDMagazine/2005.pdf/Contents_0512.htm

Waltonen-Moore, S., Stuart, 0., Newton, E., Oswald, R., & Varonis, E. (2006). From virtual strangers to a cohesive learning community: The evolution of online group development in a professional development course. *Journal of Technology and Teacher Education, 14*(14), 287-311.

Wegmann, S. J. (2001). *Negotiating the real and the ideal: Four elementary teachers and thc influences on their literacy teaching.* Unpublished doctoral dissertation, University of Florida, Gainesville.

Wegmann, S., & McCauley, J. (2006). *Stances to fricilitate online interaction and rapport.* Paper presented at Society for Information Technology and Teacher Education, Orlando, FL.

Wegmann, S., Price, D., Robbins, M., Miller, M., Higgins, B., & Breen, L. (2005, November). *Developing and sustaining an online program.* Paper presented at College Reading Association, Savannah, GA.

Zhang, W., Penis, K., & Yeung, L. (2005). Online tutorial support in open and distance learning: students' perceptions. *British Journal of Educational Technology, 36*(5), 789-804.

부록 A: 설문조사 예시

1. *온라인 수업에서 토론 행위는 학생들이 반드시 배워야 할 기술인가 아니면 지극히 자연스럽고/정상적인 의사소통 형태라고 생각하는가?*

   나는 토론은 자연스러운/정상적인 의사소통 형태라고 생각한다. 특히 젊은 세대에게는 사람들과 대면하는 것에 비해 온라인상으로 나의 의견을 공유하는 편이 훨씬 편안함을 느낀다. 나의 기술적 기능이 향상되는 것은 분명하다.

2. *만약 온라인에서의 토론 행위가 반드시 배워야만 할 것이라고 생각한다면, 대학 수준의 교육 프로그램에서 학생들은 어떻게 그 기술을 배우는가? 온라인 수업에서 그 기술 습득 과정에 도움이 되는 것은 무엇인가?*

   나는 토론 행위가 배워야만 하는 것이라고 답하지는 않았다. 그러나 수업에서 성찰(reflections)과 반응(responses)을 위한 특정한 시간과 날짜를 (응답의 필요한 횟수도 함께) 갖는 것이 일상적인 일과 초점이 주어지는 일을 설정하는 데 도움이 될 것이라고 생각한다. 내가 답변을 많이 할수록, 그 과정 속에서 내가 느끼는 감정은 더 편안하다. 모든 사람이 반응을 한 것에 대해 나는 진심으로 고맙게 생각한다. 또한 나는 규정 때문에 모든 성찰물을 읽도록 동기화되었었다. 몇몇 교수자들은 모든 사람이 답변을 받아야 한다고 요구하지 않았고, 때때로는 학생들이 온라인상에 있는지 혹은 학생들의 성찰이 엉뚱한 곳으로 가고 있는지도 몰랐다. 학생들이 우리의 성찰에 대해 반응하는 것은 도움이 된다. 모든 교수자가 성찰과 반응 둘 다를 하는 것은 아니다. 의사소통 과정에서 피드백은 매우 중요하다.

3. *대학원 수준의 교육과정(RDG 530)을 시작할 때부터 지금까지 온라인상의*

토론 행위에 대한 당신의 느낌은 변화가 있었는가? 만약 그렇다면 이유가 무엇인가?

그렇다. 맨 처음에 나는 매우 걱정스러웠다. 지금은 나에게 있어 토론 행위는 자연스러운 의사소통과 배움의 확대라고 할 수 있다. 멍청해 보이지 않으려고 했기 때문에 토론을 처음 시작할 때에는 질문하는 것이 두려웠다. 지금은 나는 바로 질문하고 그리고 다른 사람들이 어떻게 생각하는가에 대해서 고민하지 않는다. 아마도 나는 그들을 어디에서도 결코 만나지 못할 테니까!

질문에 감사의 뜻을 전하며!

부록 B: 온라인 상호작용과 라포를 위한 파일럿 설문조사

컴퓨터 숙달도		
1	나는 능숙한 컴퓨터 기술을 가지고 있다	1 2 3 4 5
2	나는 이메일을 통해 대화하는 데 능숙하다	1 2 3 4 5
3	나는 토론 게시판에서 상호작용하는 것이 편안하다	1 2 3 4 5
4	나는 보통 집에서 수업내용에 접근한다(검색한다)	1 2 3 4 5
5	나는 보통 내가 일하는 곳이 아닌, 학교에서 수업내용에 접근한다	1 2 3 4 5
6	나는 보통 내가 일하는 곳인 학교에서 수업내용에 접근한다	1 2 3 4 5
7	나는 보통 공공도서관에서 수업내용에 접근한다.	1 2 3 4 5
온라인 대화		
1	교수자는 온라인 학생들 간에 대화를 장려하기 위한 기회를 만든다	1 2 3 4 5
2	교수자는 나의 질문이나 통찰에 즉각적으로 반응한다	1 2 3 4 5
3	나는 하루 내에 온라인 반응이 되어 있기를 기대한다	1 2 3 4 5
4	교수자는 이메일로 질문에 신속하게 답한다	1 2 3 4 5
5	교수자는 내가 이메일을 사용하여 질문을 하도록 장려한다	1 2 3 4 5
6	나는 이메일에서 교수자가 사용한 학습전략에 만족한다	1 2 3 4 5

7	나는 이 강좌에서 동료들과 온라인 상호작용을 하는 것이 행복하다	1 2 3 4 5
8	내 동료들은 거의 동일한 수준의 신중함으로 상호작용한다	1 2 3 4 5
9	이 강좌에는 상당히 많은 양의 대화가 있다	1 2 3 4 5
온라인 라포		
1	나의 교수자는 내 질문에 대답할 만큼 나를 잘 안다	1 2 3 4 5
2	나는 교수자와 면대면 토론에 쉽게 참여할 수 있을 것이다.	1 2 3 4 5
3	나는 이 코스의 교수자를 알아가는 것이 좋다	1 2 3 4 5
4	나는 이 코스에서 동료들을 알아가는 것이 좋다	1 2 3 4 5
5	교수자는 토론 게시판에 있는 질문에 대답한다	1 2 3 4 5
6	교수자는 토론 게시판에 있는 토론을 이끌어간다	1 2 3 4 5
7	나는 이 강좌에서 토론 게시판을 더 많이 사용하는 것을 좋아한다	1 2 3 4 5
8	나는 토론 게시판에 있는 그룹 작업에 참여한다	1 2 3 4 5
9	나는 이 강좌에서 토론 게시판 활동에 만족한다	1 2 3 4 5
10	학생들 사이에는 이 강좌에서 좋은 라포(rapport)가 있었다고 생각한다	1 2 3 4 5
온라인 자세(태도)		
1	나의 교수자는 우리에게 참여하고 있는 활동들을 마치도록 요구한다	1 2 3 4 5
2	나는 활동들을 완성하기 위하여 내가 수준 높은 사고 기술을 사용했다는 것을 발견한다.	1 2 3 4 5
3	이 코스를 위한 활동들은 나를 생각하게 만들었다	1 2 3 4 5
4	나는 활동들을 마치기 위해서 외부의 자원을 가끔씩 사용했다	1 2 3 4 5
5	나는 숙제가 자극을 준다고 느꼈다	1 2 3 4 5

제3장

온라인 학습과 평생학습:
교수-학습의 변화를 위한 방법

Glenn Finger, Gold Coast Campus Griffith Universify, Australia

요약

평생학습과 온라인 학습의 개념은 호주의 교육정책과 교육과정 개발에서 중심에 위치한다. 이 장에서는 새롭게 출연한 ICT가 학습경험을 변형시키는 과정에 대해 탐색한다. 비활성(inaction), 조사(investigation), 적용(application), 통합(integration), 변형(transformation) 등의 용어를 통해 ICT 활용의 단계를 개념화한 후, 두 개의 상반된 학습환경을 조사하였다. 이 두 환경 중 하나는 호주의 벽촌에 거주하는 4살의 취학 전 어린이부터 15세의 10학년 학생에게 교육서비스를 전달하는 사례이고, 또 다른 하나는 고등교육에서의 성인 학습자를 위한 온라인 학습을 설계하는 데 필요한 차원을 제시한다. 이를 통해 평생학습을 위한 온라인 학습에 대한 통찰을 얻을 수 있다.

호주의 원거리교육 학교(School of Distance Education: SDE)의 사례연구는 전화수업을 사용하여 접속가능성을 향상시킨 기술적 진보를 보여준다. 또한 사례연구는 교육의 전달방법을 변형시킴으로써 구성주의적 교수-학습이 가능함을 보여준다. 다음으로 온라인 학습에서 학습자 만족도에 영향을 주는 요소들에 관한 문헌분석의 종합적 결과를 제공한다.

도입

*평생학습*과 *온라인 학습*의 개념은 호주의 교육정책과 교육과정 개발에서 중심에 위치한다. 이 장에서는 새롭게 출연한 ICT가 학습경험을 변형시키는 과정에 대해 탐색한다. *비활성(inaction), 조사(investigation), 적용(application), 통합(integration), 변형(transformation)* 등의 용어를 통해 ICT 활용의 단계를 개념화한 후, 두 개의 상반된 학습환경을 조사하였다. 이 두 환경 중 하나는 호주의 벽촌에 거주하는 4살의 취학 전 어린이부터 15세의 10학년 학생에게 교육서비스를 전달하는 사례이고, 또 다른 하나는 고등교육에서의 성인 학습자를 위한 온라인 학습을 설계하는데 필요한 차원들을 제시한다. 이를 통해 평생학습을 위한 온라인 학습에 대한 통찰을 얻을 수 있다.

호주의 원거리교육 학교(School of Distance Education: SDE)의 사례연구는 전화수업을 사용하여 접속가능성을 향상시킨 기술적 진보를 보여준다. 또한 사례연구는 교육의 전달방법을 변형시킴으로써 보다 구성주의적 교수-학습이 가능함을 보여준다. 다음으로 온라인 학습에서 학습자 만족도에 영향을 주는 요소들에 관한 문헌분석의 종합적 결과를 제공한다. 이는 온라인 학습에서는 학습자, 교수자, 과정, 테크놀로지, 환경, 그리고 설계의 차원을 고려해야 함을 밝힌다.

평생학습과 온라인 학습

*평생학습*과 *온라인 학습*의 중심에는 ICT로 알려진 새롭게 출연한 테크놀로지가 있다. 2000년, 호주와 뉴질랜드 정부 간 협력적 노력을 이끈 교육부(?)(Ministerial Council for Education, Employment, Training and Youth Affairs: MCEETYA)는 보고서 「온라인 세상에서의 학습: 정보경제를 위한 학교 행동계획(Learning in an Online World: The School Action Plan for the Information Economy)」을 확인했다(MCEETYA, 2000). 같은 해에는 호주의 교육분과

(Department of Education, Training, and Youth Affairs: DETYA)가 「지식사회를 위한 학습: 정보경제를 위한 교육과 훈련(Learning for the Knowledge Society: An Education and Training Action Plan for the Information Economy)」를 발표했다(DETYA, 2000). 두 보고서는 "ICT가 학교교육을 변화시키고, 모든 학습목적의 성취에 공헌할 잠재성을 가지고 있다는 교육적 비전을 제공한다(MCEETYA ICT in Schools Taskforce, 2005, p.3).

MCEETYA는 동시대 학습에서 ICT의 본성과 역할을 조사하고 이해할 책임을 지는 MCEETYA 학교 정보통신기술 위원회(MCEETYA ICT in Schools Taskforce)를 발족하였다(MCEETYA, 2003, p.3). 특별히 MCEETYA 학교 ICT 위원회는 보고서 「온라인 세상에서의 학습」에서 확립된 5개의 주요 행동영역에 관한 보고서를 MCEETYA에게 주기적으로 제출하도록 되어 있다(MCEETYA, 2000). 5개의 주요 행동영역은 *사람*, *인프라*, *내용과 서비스*, *지원 정책* 그리고 *규제* 등을 포함한다. 뉴질랜드에서도 보고서 「디지털 호라이즌(Digital Horizons: Learning through ICT)」(Ministry of Education, 2003)에서 6개의 주요 행동영역을 중심으로 틀을 확립했다. 6개의 행동영역은 *학습자*, *교사*, *리더*, *마오리*, *가족*, *공동체*, *비즈니스*와 *이해관계자*, *커리큘럼*과 *학습자원*, 그리고 *인프라* 등이다. 이러한 정책은 교육시스템, 학교, 교사, 학생 그리고 온라인 교수-학습을 위한 공동체에 강력한 비전을 제시한다.

호주의 모든 지역과 호주 교육연구협회(Australian Association for Research in Education), 호주 교육연구위원회(Australian Council for Educational Research), 호주 연구협회(Australian Research Council), 연구협회장교육(Deans of Education), 교육/과학/훈련부(Department of Education, Science and Training)의 자문을 맡고 있는 MCEETYA 학교 ICT 위원회는 흥미로운 연구전략을 개발하였다. 연구전략은 ICT 연구에 대해 우선순위를 갖는 연구영역을 정했다. 이는 "온라인 세상에서의 학습 2003~2006" (MCEETYA, 2003)에서 규명된 것으로 학교교육과 학생의 학습, 형평성 이슈, 교사개발 그리고 감찰과정의 변화하는 본성 등을 포함한다. 특별히, 연구전략은 ICT 활용과 영향력과 관계된 ICT 연구는 반드시 다음의 공통되는 차원을 고려할 것을 제시하였다.

- **학습의 조건**: 효과적인 학생, 교수자, 그리고 공동체 참여에 필요한 조건을 제공하고,
- **학습 가능성**: 학습을 얼마나 변화시키고 풍부하게 하며 확장시키는지를 탐색하고,
- **교육의 효과성**: 효과적인 교육과정, 교수, 학생학습, 평가, 학교변화를 확인하고
- **형평성**: 향상된 성취뿐 아니라 적합한 학생, 교수자, 공동체 접근성, 참여 그리고 만족감을 제공한다.

21세기에 들어 호주에서 개발된 교육과정은 학생들이 미래지향적이고, 복잡성이 높아지는 테크놀로지 세상에서 효과적으로 사고할 수 있기를 요구한다. 교육과정 설계와 실행의 근원적인 동인은 학생들이 평생학습을 위한 기술을 갖추어야 하고, 비판적 사고를 할 수 있으며, 지적 참여를 할 수 있어야 한다는 대전제이다. 간체계적(intersystemic) 교육과정 개발 및 승인주체인 퀸즈랜드 연구당국(Queensland Studies Authority: QSA)은 모든 교육과정 문서는 학생들이 평생학습자가 되도록 도울 수 있게 설계되어야 한다고 지적한다. 평생학습자의 주요한 속성은 다음과 같다.

- 심도 있는 이해를 갖춘 지적인 사람
- 복잡한 사고를 하는 사람
- 창의적인 사람
- 적극적인 조사를 하는 사람
- 효과적인 의사소통자
- 독자적인 세계의 참여자
- 성찰적인 자기주도적 학습자 (QSA, 2003, p.3)

이러한 속성들은 학생들이 사고하는 기술을 활용하여 정보를 획득하고 처리할 것을 요구한다. 사고하는 기술은 개인적 혹은 집단적인 많은 선택을 해야 하고, 여러 개의 대안들이 공존하는, 빠르게 변화하는 새로운 시대에서 필수불가결한 도구이다(Young, 2005). 많은 교육가들은 미래의 일꾼과 시민에게 새

로운 정보를 이해하고 배우는 능력은 특별한 내용지식보다 훨씬 중요할 거라 믿는다(Gough, 2002). 중요한 것은 이것이 교수-학습의 변화를 촉진한다는 점이다.

변화된 교수-학습

전 세계의 많은 교육체제나 교육연구자들이 채택하는 학교교육모델은 학생과 교사가 학교라는 공간에 물리적으로 존재한다고 전제한다. 이들은 이러한 모델을 근간으로 연구와 새로운 시도들을 기획한다. 이러한 모델은 학생과 교사들이 면대면 교수-학습 상황을 만들기 위해 각자의 집에서 학교나 교실과 같은 물리적 공간으로 이동해야 함을 암시하고 있다. 컴퓨터와 인터넷으로 구현되는 새로운 테크놀로지의 출현은 이러한 모델을 변형할 수 있는 새로운 가능성을 제시한다.

교사에 의한 발전단계를 개념화하면서 Trinidad 등(2005)은 *비활성(inaction), 조사(investigation), 적용(application), 통합(integration), 변형(transformation)* 등의 단계를 거친다고 설명한다. 표 1에 따르면, Trinidad 등은 적용과 통합 사이에 "결정적 활용의 경계"를 포함시켰다. 이는 ICT가 학습환경을 지원하기 위해 매우 중요해 보인다.

표 1에 개념화된 단계들은 온라인 학습과 관련한 정책과 시도에 대한 분석을 도와준다. 「2004~2006의 학교를 위한 학습기술계획(Learning technologies plan for ACT Government schools and preschools)」에서는 '우리가 가르치고 배우는 방법을 바꾸자'라는 부제목을 내걸고, 향후 3년 후 러닝테크놀로지가 어떻게 유치원과 취학학생들의 ICT 학습을 변형시킬 것인가에 대한 실제적인 비전을 제시하였다. 유사하게 Tasmania 교육분과(DET)에서는 "21세기의 변화하는 세계 속에서 학교의 변화는 모든 학생들이 자신의 학습에 더 깊이 관여하고, 학습환경을 넓히며, 교육과정과 지역사회를 실제적으로 연결할 수 있는 능력을 기르는 것에 초점을 맞춘다"(DET, 2005, p.1)는 것을 강조하였다. 그러므로 온라인 학습은 교수-학습을 변화시키기 위해 ICT를 활용하는 방향으로 진행되고 있다.

표 1 교사 발전의 단계

	주요 차이점
비활성	활동과 관심이 없다.
조사	학생과 ICT를 활용하는 것에 대한 관심이 높아지고, 이러한 관심을 행동으로 전화하기 시작한다.
적용	교사들은 주기적으로 ICT를 활용하고, 유능하고, 자신 있게 사용하는 방법을 안다.
	결정적 활용의 경계
통합	ICT가 학습환경을 지원하고, 학생들이 학습성취를 이루는 데 중요한 요소가 된다.
변형	교사는 ICT 활용에서 리더의 역할을 할 수 있게 되며 자신과 타인의 통합에 대해서 지적인 성찰이 가능하다.

출처: Trinidad et al., 2005, p.8

Doig(2005, p.38)는 박사논문에서 다음을 주지하였다: Goodlad(1984)는 축적된 변화를 통해 학교를 향상시키는 것과 급진적인 혁신을 통해 학교를 넘어서는 것을 구분하였다. Doig는 축적된 변화란 학교 내에서의 지속적인 향상, 즉 *첫 번째 단계의 변화*를 다루는 반면, 급진적인 혁신은 체제의 관점변화를 통해 교육을 변화시킨다는 *두 번째 단계의 변화*를 다룬다고 설명하였다(Ellyard, 2001; Senge, 1990). Doig가 제안한 모형(그림 1)은 "개인에 영향을 주는 변화에서 전체 체제에 주도적인 영향을 주는 변화로, 또한 소규모의 변화에서 심오한 붕괴를 유발하는 변화" (p.38)로 이동하는 과정을 표현하였다.

Doig는 Russell과 Finger(2004)가 문헌에서 제시한 바 있는 3단계, 즉 *기술획득(skill acquisition)*, *교수학습 신장(enhancing teaching and learning)*, *변형된 실천(transformative practices)*을 통합하여 학교에서 ICT를 실행하는 단계들을 통해 이러한 혁신을 개념화하였다. Russell과 Finger(2004)에 따르면 *기술획득*은 교육과정을 전체 혹은 IT 관련 기술, 지식, 과정, 태도가 강조되는 분리된 교과에서 도구로서 ICT를 활용하는 것을 의미한다. *교수학습 신장*은 ICT 활용이 주어진 교육과정이나 학습과정에서 학생들의 학습결과를 높이는 도구로

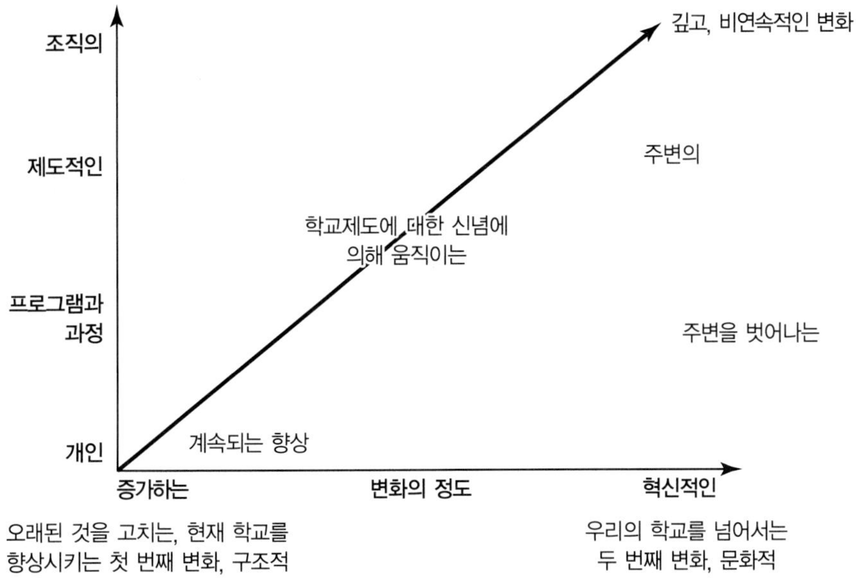

그림 1 교육에서의 혁신이론의 개념화 (출처: Doig, 2005, p.38)

사용되는 것을 말한다. 마지막으로 *변형된 실천*은 ICT가 더 넓은 차원의 교육과정 개혁의 중요한 요소로 사용될 때를 가르킨다. 이러한 개혁은 학생들이 어떻게 배우는가뿐만 아니라 무엇을 배우는가도 변화시킬 것이며 학교교육의 조직과 구조를 바꾸는 차원에서도 중요한 요소가 된다. 이러한 모델은 앞서 제시한 Trinidad(2005, p.8)에 의해 제안된 교수개발 단계와 연계되어 더 견고하게 구축될 수 있다.

그림 2에 나타난 바와 같이 이는 이론화될 수 있다. 즉, 주어진 모델의 어떤 지점에 위치한 상황이라 하더라도—개인에서부터 시스템 차원까지, 혹은 비활성에서 변형까지—모델에 근거하여 온라인 학습을 시도했을 때 그 영향력과 목적을 결정할 수 있고, 온라인 학습을 시도한 목적이 기술획득과 교수학습 신장, 혹은 교수학습의 변형을 가져올 수 있을지 여부를 판단할 수 있다.

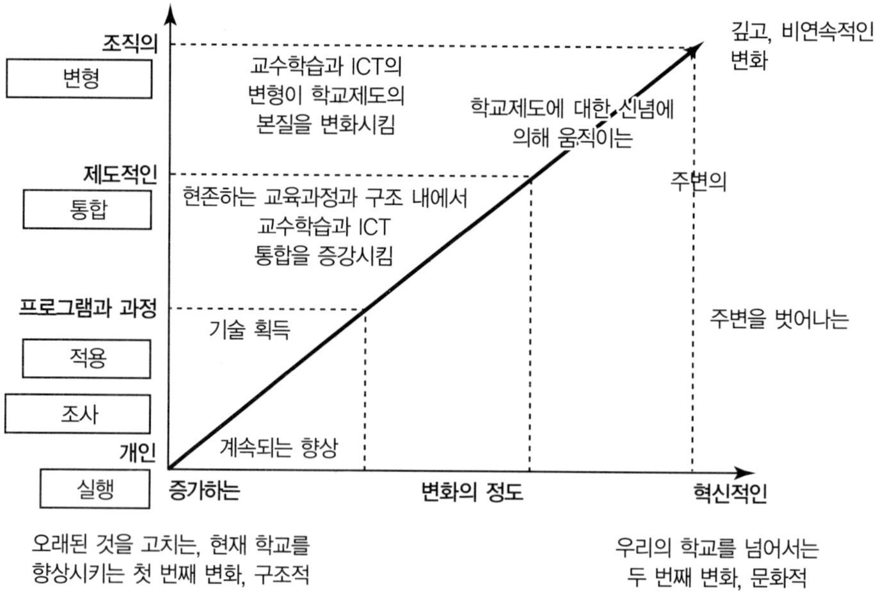

그림 2 교육과 ICT 활용에서의 혁신이론의 개념화 (출처: Doig, 2005, p.41)

사례연구: 찰리빌 원격학교

호주와 전 세계의 많은 학교들이 기술 지원과 학생들을 위한 학습경험의 공급을 늘리고 있음에도 불구하고, 호주의 많은 지방과 벽촌의 젊은이들은 주요 의사소통 도구로써 HF 라디오만을 가진 경우가 많다. 광대역 인터넷 연결망을 통해 전 세계와 연결되어 있는 (도시지역) 호주 젊은이들의 커뮤니케니션 인프라 수준과는 현저하게 대조적으로, 도시에서 동떨어진 지역의 가족들의 현실은 먼 거리로 인해 매일 학교에 등교하는 것조차 어려운 상황이다. 인프라 구축에 필요한 비용 때문에 인구가 밀집한 지역에 사는 사람들이 당연하게 누리는 이러한 커뮤니케이션 시스템을 이들에게 제공하기 어렵다. 호주의 서남쪽 퀸즈랜드에 위치한 찰리빌 원격학교(Charleville School of Distance Education: SDE) 사례연구는 벽촌에 거주하는 학생들의 현실을 고려하였다. 또한 동시에 전화를 통한 교수방법의 소개와 교수-학습을 변형시키기 위한 온라인 학습의 적용가능성을 평가한 연구로 발표하였다.

찰리빌 SDE는 호주의 퀸즈랜드 주의 수도인 브리즈번에서 서쪽으로 약 750킬로미터 떨어져 있다. 이전에는 찰리빌 방송학교(Charleville School of the Air)로 불렸던 찰리빌 SDE는 1966년 설립되었으며, 오늘날 퀸즈랜드 남부 벽촌에 거주하는 유치원부터 10학년 사이의 학생 300여 명에게 원거리교육(distance education)을 제공하고 있다. SDE를 통해 제공되는 교육내용은 퀸즈랜드 학교당국이 결정한 교육과정에 따른다. 이에 따라 호주교육회와 퀸즈랜드 학교교육과정협회에서 채택한 8개의 주요 학습영역(Key Learning Areas: KLA)이 다루어진다. KLA는 영어, 체육, 외국어(영어 이외의), 수학, 과학, 사회 및 환경, 기술, 예술 등을 포함한다. 그러므로 찰리빌 SDE에 재학하는 학생들은 아들레이드(Adelaide) 선언(MCEETYA, 1999)을 통해 호주 전역의 학교에서 제공되는 학습내용을 충실하게 반영한 학습활동에 참여하게 된다.

벽촌의 학생들은 호주의 다른 학생들과 같은 내용의 교육과정을 배우게 되나, 프로그램의 제공방법은 다르다. 이들이 전통적인 개념에 따라 학교에 물리적으로 출석하는 것이 어렵기 때문이다. 교육 프로그램은 인쇄매체, 방송수업, 그리고 학생과의 면대면 접촉을 제공하는 현장서비스를 통해 제공된다. 로열 플라잉 닥터(Royal Flying Doctor) 서비스와 연결된 원거리 가족 재단을 세우면서 방송수업은 HF 라디오를 통해 제공되었으며, 1997년부터는 SDE가 HF 라디오의 대체물로 전화를 사용하기 시작하였고, 현재는 모든 주요 수업을 전화를 통해 제공한다. 각 가정에 학생들이 수업에 참여할 수 있는 헤드셋과 마이크로폰 설비가 부착된 전화기를 제공하였다. 학생들은 가정의 배경소음을 제거하여 명확한 커뮤니케이션을 가능케 하는 버튼을 눌러 교사나 다른 학생들과 의사소통을 할 수 있다.

전화기는 또한 스피커 기능을 가지고 있어 홈 튜터(home tutor)가 수업을 들을 수 있게 한다. 홈 튜터(학생의 어머니인 경우가 많다)의 중요한 역할은 학습의 촉진자이다. 각 가정은 학교방(schoolroom)이라는 공간을 마련하고, 여기서 홈 튜터의 감독과 지원과 함께 학습활동이 진행된다. HF 라디오에서 전화기로의 기술적 전환은 인터넷 연결을 소개할 수 있게 하였고, 학생과 교사 간의 자료이동을 가능하게 하였다. 이는 동시적, 비동시적 교수학습과 정보접근과 커뮤니케이션의 새로운 수단을 활용할 수 있는 가능성을 여는 온라인 학습 환경으로의 중요한 발전을 대표한다.

도입: 호주 벽촌의 수업 공간

저자는 보통의 교육저널이나 책에서 깔끔한 기술을 위해 논의하지 않는 사항들에 대해 언급하지 않으면 이 사례연구를 진전시키기 어렵다는 것을 설명한다. 사례연구의 맥락에 대한 이해를 돕기 위해 저자가 찰리빌에서 비교적 근접한 거리에 위치한 가족을 방문한 실례를 간단하게 제시한다.

호주 벽촌에서의 '거리'는 인구가 밀집한 도시에 사는 사람들이 쉽게 이해하기 어렵다. 이 지역에서는 가장 가까운 이웃이 200킬로미터 이상 떨어져 있다. 또한 울퉁불퉁한 진흙길 때문에 이웃을 방문하려면 4륜 구동의 자동차를 사용해야 한다. 또한 우천시에는 진흙길을 이동하는 것이 어렵기 때문에 날씨를 확인하고 방문하고자 하는 가족이 집에 있는지를 확인하기 위해 무전연락을 미리 하는 것이 일상화되어 있다. 저자는 방문가정에 도착해서 출입문에서 환영의 미소를 보내는 아버지와 아들을 만났다. 아버지의 설명에 의하면 그들이 살고 있는 건물은 우편함이 있는 출입문에서 수킬로미터가 떨어져 있어, 날씨가 허락하는 때 우편물이 도착하는 날짜인 목요일 이후에 일주일에 한 번 정도 출입문에 있는 우편함에 들른다고 했다. 집에 도착했을 때 가족의 고립감과 집 구조의 미개성은 21세기의 호주임을 믿을 수 없을 정도였다. 빠르게 변하는 기술적 환경을 갖춘 호주의 한 지역임에도 저자가 방문한 가족은 수돗물과 전력조차 공급받지 못하고 있었다. 가족은 그들이 어떻게 1리터의 물로 샤워를 하는지와 벽이 2개뿐인 화장실에 대해서, 그들의 집에서 떨어져 있는 학교방에 대해서 설명했다.

아이들이 수업을 하는 학교방은 집에서 떨어진 곳에 임시변통으로 만들어진 건물이었다. 바닥은 흙과 시멘트의 혼합물로 만들어졌다. 나무줄기들이 지붕을 떠받치고 있었고, 환기는 길이가 다른 나뭇가지에 의해 조절되고 있었다. Bushy라는 나이 많은 아들이 목장에서 돌아와 책상에 자리를 잡고는 10학년 수학수업을 듣기 위해 헤드폰을 썼다. 교사는 학생들의 출석을 확인한 후, Johnny Farnham의 노래 "We're Not Gonna Sit in Silence"의 가사로 수업을 시작하겠다고 말했다. 이는 원거리교육이 교사와 학생들의 목소리가 침묵 속에 묻히지 않게 하는 데 얼마나 큰 도움이 되고 있는지를 떠오르게 했다.

연구의 초점

여기에 기술된 연구의 초점은 Hobb, Finger, Torrisi-Steele(2000)의 연구에서 발전된 것이다. 그들은 연구에서 방송수업에서 HF 라디오보다 유리한 전화의 특성들을 평가하였고, 이후 전화 수업을 통해 학생들에게 구성주의 교수학습 환경을 제공할 수 있게 되었다는 것을 내용으로 하는 Rotolo(2001)의 연구로 확장되었다. 전화를 사용한 수업경험과 이후 온라인 학습으로의 전환에 대한 학생, 홈 튜터, 교사의 관점이 논의로 이어진다.

결과와 전망

교사와 같이 홈 튜터들도 HF 라디오 대신 전화를 통한 수업에 긍정적으로 반응했다. 홈 튜터들은 전화수업을 통해 교사와 학생의 모든 대화를 명확하게 들을 수 있어 그동안 느낀 좌절감을 덜 수 있었다고 한다. 더구나 학생들은 더 명확하게 교사의 말을 들을 수 있어 수업내용을 명확히 하는 데 드는 시간낭비를 줄일 수 있었다. 학생들의 동기, 열정, 학습이 실제적으로 향상되어 HF 라디오를 전화수업이 대체하는 것이 강력하게 지지되었다. 전화수업을 통해 학생들은 교사-학생, 그리고 학생-학생 간 대화를 촉진시켰고 더 명확한 의사소통을 할 수 있었다(Hobbs et al., 2000). 홈 전화시스템은 최소한의 훈련 장비를 필요로 한다는 점도 전화수업시스템의 중요한 장점의 하나이다.

홈 튜터의 의견과 일치된 결과가 학생들의 설문결과분석에서도 나타났다. 학생들은 HF 라디오보다 전화수업이 더 우월하다고 느끼는 것으로 나타났다(Hobbs et al., 2000). 학생들은 전화수업에서의 학생지원이 HF 라디오를 사용할 때보다 훨씬 강력했고, 모든 방송수업이 전화를 통해 이루어져야 한다고 생각했다. HF 라디오와 비교했을 때 전화수업의 긍정적인 차이는 학습량, 속도, 효율적인 시간활용, 참여의 기회확대, 그리고 보다 즐거운 수업 등의 측면에서 나타났다(Hobbs et al., 2000). 학생과 홈 튜터와 마찬가지로 찰리빌 SDE의 교사들도 수업의 전달에서 HF 라디오보다 전화수업 시스템의 활용을 지지했다. 전화수업 시스템에서의 의사소통의 명료함과 대화중심의 환경은 수업시간을 효율적으로 쓸 수 있게 할 뿐 아니라 다양한 수업전략을 활용할 수 있게 한다.

연구결과는 Garrison(1993)의 교섭적 구성주의(transactional constructivism)의 원리와 Hardy, Olcott(1995)의 전화수업의 목표에 대한 견해인 "높은 수준의 상호작용을 생산하고, 학생들의 자율권과 학습과정에서의 상호의존성을 촉진하며, 교수자들이 풍요로운 학습경험을 조성하도록 촉진한다" (p.53)는 의견을 지지한다. 이 연구는 찰리빌 SDE의 교사들이 교수전략을 활용하고, 구성주의 교수학습 철학의 주요한 원리인 상호작용을 활성화시키도록 유도했음을 보고하였다.

연구결과는 교사들이 구성주의 교수전략과 학습활동을 활용하였음을 보여주었다. 가장 많이 활용된 전략은 교수자가 학생들의 개인적인 요구를 채워줄 수 있게 된 것과 학생들의 배경지식을 활용할 수 있게 된 것이다. 이러한 결과는 구성주의 환경에서 교수자가 학습의 역동적인 본질을 인식하고, 학습의 단계와 실행에서 융통성을 발휘해야 함을 주장하는 Garrison의 주장을 지지한다.

결과에 따르면 전화의 쌍방적 의사소통 채널을 통해 찰리빌 SDE의 교사들의 직면한 이러한 도전에 잘 대응할 수 있었다.

연구는 교사들이 학생들의 사전 지식을 적절히 활용했다는 것도 밝혔다. Brown, Collins, Duguid(1989)에 따르면 "구성주의 환경설계에서 가장 중요한 이슈는 실재성이다. 즉, 학습환경이 얼마나 그 문화의 일상적인 실천을 신뢰롭게 구현했는가의 문제이다" (p.21). 연구결과는 또한 "성공적인 텔레컨퍼런스는 교사가 학생의 요구에 적합한 학습활동을 제공할 수 있는 능력에 달려있다" (p.41)는 Anderson과 Garrison(1995)의 연구결과와도 일맥상통한다.

교사들은 학생들에게 자신의 아이디어와 다른 사람의 아이디어에 대해서 성찰할 수 있는 기회를 제공할 수 있었다고 보고하였다. 이는 의미 있는 지식은 개인의 성찰과 사회적 대화를 통해 구성되고 타당화된다는 Garrison의 교섭적 구성주의(transactional constructivism)의 원리를 지지하는 결과이다. 전화가 성찰을 지지한 매체인가 아닌가에 대해서는 논쟁이 계속되고 있으나(Laurillard, 1993) 이 연구에서의 결과에 따르면 학생들의 자기성찰이 일어났음을 교사들이 보고했고, 이러한 결과는 찰리빌 SDE의 전화를 이용한 교수-학습 환경이 구성주의 환경임을 증명하는 것이다.

교사들은 전화를 이용한 교수-학습 환경이 교사와 학생, 그리고 학생과 학생 간의 상호작용을 통해 학습자 공동체 형성을 지원하였음을 보고하였다. 향상된 상호작용은 효과적인 학습의 중요한 요소임이 Dymock과 Hobson(1998)에 의해 강조된 바 있다. 이는 전화와 같은 텔레커뮤니케이션 기술의 결과로 가능해진 쌍방적 의사소통과 상호작용은 원거리 학습의 효과성에 중요한 영향력을 가져왔다고 주장하는 Garrison과 Shale(1990)에 의해 다시 한 번 지지되었다. 또한 Garrison(1993)은 지속적인 상호작용이 없다면 학습자는 심도 있는 이해에 도달하기 어렵고, 정보습득을 넘어서는 활동을 하도록 촉진하기 어렵다(p.205). 연구결과는 찰리빌 SDE에서의 전화를 활용한 교수-학습환경은 교수전략 요소와 상호작용에 대한 교사들의 인식을 측정한 결과에 따르면 본질적으로 구성주의적임을 발견하였다.

HF 라디오에서 전화를 특정 수업으로 그리고 온라인 학습까지

Garrison은 테크놀로지와 원거리교육은 뗄 수 없이 밀접한 관계이며, 모든 형태의 원거리교육은 테크놀로지에 의해 중재된다고 주장하였다(Garrison, 1985). Garrison(1985)의 관찰에 의하면 "원거리교육에서의 세대의 발전은 시스템 용어로 표현해서, 고유한 전달체계를 통합하는 기술적 능력의 차별성에 따라 구성된 위계적 구조로 표현된다" (p.236). *제1세대*의 전달방식은 인쇄문자와 우편시스템을 사용하였다. 이는 교사와 학생 간의 속도가 늦고, 밀도가 떨어지는 쌍방적 의사소통을 가능케 하였다(Nipper, 1989). HF 라디오, 전화, 그리고 텔레컨퍼런싱은 전달체계의 *제2세대*를 열었다. '텔레커뮤니케이션' 이라는 용어는 목소리, 비디오, 그리고 정보전달을 위한 신호를 보내고 받기 위해 유선, 라디오, 광학 혹은 전자기적 채널을 사용함을 의미한다(Olgre & Parker, 1983, p.330). 컴퓨터 테크놀로지는 원거리 교육의 전달체계의 *제3세대*를 가능케 하였다. 3세대는 교육과정에서 참여자 간의 대화를 촉진하는 커뮤니케이션 테크놀로지의 사용이 특히 강조되었다(Kirkwood, 1998). 커뮤니케이션 네트워크나 위성 기술은 쌍방 비디오컨퍼런싱이나 일방 혹은 쌍방의 오디오 커뮤니케이션을 사용한 실시간 상호작용이라는 새로운 형식을 지원하였다(Passerini & Gragner, 2000). *제4세대* 원거리 교육은 인터넷 테크놀로지의 출현으로 도래하였다. "인터넷 테크놀로지는 강력한 협력적 학습요소를 추가하면서 이전 세대의 전달 메커니즘의 통합된 활용을 가능케 하였다(Passerini & Granger, 2000, p.3). Passerini와 Granger(2000)는 단계적으로 이루어지는 객관주의적 방법론과 융통성 있는 설계, 그리고 구성주의 전략을 통합한 하이브리드 모델을 통해 보다 풍부한 학습환경을 제안하였다.

커뮤니케이션 기술이 높은 수준으로 발전하면서 원거리 교육에서 혁신적인 교수방법이 창조되었다. 전화를 교사와 학생 간의 주요 접촉수단으로 사용할 때 테크놀로지 수준에서는 2세대 기술이지만 이는 인터넷과 같은 새로운 테크놀로지를 지원하는 인프라 구축을 가능케 한다.

온라인 학습의 시작

2001년 HF 라디오를 대신해 전화수업이 소개된 이래, 방송-전화 수업을 향상시키기 위한 방법을 탐색하기 위하여 2005년 7월부터 11월까지 IDL 파일럿 연구가 진행되었다. IDL은 인터넷을 통해 실시간 전달체계를 갖춘 상호작용 멀티미디어의 활용에 관한 것이다. 교사들은 수업내용을 개발하고, 개념을 제시하고 개별화된 과제를 제시하며 학생들의 과제를 공유할 수 있다(Charleville SDE, 2005; http://www.Charlevside.qld.edu.au/site/ curriculum.htm).

또한 교사와 학생들은 *학습공간(The Learning Place)*을 통해 퀸즈랜드(Queensland) 교육부에서 개발한 온라인 학습자료에 접속할 수 있다(Education Queensland, 2005a; http://edcation.qld.gov.au/site/learningplace/). 활용가능한 자원은 채팅방(chat room), 코믹 챗(comic chat), 블로그, 프로젝트룸, QMOOnity, 보이스 컨퍼런싱, 데이터 컨퍼런싱 등을 포함한다. *학습공간* 내에서는 온라인 학습객체를 포함한 교수학습 자료를 제공하는 *교육과정 교환(The Curriculum Exchange)*도 있다. *학습공간*에는 퀸즈랜드 교육부에 속한 교수자와 학생에게 제공되는 Blackboard™ 학습관리 시스템을 통한 온라인 수업들도 있다. 학교, 교사, 학생들은 능동적으로 수업에 접속하고 참여할 수 있다. 또한 *학습공간*에는 퀸즈랜드 교육부에서 개발한 버추얼 학교(Virtual Schooling Service: VSS)도 있다. 여기에는 혁신적인 전달 전략과 원거리 학생들을 지원하는 학습 테크놀로지가 사용된다. VSS는 국내외에서 원거리 교육의 탁월한 모델로 인식되고 있다.

그림 2에서 개념화된 용어에 따르면 온라인 학습으로 이동하는 것은 호주 벽촌의 원거리 교육대상자들에게 제공되는 교수-학습의 본질적인 변형을 의미한다. 세기가 전환될 때까지 교육서비스의 전달은 대부분 *1세대*에 해당했으며(Nipper, 1989), 2000~2001 전화를 사용한 수업의 등장으로 *2세대* 테크놀로지를 대변하게 되었다. 또한 인터넷 접속은 빠른 학습기회의 팽창을 가져왔고, *3, 4세대*에 이르러 테크놀로지에 해당하는 전달과 상호작용 형태로 변화된 것이다.

우리가 온라인 학습 환경으로 이동함에 따라 이러한 새로운 환경에서의 효과적인 교수-학습 개발을 향상시키기 위한 안내가 필요하게 되었다. 다음 절에서는 효과적인 온라인 학습을 향상시키기 위한 통찰력을 제시하기 위한 고등교육에서의 온라인 학습 환경에 대한 학습자 만족 차원을 탐색한다.

학습자 만족도 차원: 온라인 학습의 영향

이 장의 시작에서 언급한 바와 같이 ICT 특히 인터넷은 온라인 학습을 출현시켰다. 이는 학습자와 자료 간의 상호작용을 촉진시킬 뿐 아니라, 학습자와 교사, 학습자 간 상호작용도 더 쉽게 해주는 등 학습자와 교수자에게 많은 특권을 제공하며, 비동시적 네트워크 모델의 시간과 공간의 제약이 극복되었다(Katz, 2000, 2002; Trentin, 1997). 온라인 학습은 이제 이러닝과 동의어로 사용된다. 이 연구에서도 두 용어는 동의어로서 혼용되었다. 온라인 학습은 이미 학습자에게 원거리 교육의 제공뿐 아니라 캠퍼스에 기반을 둔 보다 융통성 있는 구조에도 영향을 미치고 있다(Roffe, 2004, p.52). 이는 찰리빌 SDE의 사례연구에서 논의된 세대 변화에서 기술된 것과 같다.

Roffe에 따르면 원거리교육을 제공하고자 하는 사람은 누구나 교사와 학생 간의 분리를 극복해야 하는 도전을 안는다. 이러한 도전은 교류거리(transactional distance)라고 표현된다(Roffe, 2004, p.53). 교류거리는 대화, 구조, 자율이라는 세 가지 변인에 의존한다. 이 변인들은 관련된 사람들, 교수내용과 교수방법, 교수목적에 따라 영향을 받는다. 온라인 학습 제공에 대한 요구와 함께 최근 고등교육기관은 관련 이해관계자와 대중, 정치집단으로부터 효율적이고 효과적인 기금의 사용에 대한 요구를 받고 있다. Rahm과 Reid(1997)에 의하면 고등교육기관은 더욱 적극적으로 그들의 교육자원을 대중적이고 효율적으로 활용하기 위한 기회를 모색하게 되었다(Tsichritzis, 1999). Roffe(2004)에 의하면 최근 들어 정부, 전문가 조직, 상업적/교육적 공동체를 포함한 많은 이해집단들은 이러닝에 관한 복잡한 이해관계를 형성하고 있다. 그러나 Park 등(2004)에 의하면 새로운 테크놀로지 인프라에 소비되는 돈을 강사 고용비용에서 충당하는 것에 대한 두려움과 걱정이 커지고 있다. Park 등(2004)은 인프라, 하드웨어, 네트워크, 기술 지원, 인터넷 등에 동반되는 비용이 줄지 않고 점차 늘고 있음을 경고했다. 실제로 한 고등교육기관의 예에서 보면 1995년의 5만 달러이던 인터넷 비용이 교수와 학생들의 온라인 학습에 대한 활용이 확장되어 5년 후에는 1.5밀리억 달러로 늘었음을 보고했다(Part et al., 2004, p.100).

Chou와 Liu(2005)는 새로운 학습모델은 ICT, 특히 멀티미디어와 하이퍼미디어의 사용을 통해 구현이 가능해진다고 설명했다. 데이터베이스와 웹 프로그래밍언어, 학습객체와 같은 디지털 교육자료, 온라인 학습은 하이퍼링크, 멀티미디어, 인터액티비티 그리고 커뮤니케이션과 같은 다양한 특성을 갖춘 교수자료의 설계를 지원한다.

그러므로 온라인 학습에서는 낙관적인 기대뿐 아니라 온라인 학습의 효과성에 대한 연구와 온라인 학습의 실행과 설계를 안내하는 개념화된 이론들을 확인하는 일이 매우 중요하다. 다음의 논의는 이러한 연구들을 종합하여 제공하고자 한다.

Sun, Tsai, Finger, Chen, Yeh(출판 중)는 학습자 만족도와 관련된 광대한 문헌분석을 수행하여 중요한 차원들을 규명하였다. 이들이 발견한 차원들은 학습자 차원, 교수자 차원, 수업(course) 차원, 테크놀로지 차원, 설계 차원 그리고 환경적 차원을 포함한다. 나는 이러한 차원들이 서로 상호작용하고 영향을 준다는 것도 추가하고 싶다. 예를 들어 학습자, 과정, 테크놀로지, 환경적 차원은 교수자와 설계 차원의 예상치에 영향을 줄 것이다.

학습자 차원의 경우, Roffe의 지적에 주목해야 할 필요가 있다. Roffe는 이러닝을 전자적 학습과 동일시해서는 안 된다고 경고한 바 있다. 오히려 학습의 인간적 목적를 이해하는 것이 선행되어야 한다. Roffe는 설계자가 이러닝이나 온라인 학습을 설계할 때 잠재적 학습자에게 가장 잘 어울리는 교육내용을 발견해야 함을 제안하였다(Roffe, 2002, p.40-55). Sun 등은 학습자의 선행 경험이 이러닝에서의 학습자 만족도에 영향을 준다는 것을 강조하였다(Arbaugh, 2002; Arbaugh & Duray 2002; Hong 2002, Kunar 1999; Piccoli, Ahmad & Ives, 2001). 그들은 학습자가 온라인 학습의 경험이 많을수록 더 능숙해지고 학습만족도가 증가한다고 주장하였다. 그림 3은 이러한 차원과 관련된 연구를 통합하고 문헌분석에서 도출된 함의들을 규명한 모델을 제시한다.

문헌에서 규명되어 그림 3에 제시된 이러한 차원과 관련된 이슈들은 온라인 학습을 설계할 때 유용한 제안을 제공한다. 벽촌의 학생들에게 교육서비스를 제공하는 데 있어 세대의 변화를 보여주는 찰리빌 SDE의 사례연구와 함께 이러한 차원들은 ICT를 활용한 교수-학습을 변형하기 위해서는 기술적인 고려를 넘어서야 한다는 강력한 주장을 하고 있다.

결론

이 장은 ICT, 특히 인터넷 활용에 있어 교육체계와 학교, 교사, 학생들이 교수-학습의 *비활성(inaction)에서부터, 조사(investigation), 적용(application), 통합(integration), 변형(transformation)*으로 이동하는 것과 관련된 개념화를 제시한다. 찰리빌 SDE의 사례연구를 통해 HF 라디오에서 전화를 사용한 수업으로, 그리고 온라인 학습에 이르는 기술의 변화와 도전을 탐색하였다. 특히 이러한 변화는 4세대 교육 전달방식을 중심으로 개념화되었다. *4세대*는 두드러지는 기술의 진보를 반영하며, 가장 최근의 4세대는 학생들이 배우는 방법을 변화시킨 온라인 학습으로 특징지어진다. 교수와 학생 간의 교류거리는 새로운 테크놀로지를 통해 좁혀졌다.

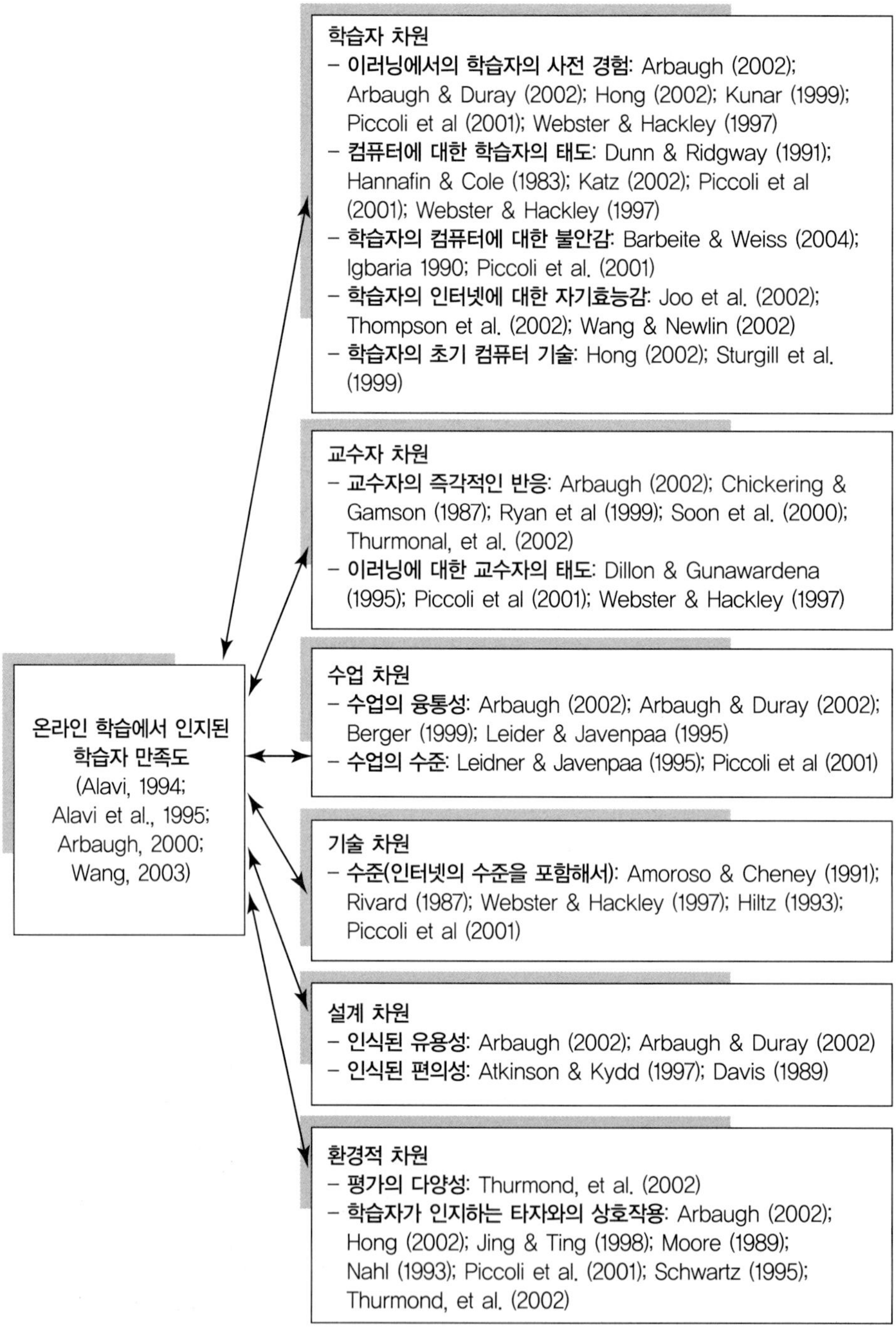

그림 3 학습자 만족도의 차원: 온라인 학습에서의 차원과 관련된 문헌의 종합
(출처: Sun, Tsai, Finger, Chen and Yeh, in press)

사례연구에 이어 관련된 문헌을 분석하고 종합하여 온라인 학습에서의 학습자 만족도를 표시하는 차원들이 제시되었다. 차원들을 통합적으로 표시한 시각적 모형에 중요한 의미가 함축되어 있다. 21세기로 옮겨오면서 우리는 수십 년 전에는 가지지 못한 테크놀로지를 갖게 되었다. 점점 많은 교수-학습이 온라인 세계로 이동하면서 교육자와 학습자를 고양시키는 시대가 되었다. 수십 년 후 미래세계는 분명 현재와는 다른 세상이 될 것이다. 문제는 이러한 온라인 세상에서 학습자를 평생학습자로 준비시키고 고양시키는 것이다.

참고문헌

Alavi, M. (1994). Computer-mediated collabrative learning: An empirical evaluation. *MIS Quarterly, 18*(2), 159-174.

Alavi, M., Wheeler, B. C., & Valachich, J. S. (1995). Using IT to re-engineer business education: An exploratory investigation to collaborative teleclearning. *MIS Quarterly, 19*(3), 293-312.

Amoroso, D. L., & Cheney, P. H. (1991). Testing a causal model of end-user application effectiveness. *Journal of Management Information Systems, 8*, 63-89.

Anderson, T. D., & Garrison, D. R. (1995). Transactional issues in distance education: The impact of design in audio teleconferencing. *The American Journal of Distance Education, 9*(2), 27-45.

Arbaugh, J. B. (2002). Managing the on-line classroom: A study of technological and behavioral characteristics of Web-based MBA courses. *Journal of High Technology Management Research, 13*, 203-223.

Arbaugh, J. B., & Duray, R. (2002). Technological and structural characteristics, student learning and satisfaction with web-based courses: An exploratory study of two on-line MBA programs. *Management Learning, 33*, 331-347.

Atkinson, M., & Kydd, C. (1997). Individual characteristics associated with World Wide Web use: An empirical study of playfulness and motivation. *DATA BASE for Advances in Information Systems, 28*, 53-62.

Australian Capital Territory (ACT) Government. (2004). *Learning technologies plan for ACT government schools and preschools 2004-2006: Thansforming the way we teach and learn.* Tuggeranong ACT: Australian Capital Territory. Retrieved August 5, 2006, from http://www.deyfs.act.gov.au

Barbeite, F. G., & Weiss, E. M. (2004). Computer self-efficacy and anxiety scales for an Internet sample: Testing measurement equivalence of existing measures and development of new scales. *Gomputers in human Behavior, 20*, 1-15.

Berger, N. S. (1999). Pioneering experiences in distance learning: Lessons learned. *Journal of Management Education, 23*, 684-690.

Brown, J. S., Collins, A., & Duguid, P. (1989). Situated cognition and the culture of learning. *Educational Researcher, 18*(1), 32-42.

Charleville School of Distance Education (SDE). (2005). *Curriculum.* Retrieved August 5, 2006, from http://www.charlevisde.qld.edu.au/site/curriculum.htm

Chickering, A. W., & Gamson, Z. F. (1987). Seven principles for good practice in undergraduate education. *AAHE Bulletin, 39*, 3-6.

Chou, S. W., & Liu, C. H. (2005). Learning effectiveness in a Web-based virtual learning environment: A learner control perspective. *Journal of Computer Assisted Learning, 21*, 65-76.

Davis, F. D. (1989). Perceived usefulness, perceived ease of use and user acceptance of information technology. *MIS Quarterly 13*, 319-340.

Department of Education, Science and Training (DEST). (2002). *Raising the standards: A proposal for the development of an ICT competency framework for teachers.* Canberra: Department of Education Science and Training.

Department of Education Tasmania (DET). (2005). *Education, training, and information: Learners and learning.* Retrieved August 5, 2006, from http://www2.education.tas.gov.au/Nav/Topic.asp?Topic=Learners+and+learning

Department of Education Training and Youth Affairs (DETYA). (2000). The way forward—higher education action plan for the information economy incorporated. In *Learning for the knowledge society—an education and training action plan for the information economy.* Retrieved August 5, 2006, from http://www.edna.edu.au/highered/actionplan/

Dillon, C. L., & Gunawardena, C. N. (1995). A framework for the evaluation of telecommunications-based distance education. In D. Stewart (Ed.), *17th World Congress of the International Councilfor Distance Education* (pp. 348-351). Milton Keynes, UK: Open University.

Doig, C. (2005). *Imovation in education in designated character schools: A case study of the directors of discovery 1 and unlimited Paenga Tawhiti.* Unpublished doctoral dissertation, Griffith University, Gold Coast, Queensland, Australia.

Dunn, S., & Ridgway, J. (1991). Computer use during primary school teaching practice: A survey. *Journal of ComputerAssistedLearning, 7,* 7-17.

Dwyer, D., Ringstaff, C., & Sandholtz, J. (1991). Changes in teachers' beliefs and practices in technology-rich classrooms. *Educational Leadership, 48,* 45-52.

Dymock, D., & Hobson, P. (1998). Collaborative learning through audio conferencing and voicemail: A case study. *Distance Education, 19*(1), 157-171.

Education Queensland. (2005a). *The learning place.* Retrieved August 5, 2006, from http://education.qld.gov.au/learningplace/

Education Queensland. (2005b). *Virtual schooling service.* Retrieved August 5, 2006, from http://education.qld.gov.au/Iearningplace/vss/

Ellyard, P. (2001). *Ideas for the new millennium*(2nd ed.). Melbourne: Melbourne University Press.

Garrison, D. R. (1985). Three generations of technological innovations in distance education. *Distance Education, 6*(2), 235-241.

Garrison, D. R. (1993). Quality and access in distaiice education: Theoretical considerations. In D. Keegan (Ed.), *Theoretical principles of distance education* (pp. 9-21). New York: Routledge.

Garrison, D. R., & Shale, D. (1990). *Education at a distance: From issues to practice.* Malabar, FL: Krieger.

Goodlad, J. I. (1984). *A place called school.* New York: McGraw-Hill.

Gough, N. (2002). The long arms of globalisation. In W. E. Doll & N. Gough (Eds.), *Curriculum visions* (pp. 167-178). New York: Peter Lang.

Hannafin, J. J., & Cole, D. D. (1983). An analysis of why students select introductory high school computer coursework. *Educational Technology 23,* 26-29.

Hardy, D., & Olcott, D. (1995). Audio teleconferencing and the adult learner: Strategies for effective practice. *The American Journal of Distance Education, 9*(1), 44-60.

Hiltz, S. R. (1993). *The virtual classroom: Learning without limits via computer networks.* Norwood, NJ: Ablex Publishing Corporation.

Hobbs, T., Finger, G., & Torrisi-Steele, G. (2000). *Evaluation of the Charleville School of distance education whole school telephone teaching pilot.* EdData.

Hong, K.-S. (2002). Relationships between students and instructional variables with satisfaction and learning from a Web-based course. *Internet and Higher Education, 5,* 267-281.

Igbaria, M. (1990). End-user computing effectiveness: A structural equation model. *OMEGA, 18,* 637-652.

Jing, M., & Ting, E. (1998). *Course design, instruction, and students' online behaviours: A study of instructional variables and student perceptions of online learning.* Paper presented at the Annual Meeting of the American Educational Research Association (pp. 13-19), San Diego, CA.

Jonassen, D. (2000). *Computers as mindtools for schools engaging critical thinking* (2nd ed.). Columbus, OH: Merrill Prentice Hall.

Joo, Y. J., Bong, M., & Choi, H. J. (2000). Self-efficacy for self-regulated learning, academic self-efficacy, and Internet self-efficacy in Web-based instruction. *Educational Technology Research and Development, 48*, 5-17.

Katz, Y. J. (2000). The comparative suitability of three ICT distance learning methodologies for college level instruction. *Educational Media International, 37*, 25-30.

Katz, Y. J. (2002). Attitudes affecting college students' preferences for distance learning. *Journal of Computer Assisted Learning, 18*, 2-9.

Kirkwood. A. (1998). New media mania: Can information and communication technologies enhance the quality of open and distance learning? *Distance Education, 19*(2), 228-241.

Kraver. T. (1997). *Emerging learning technology report.* Retrieved August 5, 2006, from http://www.altp.org/SSP/EmergingLearningTechnologyReport.htm

Kumar, A. (1999). Learner characteristics and success in Indian distance education. *Open Learning, 14*, 52-58.

Laurillard, D. (1993). *Rethinking university teaching: A frameworkfor the ejfective use to educational technology.* London: Routledge.

Leidner, D. L, & Jarvenpaa, S. L. (1995). The use of information technology to enhance management school education: A theoretical view. *MIS Quarterly 19*, 265-291.

Ministerial Council on Employment, Education, Training and Youth Affairs (MC EETYA). (1999). *The Adelaide declaration on national goals for schooling in the twenty-first century.* Adelaide, South Australia. Author.

Ministerial Council for Education, Employment, Training and Youth Affairs (MCI TYA). (2000). *Learning in an online world: The school action plan for the information economy.* Retrieved August 5, 2006, from http://www.edna.edu.au/onlineworld.pdf

Ministerial Council for Education, Employment, Training and Youth Affairs (MC EETYA). (2002). *Information and communication technologies taskforce.* Retrieved August 5, 2006. from http://www.curriculum.edu.au/mceetya/taskforce/task223 .htm

Ministerial Council for Education. Employment, Training and Youth Affairs (M CEETYA). (2003). *Research strategy Learning in an online world.* Carlton South, Victoria: Curriculum Corporation. Retrieved August 5, 2006, from http://icttaskforce.edna.edu.au/documents/research/research_ strategy.pdf

Ministerial Council for Education, Employment, Training and Youth Affairs (MCEETYA) ICT in Schools Taskforce. (2005). *Learning in an online world: The school education action plan for the information economy progress report 2004.* Retrieved August 5, 2006, from http://www.icttaskforce.edna.edu.au/documents/learning_online_progress_04.pdf

Ministry of Education. (2003). *Digital horizons: Learning through ICT.* Wellington: Learning Media.

Moore, M. G. (1989). Three types of interaction. *The American Journal ojDistance Education, 3*, 1-6.

Nahl, D. (1993). Communication dynamics of a live interactive television system for distance education. *Journal of Education for Library and Information Science, 34*, 200-217.

Nipper, S. (1989). Third generation distance learning and computer conferencing. In R. Mason & A. Kaye (Eds.), *Mindweave: Communication, computers, and distance education* (pp. 63-74). UK: Pergarnon Press.

Olgren, C. H., & Parker, L. A. (1983). *Teleconferencing technology and applications.* Artech House Inc.

Park, S., Russell, N., Finger, G., & Jo, J. (2004). The virtual university: Prospects and problems. *Injormalion Technology Education and Society, 5*(1), 97-112.

Passerini, K., & Granger, M. J. (2000). A developmental model for distance learning using the Internet. *Computers & Education, 34*, 1-15. Retrieved August 5, 2006, from http://www.elsevier.com/locate/compedu

Piccoli, G., Ahmad, R., & Ives, B. (2001). Web-based virtual learning environments: A research framework and a preliminary assessment of effectiveness in basic IT skill training. *MIS Quarterly, 25*, 401-426.

Queensland Studies Authority (QSA). (2003). *Technology years 1 to 10 syllabus.* Brisbane, Queensland: The State of Queensland.

Rahm, D., & Reed, B. J. (1997). Going remote: The usc of distance learning, the World Wide Web, and the Internet in graduate programs of public affairs and administration. *Public Productivity and Management Review 20*, 459-471.

Rivard, S. (1987), Successful implementation of eiid-user computing. *Interfaces,*

17, 25-33.

Roffe, I. (2002). E-learning: Engagement, enhancement and execution. *Quality Assurance in Education, 10*(1), 40-50.

Roffe, I. (2004). *Innovation and e-learning: E-business for an educational enterprise.* Cardiffi: University of Wales Press.

Rotolo, C. (2001). *Telephone teaching: Towards a constructivist approach.* Unpublished undergraduate education honours thesis, Griffith University, Queensland, Australia.

Russell, G., & Finger, G. (2004, July 5-8). *Teacher education in an online world: Future directions.* Paper preseiited at the Australian Council for Computers in Education 2004 Conference, Research, Reform, Realise the Potential, Adelaide, Australia.

Ryan, M., Carlton, K. H., & Ali, N. S. (1999). Evaluation of traditional classroom teach ing methods versus course delivery via the World Wide Web. *Journal of Nursing Education, 38*, 272-277.

Schwartz, R. A. (1995). The virtual university. *American Society for Engineering Education Prism, 5*, 22-26.

Senge, P. (1990). *The fifth discipline: The art and practice of the learning organizalion.* New York: Doubleday.

Soon, K. H.. Sook, K. I., Jung, C. W., & Im, K. M. (2000). The effects of Internet-based distance learning in nursing. *Computers in Nursing, 18*, 19-25.

Sturgill,A., Martin, W., & Gay, G. (1999). Surviving technology: A study of student use of computer-mediated communication to support technology education. *International Journal of Educational Telecommunications, 5*, 239-259.

Sun, P., Tsai, R. J., Finger, G., Chen, Y., & Yeh, D. (in press). What drives a successful e-learning? An empirical investigation of the critical factors influencing learner satisfaction. *Compters and Education.*

Thompson, L. F., Meriac, J. P., & Cope, J. G. (2002). Motivating online performance The influences of goal setting and internet self-efficacy. Social Science *Computer Review, 20*, 149-160.

Thurmond, V. A., Wambach, K., & Connors, H. R. (2002). Evaluation of student satisfaction: Determining the impact of a Web-based environment by controlling for student characteristics. *The American Journal of Distance Education, 16*, 169-189.

Trentin, G. (1997). Telematics and on-line teacher training: The POLARIS project. *Journal of Computer Assisted Learning, 13*, 261-270.

Trinidad, S., Newhouse, P., & Clarkson, B. (2005, November 27-December 1). *A ftameworkfor leading school change in using ICT: Measuring change.* Paper presented at the Australian Association for Research in Education Conference -AARE ' 05 Education Research Creative Dissent: Constructive Solutions, UWS Parraniatta, NSW, Australia.

Tsichritzis, D. (1999). Reengineering the university. *Communications of ACM, 42,* 93-100.

Wang, A. Y. (2003). Assessment of learner satisfaction with asynchronous electronic learning systems. *Information and Management,* (41), 75-86.

Wang, A. Y., & Newlin, M. H. (2002). Predictors of Web-student performance: The role of self-efficacy and reasons for taking an on-line class, *Computers in Human Behavior, 18,* 151-163.

Wang, H. (2003). Mathematical theory of molecular motors and a new approach for uncovering motor mechanism. *lEE Proceedings Nanobiotechnology 150,* 127-133.

Webster, J., & Hackley, P. (1997). Teaching effectiveness in technology-mediated distance learning. *Academy of Management Journal, 40,* 1282-1309.

Young, B. (2005). *A model for ICTin the UAE.* Unpublished doctoral dissertation, Griffith University, Queensland, Australia.

제4장

기억을 위한 효율적인 접근법에 기반한 테크놀로지, 평생교육과 효과적인 외국어 수업

P. Tokoyo Kang, University of Guam, Guam

요약

이 장은 기억을 위한 효과적인 접근법(memory efficient approach: MEA)을 활용하는 외국어 수업(foreign language: FL)에서 교사들이 수업 도구로서 이용할 수 있는 테크놀로지를 수행하는 방법을 제시하고 학생들이 평생 외국어 학습자가 되도록 도움을 제공한다. 또한 외국어 수업에서의 테크놀로지 수행뿐 아니라 외국어 습득 및 학습이론에 대한 역사적인 배경을 제공하며 외국어 수업에서 전자적 방법(eclectic methodology)을 활용한 기억을 위한 효과적인 접근법을 제시한다. 기억을 위한 효과적인 접근법에 기반하여 기술 활용과 기술 습득에 대한 방법(Rivers, 1985)이 언급되었는데 다시 말해 적절한 교수적 도구(테크놀로지적인 것과 그렇지 않은 것)뿐 아니라 교수방법이 학습목표나 목적에 따라 선정되는 것을 보여준다. 게다가 외국어 영역에서 수업에 활용할 수 있는 첨단 테크놀로지를 소개하면서 초등학교 코스에서 테크놀로지의 수행방법과 기억접근법이 활용된 고급수준의 일본어 수업을 소개한다.

도입

영화 '매트릭스'는 외국어 교사인 저자에게 환상적이었다. 외국어 교사는 학생들에게 외국어 연습환경을 제공해 주기 위해 가상현실(virtual reality: VR)의 문을 엶으로써 상황을 가상적으로 변화시킬 수 있다. 학생들은 언어를 연습하고 자기 평가를 하고 기말시험을 치를 수 있으며 대상 언어를 사용하는 나라에서 가상적으로 현장학습을 하는 것으로 평생교육의 도구로 활용할 수 있다. 현재의 테크놀로지가 당장 영화 매트릭스 수준의 가상현실을 만들어 낼 수 있는 것은 아니지만 우리는 디지털 시대에 있고 가상현실은 바로 다음 단계에 와 있다. 우리는 지속적으로 모국어의 힘을 키우고 있지만 외국어의 경우 유창성을 유지하기 위해서는 더 많은 노력을 지속적으로 기울여야 한다. 외국어 마멸률(attrition rate)은 모국어 마멸률의 몇 배이다. 외국어 교사에게 주어진 하나의 미션은 평생학습자로서 학습자에게 필요한 기술과 태도를 계발하는 것이다(Dodds, 2001, p.3). 대학들 또한 외국어 교사들을 지원할 미션이 있다. 대학교육이 모든 연령의 사람들에게 열려 있어야 하고 그렇게 할 수 있어야 하기 때문이다. 현재의 테크놀로지 발전은 외국어 교사들에게 이런 미션을 수행할 수 있는 새로운 도구를 가져다주었다.

모든 교사는 학습이론이 있고 외현적으로든 내재적으로든 학습이론이 교수방법을 지원하고 있다. 테크놀로지 도구들은 교사의 방법론에 따라 사용된다. 그래서 어떻게 테크놀로지를 효과적으로 활용한 것인가는 학습이론에 달려있다. 많은 외국어 습득 이론들이 제시되어 왔고 각각의 이론은 자신의 방법론을 가지고 있다. 외국어 습득 이론들이 오직 언어습득에만 초점을 두고 있기 때문에 이론들은 연관성을 가지지 않는 것으로 보일 수 있다. 전반적인 외국어 학습과정을 평가해 보면 이런 방법론들은 학습이론에 기반을 두고 어떤 상위의 단일한 접근법(single enhanced approach)하에 통합된 것일지도 모른다.

이 장에서는 외국어 수업에서 기억을 위한 효과적인 접근법에 근거하여 테크놀로지를 활용하기 위한 비용, 시간, 노동 효과적인 방법을 설명할 것이다(Kang, 1993). 이런 접근은 졸업 이후에 학습자들이 자기동기화를 통한 평생학습을 지속적으로 해 나가는 데 도움을 주고 그것을 촉진시킬 것이다. 효과적인 기억접근법은 외국어 교사들이 절충적인 방법론을 선택하도록 한다.

추가적인 선택과 요약을 한 네 부분이 있다. 첫째, 저자는 외국어 학습, 습득 이론, 그리고 최근의 컴퓨터 보조 언어학습(computer-assisted language learning: CALL)에 대한 역사적인 개관을 다루면서 외국어 수업에서 테크놀로지를 수행해야 하는 필요성을 설명할 것이다. 둘째, Kang의 기억을 위한 효과적인 접근법(1993)의 수행을 제시하고 테크놀로지를 효과적으로 수행하는 방법에 대해 토의할 것이다. 셋째, 외국어 교수와 평생학습과 관련된 새로운 테크놀로지를 규명할 것이다. 마지막으로 초급 수준의 일본어(JA102)와 고급 수준의 4학년 일본어(JA490)를 가르치기 위해 저자가 사용한 테크놀로지를 보여줄 것이다. 이런 테크놀로지의 활용은 저자의 수업과 학습자의 평생학습을 증진시킨다. 결론 부분에서는 주요점을 다시 강조하고 추가적인 사고를 이끌어낸다.

개요

처음에 언급하였듯이 외국어 교사 중에는 그들의 학습자들이 대상 외국어를 학습하는 데 컴퓨터를 사용하도록 동기화시키지 못하는 경우가 많다. 한 가지 떠오르는 질문은, 그들이 테크놀로지 공포증을 가지고 있는가이다. Cuban (2001)은 교사들(외국어 교사들뿐 아니라 모든 과목의 교사들)이 일상생활에서 컴퓨터를 사용하고 있기 때문에 테크놀로지 공포증을 가지고 있지 않다는 점을 발견하였다. Lam(2000) 역시 그 질문에 대해 '아니다' 라고 답한다. 그렇다면 왜 외국어 교사들은 컴퓨터 테크놀로지를 사용하지 않는 것일까? Lam은 몇몇 외국어 교사들은 컴퓨터 테크놀로지가 언어 수업에 어떻게 유용하게 활용되는지를 모른다는 점을 포함하여 몇 가지 이유를 제시하였다. 테크놀로지 활용에 대한 이러한 회의적인 측면은 1970년대 실패한 청각적 언어 학습실(audiolingual laboratory)의 실험에 근거해 본다면 이해할 만하다. 이러한 시도는 많은 외국어 교사들에게 잘 알려져 있고 다음 절에서 언급될 것이다.

외국어 교사들은 Garrett(1991)가 그랬듯이 테크놀로지를 활용하는 것이 교실 수업에 소비되는 시간, 노동, 비용적인 측면에서 가치가 있는지를 물을 수 있다. 컴퓨터 테크놀로지를 교실에 통합시키기를 원하는 몇몇 외국어 교사들은 수업에 결정적인 하드웨어와 소프트웨어를 사용할 수 없기 때문에 좌절을 겪는다. Omoto, Fukai, Schneider(2002)는 일본어 교사들이 교실 수업에서 필요로 하는 테크놀로지가 무엇인지를 규명하였고 그것은 다음과 같다. (1) 문제가 발생했을 때 해결할 수 있는 기술 지원, (2) 대용량의 비디오와 오디오 파일을 받을 수 있는 광대역 폭, 즉 이런 오디오, 비디오 파일은 일본어 수업에 필수적인 것이나 이용할 수가 없다. (3) 수업을 위한 코스웨어 개발이 더 많이 되어서 학습자들이 협력학습에 참여할 수 있게 되는 것, (4) 인터넷상에서 실제적으로 이점을 얻을 수 있는 읽기 자원(예를 들어 온라인 사전을 활용한 인터넷상의 신문 읽기) 그리고 이러한 자원을 위한 훈련. 비록 일본어 수업에만 필요한 것이 아닐지라도 저자의 요구사항은 (1)부터 (3)이며 반드시 곧 실현되어야 한다. 컴퓨터 보조 언어 학습(CALL)에서 기대하는 것은 외국어 학습 교과과정을 더 고려한 추가적인 코스웨어가 개발되는 것이다. 이 장에서는 인터넷상의 실제적인 읽기 자료의 이점에 초점을 두고 있으며 훈련이 거의 필요하지 않는 인터넷상의 읽기 자료를 최대한 활용하되 비용 효과적인 면, 시간 효율적인 면, 노동 효과적인 방법에 대해 논한다.

테크놀로지와 외국어 학습이론/가정

이전 절에서 보았듯이 수업에서 컴퓨터 테크놀로지를 활용하지 않는 외국어 교사들은 다음과 같은 질문을 떠올릴 것이다. 컴퓨터 테크놀로지가 외국어 수업에 어떻게 유용하게 사용될 수 있을까? Warshauer와 Meskill(2000), Salaberry(2001)는 다음의 유사한 질문을 하였다(테크놀로지에 기인한 것과 원리에 근거한 교육을 비교하는 데 관심을 두고): 진보된 테크놀로지 발전이 우리에게 효과적인 외국어 교수를 가져다줄 것인가? 그리고 교육목표를 달성하는 데 효과를 증진하는 것은 물론 테크놀로지적인 정교함을 증진시킬 것인가? Warshauer와 Meskill(2000)의 연구는 최근 외국어 수업에서 컴퓨터 기술을 열성적으로 사용하는 것에 대한 우려로 시작하였다. 이러한 우려는 단지 학습자들이 진보된 테크놀로지를 사용하기 때문에 그러한 열성적 사용으로 우리의 학습자들이 언어를 더 효과적으로 학습할 수 있다는 가정에서 길러졌다. 역사적으로 말하자면 테크놀로지의 수행은 기대만큼 긍정적인 효과를 가져다주지 못했다. 잘 알려진 사례는 1970년대 Skinner의 행동주의와 구조적 기술적 언어학의 학습이론에 기반한 청각적 언어 학습방법(audiolingual method: ALM)이다. 1970년대 대부분의 대학에서는 학습자들에게 오디오 언어적 구조학습을 제공하기 위해 오디오 랩실(그 당시에는 새로운 테크놀로지)을 상당한 비용을 들여 마련하였다. 이러한 수업의 학습결과는 실망스러웠다. Warshauer와 Meskill에 따르면 그 실패는 오디오적인 기술 때문이 아니라 청각적인 언어 학습방법에 있었다고 한다. Salaberry의 대답은 "(교육학적인) 원리에 기인한 접근은 새로운 테크놀로지가 교육적인 목적에 기여하는 정도로만 테크놀로지를 사용해야 한다"는 것이다.

그러나 이러한 대답은 만족스럽지 못했는데 실패란 것이 단지 방법이나 교육적인 접근이 아닌 그 뒤에 있는 외국어 *학습이론/가정*에 있기 때문이다. 다시 말하면 Skinner 이론에 근거한 외국어 학습이론은 청각적 언어학습 방법의 실패에 책임이 있다. 학습이론은 오직 학습목표에 근거했을 때 성공적일 것이지만 다른 학습목표에 근거한다면 실패할 것이다. 이것은 언어학습 또는 습득과정을 설명하는 극단적인 방법이다.

외국어 또는 제2 언어 습득 이론들은 극단에서 다른 극단으로 변화해 왔거나 외국어 습득 과정의 몇 가지 측면에만 관심을 가져왔다. 1950년대와 1960년대에는 외국어 학습이 단어 암기와 외국어로 된 텍스트를 번역하기 위해 문법을 학습하는 것에 의해 학습된다는 가정을 가진 문법-번역 방법이 지배적인 외국어 학습 교수 방법이었다. 어떻게 학습자들이 외국어 사운드를 학습할 수 있겠는가? 1960년대 후반과 1970년대에 들어서서는 Skinner 학습이론에 근거한 청각적 언어 학습방법이 등장하였는데 이것은 학습자의 모국어와 대상 언어 간의 차이점을 고려한 것이었다. Skinner의 학습이론은 언어는 쓰여진 언어가 아니라 원어민이 말하는 것을 듣는 것에 의해 습득된다고 가정하였다. 따라서 청각적 언어 학습방법은 초급 수준과 중급 수준에서는 어떻게 읽고 쓰는지를 가르치지 않았다. 다시 말하면 청각적 언어 학습방법에 따르면 대상 언어의 음운론은 주의 깊게 학습되어야 하며, 특히 말하기와 듣기 기술을 증진시키기 위한 학습이 이루어져야 한다는 것이다.

Chomsky(1965, 1975, 1982)는 아이가 *보편적인 문법*이라고 하는 언어 기능 장치를 가지고 태어난다고 하는 언어적 능력의 본질(선천적 능력)을 제안하였다. Chomsky는 언어 습득이 습관을 형성하는 학습 유형이라고 하는 Skinner의 가정을 강하게 부정하였다. 이것에 근거하여 Chomsky의 습득이론(acquisition theory), 자연적인 접근(the natural approach)(Krashen, 1985)이 제시되었다. 자연적 접근법에 근거했을 때 외국어는 모국어와 같이 자연적으로 학습된다. 이 자연적 접근법은 기계적 암기와 모방, 반복을 강하게 부정하고 몰입 방법을 강조한다. 그리고 학습자의 모국어와 대상 언어 간의 차이점은 무시한다. 왜냐하면 보편적인 문법에 기인하기 때문이다. 학습자가 어린 아이일 때 몰입방법은 그렇게 부담(intimidate)되지 않겠지만 성인이 되었을 때에는 학습환경에 대한 부담감이 만들어질 수도 있다. 따라서 Krashen은 학습자가 틀렸을 경우 교정을 해 주지 말라고 주장한다. 왜냐하면 이것은 학습자의 불안감을 증진시킬 수 있기 때문이다. Chomskian 학습이론은 능력(competence)과 수행이라는 두 가지 특성을 가진다. 이론의 관심은 언어적 수행이 아니라 언어적 능력을 코치하는 것이다. 언어의 활용 또는 말하기, 듣기, 읽기, 쓰기와 같은 언어적 기술의 사용은 능력이 아니라 수행에 속한다.

1980년대에는 문법적 교정이 없는 의사소통적 접근(communicative approach)이 제시되었다. 이러한 접근은 외국어를 의사소통을 위해 사용하는 것 또는 기능적 활용에 초점을 둔 것이다. 즉 언어적 수행이라고 할 수 있다. 비록 의사소통적 접근의 주창자들이 자연적 접근법에 만족하지는 못했을지라도 자연적 접근에서와 같이 외국어 교사들이 학습자들의 언어적 실수를 교정하지 말라고 하였다. 이 접근법은 언어의 형식에 강조점을 두는 것이 아니라 맥락 내에서의 언어, 목적을 위해 사용하는 언어, 그리고 무엇인가를 하기 위한 언어(예를 들어 인사, 초대, 사과)에 더 강조를 두었다(Lightbown, 2000. p.435). 의사소통적 언어 교수법(CLT)은 학습자들이 그들의 대상 언어를 원어민이 말하는 것과 같은 도구로써 사용하도록 가르친다. 그러나 언어학습에 대한 의사소통적 접근은 문법적 정확성이 요구되지 않기 때문에 비판받아 왔다.

1980년대 초기, 내용기반(content-based; 또는 과제기반, task-oriented) 방법이라고 하는 또 다른 외국어 교수방법이 몰입방법에서 등장하였다. 내용기반 언어교수법 역시 학습자들이 원어민과 같이 외국어를 도구로써 활용하도록 한다. 이 내용기반/과제기반 접근법은 외국어 학습이 모국어와 같이 습득될 수 있다고 암묵적으로 가정한다. 이는 또 학습자가 주어진 과제를 완수하기 위해 외국어 학습에서 의사소통적 기술을 얻게 된다고 가정한다. 성인 언어학습자가 아동 언어학습자보다 훨씬 더 많은 다양성을 가진다는 것은 잘 알려져 있다(Felder & Henriques, 1995; Skehan, 1989). 그러나 의사소통적 언어 교수법과 내용기반/과제기반 교수방법 모두 몰입방법이 그랬듯이 잘 관찰된 다양성의 차이를 무시하였다. 결과적으로 그들은 '기술 습득' 이 아니라 '기술 활용' 에 관심을 기울였다(Rivers, 1981).

외국어 학습 수업을 위해 테크놀로지를 바라보는 것과 활용방법 역시 외국어 학습이론/습득이론이 그랬듯이 일단의 극단에서 또 다른 극단으로 변화하여 왔다. 행동주의하에서 컴퓨터는 학습자를 피로하게 하거나 학습에 대한 판단을 하지 않는 기계적인 교사(tutor)로 보았고 학습자들이 개인적인 진도에 맞게 학습할 수 있도록 한다고 보았다(Warschauer & Healey, 1998). 컴퓨터 보조 언어학습에 대한 최근의 연구자들은 언어학습을 '기술 활용' 부분으로 보았다. Warschauer와 Healey는 다음의 방법에서 통합적인 접근법을 제안하였다.

> *과제기반, 프로젝트 기반, 그리고 내용기반의 접근법 모두 학습자들이 실제적인 환경에서 학습하는 것을 찾고 있고 다양한 언어학과 사용기술을 통합시키는 방법을 찾고 있다. 이것은 테크놀로지와 언어학습에 대한 새로운 관점, 즉 다양한 기술(듣기, 말하기, 읽기, 쓰기)을 통합하고 언어학습과정에 더 많이 테크놀로지를 통합하는 방법을 찾고자 하는 관점을 이끌어내었다 (p.2).*

Warschauser와 Healey에 의한 통합적 접근법은 오직 기술 활용을 위한 수업방법만을 통합했을 뿐이다. 초급 수준의 학습자에게는 어떻게 실제적인 환경이 대상 언어학습에 긍정적인 효과를 가져다주는지가 명확하지 않다. 고급 수준의 학습자들에게는 칸지(kanji, 중국 글자)라고 하는 일본어의 특성으로 일본어를 사용하는 원어민과 채팅하는 공간에 함께 참여하는 것은 쉬운 일이 아니다. 왜냐하면 원어민에 의해 쓰인 문장을 빨리 충분하게 읽거나 학습자들의 머리속에 들어있는 칸지 사전이 원어민과 채팅을 즐기기에는 충분하지 않기 때문이다(cf. LeLoup & Poterio, 2003). 컴퓨터 보조 언어 학습방법에 대한 또 다른 연구로 Wang(2005)은 구성주의적 접근을 선정하였다. 학습에 대한 구성주의 이론, 즉 사회적 상호작용이 개인의 학습을 증진할 것이라는 가정을 가진 구성주의 이론은 Piaget 심리학으로부터 발전되었다. 그것의 초점은 외국어 학습을 함에 있어 협력적으로 문제를 해결하는 것에 있는 듯하다. 따라서 Wang의 구성주의적 접근 또한 "기술 활용"에 초점을 두었다고 볼 수 있다.

컴퓨터 보조 언어 학습방법뿐 아니라 외국어 학습/습득 이론이 고려하지 않았던 것은 다음의 두 가지 아이디어이다. 첫째, 외국어 학습자들의 유창성 수준에 대한 차이를 간과하였다. 초급 수준의 학습은 기술 습득을 위해 더 많은 시간을 필요로 하는 반면 고급 수준의 학급에서는 기술 활용을 위해 더 많은 시간을 들여야 한다. 둘째, 언어학습의 특수한 면을 간과하였다. 일본어 수업에서와 같은 외국어 학습에서 심지어 고급 수준의 학급에서도 단어학습(기술 습득)과 같은 문자(kanji)학습이 필요하다. 따라서 인터넷상에서 실제적인 읽기자료를 읽기 위해서는 학습자들의 학습에서 많은 부분을 차지해야 한다.

이 절을 끝내기 위해 "컴퓨터 테크놀로지가 외국어 교수에 유용하게 활용될 수 있을까"라는 질문에 답해야겠다. 논의하였듯이 컴퓨터를 포함한 테크놀로지는 도구에 지나지 않는다. 유용성 또는 효과성은 우리가 그것을 효과적으로 사용하는 방법을 발견했을 때 실현될 수 있는 것이다. 우리는 이런 도구들을 효과적으로 사용할 수 있는 방법을 알아내기 위해 테크놀로지가 가진 능력의 이점에 대해 유용한 지식을 가져야 한다. 외국어 교사들은 항상 새로운 교수방법, 새로운 활동, 새로운 방법론 또는 도구들을 찾고 있다. 그러나 이런 도구와 자료가 교과과정 내에 통합되지 못한다면 어떤 도구나 자료도 학습자들의 학습을 위해 효과적일 수는 없다. 디지털 시대에서 우리는 테크놀로지적인 장으로 도구와 검색 범위를 넓힐 수 있고 최근의 테크놀로지로 할 수 있는 것을 배울 수 있다. 특히 그것이 외국어 학습에서 평생 자기 동기화와 맞을 때 인터넷상의 테크놀로지적 수단들은 필수불가결하게 될 것이다.

기억을 위한 효과적인 접근법(MEA)

이 장에서 추천한 외국어 학습이론(Kang, 1993)은 기억을 위한 효과적인 접근법이다. 만약 학습자가 주의를 기울여 언어적 자극을 이해하려고 노력한다면 학습자의 두뇌 속의 해석자가 활성화될 것이다. 불확실하고 익숙지 않은 또는 모호함이 외국어 학습자의 단기기억에 또 다른 짐을 지우게 될 것이다. 이 추가적인 짐은 알지 못하는 단어 또는 문자에 의해 생겨난다. 단기기억의 용량은 제한적인데(Miller, 1956) 이것의 용량을 넘어서는 과제를 가지게 되면 해석자는 알지 못하는 단어와 문구를 모두 처리할 수 없게 된다. 만약 단기기억의 용량이 모든 정보를 처리할 수 없다면 학습자의 해석자는 새로운 구조를 처리하기 위해서 학습에 어려움을 겪게 된다. 학습자가 주의를 기울이지 않을 때에는 단기기억 용량이 충분히 활용되지 못할 것이다. 문장 구조에 대한 이해는 학습자의 해석자가 입력된 문장을 처리하는 데 실패하였을 때 이루어질 수 없게 된다.

인간 해석자(human parser: HP)에 대한 학습이론은 Chomsky가 언어의 구문론에 대한 보편적인 면이 있다고 한 것에 동의한다. 인간 해석자 학습이론은 또한 다음의 점에서 Skinner의 행동주의에도 동의한다. (1) 언어의 특수한 면에 대한 관심, (2) 음운론적인 학습이 무엇보다 중요하다는 가정, (3) 언어학습은 습관을 형성한다는 것. 인간 해석자 학습이론은 해석자를 포함한 언어처리자의 집합체를 가지고 태어난다고 가정한다. 이 이론에 따르면 학습한다는 것은 다음과 같은 것이다. (1) 외국어가 핵말(head final) 언어인지 핵 선행(heading parameter) 언어인지의 측면에서 볼 때 대상 언어가 학습자의 모국어와 다를 때 학습자는 외국어 학습을 위하여 알고리즘을 분석한다. 즉 일본어와 같이 핵말 언어에 대해서는 아래로부터 알고리즘을 분석하고 영어와 같이 핵 선행(head initial) 언어에 대해 위로부터 알고리즘을 분석한다. (2) 이해를 위한 단위로써 음운론적인 혹은 시형론적인 구문, (3) 형태학과 단어. 입력된 문장에 대해 구문의 구조를 분석하는 방법을 말해 주는 알고리즘을 분석하는 것은 의식적으로 학습될 수 없을지도 모른다. 그래서 알고리즘을 분석하는 것은 교사가 가르칠 수 있는 어떤 것이 아니다. 한편 음운론적인 단락과 형태학, 단어는 의식적으로 학습될 수 있다.

기억을 위한 효과적인 접근법은 학습자들이 "기술 활용" 활동에 포함될 수 있게끔 각 수준의 외국어 수업과 단어학습을 위해 간단히 문법을 가르칠 것을 권한다.

기억을 위한 효과적인 접근법은 전자적인 교수 방법론이다. 디지털 시대이든 어떤 다른 시대이든지 간에 외국어 교사의 주된 관심 중의 하나는 다음에 대한 탐구이다. 그들의 수업이 학습자들이 대상 언어를 학습하는 데 효과적일 것인가? 효과적인 수업은 이전에 언급된 모든 방법론과 효과적인 기억법을 증진시킬 수 있는 새로운 방법론들을 통합하는 것으로 기억의 효과성을 증진하기 위해 전자적이어야 하는가? (저자의 지식에 의하면 Rivers는 외국어 수업에서 전자적인 방법론을 제안한 첫 번째 교사였다). 외국어 학습자들은 의사소통, 과제중심, 몰입, 협력학습, 통합적 학습 그리고 사회적 활동과 같은 "기술 활용" 활동에 참여하기에 앞서 단어와 문법을 학습하도록 기대된다. 기억을 위한 효과적인 접근법하에 "기술 습득" 활동은 "기술 활용" 활동만큼 중요하다. 관련 단어와 문법 형식을 잘 알고 있으면 학습자의 해석자는 이해할 수 없었던 문장을 효과적으로 분석할 수 있을 것이다. 비록 네 가지 기술의 통합이 새로운 것이 아닐지라도 네 가지 기술 중 하나 이상을 활용하는 활동의 학습 효과성 때문에 네 가지 기술의 통합에 대한 기억을 위한 효과적인 접근법의 주장은 새롭다고 할 수 있다. 더 나아가 Stice에 의해 논의되었던 것과 같다.

> *학습자들이 정보가 단일한 모드로 활용될 때보다 다양한 모드로 제시될 때 더 학습을 잘 한다는 것에는 교육심리학자들 간 논쟁의 여지가 없다. 지난 수십 년간 수행된 연구에서 지지되어 온 점은 학습자들은 그들이 읽은 것에 대해서는 10%, 들은 것은 26%, 본 것은 30%, 보고 들은 것은 50%, 말한 것은 70%, 그리고 행동하며 말했을 때에는 90%를 기억한다고 결론지었다는 것이다(p.28).*

이제, 우리는 현재와 미래의 삶에서 이미 디지털 시대로 들어섰다. Prensky가 설명했듯이 디지털 시대 학습자들을 가르치고자 할 때(그들은 "디지털 출신(digital native)"이지만 그들의 교사들의 세대는 "디지털 이민자(digital immigrants" 라고 불린다.) 우리는 효과적인 외국어 수업을 할 준비가 되어 있는가?

> *오늘날의 학습자들은—대학에서 유치원까지—새로운 테크놀로지와 함께 자라온 첫 세대를 대표한다. 그들은 컴퓨터, 비디오게임, 디지털 음악플레이어, 비디오캠, 휴대전화, 그리고 디지털 시대의 다른 모든 장난감과 도구들을 사용하고 그것에 의해 둘러싸인 삶을 살고 있다. …… 컴퓨터 게임, 이메일, 인터넷, 휴대전화, 인스턴트 메시징(instant messaging)은 그들 삶의 일부이다(p.1).*

외국어 교사들에게 교실 내에서 그들의 학습자들을 가르치는 것은 하나의 도전일 수 있다. 교사의 세대는 컴퓨터, TV 또는 모바일 폰과는 다른 도구로 게임을 하였다. 그렇지만 외국어 교사들에게는 게임을 적용하는 것이 새로운 것이 아니며 오직 도구가 변화되었을 뿐이다. 예를 들어 교사들은 단어 맞추기 게임 또는 스크램블 게임을 종이나 칠판 위에다 했었다. 그러나 지금은 인터넷이나 휴대전화로 한다. 디지털화된 언어 게임은 자기학습(self-study) 자료로 환영받는다. 특히 기억을 위한 효과적인 접근법하에서는 그들이 학습목표에 적당한 한 더욱 그렇다(언어 게임의 범주에 대해 관심이 있다면 Warner(2004) 자료를 참조하라).

게임/퀴즈는 목표기반 활동으로 범주화되며 그것의 목적은 더 높은 점수를 얻는 것이다. 학습자들은 목적을 달성하기 위해 원하는 점수를 얻을 때까지 게임/퀴즈를 반복해서 시도한다. 다시 말하면 언어 게임/퀴즈의 반복이 지루한 감정 없이 이루어지고 더 효과적으로 기억된다. 바로 이 점이 기억을 위한 효과적인 접근법이 환영하는 바이다. 특히, 기억을 위한 효과적인 접근법은 학습자의 자기평가 도구로써 단어나 문법적 학습으로 활용되는 컴퓨터 보조 언어학습 게임/퀴즈 유형을 받아들인다.

외국어 교사들은 만약 컴퓨터 보조 언어학습이 학습목표에 맞는다면, 만약 몇몇 코스의 목표가 다른 교수적 도구를 사용하는 것보다 낫고 학습자의 학습 결과가 테크놀로지의 활용에 기인한다면, 그리고 테크놀로지의 수행이 비용 효과적이고 시간 효과적이며 노동 효과적이라면, 테크놀로지를 받아들일 준비가 되어있다(Salaberry, 2000).

성인의 언어학습에서의 다양성이 아이들의 다양성보다 크다는 것은 잘 알려진 사실이다(Felder & Henriques, 1995; Skehan, 1989). 이것은 외국어 교사들이 수업방법으로 전자적인 방법을 강력하게 추천하고 성인 학습자들을 동기화시키는 기억을 위한 효과적인 접근법을 제안하는 또 다른 이유이다. 학습자의 강한 동기는 언어적 자극에 학습자가 주의를 기울이게 만드는 가장 중요한 요인이다.

외국어 수업을 위한 테크놀로지의 출현과 가상현실의 평생학습

테크놀로지의 한 가지 획을 그은 것이 가상현실이다. 비디오 게임과 컴퓨터 게임은 디지털 세대에게는 매우 인기가 있다. 앞에서도 언급했듯이. 이런 게임들은 가상현실 기술을 만들어 내었지만 상업용으로 만들어진 것이지 교육적인 목적을 가진 것은 아니었다. 왜냐하면 테크놀로지는 비싸고 큰 이익을 위해 지불해야 하는 비용이 있었기 때문이다. 상업용으로 만들어진 가상현실 게임은 대부분 활동에 기인한 것이지 언어적 의사소통에 기인하고 있지는 않다. 저자의 지식에 의하면 하나의 예외가 있는데 SIMs이다. SIMs는 일본어 버전을 포함하여 다른 언어로도 사용할 수 있다(SIMs가 외국어 학습자들에게 유용한 방법을 알고 싶다면 Purushotma(2005)를 참조하라). 외국어 교사들은 랩실에서 학습자들이 그것을 가지고 게임을 할 수 있게 시킬 수 있다.

가상현실을 이용하여 외국어 학습 소프트웨어를 만들어 내기 위해서는 정부의 재정적 지원 없이는 힘들 것이다. 하나가 있다면 "Rapid Tactical Language Training system"이라는 가상현실 게임 프로그램이 있는데 놀라울 만큼 정교하게 만들어졌다. 이것은 미국 군대를 위해 서던 캘리포니아(Southern California) 대학이 아랍어 학습용으로 개발하였다. 이것은 가상의 튜터에 의해 학습자의 발음을 교정하는 말하기 인식 시스템을 가지고 있고 아랍 문화의 비언어적 의사소통까지 통합되었다. 이러한 유형의 테크놀로지는 예산이 적은 기관의 외국어 교사들은 가질 수 없는 것이다. 그러나 다음에 소개되는 테크놀로지는 무료이거나 이용가능한 것들이다.

아이팟 또는 아이튠을 이용한 팟캐스팅과 신문 구독

팟캐스팅(Podcasting)은 아이팟(iPod)과 아이튠(iTune)을 통한 컴퓨터를 이용하여 휴대전화에 오디오 파일을 자동적으로 다운로드하는 방식이다. 아이튠(iTune; Mac)에서는 무료로 다운로드하고 윈도우는 웹에서 이용가능하다)과 아이팟(iPod)은 원래는 음악을 다운로드하는 것이다. 그것의 활용은 텍스트 파일을 음악파일로 전환하기 위한 새로운 장치와 소프트웨어라는 점으로 널리 퍼져나갔다. Chinnery(2006)에 따르면 만약 신문이나 블로그와 같은 사이트가 그들의 웹상에서 구독가능한 텍스트 기계를 갖게 된다면 사람들은 4.9보다 높은 버전의 아이튠(iTune)을 통해 그들의 기사에 대한 오디오 파일을 다운로드할 수 있다. 팟캐스팅이 외국어 학습과 교수에 어떤 일을 할 수 있을까? 팟캐스트는 인터넷에서 다운로드가 되는 문화, 뉴스, 생활에 대한 오디오/라디오이다(Godwin-Jones, 2005). BBC 또는 비즈니스 위크(Business Week)의 웹사이트는 그들의 팟캐스팅을 무료로 제공하고 있다. 일본어 웹사이트로는 2005년에 니케이(Nikkei(business)) 신문이 컴퓨터, 아이팟, 휴대전화로 팟캐스팅을 시작하였다. 이런 인터넷상의 팟캐스팅은 일본어 원어민을 위한 독일어, 프랑스어, 영어와 같은 청취력을 증진시킬 수 있는 교수자료로 활용할 수 있다.

일본 신문에 대해서 말하자면 후지토(Fujitu) 회사는 WebUC라고 불리는 혁신적인 신문 독자와 화자를 개발하였다. 그 장치가 지금은 비록 아사히 신문 독자들에게만 접근가능한 것이지만 이것은 일본어 웹페이지의 이용성에서 큰 잠재성을 가지며 고급 수준의 일본어 수업에 이상적이다. WebUC는 칸지 위의 히라가나에 칸지의 읽는 법을 쓴 것인데 이것으로 심지어 고등학생들이 신문을 읽을 수 있다. 또한 이것은 줌(zoom) 기능을 가져 신문에 있는 글자들이 확대될 수 있고 신문의 기사를 크게 하여 읽을 수도 있다. 그러나 영어 버전의 윈도우에서는 작동하지 않는다. 즉 우리가 이것을 이용하게 위해서는 일본어 윈도우가 필요하다. WebUC는 원래 일본에서 장애를 가진 사람들이나 노인들을 위해 개발되었다. 그러나 이런 테크놀로지의 혁신은 더 발전될 수 있는 가능성을 가지고 있기 때문에 일본어로 쓰인 모든 웹페이지, 심지어 집에서 만든 웹페이지에도 적용가능하도록 확대될 것이며 이것은 외국어로써 일본어를 배우는 학습자들에게 도움을 제공할 것이다.

휴대전화와 일본어 게임

휴대전화의 질과 기능은 빠르게 진보하고 있다. 휴대전화는 미국보다 아시아 국가에서 더 인기가 높다. 예를 들어 일본에서는 중고등학생들의 일상생활에서 필수불가결한 것이 되었다. 일본에서는 무선전화기를 가지고 사용자들이 즉각적으로 이메일 메시지를 주고받을 뿐 아니라 그림을 보낼 수 있다. 아이튠을 이용한 휴대전화를 가지고는 니케이 신문의 팟캐스팅도 이용가능하다.

사람들은 저렴한 가격으로 휴대전화를 이용하여 게임을 할 수 있다. 모지리수(mojirisu)라고 불리는 게임은 "스크래블(scrabble)" 유형 중 하나이다. 각각의 시간에서 문자의 블록(히라가나)이 스크린에 보여진다. 게임을 하는 사람은 새로운 블록을 맞추기 위한 슬럿을 찾아야 하며 블록을 삽입하여 어떤 단어를 만든다. 만약 다른 블록을 가진 단어를 만들고자 한다면 히라가나뿐만 아니라 칸지에서도 팝업 윈도우가 게임자에게 어떤 단어인지를 말해 준다. 다음, 단어를 구성하고 있는 블록들은 사라지게 될 것이다. 게임자가 블록을 잃게 되면 더 빨라지고 게임자는 더 잘해야 한다. 불행히도 이 게임은 오직 특정 모드를 지원하는 일본 휴대전화에서만 된다. 이것은 플레이스테이션을 이용한 첫 번째 일본어 스크래블, mojipittan(정확한 문자 짝짓기)의 소산이다. 만약 CD로 팔리게 된다면 이것은 외국어 교사들이 일본어 단어 학습을 위하여 언어 랩실에서 가지고 싶어하는 언어게임 중의 하나가 될 것이다. 휴대전화의 기능은 확실히 확장될 것이고 아마도 외국어 학습과 교수(teaching)를 도와줄 것이다. 우리가 학습자들에게 휴대전화를 학급에 가지고 오라고 말할 때가 올 것이고 그들을 가상 언어 랩실과 연결시킬 때가 올 것이다(Prensky, 2004). 이 가상 랩실의 훌륭한 점의 하나는 교육기관에게 어떤 비용도 지우지 않는다는 것이다.

인터넷: 온라인 TV와 라디오

실제 의사소통을 위한 언어를 사용하는 원어민에 의한 최신의 비디오는 학습자들에게 살아있는 문화와 언어를 가져다줄 수 있다(LeLoup & Ponterio, 2004, p.3). 비록 많은 온라인 TV(비디오)가 있는 것은 아니지만 저자는 다음의 것을 발견하였다: 인터넷상의 Shortwave Broadcasts LIVE, French TV Channel TF1, 일본어 인터넷 라디오/TV, Yomiuri Stream, 니케이 방송 뉴스. 광대역에 대한 비용이 외국어 교사들이 이용할 수 있을 만큼 여유가 있다면 특히 중급 수준과 고급 수준의 학습자들을 위해서 온라인 TV 방송은 가장 매력적인 교수자료 중의 하나가 될 것이다. 라디오 일본 온라인이라고 하는 일본어 NHK의 뉴스와 같이 멀티언어의 방송도 있는데 우리는 일본어, 영어, 아랍어, 벵골어, 버마어, 중국어, 프랑스어, 독일어, 인도어, 인도네시아어, 한국어, 말레이어, 페르시아어, 포르투갈어, 러시아어, 스와힐리아어, 스웨덴어, 태국어, 우르두어, 베트남어로 들을 수 있다.

자동화된 단어 퀴즈를 가진 팝업 온라인 사전

최근의 기술 발전은 우리에게 멋진 온라인 사전을 가져다주었다. 저자가 말하려고 하는 것은 테스트/퀴즈가 있는 팝업(pop-up)/jump 사전의 이점, 온라인 사전의 혁신에 대해서이다. 저자가 알고 있는 바로는 현재 3개의 팝업 사전이 있다: Ultralingua, 워드챔프(WordChamp), POPjisyo. Ultralingua는 유럽어 사전이지 아시아 언어사전은 아니다. 반대로 WordChamp는 지원하는 언어 수 측면에서 Ultralingua보다 성능이 낫다. 지원하는 언어에는 벵골어, 불가리아어, 버마어, 캄보디아어, 카탈로니아어, 중국어(광둥어), 중국어(만다린어), 크로아티아어, 체코어, 덴마크어, 네덜란드어, 영어, 페르시아어, 핀란드어, 프랑스어, 독일어, 그리스어, 히브리어, 인도어, 헝가리어, 인도네시아어, 아일랜드어, 이탈리아어, 일본어, 한국어, 쿠르드어, 라틴어, 리투아니아어, 말레이어, 마라티어, 노르웨이어, 파슈토어, 폴란드어, 포르투갈어, 펀자브어, 루마니아어, 러시아어, 산스크리트어, 세르비아어, 신드어, 신할라어, 슬로바키아어, 스페인어, 스와힐리아어, 스웨덴어, 타갈로그어, 타밀어, 텔루구어, 태국어, 티베트어, 우크라이나어, 우르두어, 베트남어, 이디시어가 있다.

그림 1의 기사는 아사히 신문으로부터 나온 것이다. WordChamp의 일본어 영어 사전은 칸지 단어 또는 절을 하이라이트한다. 그러나 여기에는 하이라이트되지 않은 몇 가지의 칸지 단어가 있다. 만약 우리가 커서를 하이라이트된 칸지로 옮기면 그것의 읽기부분은 히라가나로 주어지고 의미는 영어로 주어진다. 이 팝업 사전은 더 놀라운 점을 가진다. 팝업 박스에서 보이듯이 우리는 테스트를 위해 단어를 추가할 수 있다. 비록 읽는 방법은 왼쪽 박스에 있는 칸지로 구성된 단어 아래 히라가나로 쓰인 것이지만 화자가 칸지 단어 옆에 있는 아이콘을 클릭하면 칸지로 구성된 단어의 발음을 들을 수 있다.

마지막 팝업 사전은 Popjisyo(영어로 된 팝업 사전)이다. 이것은 그림 2에서 보여주듯이 일본어를 영어로 번역하는 것뿐 아니라 일본어에서 중국어, 일본어에서 일본어로 팝업 윈도우에 보여준다. 이 사전은 이 웹페이지 내의 상단에 있는 메뉴 바를 클릭하면 열리는 몇 가지의 칸지 조화 게임을 가진다. 게다가 이 Popjisyo는 읽고 있는 웹페이지의 단어 리스트를 자동적으로 만들어 준다. Popjisyo는 추가적인 사용료 없이 모든 무선전화기에서 접근가능하다. Popjisyo는 영어에서 일본어, 영어에서 스페인어 등의 언어사전을 가진다.

단지 당신이 읽기를 원하는 URL을 치고 Popjisyo하에서 웹페이지를 열리게

그림 1 WordChamp (출처: Asahi 신문, May 24, 2006)

그림 2 Poojisyo (출처: Game Watch: June 14, 2005)

하면 된다. 이 사전의 단점은 히라가나로 쓰인 부분이 나오면 구(phrase)의 경계를 알 수 없다는 것이다.

이런 팝업 사전들은 비록 그것들이 완벽하지는 않을지라도 학습자들이 더 실제적인 자료를 인터넷상에서 읽을 수 있는 가능성, 특히 신문을 읽기 위해서 심지어 학습자들이 일본어를 공부를 할 수 있는 가능성을 열어 주었다. 이것은 고급 수준의 학습자들이 리터러시 기술을 증진하기 위해 졸업 후에도 외국어 학습을 지속적으로 할 수 있도록 독려하는 수단이다.

무들

무들(modular object-oriented dymanic learning environment: moodle)은 외국어 수업에 또 다른 혁신을 가져다주었는데 외국어 교사들이 코스를 관리하고 평가하는 도구를 원했기 때문이다. 적은 예산을 가진 대학은 비싼 블랙보드나 WebCT를 구매할 능력이 없다. Brandle(2005)은 스페인어 수업에서 어떻게 학습관리 시스템이 작용하는지를 보여주었고(비록 일본어와 같이 외국어 학습에 대해 잘 알려지지 않았을지라도) 무들의 이점에 의해 어떤 비용을 들이지 않고도 평가도구를 사용할 수 있음을 보여주었다. 무들은 외국어 교사들이 콘텐츠를 채울 수 있는 템플릿 기반 시스템이다. 무들이 가진 학습이론은 사회적 구성주의인데 그것은 사회적 상호작용이 개인의 학습을 증진시킨다는 가정을 가지고 있고 Piaget의 학습심리로부터 발전된 것이다. 여기에는 주의해야 할 점이 있다. 일반적으로 코스 관리 시스템은 그것을 활용하는 데 있어 노동 효과적이거나 시간 효율적이지 않다(Morgan, 2003). Morgan은 반대로 많은 교직원들은 코스 관리 시스템이 더 상호작용적인 자료를 포함하고 있고 다양한 학습유형을 설명하도록 하는 데 도움을 준다는 것을 발견하였다.

초급 수준의 일본어 II(JA 102) 수업에 테크놀로지 통합하기: 비용, 시간, 노동의 측면에서 효과적인 수행

학습자들이 코스를 끝냈을 때 그들은 괌 대학에서 일반적인 교육에서 요구되는 외국어 요건과 만나게 된다. 저자가 테크놀로지적인 교육을 수행하는 동기는 학습자들(일본어 수업의 수준을 더 높이는 것을 그만두려는 학습자들)이 졸업을 한 이후에도 일본어 학습을 하도록 동기화시키는 것이다. 괌과 같은 곳에서 사는 사람들(관광객의 대부분이 일본에서 오는)은 일본어에 대한 지식이 직업 시장에서 가능성을 열어 줄 것이라는 점을 결코 알지 못한다.

기술 습득을 위한 인터넷: 교재를 보충하는 교수/학습 자료

저자는 "Genki"라는 교재를 사용해 오고 있다. 저자가 이 교재를 초급반에서 사용하기 시작했을 때 이 교재를 위한 컴퓨터 보조 언어학습 웹사이트는 오직 하나, Genki-Online의 "자기학습"이었다. 이후 Genki 연습을 위한 사이트가 만들어졌고 저자는 단어학습을 할 목적으로 그것을 이용하였다. 이후에 Usagichan "rabbit" 웹사이트가 획순을 보여주는 동영상이 칸지학습을 위해 추가되었다. 현재 교재로써 이용자들이 유용하게 활용할 수 있는 오래되었거나 새로운 컴퓨터 보조 언어학습 자료가 모두 Japan Times라는 Genki 웹사이트상에 있다. 모든 컴퓨터 보조 언어학습 프로그램이 기술 습득을 위한 학습에 유용하고 효과적인 것은 아니다. 단지 (1) 가나 문자(일본어의 알파벳), (2) 단어, (3) 문법: 형용사와 동사에 대한 연관 퀴즈 (4) 칸지 문자에 대해서만 효과적이라 할 수 있다. 그것들 가운데에 칸지 문자 학습을 위해 혁신적인 두 가지의 컴퓨터 보조 언어학습은 Usagichan과 Kanji Alive이다.

칸지학습: 칸지학습을 목표로 하는 90개의 획순과 복합어

Usagichan과 Kanji Alive는 초급자를 위한 칸지 사전으로써 초급 또는 중급의 일본어 수업에서 사용할 수 있는 뛰어난 웹사이트이다. 이런 컴퓨터 보조 언어학습 프로그램은 각각의 칸지에 대한 획순을 동영상으로 보여준다는 점에서 새롭고 차이가 있다. 첫째, Usagichan의 경우, 획순을 보여주는 동영상 스크린은 칸지 리스트 페이지 위에 팝업으로 나타난다. 학생들은 동시에 두 화면을 모두 볼 수 있다. Quick Time Movie는 만약 학습자가 시작버튼을 반복적으로 누른다면 칸지를 몇 번이고 반복해서 보여줄 수 있다. 둘째, 만약 우리가 "Go"를 클릭하면 이것은 칸지를 가진 복합어의 예를 보여준다. Kanji Alive의 경우 "Kanji display"의 버튼을 클릭하면 그림 3에서와 같이 애니메이션으로 손으로 쓴 듯한 칸지의 획순을 보여준다. 게다가 만약 학습자들이 예로 들어준 단어 옆의 Speaker를 클릭하면 그 단어의 발음을 들려준다. 그리고 그 단어의 의미를 영어로 보여준다. Usagichan이 없는 Kanji Alive의 또 다른 특성은 같은 스크린 위해 칸지의 어근에 대한 정보를 보여준다는 것이다.

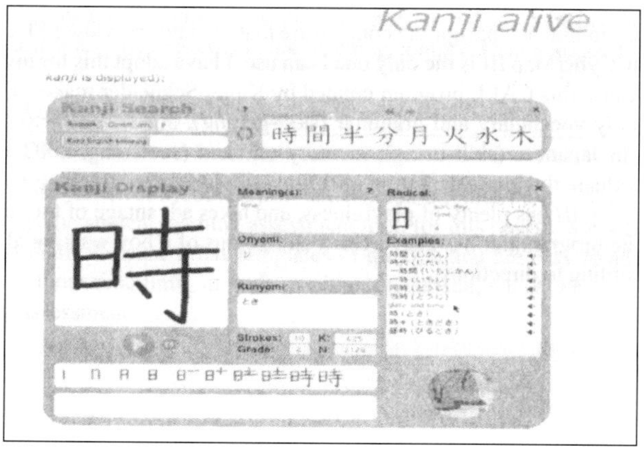

그림 3 Kanji Alive (출처: Kanji Alive Overview: July 20, 2005)

칸지 쓰기를 제공하는 이런 방법은 학습자들이 더 쉽게 칸지를 학습할 수 있게 할 것인데 학습자들이 더 효과적으로 칸지를 기억할 수 있기 때문이다. 또 다른 좋은 점은 이 두 웹사이트가 무료이고 누구에게나 열려있다는 것이다.

기술 활용을 위해

대부분의 기술 활용 활동은 특별한 테크놀로지 없이 교실에서 수행된다.

일본어 워드프로세서와 과제기반의 인터넷

일본어 워드프로세서와 인터넷은 다음의 목표를 위해 유용하다: 세일이나 파티를 위한 간단한 검색자, 일본어 인사카드. 전자적인 인사카드(특히 가을 학기, 새해, 크리스마스)를 만들 때 야후 일본과 야후 U.S.에서 샘플을 보여주는데 사용된다. 일본어로 인사카드를 만드는 것은 일본의 새해와 서구의 크리스마스 같은 인사카드를 통해 두 문화 간의 유사성과 차이점을 이해하는 것에 의해 문화를 학습하는 활동이다.

인터넷상의 기술 습득과 기술 활용 코스웨어: Cyber Map III: 일본어로 방향을 묻고 답하는 시범을 보여주는 것이 목표(단어와 문법 학습, 그리고 과제기반)

개별 외국어 코스의 수업을 계획할 때 적절한 코스웨어를 발견하기란 쉽지 않다. CyberMap III는 저자가 사용하는 유일한 것이다. 저자는 이것을 JA102수업에 적용하였는데 이 CALL 프로그램이 Keiko Schneider에 의해 만들어져 단어와 문법뿐 아니라 일본어로 방향에 대한 학습을 용이하게 하기 때문이다, 즉 기억효과적이라는 것이다(학습자가 보충 교수자료로써 이것을 어떻게 수행하는지를 평가하기 위해서는 Kang(2002)의 자료 참고). CYberMap III는 놀잇감이 풍부하고 플래시 기능의 이점을 살렸다. 즉 프로그래머가 방향에 따라 거리를 걷고 있는 소년의 애니메이셔을 창조해 내었다.

비디오 필름:

초급자를 위한 몰입과 목적기반의 프로그램 "Yan and the Japanese People"

필름에서 보이는 생활유형은 약간 오래되었으나 비디오 필름은 두번째 학기 코스를 위한 청취력 자료로 여전히 효과적일 뿐 아니라 일본 문화(기술 습득; 목적 기반의)를 학습하는 데 효과가 더 높다. 게다가 중요한 점은 학습자들은 그들이 각 에피소드 대화의 대부분(50~80%)을 이해할 수 있기 때문에 즐거워한다. 성공적으로 이해하는 비율이 높은 것은 일본어 학습에 대한 강한 동기를 불러일으키며 학습자들이 더 열심히 공부할 수 있도록 독려한다.

일본 문화에 대한 목적기반의 인터넷의 WWW

초급 수준의 일본어 코스에서 인터넷은 문화 수업을 위해 가장 유용한 좋은 도구이다. 교재의 레슨에서 대화를 잘 이해하기 위해서 가부키-일본의 정통 뮤지컬-에 관해 일본어로 된 간단한 질문이 나오고 인터넷에서 가부키에 대한 웹사이트를 영어로 찾으면서 할 수 있는 일본어로 대답을 쓰는 숙제가 주어진다.

교재를 위한 CDs(운율/문법에 대한 학습: 청각적 언어학습 방법 참조)

CD에 있는 대부분의 내용은 과제로써 주어진 CD에 있는 각 레슨의 청취력 이해 연습문제를 제외하고는 기술 습득과 자기학습(self-study)을 위해서도 좋다. 우리는 청취력 이해 질문과 퀴즈를 만들기 위해 무들에 업로드하여 Audacity (프리웨어)를 이용하여 쉽게 오디오 파일을 만들고 혹은 모든 사람들이 청취력 퀴즈에 접근할 수 있도록 교수자의 웹페이지에 업로드할 수 있다.

코스 관리 도구: 무들

이 코스에서 코스 관리 도구로써 그리고 학습자들의 학습평가 도구로써 무들의 수행은 지금 준비 중에 있다. 무들은 매력적인데, 특히 학습평가를 위해 활용하고 있는 시간제한의 여부를 콘텐츠에 추가하거나 피드백의 여부를 추가하는 것이 쉽기 때문이다.

최근 뉴스매체를 통한 일본어: 고급 수준의 4년차 일본어

이 코스는 오직 테크놀로지적인 교수자료를 활용하여 일본어를 가르치는 것이다(몰입방법). 이 학급에서 활용되는 테크놀로지는 주로 인터넷, 저자가 집에서 녹화한 TV(NHK) 뉴스, TV 광고 필름 비디오(로스앤젤레스에 있는 일본 재단에서 빌려온), 그리고 아이튠을 통해 팟캐스팅되는 니케이 신문이다. 테크놀로지적인 수업도구들을 사용하는 것은 뉴스매체를 통해 일본어를 배우는 이 코스의 목표 중의 하나이고 학습자들이 일본어를 구사하는 능력이 다양하기 때문에 사용한다. 일본 신문은 대부분 인터넷에서 무료이다. 새로 등장한 Popjisyo 역시 무료이다. NHK 뉴스는 만약 저자가 집에서 녹화해 온다면 케이블 TV를 통해 활용가능하다. TV의 상업적 광고 비디오는 일본 재단에서 무료로 빌려준다. *Hiragana Megane* hiragana glasses(히라가나 번역기)는 인터넷에서 이용할 수 있으며 비용을 지불하지 않는다.

이번 학기에 저자는 이 수업에 두 명의 학습자들을 가지고 있는데 그들의 유창성 수준은 다르다. 한 명은 4년차 일본어 코스를 끝냈고 더 높은 수준의 수업을 필요로 한다. 저자는 이 학습자를 학습자 A라고 칭했다. 게다가 지난 여름 그녀는 일본에서 6개월 머물다가 돌아왔다. 다른 학습자(학습자 B)는 3년차 일본어 II를 막 끝냈고 일본을 방문한 적이 없다. 비록 그녀는 괌에서 일본관광객을 대상으로 일하는 파트타임 직업을 가지고 있음에도 불구하고 이런 유창성 수준의 차이는 일본어 유창성 시험의 측면에서 볼 때 그 목적에 차이를 반영하고 있다. 이번 학급을 위한 학습자 A의 목적은 일본어 유창성 시험에서 첫 번째 수준(가장 높은 수준)을 얻는 것이다. 한편 학습자 B의 목적은 두 번째 수준의 시험에 통과하는 것이다. 테크놀로지적인 도구는 그들이 자신의 진도에 맞게 공부할 수 있도록 도와준다. 특히 외국어 수업에서 컴퓨터 기술은 다양한 방법으로 다각적으로 활용하면서 유창성의 수준이 다른 학습자들이 개별 진도에 따라 공부할 수 있도록 교수하는 데 이점을 가진다. 이번 코스의 또 다른 목표는 학습자들이 일본어 공부를 위한 평생학습자로서 그들의 일본어 리터러시 능력을 증진시키기 위해 준비시키는 것이다. 평생 일본어 리터러시 학습을 위해 이런 테크놀로지적인 도구들은 원어민과 같은 기술을 갖도록 학습자들의 궁극적인 목적으로 이끌어 주는 데 유용하다.

기술 습득에 관하여: 인터넷 팝업 사전:

정신적인 칸지 사전을 활성화하는 Popjisyo(문자와 단어 학습 그리고 번역 방법)

저자는 WordChamp를 넘어 Popjisyo를 선택해 오고 있다. 왜냐하면 Popjisyo가 더 많은 웹페이지에서 사용가능하고 특히 별도의 이용료 없이 일본어에서 영어로 사전을 이용할 수 있기 때문이다. 인터넷에서 사전을 이용하는 이점은 학습자들이 전동적인 칸지 사전을 참조하지 않아도 되기 때문이다. 전통적인 칸지 사전은 학습자들이 이미 칸지의 어근과 획순 또는 읽는 법을 알고 있어야 한다. 그러나 학습자들이 필요로 하는 것은 읽는 법이나 획순뿐 아니라 모르는 칸지 단어에 대한 의미를 커서를 움직여 아는 것이다. 다른 말로 하자면 팝업 사전은 학습자들이 더 많이 읽도록 독려하고 학습자들이 대상 언어를 그들의 일상생활에서 사용할 수 있는 도구로 효과적이고 효율적으로 학습할 수 있도록 이끌어 준다.

인터넷: Hiragana Megane:

칸지 읽는 법을 학습하기 위해(단어와 문자 학습)

이 컴퓨터 보조 언어학습 기술은 순식간에 즉각적으로 칸지 옆에 각 칸지의 읽는 법을 삽입할 수 있다. 학습자 B는 이 도구를 자주 사용하며 학습자 A는 그리 자주 사용하지 않는다.

인터넷: Gahoh(문자 학습)

이것은 우리가 칸지를 읽는 법에 따라 그 획순을 찾을 수 있는 멋진 웹사이트이다. 그러나 저자에게는 이 웹페이지를 학습자들이 이용하도록 소개하기가 어려운데 읽는 법을 모르면 칸지의 획순을 찾을 수 있는 방법이 없기 때문이다. Popjisyo(학습자 A의 경우) 또는 Hiragana Megane(학습자 B의 경우) 덕분에 저자는 지금 학습자들에게 웹 도구를 소개할 수 있는데 Popjisyio나 Hiragana megane으로 읽는 법을 찾은 후에 gahoh에서 획순 동영상을 얻고 칸지를 찾으면 쉽기 때문이다.

기술 활용(몰입)을 위한 인터넷 신문(읽기와 청취 수업자료)

읽는 자료로서 온라인 일본어 신문 Yomiuri 신문은 학습자들이 Yomiuri STREAM을 듣기 기대하고 있기 때문에 주로 사용한다. Nikkei 신문의 팟케스팅은 2005년에 시도될 것이다.

팟케스팅은 무료이기 때문에 수업이 끝난 후에 학습자들이 컴퓨터로 그것에 쉽게 접근할 수 있다는 점에서 합리적이며 학습자들에게 학습자료로써 졸업 후에도 일본어 공부를 계속할 수 있게 해주는 학습자료의 추가적인 정보원이라는 점도 합리적인 면이다.

TV: NHK News(주요 듣기와 이해력 자료)

Yomiuri Stream의 사운드와 그림의 질은 TV(NHK)의 뉴스보다 못하다. 만약 질이 좋지 않다면 뉴스를 올바로 이해하고 학습하는 데 어려움이 있다. 이것이 저자가 듣기 이해력 활동을 위해 구테크놀로지를 사용하는 이유이다. 저자가 처음으로 수업에서 그것을 보여주었을 때 학습자 B는 그녀가 스크린에서 칸지 단어를 읽을 수 있고 그것을 이해할 수 있게 되었다는 것을 알고 기뻐하였다.

기술 습득과 기술 활용에 관해

일본 재단은 일본어 교사들이 이용할 수 있는 상을 받은 51개의 상업적 광고 필름을 가지고 있다. 이 필름을 사용하는 것으로 학습자들은 동시대 일본의 문화(기술 습득; 기술 활용)를 배울 수 있고 일본어를 활용하는 것을 배울 수 있다. 다른 목적은 상업적 광고를 학습자들이 즐기고 편안해 하며 일본의 인기 있는 문화를 배운다는 것이다. 그러나 학습자들에게 따르는 질문이 있다. (1) 누구의 정신과 마음을 이 광고가 잡으려고 하였는가? 어린이? 십대? 젊은이? 중년? (2) 당신은 왜 그렇게 생각했는가? 가장 좋은 점은 학습자들이 광고를 사랑한다는 것이다.

결론

비록 최근의 기술 발전이 영화 매트릭스 수준에 달하지는 않았지만 일본어 교사뿐 아니라 외국어 교사들에게 매우 정교화된 교육적 도구를 가져다주었다. 저자는 기억을 위한 효과적인 접근법을 제안하면서 어떻게 기술적인 도구들이 외국어 수업을 더 효과적이고 재미있게 만들 수 있는지를 설명하였다. 방법론적인 측면에서 기술적이거나 아니거나, 외국어 교사들이 전자적으로 되는 것은 학습자들이 외국어 수업에서 기억을 더 효과적으로 하도록 도움을 줄 수 있다. 다음에는 교사들이 기술적 도구들이 과제를 더 잘 수행할 수 있도록 했는지 여부를 조사할 수 있다.

만약 기술적 도구가 목표를 더 효과적으로 달성하는 데 기여했다면 저자는 외국어 교사에게 기술적인 수업 도구들이 이점을 가져다줄 것으로 추천한다. 몇몇 학습자들은 외국어 능력을 확장시키기 위해 일본으로 여행을 하여 많은 시간과 돈을 쓰고 있다. 지금, 일본으로 여행할 여유가 없는 학습자라 할지라도 이러한 모든 기술적 도구들을 활용한다면 평생학습경험을 지속적으로 하기 위해 또는 잠시 외국어를 공부하든지 외국어 학습환경에 그들 스스로를 몰입시킬 수 있을 것이다.

이 장에서는 외국어 교사들이 새로운 테크놀로지를 사용하는 절차가 점점 더 간단해질 것으로 본다. 이 장에서 소개한 새로운 테크놀로지 가운데 몇몇의 것은 이 책이 출간될 때에는 낡은 것이 될 것이다. 그러나 독자는 곧 더 좋은 도구들이 있을 것이라는 것을 확신할 것이다. 독자들은 그것들을 학습을 위해 충분히 활용해야 한다.

참고문헌

Brandle, K. (2005). Are you ready for Moodle? *Language Learning and Technology, 9*, 16-23. Retrieved August 5, 2006, from http://llt.msu.edu

Chinnery, G. (2006). Emerging technology: Going to MALL. *Language Learning and Technology, 10*. Retrieved August 5, 2006, from http://llt.msu.edu

Chomsky. N. (1965). *Aspect of the theory of syntax*. Cambridge, MA: MIT press.

Chomsky, N. (1975). *Reflections of language*. New York: Pantheon Book.

Chomsky, N. (1981). *Lecture on government and binding*. Dordrecht: Foris Publications.

Cuban, L. (2001). *Oversoldandunde: used: Computers in the classroom*. Cambridge, MA: Harvard University Press.

Dodds, T. (2001). *Universities, adult basic education, open and lifelong learning and new technology: Resources for change in developing countries?* Retrieved August 5, 2006, from http://literacy.org/products/ili/pdf/UTLPdodds.pdf

Felder, R. M., & Henriques, E. R. (1995). Learning and teaching styles in foreign and second language education. *Foreign Language Annals, 28*(1), 21-31.

Garrett, N. (1991). Technology in the service of language learning: Trends and issues. *Modern Language Journal, 15*, 74-101.

Godwin-Jones, B. (2004). Emerging technologies: Language in action: From Web-quests to virtual realities. *Language Learning and Technology 8*(3), 9-14.

Godwin-Jones, B. (2005). Emerging technologies: Messaging, skype and podcasting: Disruptive technologies for language learning. *Language Learning and Technology, 9*(3), 9-12.

Kang, P. T. (1993). *Parser strategies of adult English speakers learning Japanese as a second language.* Unpublished doctoral dissertation, University of Texas at Austin.

Kang, P. T. (2002). CyberMap exercise Ill: As a computer assisted teaching (CALT) material, Part 2: Implementation. *In Proceedings CASTELJ 2002.*

Kang, P. T. (2003). *Surface X-bar theoty prosodic structure and first language acquisition.* Paper presented at the conference (UG Principles and Input: How do we get Plato' s heaven into Skinner' s box?) at the Linguistic Society of America' s Linguistic Summer Institute, Michigan State University.

Krashen, S. D. (1985). *The input hypothesis.* London: Longman.

Lam, Y. (2000). Technophilia vs. technophobia: A preliminary look at why second language teachers do or do not use technology in their classrooms. *Canadian Modern Language Review 56.* 389-420.

LeLoup, J. W., & Ponterio, R. (2003). *Second language acquisition and technology: A review oft the research.* Retrieved August 5, 2006, from http://www.cal.org/resources/digest/03111leloup.html

LeLoup, J. W., & Ponterio, R. (2004). On the net: Internet television news in the classroom TFI: Improved features makes sites more useful. *Language Learning and Technology, 8*(2), 3-6.

LeLoup, J. W., & Ponterio, R. (2005). On the net: Vocabulary support for independent online reading. *Language Learning and Technology, 9*(2), 3-7.

Lightbown, M. P. (2000). Anniversary article classroom SLA research and second language teaching. *Applied Linguistics, 21*(4), 431-462.

Miller, G. (1956). The magical number seven, plus or minus two: Some limitson our capacity for processing information. *The Psychological Review, 63*, 81-97.

Morgan, G. (2003). Faculty use of course management systems. *ECAR*(EDUCAUSE Center for Applied Research), 1-6.

Omoto, Y., Fukai, M., & Schneider, K. (2002). *Survey on the use of computer and the Internet in Japanese classes in northern Caljfornia.* Paper presented at the SEATJ 2002 Conference. Retrieved August 5, 2006, from http://www.saboten-web.com/conference/SEATJ2002/

Prensky, M. (2001). Digital natives, digital immigrants. *On the Horizon, 9*(5). Retrieved August 5, 2006, from http://www.marcprensky.com/writing/default.asp

Prensky, M. (2004). *What can you learn from a cell phone?* Retrieved August 5, 2006, from hftp://www.marcprensky.com/writing/default.asp

Purushotma, R. (2005). Commentary: You' re not studying, you' re just... *Language Learning and Technology 9*(1), 80-96.

Rivers, W. (1981). *Teaching foreign language skills* (2nd ed.). Chicago: University of Chicago Press.

Salaberry, R. (2000). Pedagogical design of computer mediated communication task: Learning objectives and technological capabilities. *Modern Language Journal, 84*, 28-37.

Salaberry, R. (2001). The use of technology for second language learning and teaching: A retrospective. *Modern Language Journal, 85*, 39-56.

Skehan, P. (1989). *Individual differences in second language learning.* London: Edward Arnold.

Stice, J. E. (1987). Using Kolb' s learning cycle to improve student learning. *Engineering Education, 77*, 291-296.

Terry, R. (nd.). *Technology and language instruction.* Retrieved August 5, 2006, from http://www.richmond.edu/~terry/tech.htm

Wang, L. (2005). The advantages of using technology in second language education. *T H. E. (Technology Horizons in Education) Journal Online.* Retrieved August 5, 2006, from http://www.thejournal.com/

Warner, C. N. (2004). It's just a game, right? Type of play in foreign language CMC. *Language Learning and Technology, 8*(5), 69-87.

Warshauer, M., & Meskill, C. (2000). Technology and second language teaching. In J. Rosenthall(Ed.), *Handbook of undergraduate second language education.* Mahwah, NJ: Lawrence Erlbaum. Retrieved August 5, 2006, from http://www.albany.edu/etap/Faculty/CarlaMeskill/Publication/mark.pdf

Warschauer, M., & Healey, D. (1998). Computers and language learning: An overview. *Language Teaching, 31*, 57-71.

Wright, A., Betteridge, D., & Bucky, M. (1983). *Gaines for language learning.* Cambridge, MA: Cambridge University Press.

부록: WWW의 URL

- Rapid Tactical Language Training System http://www.isi.edu/isd/carte/proj_tactlang/

Podcasting

- German http://depts.washington.edu/llc/olr/german/GER_011/index.php
- French http://www.podcasting.net/tag/french/newest
- English for native speakers of Japanese http://mainichi-podcasting.cocolog-nifty.com/weekly/

Online Newspaper and Newspaper Reader

- WebUC (freeware; http://www.asahi.com/information/Service/Webud.html)
- Asahi Newspaper (http://www.asahi.com)
- Yomiuri Newspaper www.yomiuri.co.jp

Online TV

- Shortwave Broadcasts LIVE On The Internet http://www.multilingualbooks.com/online-radio-japanese.html
- French TV Channel TF 1, http://www.tfl.fr/ (see LeLoup & Ponterio, 2004)
- Japanese Internet radio/TV, http://www.dxworld.com/sw_live.html
- Yomiuri Stream http://www.yomiuri.co.jp/stream/
- Nikkei Broadband News http://www.nikkei.co.jp/bb/index.html

Online Radio

- Japanese NHK' s news broadcasting called Radio Japan Online http://www.nhk.or.jp/rj/index_e.html

Online Pop-Up Dictionaries

- Ultralingua http://ultralingua.net/
- WordChamp http://www.wordchamp.com
- POP jisyo.com http://www.popjisyo.com/WebHint/Portal_e.aspx
- Game watch http://watch.impress.co.jp/game/

Textbook Genki Series

- Genki-Online http://www.genki-online.com
- Genki Exercise http://www.lyon.edu/webdata/users/mpeek/japanwebpages/GenkiExercises.htm
- Usagichan http://www.csus.edu/indiv/s/sheaa/projects/genki/index.html
- Usagichan' s stroke order site http://wwwcsus.edu/indiv/s/sheaa/projects/genki/index.html
- Kanji Alive http://kanjialive.lib.uchicago.edu
- Japan Times' Genki Web site http://genki.japantimes.co.jp/self/self.html

Courseware

- CyberMap III http://www.sabotenweb.com/classes/mapex3/

Kanji Learning

- Hiragana Megane http://hiragana.jp/
- Gahoh http://gahoh.marinebat.com/modules.php

제3부

평생학습 사회를 위한 학습이론과 온라인에서의 적용

제5장

온라인 구성주의:
고등교육에서 21세기 학습을 위한 Vygotsky적 적용

Candace kaye, New Mexico State University, USA
Erica Volkers, Central New Mexico Community College, USA

요약

고등교육에서 온라인 구성주의의 접근을 사용하는 것은 좋은 수업이 협력적이면서도 매우 개인적인 과정이라는 것을 강조한 교육학자들의 견해와 일치한다는 것을 나타낸다. 또한 온라인 구성주의의 적용은 성인학습이론과 경험학습 및 탐구기반학습을 위해 설계된 교육 프로그램에 적합하다는 것을 제안하고 있다.

이 장의 목적은 구성주의 이론의 Vygotsky적 접근에 의한 온라인 교수학습에 대한 인식을 연구하는 것이다. 먼저 이 장에서는 온라인 구성주의 기반의 과정 개발에 대한 현재의 연구들에 초점을 맞추고 다음으로 저자의 실제적인 연구 프로젝트를 통해 (1) 온라인 학습 공동체를 만들고 촉진하는 것에 대한 교수자의 관점과 (2) 온라인 구성주의 경험에 대한 학생들의 인식을 검토한다. 연구자는 연구결과에 대한 토론, 분야에의 기여, 온라인 교수에 구성주의 접근을 원칙적으로 사용하기 위한 제안과 도전과제로 결론을 맺는다.

도입

고등교육에서 지식 획득을 위한 온라인 학습의 구성주의 접근을 탐색하는 교사나 연구자들은 좋은 교수(teaching)란 복잡하고도 매우 개인적인 과정임을 강조한 교육철학자 Noddings(1992)와 Palmer(1998)의 의견에 동의한다. 예를 들어, Palmer(1998)에 의하면 "교육한다는 것은 이 세상에 존재하고, 이 세계를 바라보는 보다 진실된 방식을 향한 내적인 여행으로 학생을 안내하는 것이다."라고 말한 바 있다.

또한 그와 같은(구성주의 접근을 사용하려는) 교사나 연구자들은 구성주의 기반 프로그램은 성인학습이론에 더 부합하고, 교육의 개선은 경험적이고 탐구기반으로 설계된 교육 프로그램을 통해서만 가능하며 대화를 통해 성취될 수 있다고 제안한 교육개혁자들의 의견과 자신들의 견해가 일치한다는 것을 알 수 있을 것이다.

온라인 프로그램의 설계와 실행에서 구성주의적 접근을 사용하는 실천가들은 고등교육의 교수자는 성공적인 교육과정을 설계할 수 있어야 하며 학생들은 학습을 향한 그들 자신의 여행을 이끌고 이해하는 데 직접적으로 참여해야만 한다는 점을 깨달았다. 그와 같은 경험이 창조됨으로써 고등교육의 교수자는 Vygotsky에 의해 처음 제안된 근접발달영역(zone of proximal development: ZPD) 내에서 이루어진 학습 설계 절차에 의한 원칙적 형태의 교수를 개발할 수 있을 것이다.

다음의 Vygotsky적 개념은 온라인 교육과정을 구축하는 데 특별히 적절하다: (1) 학생들이 그들 각각의 근접발달영역을 통해 발전하려면, 학생들 간 혹은 학생과 교사 간 협동적 경험이 필수적이다(Vygotsky, 1978). (2) 인지적 증폭기(Bruner, 1966)로서 사회적 상호작용은 사회적으로 공유된 활동들을 내면화된 인지적 과정으로 전환시킨다. 그리고 (3) 가장 효율적인 교수는 학생이 지원적 학습 환경 내에서 활동에 참여하고 적절한 안내를 받을 때 일어난다(Vygotsky, 1978). 또한 이러한 개념들은 기술기반의 학습에 적용할 때 다음과 같은 Vygotsky의 상호의존적인 주제들과 함께 더 큰 반향을 일으킨다. 그것은 "발달(론)적 방법의 지지, 고등 정신과정과 사회적 과정 속에서 그것의 기원 간의 연관성, 그리고 정신적 과정은 그것을 중재하는 도구와 신호를 이해할 때 알 수 있게 된다는 아이디어"(Dixon-Krass, 1997, p.176)이다.

이 장의 목적은 학생중심과 협동적 학습 공동체 구축에 중점을 두어온 Vygotsky의 구성주의 이론에 의거한 교수 설계와 교수 적용의 관점에서 테크놀로지기반 학습기회(예컨대 고등교육에서 온라인 교수)에 대한 인식을 탐색하는 것이다. 이 장은 두 개의 절로 구성된다. 먼저 연구자는 구성주의적 온라인 설계와 적용에 대한 인식 연구를 검토하고 이슈를 종합하며 우수 사례, 문헌분석에 나타난 도전과제들로 결론을 맺는다.

둘째 절에서는 (1) 온라인 학습 공동체 만들기에 대한 연구자들의 시각 (2) 온라인 구성주의 학습에 대한 학생들의 인식을 다룬 두 부분으로 된 연구 프로젝트에 대해 토론한다. 그리고 이 연구의 결과에 대한 토론과 이 분야에 대한 기여, 21세기에 온라인 구성주의 접근을 사용하기 위한 도전과제로 결론을 맺는다. 또한 온라인 교수학습 영역에 있어 향후 연구 기회에 대한 제안이 제공된다.

배경

다음에 제시되는 배경 검토는 두 가지 목적을 가지고 있다. (1) 이 장의 논의 내용에 초점을 두는 것과 (2) 저자의 조사 연구를 소개하는 것이다. 또한 의미 구성에 있어 학습자의 적극적인 참여에 초점을 맞춘 온라인 구성주의 모델에 대한 최근의 주제들을 포함한 연구 분석을 논의한다. 이 초점은 Vygotsky의 견해와 일치한다: "학습자의 수동성은 과학적 관점에서 봤을 때 가장 큰 죄악이다. 왜냐하면 그것은 교사가 모든 것이고 학생은 아무것도 아니라는 잘못된 원칙에 의한 것이기 때문이다"(Bozhovich & Slavina, 1972, p.165).

점점 더 많은 온라인 학습이 고등교육의 학습경험을 전달하기 위한 방식으로 통합되면서 구성주의 이론의 사용과 Vygotsky적 접근에 대한 다양한 관점이 설계와 실행 분야에서 나타나고 있고 다양한 정의와 설명이 반영되고 있다.

문헌에 나타난 온라인 구성주의의 정의

Crumpacker(2001)는 구성주의자들의 온라인 접근을 학생들이 적극적인 탐색과 상호작용적인 협동을 통해서 발견, 구성, 연습, 획득된 지식에 대한 타당화에 책임을 지는 것으로 설명하였다. 교육적 성공을 위해 그는 추가적으로 면대면 학습경험에서 있었던 '도와주는(assistive) 교수-학생 상호작용'으로부터 테크놀로지기반 교수의 '지지해주는(supportive) 동료 관계 구축'이라는 핵심적 역할로 초점이 이동된 구성주의적 원칙을 사용한 협동적 교육과정을 사용할 것을 제안하였다.

구성주의의 기본 구조로 사용된 경험적 학습은 Nunes, McPherson, Rico(2001)에 의해 온라인 과정 설계의 접근방법으로 사용되었는데 이들의 설계 요소는 "협력적 학습에 도움이 되는 적극적인 학습자 환경 내에서 성찰적 실행을 촉진하는 활동들의 혼합체"로 기술되었다.

아울러, Williams(2000)는 구성주의자의 이론적 관점 사용을 하는 온라인 교수는 학습자가 적극적으로 복잡한 주제를 탐색하는 것을 돕는 방법과 전략을 명확히 해야 한다고 주장한다. 그러므로 Williams는 구성주의자의 내용은 명확해야 하며, 그래서 학습하는 맥락과 학습자가 그 맥락으로 가지고 온 경험과 지식이 잘 연결될 수 있도록 해야 한다고 주장한다.

Ermer와 Newby(1993), Wilson(1993)은 온라인 설계의 구성주의 이론 사용에 대한 추가적인 정의와 요소를 제공한다.

1. 의미 있는 환경에서 학습하기 위해서는 기술(skill)을 배우고 적용하는 맥락에 대한 확인이 중요하다.
2. 학습자 통제와 학습자가 정보를 조작할 수 있는 능력을 강조(학습자가 배운 것을 적극적으로 사용한다는 전제)한다.
3. 정보가 다양한 방식으로 제시되어야 하는 필요성. 중요한 내용의 강화를 위해서 설계 과정은 다른 관점과 목적, 맥락으로 내용을 재배열해서 다른 시기에 재방문하도록 한다.
4. 학습자가 주어진 정보 이상으로 사고를 확장하게 하는 문제해결기술의 사용을 지원한다.

5. 지식과 기술의 전이에 초점을 맞춰 평가한다.

Oritz(2004)는 온라인 구성주의의 설계 요소는 "학습자가 학습할 필요가 있는 지식과 기술을 구체화하는 실제적인 상황에서의 교육활동에 뿌리를 두고 있는 것"(p.672)으로 기술한다. 그녀는 또 지식의 추구라는 것은 과정의 한 부분으로서 학습자들 간에 협동과 의사소통의 독려에 기반을 둔 역동적인 것으로 설명한다. 아울러 잘 조직된 설계는 학습자가 내용과 과정 내에서 지속적인 성찰을 통해서 그들의 이해를 협상하고 정제하면서 사전 지식을 가져오고 현재의 이해를 독려하는 것으로 제안한다. 결과적인 학습은 의미 구축에 대한 학식이 있는(정보가 있는) 학생에 의해 활성화된 반응이라고 결론을 짓는다.

온라인 교수-학습에 대한 Vygotsky적 접근

가장 기본적인 구성주의 이론의 원칙은 학습이라는 것은 개인이 실제에 대한 새로운 이해를 구성해 나가면서 개념적 변화를 해가는 과정이라는 것이다(Whittle, Morgan, Maltby, 2000). 그러나 Vygotsky적 관점은 학습자 간의 협력이 지식의 사회적 구성을 조장한다는 개념을 제공하며 지식 구축 활동의 증거는 그룹 토의의 내용과 분위기에 의해서 구체화된다(Graddy, 2003). Stepich와 Ertmer(2003)는 공동체 의식과 적극적인 상호작용, 협력적 학습기회, 자원의 공유, 동료의 지원을 통해 이루어지는 지식 구축의 개발 도구로서 컴퓨터 매개 커뮤니케이션(computer-mediated communication: CMC)의 활용을 논의하였다.

Wang과 동료들(2001)도 Vygotsky적 적용의 요소로서 성찰과 수정의 기회를 제공하는 비실시간 온라인 커뮤니케이션을 논의한다. 이러한 기회는 행동주의적 교육방법에서 종종 발견되는 학습활동에 대한 즉각적인 반응과 대조적인 것이다.

교수자와 학생의 책임

Collis(1998)는 Vygotsky 기반의 협력적 공동체에서 학생의 구체적인 책임을 사고와 학습에 대한 자기책임; 사회적 책임에 대한 인식; 과학적 과정을 통한 사고와 행동; 그룹과정과 산출물을 전문적인 실행과 관련짓는 것으로 정의한다. 그의 이전 연구에서 Collis(1997)는 효과적인 스캐폴딩을 제공하는 교수자 역할의 주요 지표를 다음과 같이 제시한다. (1) 학습자들이 그들 자신의 문제를 해결하고 다른 사람과 이것을 공유하도록 돕는 학습자원의 제공 (2) 대화, 아이디어 교환, 토론을 가능하게 하는 다양한 커뮤니케이션 채널 제공 (3) 협력적 과제와 고차원적 인지 개발을 위한 지원 제공.

결어

학습자 간 대화와 상호작용에 기반을 둔 환경에서 생성된 교육과정 설계가 온라인 구성주의 이론 적용을 위한 기반이 된다. 예를 들어, 온라인 구성주의에서 교수자는 그들 자신을 유일하게 권위를 가진 지식의 원천으로 보기보다는 학생들의 관점을 추구하고 학습자의 학습을 촉진한다. 또한 연구문헌들은 학습자들이 문제를 협력적으로 해결하고 비판적 사고력 개발을 강조하는 코스내용과 과정의 인지적 사회적 측면에서 구성주의 정의에 대한 다양한 관점을 장려한다.

그러므로 이 장에서 구성주의의 이론적 관점은 지식을 수동적으로 획득하기보다는 학습자가 의미 구성에 적극적으로 참여하는 것으로 정의할 수 있다 (e.g., Bagi & Crook, 2001; Graddy, 2003; Hung, 2001; Maor, 2003; Tan & Hung, 2002).

Vygotsky 접근을 사용한 현재의 연구에 기반한 온라인 구성주의 설계는 '온라인 사회적 구성주의' 라고 이름 붙일 수 있다. 그리고 이 용어는 이 장을 위하여 사용될 것이다. '온라인 사회적 구성주의' 용어는 또한 이 관점을 정의하기 위하여 사용될 것이다. 온라인 학습에서 사회적 구성주의는 다음의 개념을 반영한다.

1. **온라인 학습:** 발달적으로 학습자의 발달 수준보다 약간 앞서는 교수를 촉진하도록 설계(스캐폴딩)
2. **온라인 사회적 과정:** 지식 탐구를 촉진하기 위해 필수적인 것(사회적 중재)
3. **테크놀로지의 사용 :** 학습과 발달을 위한 도구의 생성(문화적 구성)

Vygotsky의 견해에 기반한 온라인 구성주의에 대한 최근 연구분석

온라인 환경에서 구성주의에 대한 인식을 다룬 연구들의 비판적 분석을 통해 두 가지 관점이 도출되었다. 첫째는 온라인 교수-학습의 구성주의 설계의 맥락이며 둘째는 고등교육 온라인 학습 공동체에서 Vygotsky적 구성주의 이론의 적용이다.

온라인 학습에서 구성주의의 맥락

Palloff와 Pratt(1999)는 교사와 학생들과의 인터뷰 분석에 기반을 두고 온라인 수업에 구성주의 접근을 적용한 그들의 주장에 대한 근거를 제공하고 있다. 그러나 다른 연구들(Klemm, 2000)에서는 구성주의 접근을 처음 경험하고 있는 학생들은 다를 것으로 제안한다. "학생들은 적극적인 학습자, 문제해결자가 될 것으로 기대되었으나 그들은 처음에 상당히 허둥댔고 다양한 자원을 가지고 온라인 그룹 작업을 하는 것, 문제를 정의하고 개념화하는 것, 과거의 경험을 사용하는 것 등에서 어려워하였다"(Sage, 2000, p.6). Tan과 Hung(2002), O'Reilly와 Newton(2001)의 연구에서는 교수의 역할이 강의하는 사람이 아닌 촉진자가 되어야 하며 이후 내용과 과정에서의 변화 또한 강조하고 있다. 이러한 연구들은 온라인 환경에서 단순히 학습자들에게 정보를 제공하는 것이 최적의 접근이 아니며 그보다는 상황적 인식, 비판적 토론, 사회적 공동체의 형성, 자기주도적 학습을 포함한 접근을 취할 것을 주장하고 있다.

온라인 학습에서 Vygotsky 이론의 적용

연구에 의하면 근접발달영역(ZPD)을 사용한 Vygotsky의 사회적 구성주의 이론을 통한 학습지원은 테크놀로지의 적용을 통해 크게 확장되어 왔다(McLoughlin, 1999). 학습지원의 특별한 특성에 초점을 맞춘 다양한 연구−특히 온라인 학습 맥락에서 온라인 스캐폴딩 기능에 대한−들이 보고되었다. 검토된 연구결과는 다음과 같다.

1. 빠르게 진화되고 발달된 온라인 테크놀로지의 사용은 보다 복잡한 실행의 구성을 요구한다(Davidson, Schonfield, Stocks, 2001).
2. 실제 생활의 경험과 함께 제시될 때 학습자들은 개념과 실제적 적용 사이를 연결할 수 있다(Lansdell, 2001).
3. 원격교육자들은 20세기 온라인에서 발견되었던 전통적인 지시적 튜토리얼 모델보다는 적극적, 협력적, 그리고 구성주의적 학습전략을 통합시켜야 한다(Schrum, 1999).
4. 구조와 대화가 최적화된 협력적인 비실시간(시간-독립적) 온라인 학습 환경은 면대면의 전통적 환경의 것과 유사한 정도의 결과를 산출한다(Wiesenberg, 2001).
5. 교수자의 주요한 책임은 과목의 핵심 이슈에 초점을 맞춰 구성하고 관리하는 것, 지원적인 지식 지도(knowledge map)를 분명히 하고 지식 자원의 통합을 확실하게 하는 것이 되고 있다(Foshay, 2002).

내용의 역할

몇몇의 연구들(Collis, 1997, 1998; McLoughlin, 1999)은 "숙련된 실행가가 되기 위한 과정을 지원하기 위해 내용 학습에 제공되는 일시적 지원의 형태"로서 McLoughlin에 의해 기술된 스캐폴딩의 개념을 검토하였다. 전통적으로 가장 일반적인 스캐폴딩 학습의 형태는 도제(apprenticeship)이다. 도제에서는 처음에는 초심자가 주변적이었으나 내용 과제에 대해 적극적인 참여를 통해서 학습하고 더 많은 통제와 주인의식을 가지게 된다.

이러한 연구에서는 스캐폴딩이 구성주의적 테크놀로지기반 내용의 핵심적인 개념이라고 제시한다. 그러나 기존의 연구들은 온라인 공동체에서 사용되는 스캐폴딩은 재개념화할 필요가 있다고 지적한다. 왜냐하면 스캐폴딩이 교사가 학생과 함께 같이 존재하지 않는 상황으로 쉽게 전이되지 않기 때문이다. 이 분야의 연구는 여전히 부족하지만 McLoughlin(1999)과 Collins(1998)의 연구는 테크놀로지가 수업에서의 상호작용을 중재하는 데 사용될 수 있는 다음과 같은 맥락의 범위들을 제시하였다.

1. 학습자들이 시도하는 과제의 실패 범위를 좁히기
2. 학습자들이 그들 스스로 성취할 수 없었던 과제를 달성할 수 있게 하기
3. 학습자가 독립적 능력의 상태에 가까워지도록 이끌어 주기

교수자의 역할

Squires(1999)는 원격학습에서 교육적 소프트웨어의 구성주의적 사용과 그 선택에 있어 교수자 역할의 중요성을 논의한다. 온라인 교실에서 어떻게 테크놀로지가 사용될 수 있는지에 대한 Jonassen(1994)의 연구에서도 다시 한 번 교수자의 역할을 강조한다. 또한 Odin(2002)은 잘 설계된 교수활동과 학습자의 온라인 협력학습 질 간의 직접적이고 명확한 관계를 제시하였다. 특히 Odin의 연구는 다양한 교수활동이 자기동기와 자기지시를 촉진하기 위한 안내 역할을 하는 교사의 사회적 존재를 분명히 드러낸다는 것을 제시하였다. 이 연구는 학생들이 지식을 구성하고 그것을 다른 환경에 적용하는 공유된 학습 맥락을 창조하는 데 없어서는 안 되는 다양한 교수활동을 통해서 교수자의 전문가적 안내가 명백하게 나타난다고 하였다. 다양한 교수활동은 지식의 구성, 교환, 변환을 위한 사회적 환경을 창조하는 학습자 간, 학습자와 교사 간, 내용 간의 상호작용을 촉진시켜 준다.

학생의 역할

Vygotsky의 관점에서 학생의 역할을 정의할 때, 연구들은 학생들이 지식의 획득을 위해 적극적인 책임을 져야 하는 필요성을 지속적으로 반영하고 있다. 또한 그들이 사회적 환경에서 학습과정의 복잡성을 받아들이고 자기주도적이고

진정한 학문적 문제기반 활동, 성찰적 실행을 학습기회로 보는 온라인 학습 환경을 이해해야 한다는 점을 반영하고 있다.

연구들은 학습자들을 위하여 협력적 학습과 스캐폴딩의 기회가 필요하다는 점에 주목하고 있다. 이러한 기회들은 다음과 같은 것에 의해 특징지어질 필요가 있는 것으로 제안되었다.

1. 사고와 학습을 위한 자기 책임
2. 사회적 책임의 인식
3. 사고와 과학적 과정의 실행
4. 그룹 과정과 산출물을 전문적 실행과 연결시키기

Vat(2000)도 학생의 책임인 다음의 "권한이 부여된" 역할을 열거한다: 목표 설정, 자신의 학습활동 관리, 동료 학습에의 헌신적인 기여. 온라인 학습에 대한 Vygotsky의 접근에서 Vat은 모든 학습자들이 이전 개념을 새로운 지식과 함께 시험하는 등의 "높은 인지적 요구"에 대응할 수 있는 것은 아니며 어떤 학습자들은 기존의 개념 구조를 위협하는 온라인 학습경험으로부터 불만이 생길 수 있다고 결론지었다.

Vat은 어떤 학습자들에게는 도전적인 것이 될 수 있는 개념의 구조화와 사회적 협상에 요구되는 노력, 새로운 구조의 시험에 대해 학습자들이 계속적으로 적응해야 한다고 하였다. 또한 문헌에서는 일부 학생들은 그와 같은 온라인 환경에서 책임을 갖는 것에 어려움을 느끼고 있다는 것을 기술하고 있다. 예를 들어, Bull과 Greer(2000)는 다음의 문제기반 온라인 환경에 초점을 맞추고 있다: (1) 학생들은 문제기반 온라인 환경에서 그들의 사회적 역할을 이해하지 못할 수 있다. (2) 학생들은 그룹 상호작용 작업을 하는 사회적 기술이 부족할 수 있다. (3) 학생들은 사회적 상호작용 선호가 다르다. (4) 학생들은 서로 다른 인지적 스타일을 가지고 있다.

연구문헌 종합

지금까지 문헌은 어떻게 구성주의 이론이 다음과 같은 Vygotsky적 적용을 포함한 새로운 형태의 지원들로 확대될 수 있는지를 설명하였다. 그것은 (1) 학습에 대한 학습자들의 증가된 책임, (2) 다양한 학습자원과 집중적인 토의 기회를 제공하기 위한 교수자들의 책임, (3) 온라인 설계에 있어 직접적인 지시 형태를 줄인 구성주의적 접근이다.

연구를 위한 향후 고려사항

검토된 연구들을 통하여 온라인 사회적 구성주의 연구를 위한 고려사항들이 제시되었다. Vygotsky적 관점이 사회적 상호작용과 인지적 발달 간의 연관성을 명확히 하는 데 필요한 온라인 구성주의의 이론적인 기반을 제공하지만, 여전히 적절하고 구체적인 지원과 설계요소는 계속 강조되어야 한다.

원격학습이 전통적인 환경의 현실적이고 명백한 대안이 되기 때문에 설계적 고려는 점차 정교화되고 있다. 예를 들어, 성찰적 사고의 구성주의적 접근을 지원하는 비실시간 커뮤니케이션과 Vygotsky적 관점의 교수와 학습을 논의하는 연구가 계속됨에 따라, 이에 대한 실행은 온라인 환경에서 복합적인 시사점을 고려한 연구들로부터 정보를 얻어 이루어져야 한다. Ortiz(2004)는 21세기 커뮤니케이션 이론은 기술기반 학습과 교육적 사고가 행동뿐만 아니라 사고도 "상호작용을 지원하는 도구들에 의해서 새로운 형태를 갖게 된다"는 Wertsch의 주장(2002)을 포함한다고 제안한다. 이러한 제안은 또한 21세기의 온라인 수업이 메시지를 전달하기 위한 미디어의 중요성을 옹호했던 McLuhan (1964)의 주장을 넘어서고 있음을 나타내며 이제 "미디어가 그 참여자들을 형상화시키고 기반구조(인프라)가 문명을 형상화" 하는 단계가 되었음을 제시한다.

문헌분석에 의하면 커뮤니케이션 기술은 "지식의 생산과 과정을 구조화하는 데 깊은 영향을 준다"는 국제적 이해를 반영하고 있으며, 다양한 관점이라는 이득을 가진 글로벌 공동체 학습에 있어 구성주의 원리들의 심오한 영향력을 제안하고 있다.

또한 이러한 배경적 논의는 구체적인 연구가 드물었던 Vygotsky 접근에 대한 교수와 학생 입장의 인식에 대한 저자의 연구에 있어 도입 역할을 한다. 문헌조사로부터의 결과는 연구자와 교수자가 온라인 교육과정을 설계하고 교수자와 학생의 역할에 대한 관점을 다룬 조사 연구에 정보를 제공해 주었다.

조사연구: 온라인 학습자들은 구성주의 접근을 어떻게 인식하는가?

여기에 제시되는 조사연구의 개념은 저자의 개인적 의문으로부터 시작되었다. "교사교육을 하는 온라인 과정을 학생 중심적 학습, 협력, 토론을 강조하는 구성주의적 프레임워크 내에서 가르칠 수 있을까?" 이러한 의문은 계속되는 대화와 Vygotsky의 구성주의 접근에 기반을 둔 면대면 과정을 온라인화하는 데 있어 도전적 요소들을 다룬 문헌 조사로부터 나오게 되었다.

이 연구의 대상인 3개의 교과목으로는 교사자격증을 원하는 학사 이후(post baccalaureate) 학생들을 위한 교사교육 프로그램 내에 있는 '교육과정 및 측정', '교실관리', '학습이론'이 선택되었다. 연구자들은 이 과목들을 면대면 형태로도 가르쳐오고 있고, 온라인 형태로 된 동일 교과목의 설계자이자 교수자의 역할도 수행했다.

온라인 설계 요소

연구문헌에 의하면 Vygotsky적 접근을 사용한 온라인 구성주의 교육과정 설계를 위한 핵심 요소들은 (1) 근접발달영역(ZPD)을 위한 과정으로서 동료지원을 위한 토론 게시판의 사용, (2) 지식 구축을 위해 다양한 자원을 제공하는 구성주의적 접근을 반영한 학습자원의 제공, (3) 성찰과 평가를 목적으로 하는 종합과제를 위한 일관된 기회라는 요소를 포함한다.

토론 게시판

토론 게시판은 학생 협력과 사회적 상호작용, 성찰적 사고를 위한 시간, 의미 구성에 있어 적극적 참여를 위한 기회를 제공하는 주요한 도구로 사용되었다. 각 단원에서 저자의 온라인 교육과정은 다음과 같은 설계 요소를 포함하였다. 학생의 사전지식과 경험에 근거한 최초 토론 질문으로 이러한 질문은 학생들이 단원의 주제를 탐색하도록 하고 그 단원 내에서 추가적인 고찰을 위한 질문들을 만들어 내도록 유도한다. 각 단원은 또한 최종 토론 질문을 포함하는데

이 질문은 개인 학습자의 학습에 대한 공유와 성찰을 촉진한다. 아울러, 추가적 고찰을 위해 학생들로부터 시작된 질문의 개발뿐만 아니라, 단원 주제와 관련을 맺으면서 협력적 의미 구성의 과정을 지속하게 한다.

학습자원

단원별로 장의 읽을 거리, 논문, 다양한 웹 자원(예를 들어 상호작용적 자료와 핵심 자원)을 포함한 자원의 세트들이 만들어졌다. 흔히 학습자들은 문헌, 인터넷, 교사와 같은 추가적인 지식 자원을 탐색하도록 독려되었다.

성찰적 평가기회

각 단원에 대한 평가는 학생들이 동료(최초 토론 질문을 통해 공유된)와 단원의 자원으로부터 얻은 지식을 적용하고 성찰하며 종합하게 함으로써 만들어졌다. 평가는 학생들이 그들의 전문적인 생활 속 맥락에서 지식을 의미 있게 만들고 다양한 방식으로 내용을 이해하고 있음을 보여주도록 설계되었다.

구성주의적 온라인 코스워크에서 교수자와 학생의 역할

온라인 과정의 설계자와 교수자로서, 주요한 목적은 비실시간 가상 교수-학습 환경에 대한 구성주의적 접근을 반영하는 것이다. 문헌에 대한 검토와 논의를 통하여 온라인 과정에서 교수자와 학생들의 역할이 정의되었다. 교육과정을 설계하고 실행하는 교수자로서 합의된 초기의 역할 가운데 하나는 교사와 학생 간, 학생들과 학생들 간 상호작용적 관계를 구축하는 것이다.

이 연구와 관계된 교사 준비 프로그램에서 교사교육 지원자들에게 그들이 직면하게 될 온라인 학습 환경의 도전을 무엇으로 인식하는지 질문하였다. 많은 사람들이 그들이 면대면 과정에서 가졌던 교사나 동료와의 상호작용과는 다른 경험을 하게 될 것이라는 것에서 우려를 표현하였다. 교사와 동료 학습자와의 긍정적인 관계가 학습 과정에 있어 절대적인 것이라는 것을 이해하고 연구자들은 교수자들을 포함하여 모든 참여자들이 자기소개를 올리는 것으로 시작하였다. 이러한 글 올리기는 전체 과정을 통해 가능했고 때로는 토론과 과제에서 공유된 경험과 의견에 대한 관점을 얻기 위해서도 사용되었다.

계속 진행되는 학문적 대화가 학생들 사이의 관계를 지속적으로 형성해 주었고 연구자들은 면대면 수업에서 학생들이 수업의 전과 후에도 자주 이러한 연결의 기회를 가진다는 점을 인식하였다. 따라서 온라인 교실에서도 유사한 기회를 제공하기 위하여 개인적 커뮤니케이션을 위한 이메일을 장려하였고 별도의 토론이 학생 간 담화를 위해 제공되었다.

학생들이 온라인 도구들을 사용하도록 이해시키는 것이 또 하나의 정의된 교수자 역할이었다. 즉, 구성주의적 접근을 반영하고자 할 때 교수자 역할 가운데 하나는 다양한 수단을 통한 학습 과정에 대해 학생들의 이해를 촉진하는 것이다. 이러한 지원 유형의 한 예는 토론 게시판을 촉진시키는 것이다. 토론 게시판에서 학생의 역할은 토론 글에 대한 답글을 올리는 것뿐만 아니라 유능한 동료(예를 들어 다른 예나 진술을 명료화하는 것, 추가적인 질문 등에 대한 다른 학생들의 글에 응답을 해주는 것)의 역할을 수행하는 것으로 정의되었다.

이 과정들의 초기에 교수자의 역할은 Vygotsky적 개념인 *유능한 동료(competent peer)*로서 본보기가 될 필요가 있다. 즉, 교수자들은 토론 게시판에서 적극적인 참여를 하고 또 이후에 추가적으로 내용을 명료화하고 학생에게 기대되는 유능한 동료로서 역할에 대한 모범을 보여주는 것을 포함한다. 그러나 과정이 진행됨에 따라 그리고 학생들이 독립적인 유능성을 획득함에 따라 교수자의 역할은 전문 컨설턴트로 제한되어, 학생들로부터 요구가 있을 때에만 명료화, 예 제시, 부가 자료를 제공하게 된다. 과정 전체를 통해 일관되게 유지되는 교수자 지원은 평가 과정에서 발견된다. 학생들이 최종 토론 질문과 응답을 통해서 평가 결과에 대한 동료 피드백을 빈번하게 받는 반면, 교수자들로부터는 모든 평가에 대한 추가적 성찰을 위한 질문이나 코멘트를 포함한 구체적인 피드백을 받는다. 흔히 이것은 과제 제출과 관련된 학생들과 교수자 간의 추가적인 대화를 이끌어낸다.

과정 설계와 이후 교수자로서 저자의 역할에 대한 정의 그리고 학생 역할과의 관계 등을 통해 연구자의 결론적인 인식은 구성주의적 틀(frame)에 기반을 둔 면대면 과정은 온라인 형태로 성공적으로 전환될 수 있다는 것이다. 추가적으로 연구자들은 새롭게 개발된 온라인 과정들, 특별히 문헌에서 정의된 것과 같은 Vygotsky의 접근을 사용한 구성주의 프레임워크와 관련된 학생들의 학습 경험에 대한 인식을 조사하였다.

방법론

연구 문제의 개발

교수자들과 연구자들은 그들 자신의 경험을 조사하고 연구 문헌을 검토하면서 온라인 교수에 적용된 구성주의적 접근에 대한 학생의 관점을 연구한 것이 드물다는 것을 발견하였다. 그러므로 연구 문제는 "온라인 경험을 하고 있는 학생들에게 어떻게 구성주의적 접근이 인식되고 있는가?" 이다.

절차

연구 질문

기초적인 연구 문제에 기반을 두고, 구성주의와 Vygotsky 이론의 핵심 원리들을 통해 학생들을 위한 후속 질문을 도출하였다. 세 가지 질문들은 어떻게 온라인 학습이 (1) 지속되고, (2) 유능한 동료에 의하여 형성되며, (3) 테크놀로지 도구에 의해서 증진되는지에 대한 학생들의 인식을 탐색하기 위하여 개발되었다. 이 질문들은 연구자들이 교수자로서 어떻게 그들 자신의 구성주의적 교수 학습에 대하여 지각하는지에 대한 예를 포함한다. 이 세 가지 질문들은 세 학기가 진행되는 동안 각 과정의 마지막에 조사되었고 연구 참여자인 106명의 학생들에게 실시되었다.

최초 응답

온라인 과정에서 어떻게 학습이 진행되었는지에 대한 학생들의 인식은 과정 내용, 평가, 토론 질문에 대한 스캐폴딩에 초점이 맞추어졌다. 학생들은 단원 내에서 그리고 과정 전체를 통해 그들의 사전 지식과 경험을 검토하고, 새로운 지식을 개발하고 그 지식을 적용하며 학습내용과 동료와의 계속적인 상호작용을 경험하면서 지식의 적용을 성찰하고 재평가하도록 요구된 것으로 인식하였다.

조사된 106명의 학생 가운데 100명(약 95%)이 유능한 동료가 그들의 온라인 학습경험에 있어 필수적인 것으로 말하였다. 유능한 동료들은 대안적 관점을 제공하고 단원의 자원과 후속 적용, 추가적 탐구를 위한 부가 자원을 통한 의미 구축에 협력적 지원을 제공하는 것으로 인식되었다. 한 학생이 공유를 한 이유는 그 과정의 설계가 동료로부터의 학습에 영향을 받고 단원의 자원 탐색을 통한 토론을 하도록 만들었기 때문이라고 하였다. 이 학생은 지적 대화에 기여할 수 있는 유능한 동료로서 더 많이 참여하게 되었다.

단지 몇 명의 학습자(n=5)만이 유능한 동료로서의 역할에 비판적이었는데 어떤 토론 답글은 불필요하고 충분히 숙고되지 않은 것으로 나타났다. 구성주의 접근의 수업을 성찰하면서 몇몇 학생들은 교수자를 학습을 형성하게 한 유능한 동료자로 인식하였다. 학생의 과반수가 면대면 학습경험에 비해 온라인 과정에서 동료로부터의 학습 기회가 훨씬 더 강화되었다고 표현하였다. 학생들은 이러한 경험의 핵심적인 것으로서 과정의 설계를 말하면서 21명의 학생들(약 20%)은 온라인 토론이 그들에게 유능한 동료로서 행동할 수 있는 기회를 더 많이 제공하였다고 언급하였다. 이는 이러한 형식에서 의견을 표현하는 것에 안정감을 느낄 수 있었고 성찰적 사고를 할 수 있는 시간이 허용되었기 때문이다.

> *나는 온라인에서의 경험이 동료의 참여를 향상시켰다고 생각합니다. 단원에 대한 다른 학생들의 생각을 읽을 수 있었고 평가된다는 두려움 없이 답변을 할 수 있었습니다. 또한 학생들이 쓴 것에 대해서 내가 어떻게 느끼는지를 분석할 시간을 가질 수 있었고 동의를 표하거나 다른 의견을 제시할 수도 있었습니다. 이런 활동은 새로운 아이디어들을 더 편안하게 탐색하게 하였습니다.*

또한 온라인 토론 게시판 도구는 학생의 학습을 향상시키는 도구로 자주 언급되었다. 그리고 학생들은 온라인에서 언제, 어떻게 학습과정에 참여해야 하는지에 대한 자유를 가짐으로써 독립적인 학습자로서의 인식이 높아진 것으로 언급하였다.

데이터 분석

연구자들은 학생의 응답을 코드화하고 이러한 응답들로부터 도출된 주제를 조사하기 위하여 질적 데이터 분석을 사용하였다.

도출된 주제

데이터 분석을 통해 도출된 주제들은 (1) 촉진자로서 교수자 (2) 독립적 학습자로서 학생 (3) 유능한 동료에 대한 학생들의 인식이다. 이러한 주제에 대한 추가적인 탐구를 위하여 연구자들은 각 주제 질문에 대하여 좀 더 상세한 기술이 가능한 포커스 그룹 환경에 참여할 온라인 학생들 14명을 무작위로 선정하였다.

각 연구자는 온라인 포커스 그룹에 참여할 것을 동의한 각 4명씩 총 8명의 학생들을 확보하였고 학생들은 토론 게시판에 일주일 동안 다음과 같은 질문에 답글을 올리도록 하였다.

1. 학습의 안내자로서 온라인 교수자는 어떻게 행동하였는가?
2. 학습의 창조자로서 당신은 어떠했는가?
3. 온라인 가상 공동체에서는 유능한 동료를 어떻게 정의하는가?

이 질문들에 대한 그들의 최초 응답 후에 학생의 대화는 동료 간 온라인 의견 올리기를 통해 계속되었고, 또한 질문에 대한 깊이 있는 탐색을 목적으로 한 두 연구자들의 지속적인 촉진에 대한 응답이 이루어졌다. 그런 다음 연구의 주요한 결론을 내기 위해 결과 데이터가 분석되었다.

포커스 그룹 응답 분석

어떻게 교사들이 학습의 안내자로서 행동했는지, 학생들이 학습의 창조자로서 어떠했는지, 어떻게 학생들이 온라인 학습경험에서 유능한 동료를 정의했는지에 대한 학생의 인식에 기반을 둔 포커스 그룹 응답은 구성주의적 접근이 성공적으로 온라인 과정 설계로 전환될 수 있다는 교수자의 생각을 확인해 주었다.

교수자의 역할

교수자 역할에 대한 학생들의 정의는 수업에 대한 구성주의적 접근과 일치하였지만 연구자들은 학생들에 의해 제기된 교사와 학생 역할 인식에 대한 비평을 보고 놀랐다. 특히, 포커스 그룹에서 학생들은 토론 게시판에서의 역할을 인용하면서 주로 교수자를 학습을 위한 안내자로 인식하였다. 비록 간단히 언급되기는 하였지만, 학습자들은 과제 설정, 교육과정의 범위와 절차를 정의하고 과제나 읽을 거리 프로젝트 작업의 적합성을 연구하는 것, 그리고 그 분야의 전문성을 나타내는 교수자에 대한 언급은 많이 하지 않았다. 학생은 교사가 다양한 유형의 커뮤니케이션을 효과적으로 적절하게 그리고 민감성을 가지고 활용하여 친절하고, 반응을 잘 하며, 지원적인 존재가 될 때 학습 과정이 촉진된다고 생각하였다. 학생들은 교사를 초기 토론의 발제자로 인정한 경우도 있었지만, 주로 교수자는 촉진하고 토론을 모니터링하고 대화에 다시 초점을 맞추고 심화시키며 주제 전문가로서 활용될 수 있는 사람으로 인식하였다. 이 토론 글에서 명확히 나타난 것은 학생이 토론을 촉진하고 재조명하고 심화시킬 수 있는 사람으로 그들 자신(학생)의 역할을 인식하지는 않았다는 것이다. 반면 포커스 그룹에 참여한 절반 정도의 학습자들은 그들이 칭한 "학습자 중심적인 접근"을 높이 평가했고 나머지 반은 이 접근에 대해서 비판적이었는데 교사의 관여가 부족하다고 느끼고 토론에 있어서 교사의 지시와 중재가 더 많이 있어야 한다고 희망하였다.

학생의 역할

흥미롭게도, 이 질문에 대한 응답은 어떻게 과정 설계와 교수자의 역할이 학습의 창조자가 되고자 하는 욕구를 지원하는지에 대해 학생들이 가졌던 관점과 모순된다. 예를 들어, 한 학생은 다음과 같이 말하였다. "이 과정에서 학생들은 교사가 지식을 직접 설명하기보다는 협력을 통해서 그들 자신의 학습을 만들어 나갈 수 있었다" 포커스 그룹의 여덟 명 학생 가운데 여섯 명은 그들 자신의 학습에 주인이 될 수 있는 기회를 높게 평가하였다. 이것이 이루어지기 위해서 학생들은 "뒤로 물러서서 권위를 버리는" 교수자의 필요성을 인정하였다. 또한 학생들은 자신의 학습에 대한 권위가 온라인 과정에서 더 확장된 참여적 선택을 통해 획득되었고 비실시간 토론의 지원으로 성찰적 사고가 늘어났다고 느꼈다. 또한 토론 질문에 대한 응답과 평가를 작성하고 언제 참여하고 어떤 토론 글에 답변을 하며 어떤 자원을 탐색할 것인지에 유연성을 가지는 학생들의 독립성을 통해서 사고의 명료화가 요구된다고 느꼈다. 한마디로 말해, 학생들은 그들의 학습이 내용에 대한 학생 자신의 참여 수준과 토론에서 동료들과의 참여 수준에 직접적으로 달려있다고 보았고 그만큼 참여하지 않는 학생들은 이에 대해 비판적이었다.

유능한 동료

학생들은 유능한 동료에 대한 정의를 다음과 같이 제시하였다. "내용에 완전하게 참여하는 사람", "이론과 적용 사이의 연결을 만드는 사람", "건설적인 피드백과 지원을 제공하는 사람", "동료들의 학습 요구를 맞추는 사람", "의미 있는 토론에 기여하는 사람". 의미 있는 토론에 기여한다는 것은 대립되지 않으면서 다른 사람의 의견에 도전을 하는 능력과 빈번하게 또 비판적으로 토론 글에 응답을 하면서 주제를 벗어나지 않는 것으로 추가 정의되었다. 비록 교수자들은 이러한 역할에 대한 기대를 표현했었지만, 다시 한 번 학생들은 토론 촉진자로서 질문에 대해 명료화하고 동료들과 다른 관점을 끌어내며 높은 수준의 참여를 유발시키는 등의 유능한 동료의 역할로 자신을 인식하지는 못했다.

잠정적 결과

학생들은 과정 설계와 교수자 그리고 학생 역할에 있어 쉽게 구성주의 접근을 인식했다. 그러나 교수자가 토론에서 더 많이 발언하고 중재해야 한다는 요구를 표현한 것은 학습 과정에서의 자율성과 사회적인 의미구성을 제공하는 학습경험에 대한 학생들의 지지와는 모순된다. 학생들은 또한 내용과 토론 참여에 있어서 그들 스스로의 책임에 대해 지속적으로 인식했으나 이러한 그들의 권위나 책임이 교수자나 서로로부터 요구된 참여의 수준과 유형에 영향을 줄 수 있다고 보지는 않았다.

결론

고등교육에서 온라인 학습의 거대한 분야는 경험이 많은 개척자나 경험이 없는 개척자에 의해서 계속적으로 탐구될 것이다. 고등교육에서 온라인 환경의 설계와 학습은 도전이면서도 가치 있는 일이다. 예를 들어, 새로운 그리고 경험이 있는 온라인 교수자는 최적의 학습을 위한 과정 내용을 설계하기 위하여 학생 간 그리고 학생과 보다 질 좋은 조직화된 상호작용을 위하여 명확한 과정 가이드라인을 설정하고 구조화된 요인들을 개발하는 데 세밀한 주의를 기울여야 한다.

과정 설계에 있어 사회적 구성주의 접근의 사용은 학습자들이 학습과정에서 적극적이고 성찰적인 역할을 하도록 한다. 이러한 학습자 중심적인 신념체계는 학생들이 문제기반 활동과 과정 자료의 이해를 촉진하는 탐구 활동적 대화에 참여하며 다양한 정보 자원에 노출되고 그들의 이해정도를 보여줄 수 있는 활동에 참여할 것을 제안한다. 그와 같은 과정 내용과 지식의 개발을 통한 성공적인 발전을 위해서 학생들의 온라인 학습 참여는 면대면 수업에서보다 더 많은 책임을 지고 자기주도성을 가지도록 해야 한다.

결과에 대한 토론

연구에 대한 검토 결과, 구성주의적 온라인 교육 적용은 그와 같은 관점을 사용하지 않은 접근에 비해 학습에 대한 더 깊은 접근을 나타내는 것으로 일관되게 나타난다.

예를 들어, Windschitl(1999)은 구성주의는 다양한 교수 테크닉 이상을 의미하며 학생, 교사, 그리고 아이디어 사이의 관계를 구축하기 위한 일관된 기대양식이라고 말한다. 그는 온라인 설계와 적용을 포함하여 구성주의에 대한 해석은 모두 학습자가 개인적인 방식으로 지식을 적극적으로 창조하고 해석하고 재구조화한다는 신념에 기반을 두고 있다고 단언하였다. 그와 같은 환경에서 Berge(2002)는 구성주의적 경험을 평생에 걸쳐 적용하기 위한 이상적인 상황에 대해 이야기했다. 그것은 독립적인 학습자들이 배운 것을 적용하고 개인적 만족과 전문 분야의 발전을 추구하면서 삶의 맥락 속에서 배운 것을 의미 있게 만드는 것이다.

Vygotsky의 원리를 사용한 온라인 구성주의의 이론적 적용에 대한 문헌 검토와 연구자 스스로의 탐구적 연구를 통한 결론을 보면 고등교육에서 온라인 사회적 구성주의의 활용은 어떠한 다양한 해석에도 열려있다고 결론지을 수 있다. 21세기의 시작에서 Vat(2000)은 온라인 학습을 위해 다음과 같이 말하였다.

> *우리는 구성주의적 아이디어가 …… 우리가 실용적 구성주의라고 부르는 것을 만들었다고 믿는다. 즉, 구성주의는 학습 문제를 위한 도구상자로 볼 수 있다. …… 이러한 유연성을 가지고 적극적이고 사회적이며 창조적인 학습은 환경에 따라 여러 다른 형태로 나타날 수 있다. 비록 구성주의라는 용어가 하나의 철학과 고유의 유력한 방법을 제안한다 해도 모든 상황에 다 맞는 것은 아니다. 그보다는 우리의 제안은 구성주의를 마치 다양한 용도에 따른 서로 다른 칼날을 가지고 있는 '스위스 칼'과 같이 보는 것이다. 그것은 또한 학습자 중심적인 철학이 온라인 교육을 위한 지원의 기저에 자리하고 있다(p.29).*

특히 연구자의 조사에서 교수자와 학생 사이의 해석이 다른 것이 주목될 수 있다. 그러나 온라인 고등교육 환경에서 그와 같은 교육적 접근에 대한 어떠한 해석과 적용도 다음과 같은 개념의 Vygotsky적 관점을 가진 구성주의적 도구상자를 포함해야 한다고 결론지을 수 있다: (1) 사회적 과정과 인지적 발달이 조화를 이룬 학생 활동중심 학습, (2) 교사가 제공한 정보 획득의 다양한 기회를 학생이 탐색할 책임, (3) 학생의 근접발달영역 내에서 학습의 증진을 위해 동료와 교수로부터의 지원, (4) 학생의 높은 수준의 성찰을 촉진하기 위해 교수자로부터 제공되는 다수의 개방형 질문, 교수자와 학습자의 역할에 대한 분명하고 잘 설명된 정의, (5) 교수자와 학습자 역할 수행에 대한 학습 과정에서의 학습자의 지속적인 성찰.

분야에의 기여

문헌검토와 조사연구를 통해서, 이 장에서는 21세기 고등교육 환경에서 온라인 학습에서 사회적 구성주의 접근의 핵심적인 요소에 대한 이론적이고 실천적인 이해, 특히 교수자와 학생의 역할에 대한 정의를 제공하였다.

연구결과는 사회적 구성주의가 학생을 학습내용에 적극적으로 참여하게 하고 높은 수준의 개념적 이해를 발달시키는 데 강력한 전략을 제공한다는 것이다. 그러나 이 접근을 탐색하기 위해서는 다양한 학문분야 내에서 더 많은 포커스 그룹과 집단을 대상으로 후속 연구가 이루어질 필요가 있다.

온라인 사회적 구성주의 접근 원리의 사용을 위한 제안과 도전

새로운 테크놀로지가 계속적으로 등장하면서 (1) 온라인 고등교육 환경에서의 구성주의 적용과 (2) 온라인 학습에서 사회적 구성주의의 사용에 대한 다양한 관점을 탐색하는 후속 연구가 지속될 필요가 있다. 즉, 높은 수준의 내용전문성, 교수자의 이론적 신념, 학생들의 사전 경험이라는 요소들이 이러한 후속 연구들에서 고려될 필요가 있다.

새로운 21세기에는 단순히 테크놀로지의 힘을 적용하는 것이 아니라 사회적 구성주의 접근 원리를 사용하기 위한 온라인 교수자의 깊이 있고 지속적인 이해가 고등교육에서 구성주의적 원격학습을 성공으로 이끄는 가장 중요한 고려사항이 될 것이다.

온라인 사회적 구성주의 프로그램에 대한 비교와 평가는 중요한 도전으로 간주될 필요가 있다. 21세기에 각 고등교육 기관은 온라인 수업의 실행과 관리에 대한 의사결정을 계속해 나감에 따라 많은 가능성을 가지게 될 것이다. 그러나 이러한 의사결정은 학습이 비판적 토론, 지식 구축, 지원적인 사회적 공동체 수립을 목적으로 구축된 온라인 사회적 구성주의 환경을 학생들이 경험함으로써 촉진될 수 있다는 연구 기반의 이해를 포함하는 것이 중요할 것이다.

참고문헌

Bagi, J., & Crooks, S. M. (2001). Synchronous WWW-based course-support systems: Tools for facilitating online constructivist learning. *United States Distance Learning Association Journal, 15*(4). Retrieved August 6, 2006, from http://www.usdla.org/html/journal/APR01_lssue/articles.html

Berge, Z. L. (2002). Active, interactive, and reflective learning. *The Quarterly Review of Distance Education, 3*(2), 181-190.

Bozhovich, L., & Slavina, L. (1972). Fifty years of soviet psychology of upbringing. In J. Brozek & D. Slobin (Eds.), *Psychology in the USSR: An historical perspective* (pp. 161-180). White Plains, NY: International Arts and Sciences Press.

Bruner, J. (1966). *Toward a theory of instruction.* Cambridge, MA: Belknap Press of Harvard University Press.

Bull, S., & Greer, J. (2000). Peer help for problem-based learning. In S. Young, J. Greer, H. Maurer, & Y. S. Chee (Eds.), *Proceedings of the International Conftrence on Computers in Education* (pp. 1007-1015). National Tsing Hua University of Taiwan.

Collins, A., Brown, J. S., & Newman, S. E. (1989). Cognitive apprenticeship: Teaching the crafts of reading, writing and mathematics. In L. B. Resnick (Ed.). *Knowing, learning and instruction: essays in honor of Robert Glaser* (pp. 453-494). Hillsdale, Ni: Lawrence Erlbaum.

Collis, B. (1997). Supporting project-based collaborative learning via a World Wide Web environment. In B. H. Khan (Ed.), *Web-based instruction* (pp.213-219). Englewood Cliffs, NJ: Educational Technology Publications.

Collis, B. (1998). New didactics for university instruction: Why and how? *Computers & Education, 31*, 373-393.

Crumpacker, N. (2001). Faculty pedagogical approach, skill, and motivation in today' s distance education milieu. *Online Journal of Distance Learning Administration.* Retrieved August 6, 2006, from http://www.westga.edu/~distance/ojdla/winter44/crumpacker44.html

Davidson, A. L., Schofield, J., & Stocks, J. (2001). Professional cultures and collaborative efforts: A case of technologists and educators working for change. *The Information Society, 17*(1), 21-32.

Denzin, N. K. (1989). *Interpretive interactionism.* Thousand Oaks, CA: Sage.

Dixon-Krauss, L. (1997). *Vygotskv in the classroom: Mediated literacy instruction and assessment.* White Plains, NY: Longman.

Ermer, P. A., & Newby, T. J. (1993). Behaviorism, cognitivism, constructivism: Comparing from an instructional design perspective. *Performance imp rovetnent Quarterly, 6*(4), 50-72.

Foshay, R. (2002, March). *An overview of the research base of PLATO* (Tech. paper #12). Bloomington, MN: PLATO Learning Inc. (ERIC Database #ED464601)

Graddy, D. B. (2003). Mapping online discussion with lexical scores. *Journal of Interactive Research, 14*(2), 209-229.

Hung, D. (2001). Design principles for Web-based learning: Implications for Vygotsky thought. *Educational Technology, 41*(3), 33-41.

Jonassen, D. H. (1994). Thinking technology: Toward a constructivist design model. *Educational Technology, 34*(3), 34-37.

Klemm, W. R. (2000, November). What' s wrong with online discussions and how to fix it. In *Proceedings of the WebNet 2000 World Conference on the World Wide Web and Internet*, San Antonio, TX (pp. 335-340). (ERIC Database #ED448755)

Lansdell, L. (2001). Distance learning environment. *LTL Newsletter.* Retrieved August 6, 2006, from http://www.ltlinc.cm/LTL/newsletters/jan01/oln_article.htm

Maor, D. (2003). The teacher' s role in developing interaction and reflection in an online learning community. *Education Media International, 40*(1/2), 127-137.

McLoughlin, C. (1999). Culturally responsive technologies use: developing an online community of learners. *British Journal of Educational Technology 30,* 231-243.

MeLuhan, M. (1964). *Understanding media.* New York: McGraw-Hill.

Merriam, S. B., & Caffarela, R. S. (1991). *Learning in adulthood: A comprehensive guide.* San Francisco: Jossey-Bass.

Noddings, N. (1992). *The challenge to care in schoois: An alternative approach to education.* New York: Teachers College Press.

Norlander-Case, K., Reagan, T. G., & Case, C. W. (1999). *The professional teacher: The preparation and nurturance of the reflective practitioner.* San Francisco: Jossey-Bass.

Nunes, J. M., McPherson, M., & Rico, M. (200 l). *Constructivist instructional design and development of a networked learning skills (NICLS) module for continuing professional education distance learning.* Paper presented at the ED-MEDIA2001 World Conference on Educational Multimedia, Hypermedia and Telecommunications, Tampere, Finland. (ERIC Database #ED466132)

Odin, J. K. (2002). *Teaching and learning activities in the online classroom: A constructivist perspective.* Paper presented at the ED-MEDIA 2002 World Conference on Educational Multimedia, Hypermidia and Telecommunicatos, Denver, CO. (ERIC Daidbase #ED470077)

O' Reilly, M., & Newton, D. (2001). *Interaction online: Above and beyond requiretnents of assessment.* Paper presented at the 18th annual conference of the Australasian Society for Computers in Learning in Tertiary Education (ASCILITE), Melbourne, Australia. Retrieved August 6, 2006, from http://www.ascilite.org.au/conferences/melbourne01/pdf/papers/oreillym.pdf

Ortiz, B. I. D. (2004, October 19-23). *Problem-based learning (PBL) in distance education: A literature review of how distance education (DE) environments trans/arms the design of PBL for teacher education.* Paper presented at the Association for Educational Communications and Technology, Chicago, IL. (ERIC Database #ED485067)

Palloff, R., & Pratt, K. (1999). *Building learning communities in cyberspace: Effective strategies for the online classroom.* San Francisco: Jossey-Bass.

Palmer, P. J. (1998). *The courage to teach: Exploring the inner landscape of a teacher's life.* San Francisco: Jossey-Bass.

Richardson, V. (1999). Teacher education and the construction of mean ing. In G. A. Griffin (Ed.), *The education of teachers. Ninety-eighth yearbook of the nationl society for the study of education: Part I*(pp. 145-166). Chicago: National Society for the Study of Educators.

Sage, S. M. (2000). *The learning and teaching experiences in an online problem-based learning course.* New Orleans: American Educational Research Association. (ERIC Database #ED442467)

Schrum, S. A. (1999). Introduction. In S. A. Schrum (Ed.), *Teaching in cyberspace: Issues of teaching, acting, and directing* (pp. 1-6). New York: Peter Lang.

Squires, D. (1999). Educational software for constructivist learning environments: Subversive use and volatile design. *Educational Technology, 39*(3), 48-53.

Stepich, D., & Ertmer, P. (2003). Building community as a critical element of online course design. *Educational Technology, 43*(5), 33-43.

Tan, S. C., & Hung, D. (2002, September-October). Beyond information pumping: Creating a constructivist e-learning environment. *Educational Technology, 42*(5). 48-54.

Vat, K. H. (2000). *Online education: A learner-centered model for constructivism.* Paper presented at International Conference on Computers in Education/ International Conference on Computer-Assisted Instruction (pp. 22-44).

Taipei, Taiwan. (ERIC Database #ED454832)

Vella, J. (2002). *Learning to listen, learning to teach.* San Francisco: Jossey-Bass.

Vygotsky, L. S. (1978). *Mind in society: The development of higher psychological processes.* Cambridge, MA: Harvard University Press.

Wang, C. Y. J., Resta, P. E., & Miller, P. (2001, November 8-12). The medium is the message: The design of an online collaborative learning community. In *Annual Proceedings of Selected Research and Development and Practice Papers* (pp. 521-529). National Convention of the Association for Educational Communications and Technology, Atlanta, GA.

Wertsch, J. (2002). *Voices of collective remembering.* Cambridge, UK: Cambridge University Press.

Whittle, J., Morgan, M., & Maltby, J. (2002). *Higher learning online: Using constructivist principles to design effective asynchronous discussion.* Paper presented at the Annual NAWEB Conference. Retrieved August 6, 2006, from http://naweb.unb.ca/2k/papers/whittle.htm

Wiesenberg, F. (2001). *The roller coaster life of the online learner: How distance educators can help students cope.* Retrieved on August 6, 2006, from http://www.extension.usask.ca/cjuce/articles/v27pdt/2722.pdf

Williams, S. W. (2000). Instructional design factors and the effectiveness of Web-based training/instruction. In R. N. Cervero, B. C. Courtenay, & C. H. Monagahan (Eds.), *The Cyril O. Houle scholars in adult and continuing education program global research perspectives, 2* (pp. 132-145).

Wilson, B. G. (1993). Constructivism and instructional design: Some personal reflections. In M. R. Simonson & K. Abu-Omar (Eds.), *Proceedings of Selected Research and Development Presentations at the 1993 National Gonvention qf the Association for Educational Cointnzmications and Technology* (pp. 1131-1149). New Orleans, LA.

Windschitl, M. (1999). A vision educators call put into practice: Portraying the constructivist classroom as a cultural system. *School Science and Mathematics, 99*(4), 189-196.

제6장

평생학습 지원 온라인 교육 설계를 위한 이론적 모델

Lawrence A. Tomei, 미국 Robert Morris University

요약

평생학습의 활성화를 위해 온라인 교육의 도입이 가속화되면서 인쇄 교과서의 발명 이후 처음으로 교수와 학습을 다시 돌아보는 계기가 되었다. 인쇄 교과서의 출현 당시 교수들이 읽기를 교수전략에 추가하면서 개별화된 학습의 형태가 달라지게 되었다. 오늘날 프로그램 수업에서 웹 기반 학습으로 모든 형태가 변화된 원격교육은 교사들이 학생들의 수업참여와 학습자 중심의 활동을 촉진하기 위해 과정 설계와 전달에 있어 새로운 전략을 적용할 것을 요구하고 있다. 원격교육(특히 성인 학습자들을 위한)의 급속한 발달은 전통적인 교육 설계, 전달, 평가 방법론에 대해 도전을 제기하고 있다. 이 장에서는 평생학습을 위한 효과적인 교수 설계의 방법으로 최첨단 방식을 이용한 새로운 교수 설계 모델을 소개하고자 한다.

도입

급속한 기술 발달로 인해 전통적인 교실 교육에서 나타나는 지리적, 시간적 제약을 극복하고 접근성을 높인 평생학습을 위한 전달 방식이 가능해졌다. 또한 비디오 및 웹 기반 과정의 등장으로 인해 교육기관들은 사이버 공간에서 학생과 교사를 연결해주는 더욱 새롭고 복합적인 원격교육 환경으로 발돋음할 수 있게 되었다. 정보 공유, 집단학습(collective learning), 반성적 사고에의 참여 가능성이 제공되었고 Van Dusen(1997)은 "강의 형태로는 촉진시킬 수 없는 교육 과정－협력 학습, 이질적인 집단 형성, 문제 해결과 고차적 사고 기능－을 지원하는 기회가 제공되었다" (p.45)고 언급하였다. 학습자 중심 수업에 대한 이러한 초점은 단지 테크놀로지를 이용한 학습 그 이상을 요구하며, 기존 수업과 달리 가상학습 환경에 학생이 참여하게 하는 새로운 수업 방식을 필요로 한다(DeNigris & Witchel, 2000; Kearsley, 2000; Knowlton, 2000; Ko & Rossen, 2001; Palloff & Pratt, 2001; Simonson, 2000; Young, 2000). 이러한 새로운 방향을 위해서 교육을 설계하고 평가하는 전적으로 새로운 모델이 필요하다고 주장하고 있다.

이 장은 최첨단 기술과 결합하는 온라인 교육 설계의 새로운 모델을 제안하는 것을 목표로 한다. 이 장에서는 효과적인 온라인 교육 설계를 위해 연구기반 방법론으로 다섯 단계의 과정을 제안하고 있다. 이 모델은 평생학습을 위한 온라인 교육을 개발하는 교육자들에게 도움을 줄 것이다.

문헌고찰

교수 설계의 역사: 문제와 해결책

모델(model)이라는 단어는 이 세계에 존재하는 이론적 또는 추상적 개념을 나타낼 때 사용된다. 모델은 실제 세계의 물체(예: 건축가의 건물 모델)의 원형일 수 있고, 실제 세계에는 존재하지 않는 물체(예: UFO 우주선)를 나타내기도 한다. 교육의 맥락에서 모델은 새로운 개념에 대한 비전이나 너무 크고, 너무 작고, 너무 위험하고, 너무 멀리 떨어졌거나 교육적 적용 사례에서 인간 실험에 너무 취약한 경험의 표상을 찾으려는 교육자들에게 흔히 새로운 관점들을 제공해왔다. 모델은 혁신적인 교육자들에게 실질적인 문제에 대한 해결책을 제시하는 개념적 틀로 많이 사용되기도 한다.

교수체제 설계

교수 설계 분야는 세계 2차 세계대전 동안 긴박함 속에서 도입되었다. 군대의 교관들은 매우 긴급하게 훈련 과정을 만들 수 있는 체계적, 방법적, 조직적 구조가 필요했다. 수천 명에 이르는 군부대의 교관과 수억 명에 이르는 신입 생도들을 위해, 교수체제 설계(Instructional System Design: ISD)는 결과 중심의 수업을 계획하는 데 있어 빠른 문제 해결책이었다.

교수체제 설계 모델로 인해 개발자들은 체계적, 방법론적, 조직적인 방법으로 새로운 수업과 교육과정에 대처할 수 있었다. 교수체제 설계 모델은 분절되어 관리할 수 있는 교육단위들의 계열과 관련된 과제들의 상호관련성을 시각화하는 데 도움이 되었다. 교육 심리학자들은 행동주의적 학습스타일이 교수체제 설계 접근에 속하는 것으로 간주한다; 즉, 순서적, 논리적, 위계적, 연대기적 교육을 선호하는 설계자들은 교수체제 설계 패러다임을 사용하는 경향을 보인다.

초기 군대 교수체제 설계 모델이 1940년대에 받아들여져 보급된 이래로 다양한 교수체제 설계 모델이 발전해왔다. 교수체제 개발을 위한 육·해·공군 부대 과정(종종 군대 ISD 모델로 불린다)은 1975년에 합동참모본부에 의해 승인되었고, 모든 군대 교육과 기술 훈련의 주요 원형으로 사용되고 있다.

ADDIE 모델(그림 1)은, 다른 교수체제 설계 모델과 용어상의 차이는 있을 수 있지만, 기본적인 다섯 단계를 포함한 교수체제 설계 모델을 제시하고 있다. 대부분의 교수체제 설계는 분석(Analysis), 설계(Design), 개발(Development), 실행(Implementation), 평가(Evaluation)의 단계로 이루어져 있다.* 이 모델에서는 먼저 수행 과제 분석, 즉 내용의 학습 목표, 일정, 우선순위, 제한

---

* 역주: 이 장에서 저자가 설명하는 ADDIE 모델의 개념은 평생교육 분야에서 적용한 사례를 기반으로 설명한 것으로 교육공학에서 일반적으로 사용하는 ADDIE 모델의 개념과는 일부분 차이가 있다. 교육공학 분야에서는 설계(design) 단계는 수행 목표의 명세화, 평가도구의 개발, 계열화, 교수전략과 매체의 선정을 통하여 교육 훈련의 전체 모습, 즉 청사진 또는 설계 명세

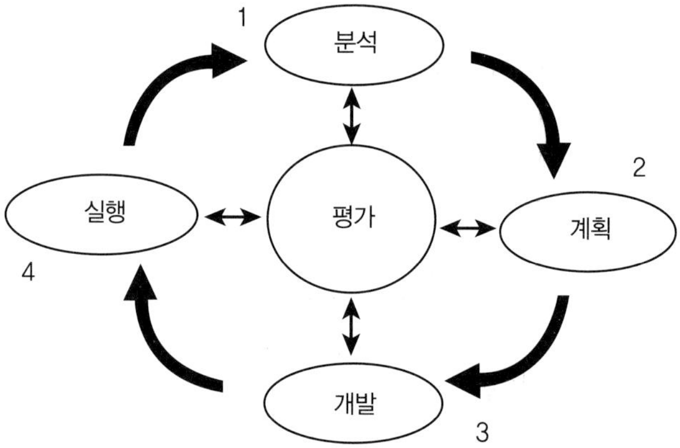

그림 1 ADDIE 교수체제 설계 모델

점에 대한 분석부터 시작한다. 그 다음으로 수업 설계 단계에서 대상 학습자를 이해하고 교육 위계(hierarchy)를 단순한 것에서 복잡한 것으로, 중요성이 낮은 것에서 높은 것으로, 과거에서 현재 순서로 구성한다. 이는 기본적으로 행동주의 접근방법으로 볼 수 있다.

개발 단계는 누가 교육의 책임을 지고 있는가, 수업을 하기 위해서는 어떤 자료가 필요한가, 언제 교육을 할 것인가, 어디에서 수업을 할 것인가, 어떻게 교사가 학습이 일어났다는 것을 아는가와 같은 질문에 대해 검토하는 단계이다.

실행 단계에서는 다양한 대상 학습자(전통적, 성인, 원격 학습자)들에 따라 중요한 차이를 포함한다. 전통적인 수업은 대부분 교실에서 이루어지고 교과서, 조작물, 워크북 등 다소 정적인 학습 자료를 사용한다. 성인을 대상으로 한 수업은 집단 또는 협력 활동과 경험적 학습 자료를 수업 자료로 사용한다. 원격교육은 매년 기하급수적으로 증가하는 테크놀로지 자산과 학습을 증진하기 위한 풍부한 멀티미디어 자료를 통합하여 사용한다.

마지막으로 이 모델의 평가 단계에서는 교육 목표가 성취되었는지를 평가

서를 만들어 내는 단계를 말한다. 개발(development) 단계는 분석과 설계 단계에서 만들어진 청사진에 따라 수업에 사용될 교수자료를 실제로 개발하고 제작 및 수정하는 단계로 보며, 실행(implementation) 단계는 설계되고 개발된 교육 프로그램을 실제 현장에서 사용하고 이를 교육과정에 반영하며 계속 유지, 관리하는 활동을 말한다(출처: 한국교육공학회(2005). 교육공학 용어사전. 교육과학사. p.402-403 참조).

한다. 또한 지속적으로 교육과정을 향상시키기 위하여 전통적인 지필 퀴즈, 실제상황을 재연하는 프로젝트, 학습자에게 즉각적으로 강화해주는 온라인 시험과 같은 다양한 학습자 피드백에 기초하여 수업을 개편하고 수정한다.

교수체제 설계 모델은 반세기 이후까지 변하지 않은 채 유지되고 있고, 실행 기준은 여전히 기술적인 훈련과 성인교육의 고질적인 문제를 해결하는 데 유용하게 사용되고 있다.

수업설계 모델

수업설계 모델(lesson design model)은 그 모델이 지지하는 교육 심리학과 그 모델을 통하여 해결하고자 하는 문제 측면에서 볼 때 교수체제 설계 모델과는 다르다. 교수체제 설계 접근방법은 행동주의 원리에 초점을 두고 있는 반면, 수업설계 모델은 인지학습 전략 측면에서 그 장점을 찾을 수 있다.

행동주의 관점과 달리, 인지 심리학자들은 교수-학습 과정의 활동적인 구성요소로서 (환경보다는) 학습자에게 초점을 두고 있다. 인지 심리학자들은 환경자극에 대한 단순한 반응으로 모든 학습을 설명하는 행동주의에 대해 심각한 문제점을 발견했다. 인지 심리학자들은 예를 들면 구구단 수업을 설계할 경우 행동주의가 적절한 설명이 되지만, 필수적인 S-R-R(자극-반응-강화) 경험이 없는 경우 환경적 자극과 분리하여 어떻게 새로운 지식을 획득하는지를 설명하기는 어렵다고 보았다. 사전 지식이 어떻게 구성되며 개인 기억에서 새로운 정보를 어떻게 처리하고 구조화하는지에 대한 지식을 얻게 되면서 새로운 수업설계 모델이 요구되었다.

ASSURE 모델(그림 2)은 수업설계에서 많이 사용되는 방법이다. 이 모델에서는 교육이 다양한 매체를 사용하여 전달되는 것으로 간주되며 특히 기술기반 수업을 설계할 때 도움이 되는 것으로 알려졌다.

이 모델에서는 교실외 자료와 테크놀로지를 학습자료로 결합하도록 장려한다(Heinrich, Molenda, Russell, & Smaldino, 1996). (ASSURE 머리글자에 대한) 비평가들은 ASSURE가 다소 억지로 만들어낸 것 같다고 생각하지만, 그 머리글자들은 인지적으로 풍부한 수업을 설계하는 주요한 여섯 단계의 중요성과 상호관련성을 의미한다. ASSURE의 여섯 단계는 학습자 분석(Analyse learn-

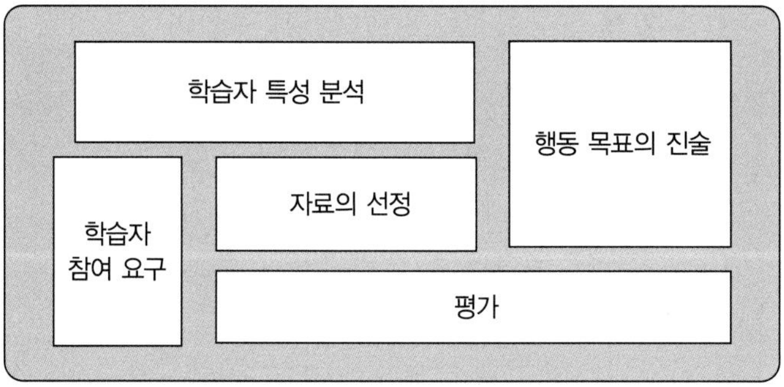

그림 2 ASSURE 수업 계획 모델

ers), 목표 진술(State objectives), 매체와 자료 선정(Select media and materials), 자료 활용(Utilize materials), 학습자 참여 요구(Require learner participation), 평가/검토(Evaluate/review)이다. ASSURE 모델은 성공적인 수업을 위해 테크놀로지를 도입할 때 매체의 중요한 특성을 고려하여 선택하도록 보충적이고 구체적인 기준을 제공한다.

보편적 교육과정 설계 모델

교육 심리의 마지막 학문 분야는 제3세대 교수설계 모델에 기초를 제공한다. 학습 이론이 발전함에 따라 행동주의와 인지주의 모두 제한점이 더욱 분명해지게 되었다. 두 가지 심리학 모두 어떻게 지식을 습득하게 되는지 만족할 만한 설명을 하지 못하였다. 가치, 사회적 상호작용, 개인적 관계에 대한 교육은 여전히 다른 패러다임이 필요했다. 새로운 모델은 어떻게 한 사람이 학습에 대하여 느끼는지, 어떻게 학습이 성장과 개별 만족에 기여를 하는지, 어떻게 모든 교수전략의 방식이 보다 효과적인 보편적 교육과정을 형성하기 위해 결합되는지를 고려하고자 하였다.

백워드 설계 모델(backward design model)(그림 3)은 최초의 보편적 교육과정 설계 모델(universal curriculum design model)의 전형이다. 백워드 설계 과정은 목표를 생각하는 것으로부터 시작한다. Wiggins와 McTighe(2000)가 개념을 설명한 바와 같이, "백워드 설계 모델은 원하는 결과(목표 또는 수준)에서부터 시작하여, 결과수준에서 요구되는 학습(수행) 증거로부터 교육과정을

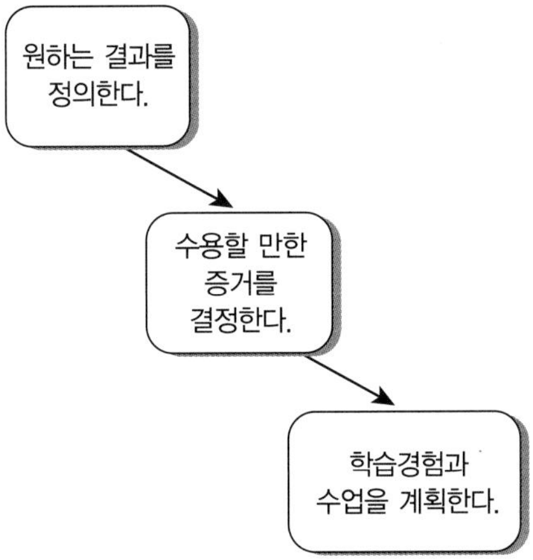

그림 3 백워드 설계 모델 (출처: Wiggins & McTighe, 2000)

만들어내고 학생의 성취를 준비시키는 데 필요한 수업을 계획한다"(Wiggins & McTighe, 2000, p.8).

이 설계 과정은 세 단계로 이루어졌고 각 단계마다 초점을 두는 개념이 있다. 첫 번째 초점은 무엇이 가치가 있는 것이고 이해를 해야 하는 것인가를 밝히는 것이다. 첫 단계에서 교사들은 학생들이 수업을 완료함으로써 얻게 되는 학습 목표와 "영구적인 이해"에 초점을 둔다. 이 단계에서는 학습안내를 위한 질문지를 만들고 더 넓은 개념, 원리, 과정에 중점을 둔 보편적인 능력을 고안한다.

두 번째 단계에서는 학습내용을 이해하는 데 필수적인 증거를 검토하고, 궁극적으로는 어떻게 학생들이 자신의 이해를 시연할 것인지를 결정한다. 이 단계에서 만들어진 평가 과제는 학생들이 내용에 대한 이해를 높이고 학습결과(총괄평가)뿐 아니라 학생들의 학습과정(형성평가)을 통해서 이해한 것을 시연하도록 한다.

백워드 설계 모델의 마지막 단계는 학습경험, 교수 계열, 가르칠 실제 과목 내용을 개발하는 것이다.

역사적으로, 교수체제 설계는 교수 개발을 위한 설명적 모델을 찾는 주창자들에 의해 이끌어졌고, 1940년대와 1950년대의 교육에는 적합한 모델이었다. 하지만 1960년대와 1970년대에는 교수체제 설계의 단점이 나타나면서 수업설계에 초점을 둔 다음 수준의 필수 구조가 등장했고 보편적 교육과정의 개발을 서두르게 되었다. 이러한 각각의 모델은 교수 설계와 전달 과정에서 발생한 요구에 대처하는 데 도움을 주었다.

21세기에는 테크놀로지가 교실에 영향을 미치게 되면서 점진적 발전이 아닌 변혁이 일어나고 있다. 과거에 그랬던 것처럼, 이러한 변화는 또 다른 새로운 교수설계 모델의 등장을 촉발시키게 되었다.

평생학습 지원을 위한 온라인 교육 설계의 동력

앞에서 설명한 수업설계에 대한 세 가지 접근 방법은 성공적인 수업을 개발하는 데 새로운 관점을 제공하였다. 각각의 모델은 학습자, 학습원리, 교수자료, 전달방법, 학습결과라는 다섯 가지 동일한 주요 구성 요소에 초점을 두고 있다.

그림 4는 평생학습을 지원하는 온라인 교육 설계의 새로운 모델을 제시하고 있다. 다음에는 다섯 가지 구성 요소를 중심으로 전통적인 아동 학습자의

그림 4 온라인 교육 설계의 동력

관점에서 성인의 고유성을 고려한 관점으로 그리고 원격교육의 수요에 근거한 독특한 관점으로 바꾸어가면서 논의가 계속될 것이다. 온라인 교육을 설계하는 이러한 새로운 동력을 통해 가상 세계에서의 평생학습을 계획, 개발, 실행, 평가하는 방식이 변화될 것이다.

먼저 학습이론과 전통적, 성인, 원격기반의 수업설계에 대한 교육심리학의 공헌에 대해 알아보고자 한다.

학습자에 대한 초점: 학습이론

교육자의 우선적인 책임은 학생의 학습을 촉진하는 것이다. 교사들은 그들 자신에게 특히 편안하고 친숙한 학습이론에 근거한 판단을 가지고 교수전략을 선택한다. 교수와 학습에서 많이 사용되는 모델은 성공적인 수업의 구조에 학습의 원리가 얼마나 기여하는지를 설명하고 있다. 수업설계의 가장 중요한 목적 중의 하나는 대상 학습자(전통적, 성인, 또는 원격 학습자)들에게 적절한 학습이론들을 교육과정 개발 요소로 포함시키는 것이다(Dembo, 1991).

특히 초중등(K-12) 교사들은 예비교사 학부 프로그램의 초기부터 표준화된 수업계획 도구들을 사용하여 수업을 계획하는 방법을 배운다. 교사들은 전통적인 유치원부터 고등학교 학생에 이르기까지 여러 가지 교육학적 학습양식을 선택하여 교육과정에 반영시킨다. 이에 비해 성인학습에서의 교사는 성인 학습자 계층을 가르치는 데 준비가 충분하지 않은 실정이다. 또한 성인들이 어떻게 학습하는지를 설명하는 성인교육학(andragogy)은 대학 또는 대학원 교수대상 교육이나 기업 훈련자들에게 필수교육 내용으로 포함되어 있지 않다. 한편, 원격교육은 또 다른 영역의 학습으로, Priest(2002)에 의해 생애교육학*(allagegogy)* ("변화를 위한 교육")이라고 명명되었으며 평생학습을 정의하는 학습자의 독립성과 내재된 변화에 중점을 둔 새로운 교육적 접근방법으로 알려져 있다.

전통적인 학습자를 위한 학습이론(Tomei, 2004)

역사적으로, 전통적인 학습자들을 위한 학습이론은 교육학(pedagogy)으로 일반적으로 불리며 교육학은 세 가지 혁명적인 단계를 통하여 발전해왔다. 세 가지 단계는 교육 심리학의 세 가지 학파(행동주의, 인지주의, 인본주의)를 일컫는 것으로 앞에서 이미 잠깐 소개하였다. 여기에서는 전통적인 학습자와 관련하여 상세히 논의하고자 한다.

수년 전, 교사들은 반복을 통한 학습 방법이 최고라고 믿었다. Ivan Pavlov와 그의 동물 실험 이후로 교육적 사고를 지배했던 이론은 행동주의 학습이론의 원리이다. 현대 행동주의자들은 환경을 자극과 자극의 결과적 행동 또는 반응 측면에서 바라본다. 즉, 학습은 환경에 대한 반응이라고 보는 것이다. 행동주의를 수용하는 교사들은 학생의 행동이 과거와 현재의 경험에 대한 반응이고 모든 행동은 학습된 것이라고 가정한다.

반면에, 인지주의 교사들은 교수-학습 과정에서 활동적인 참여자로서의 학습자에 더욱 초점을 두고 있다. 인지주의 학습 심리를 지지하는 교사들은 교사가 학생들이 이미 가지고 있는 사전지식을 알고 개인의 기억 내에서 정보가 어떻게 처리되고 구조화되는지를 안다면 더욱 효과적일 것이라고 믿는다. 따라서 인지 기반의 교사들은 학습자들이 지식을 더욱 효과적으로 획득하도록 돕기 위한 교수전략을 사용하면서 학생들을 가르친다.

인본주의자들은 한 사람이 학습에 대하여 어떻게 느끼는지가 어떻게 학습을 생각하는지 혹은 행동하는지만큼 중요하다고 믿는다. 인본주의자들은 행동주의자들이 하는 것처럼 교사의 입장에서 행동을 묘사하는 것이 아니라 활동을 수행하는 학생의 입장에서 행동을 묘사한다. 교사는 자기 계발, 협력, 긍정적인 의사소통, 정보의 개별화 등을 촉진하여 교육환경을 만든다.

성인 학습자를 위한 학습이론

Knowles(1984)의 성인교육학(andragogy) 이론은 이전의 아동만을 위한 학습의 개념을 재정의했다. 성인교육의 전형적인 특성에는 경험, 문제기반, 즉시성, 자기주도성이 포함된다.

아동과는 달리 성인은 자신의 다양한 경험, 지식기반, 문제해결 기술을 사용하여 경험적으로 배운다. 성인은 자신이 왜 배워야 하는지를 분명히 알고 학습의 주제가 즉시 가치를 발휘할 때 가장 학습을 잘 하게 된다. 성인은 대부분의 경우 자기주도적으로 배우며 적어도 스스로 학습에 대한 책임감을 가진다.

성인들은 성인을 위한 학습 환경에 이러한 성인학습의 필수적인 측면이 포함될 것을 기대한다.

실질적으로, 성인교육학은 내용(무엇을 배우는지)보다는 과정(어떻게 배우는지)에 더 중점을 둔다. 전략에는 사례연구, 역할놀이, 시뮬레이션, 자기 평가가 있고, 적절한 테크놀로지를 접목함으로써 증진된다. 교사들은 강사보다는 촉진자로서 역할을 한다.

원격 학습자를 위한 학습이론

Lev Vygotsky는 20세기 후반에 정보혁명이 있기 수십 년 전에 사망을 했지만, Vygotsky의 업적과 다른 발달 심리학자들의 업적은 원격교육 이론의 기초가 되었다. Vygotsky의 이론은 학습 과정에서 사회적 상호작용의 기본적인 역할과 "의미 생성"의 과정에서 지역사회 역할의 중요성을 강조하였다(Vygotsky, 1978). 이러한 개념은 성인교육, 평생교육, 원격교육의 기본을 형성하게 되었다. 예를 들자면, 특정 과제, 과정, 개념에 관하여 학습자 자신보다 높은 능력 수준을 갖췄거나 더 나은 이해력을 가진 사람, 즉 더 지적인 타인(more knowledgable other: MKO)에 대한 Vygotsky의 연구는 원격교육에서 자연스럽게 발전하여 받아들이게 되었다. 전자 튜터(electronic tutors)와 오늘날의 온라인 학습 운영 시스템은 학습 과정을 통하여 학생들을 촉진하고 안내하기 위해 원격 상황에서 사용되고 있다.

이러한 초기 연구로부터 성공적인 원격 학습자들에게 내재하고 있는 특성을 규명하는 연구가 계속 증가하고 있다. Moore(1990)와 Campbell Gibson(1990)은 원격 학습자의 성공 비율을 연구하여 원격에서 성공적인 학습을 하는 데 공통의 특성이 있다는 것을 발견하였다. Holmberg(1995)로 대표되는 연구에서 원격 학습자는 인구 통계학적 측면에서 비동질적 집단을 이루고 있는 것을 발견했다. 원격 학습자에 대한 연구는 교육자들이 "전형적으로 성공적인" 원격 학습자에 대한 모습을 그려내는 데 도움을 줄 수 있는 인구통계학적 그리고 상황적 영향 요소를 설명하는 데 기여하고 있다. 그 특징은 다양하지만 일반적으로 나이, 성별, 인종과 같은 인구 통계학적인 변수와 장애, 지역, 생애 역할 등의 상황 변수가 복합적으로 작용한다.

뿐만 아니라, 생애교육학(allagegogy)의 고유의 특징에는 개인적 또는 그룹에서 활동을 할 수 있는 능력, 과제 완성 능력, 최소의 지도를 받으며 과제와 읽기를 완수하는 능력, 분명하고 자세히 쓰는 능력, 시간 관리 능력, 다양한 형태의 전달 방식을 통해 학습하는 능력, 기술적 도구를 이용하여 작업하는 능력 등이 있다(Lehigh Carbon Community College, 2006).

온라인 교육 설계의 동력 중 첫 번째 구성 요소인 학습이론은 원격 학습자를 대상으로 수업을 개발할 때 설계자들이 교육학, 성인교육학, 생애교육학 학습이론의 원리들을 통합하여 사용해야 함을 강조하고 있다. 온라인 환경에서의 수업을 설계한 경우 학습자들이 문제기반의 실제 세계 경험을 통해서 학습 내용에 대해 숙달하게 될 것으로 기대한다는 것을 고려하여야 한다. 동력의 첫 번째 요소인 학습자에 대한 초점은 진정한 온라인 교육으로 나아가면서 학습자의 초기 역량을 고려한 수업을 만들어 낸다. 학습자의 초기 역량이란 학습자의 일련의 선수 기능들, 즉 혼자 또는 함께 학습하는 능력, 쓰기 및 시간 관리 기술, 테크놀로지에 대한 문해 정도를 포함한다.

학습에 대한 초점: 분류학

분류학(taxonomy)은 요소 간의 고유의 관계 또는 순서가 전제되어 있는 분류 체계를 말한다. 어휘(vocabulary)는 단 하나의 수준을 가진 분류의 가장 단순한 형태로 볼 수 있다. 어휘는 승인된 용어로 등록된 것, 일반적으로 사용되는 표현, 그리고 확립된 어휘(established exis)를 말한다. 좀 더 복잡한 분류는 위계적인 구조(hierarchical structure)를 형성한다. 용어와 설명구들은 자연 상태에서 더 구체적인 설명 수준을 거치면서 점차 더욱 정련된 전문용어로 만들어지게 된다.

분류학은 일반적으로 내용 영역에 따라 범주화된다. 역사적으로 보다 대중적인 분류학들은 광범위한 교육목표를 설명하고 있다: 교육목표(인지적, 정의적, 심동적); 서비스 러닝(service-learning) 결과(학문적, 직업, 시민, 윤리, 개인, 사회); 발달 기능(인지, 사회/정서, 언어/언어학, 정밀/총체적 동작 능력(fine/gross motor ability)); 평생학습 기술(지식, 적용, 연구/실습, 평가); 최근에는 교수공학(문해, 의사소통, 의사결정, 학습, 교수, 기술학(tech-ology)

(Furco & Billig, 2002; Krathwohl, Bloom, & Masia, 1964; National Center for Infants, Toddlers and Families, 2002; Tomei, 2005). 평생학습과 관련된 중요한 분류에 대해 간략히 검토하면 아래와 같다.

전통적인 학습자를 위한 분류학

Benjamin Bloom은 교육자들 사이에게 가장 유명한 분류학으로 알려져 있는 교육목표의 분류학(Taxonomy of Educational Objectives)(Bloom & Krathowohl, 1956)을 만들었다. Bloom은 인지 발달을 고려하여 점진적으로 복잡한 단계로 나아가는 여섯 가지 단계(지식, 이해, 적용, 분석, 종합, 평가)에 대한 이론을 개발했다(그림 5). Bloom은 교육자들에게 고차원적 사고와 같은 높은 수준으로 학습능력을 증진시키도록 교육목표를 설계하고 실행할 수 있는 교육목표 측정준거(rubric)를 제공했다. Bloom에 이어, Krathwohl과 Kibler는 정의적이고 심동적 학습자를 위한 유사한 구분방법으로 세 개의 영역으로 구성된 분류학을 완성하였다(Krathwohl et al, 1964). Bloom의 연구 결과물은 Haward Garner, Jean Piaget, Jerome Bruner 등의 학자들의 연구물로 이어져 고차원적 인지 사고 기능의 발전의 단초로서 획기적인 공헌을 하였다.

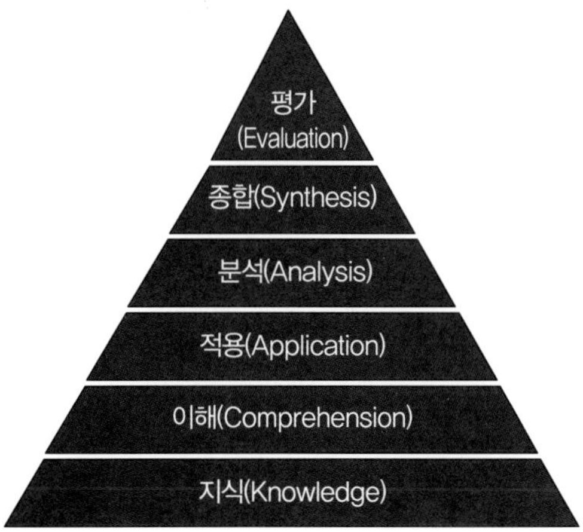

그림 5 Bloom의 교육목표 분류학

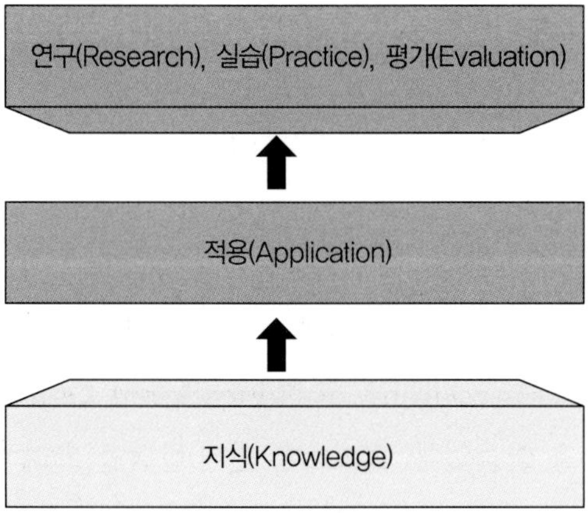

그림 6 K-A-RPE 분류학

성인 학습자를 위한 분류학

KAR-P-E 분류학(그림 6)은 성인교육, 기업훈련, 전문성 개발을 포함하는 테크놀로지 교육의 틀을 제공하였다. 지식, 적용, 연구, 실습, 평가(KAR-P-E) 수준에 맞추어 교수-학습 목표를 계획하면 (1) 모든 학과목에서 모든 학습자들에게 적용될 수 있으며, (2) 점진적으로 계열 단계에 따라 학습자를 발전시킬 수 있고, (3) 상위 단계로 올라가기 전에 이전 단계에 대해 완전학습 상태이며 역량을 갖추고 있다고 추정할 수 있다(Tomei, 2005).

간혹 동일한 과목 이름을 사용하는 학부, 대학원(석사), 대학원(박사)의 과목을 구분하는 방법에 대해 질문이 있는 경우 KAR-P-E 모델(그림 6)을 적용하여 대답할 수 있다. 모델에 따라 전형적인 학부 과정은 지식 영역에 가장 초점을 두어 학습을 구성하도록 제안한다. 대학원(석사) 과정은 적용 수준을 좀 더 다루도록 하며, 대학원(박사) 과정은 연구, 실습, 평가에 더욱 집중하도록 해야 한다. 당연히 세 가지 프로그램 수준은 서로 중복되기도 하며 중복이 장려되기도 한다.

원격 학습자를 위한 분류학

최근 교육적인 학습목표 분류에 테크놀로지 영역을 위한 분류(*The Taxonomy for the Technology Domain*)가 도입됨에 따라 분류항목이 추가되었다. 이전 분류와 같이 테크놀로지 분류에는 점진적으로 고차적 사고 기능 수준에 이를

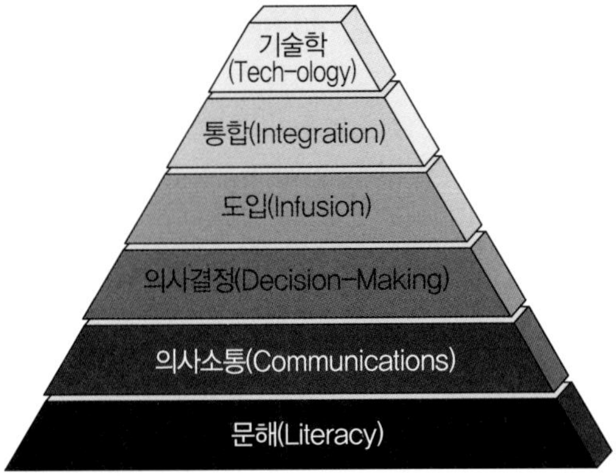

그림 7 기술영역의 분류학 (출처: Tomei, 2005)

수 있도록 각 위계 수준에 맞는 지적 활동을 나타내는 행위 동사를 제시하고 있다(그림 7). 문해, 의사소통, 의사결정, 도입, 통합, 기술학(tech-ology)의 상호연관된 여섯 가지 수준들은 테크놀로지 관련 수업 목표와 테크놀로지 기반 학습 결과를 구성하기 위한 패러다임으로 발전되었다(Tomei, 2005). 이러한 여섯 가지 수준은 원격 온라인 교육을 설계하기 위한 최상의 종합적인 분류 체계이다. 온라인 과정은 목표한 테크놀로지(문해)를 완전학습하는 것으로 시작하여, 의사소통(이메일, 워드프로세싱)과 의사 결정 기술을 습득하는 것으로 빠르게 변화되고 있다.

진정한 원격교육의 설계는 기존의 사용가능한 테크놀로지 기반 자료(파일, 오디오, 비디오, 웹기반 학습환경 등)의 도입에서 시작되어 새로운 테크놀로지와 테크놀로지 기반 학습자료의 통합으로 발전하고 있다. 이러한 새로운 테크놀로지 기반 학습자료는 테크놀로지를 적절한 위치에 두고 우선순위를 고려해 수업을 하는 동기가 매우 높고 기술적으로 준비된 교사에 의해 만들어진다.

교육적 분류학은 보편적인 지식 체계에 의해 수용되고 교육목표 측정준거에 의해 정의할 수 있는 용어를 정립할 경우나, 또는 점진적으로 복잡해지지만 조정할 수 있는 분류의 가능성을 확인할 경우에 사용하는 것이 적절하다. 특히 온라인 교육 설계의 동력으로서 분류학은 올바른 교육 방법, 미디어, 자료 선정의 중요성을 강조하는 데 유용하다. 이 단계에서 수업설계의 핵심은 학습자와 학습목표를 연결하는 것이다.

자원에 대한 초점: 학습자료 선정

전통적인 학습자를 위한 학습자료 선정

전통적인 학습자들은 들고 다니기에 편리하며 중요한 학습내용을 제공하는 정적 학습자료(static-based materials)를 사용한다. 어떤 교육환경에서나 이러한 학습자료를 사용할 수 있는 능력과 높은 인식 수준이 있는 경우 대부분의 학생들은 정적 학습자료를 사용하는 데 어려움이 없는 수준이다. 또한 이러한 장점에 추가한다면 적은 비용으로 자료를 제작하고 복사하여 사용할 수 있는 비용효과성과 유용성 측면에서도 장점이 있다. 정적 학습자료의 비용효과성과 유용성은 왜 전통적인 학습자들을 위한 교육자료로 교과서, 유인물, 학습지, 워크북, 조작물, 백과사전, 수업 도구와 같은 텍스트 기반의 자료가 선택되는지를 알 수 있는 명확한 증거이다. 전통적으로 사용되었지만 기술수준이 높은 기타 학습자료로는 CD-ROM, VHS 비디오 테이프, 35mm 슬라이드 등이 있다.

성인 학습자를 위한 학습자료 선정

성인 학습자들은 이 장에서 동적 자료(dynamic materials)로 구분한 광범위한 학습자료를 제공받는다. 동적 자료에는 시각기반 그래픽 프레젠테이션, 비디오 및 오디오 재생 등 이외에도 다수가 있다.

경험학습은 성인 학습자 중심 원리이며, 성인은 이론과 경험이 통합되었을 때 가장 효과적으로 배운다는 가정을 가진다; 말하자면, '수행하면서 배운다(learning by doing)' 는 의미이다. 학습자는 사례연구, 임상경험, 팀활동, 의사결정 실습과 같은 경험학습을 통하여 학습내용에 참여한다. 자기주도학습 자료는 자신의 학습 욕구를 진단하고, 개인 목표를 설정하고, 적절한 자원을 규명하고, 성공적인 전략을 수행하고 학습 결과의 개인적인 가치를 평가함으로써 학습자가 개인적 성장을 위한 책임을 지도록 학습자를 촉진한다. 1999년도 연구를 보면 자기주도학습 프로그램에 주당 평균 15시간을 참여한 95% 이상의 성인들이 교사 촉진에 의해 학습이 증진된 결과가 보고된 바 있다. 성인학습은 전문가나 동료와의 의사소통에서 학습이 일어나지만 대학 도서관에 혼자 있는 상황에서도 종종 학습을 하게 된다. 자기주도 성인학습을 장려하는 전형적인 자료에는 인쇄자료, 시청각 자료, 직 · 간접 전문가, 박물관과 같은 교육기관, 전문가 협회에 참여하기 등이 포함된다.

원격 학습자를 위한 학습자료 선정

원격 학습자들은 분량, 형식, 양식 측면에서 여러 종류의 학습자료를 사용한다. 인쇄, 청각(음성) 및 비디오, 컴퓨터(정보) 객체로 구분되는 멀티미디어기반 자료는 원격 학습자만의 특별한 자료이다. 동일한 테크놀로지가 여러 하위 범주로 구분되고 폭넓게 적용되면서 멀티미디어기반 자료 구분의 범위가 다양한 범주로 확장되었다.

인쇄 기술은 원격학습의 기본 형태이며 인쇄 기술을 토대로 발전했음을 알 수 있다. 통신수업은 학생들에게 우편으로 보내지는 자가학습 인쇄 교재로 구성되었고 교사의 평가를 위해 학습결과물을 다시 제출하는 수업 형태였다. 오늘날의 원격교육의 대부분의 자료는 전자 인쇄 텍스트 형태이며 읽기 과제가 대부분의 교육과정에서 중요한 요소로 유지되고 있다. 최근 인쇄 기술은 전자 메일과 다양한 디지털 자료 형태로 발전되었다(예: hyperbooks, e-journals, e-books).

오디오나 음성 기술은 비용은 적게 들지만 원격교육을 증진시키는 효과적인 방법이다. 원격학습 과정의 오디오 요소는 음성 메일과 같은 전통적인 방식도 가능하고, 오디오 전환 또는 생방송, 통합 오디오, 대화방, 프레젠테이션 하드웨어, 전자 선거 및 전자 설문, 컴퓨터 공유와 같은 복잡한 방식도 가능하다. 이러한 복잡한 방식은 오디오 기술의 현재 발전 수준을 보여주고 있다.

강사의 행동을 모델링하고 시연하고 추상적인 개념의 강의를 들을 수 있는 기회를 얻기 위해서 비디오 기술을 이용할 수 있다. 원격학습을 위한 비디오 기술은 비디오테이프, 위성, 케이블/방송 텔레비전, 데스크톱 컨퍼런싱, 인터넷 컨퍼런싱 요소가 갖추어져야 한다. 각 미디어는 비디오 신호 체계에 의해 구분된다(일방향 오디오/비디오, 일방향 비디오/양방향 오디오, 또는 양방향 오디오/비디오).

컴퓨터(정보) 테크놀로지는 원격교육 자료로 가장 광범위하고 빠르게 성장하는 영역이다. 원격교육에 사용되는 기본적인 컴퓨터 테크놀로지에는 원격

학습자를 위한 자료를 풍부하게 담을 수 있는 온라인 환경과 전자 도구 모두를 포함한다. 대부분의 최첨단 온라인 환경은 디지털 콘텐츠, 시청각 프레젠테이션, 웹콘텐츠와의 링크 등을 포함한다. 만약 디지털 콘텐츠를 가지고 있다면, 원격교육과정을 블랙보드(Blackboard), 웹시티(WebCT), 이컬리지(e-College), 기타 온라인 포럼에 업로드할 수 있다.

또한 마우스를 한 번 클릭함으로써 온라인 과목으로 접근할 수 있는 최신의 기술 도구들이 있다. 원격 학습자들이 사용할 수 있는 도구로는 온라인 로그가 남는 대화방, 다양한 수준의 토론그룹, 온라인 퀴즈의 편집 및 채점 기능, 화이트보드, 성적표, 달력, 파일공유, 웹 전자서적 목록 등이 있다.

미래의 온라인 교사들은 양방향 웹 비디오와 데스크톱 비디오의 발전과 멀티미디어 기반 교수-학습 자료와 통합된 평가도구의 발전된 형태를 볼 수 있을 것이다.

멀티미디어기반 학습자료의 마지막 요소는 멀티미디어 소프트웨어이다. 스트림 오디오와 비디오 소프트웨어는 이 소프트웨어를 구동하는 하드웨어만큼 중요하다. 발전된 그래픽과 프레젠테이션 어플리케이션과 함께 발전된 CD-ROM과 웹 개발 소프트웨어는 미디어와 예술 분야에 명백하게 영향을 주고 있다. 원격교육이 활성화된 것은 멀티미디어 소프트웨어가 가장 빠르게 성장하는 컴퓨터 산업 중 하나라는 주장의 사실성을 입증하는 것이다(University Affairs, 1996).

자원에 대한 초점은 온라인 교육 설계 동력에서 세 번째 단계를 차지하고 있다. 이전 두 단계가 이론적인 측면에 중점을 둔 반면에 자원 초점 부분에서는 온라인 교육 방법론의 실제적인 측면에 더욱 초점을 두고 있다. 다음에 검토할 동력의 네 번째 단계에는 수업 제시 방식에 대해 전반적으로 다루며 특히 가장 효과적인 원격 교수 방식에 대해 살펴보고자 한다.

전달에 대한 초점: 수업 제시 방식 선정

전통적인 학습자를 위한 수업 제시 방식 선정

역사적으로, 전통적인 학습자를 가르치는 교사들은 교실중심 수업 방식을 선호하였다. 여러 측면에서 교실 강의는 "항상 이런 방식으로 수업해왔어요"라고 대변하고 있다. 그러나 "무대 위의 현자"와도 같은 강의중심 방식은 현대의 학생들에게 새롭고 흥미진진한 교수 전달의 장을 제공하기 위해 연구와 기술이 접목되면서 급속하게 감소하고 있다. 강의는 송신자(교사)와 수신자(학습자) 모두에게 학생 참여와 활동이 적게 요구되어 더 복잡한 방식의 수업 방식에 비해 가장 쉬운 수업 방식으로 알려져 있다. 교육 심리학은 1940년대 이래로 수년간 발전되면서 행동, 연구, 문헌에 대한 강조를 통해 강의 기반 수업의 주요한 단점을 보완하였다. 더 중요한 것은 학습자의 지적인 성장(초중등 수준에서조차도)과 전통적 학습자와 성인 학습자 모두에게 적합한 테크놀로지의 도입으로 인해 일방향, 송-수신 방식의 수업 방식이 학습에 대한 새롭고 혁신적인 방식으로 대체되고 있다는 것이다.

성인 학습자를 위한 수업 제시 방식 선정

성인교육은 여러 교수 도구들을 복합적으로 확장하여, 다양한 교수전략들로 결합하여 사용할 것을 요구하고 있다. 성인교육학은 교수적 강조점을 집단에 두고 새로운 참여적 학습방식으로 자기주도적 교수, 협동학습, 그리고 발견학습을 제안하였다. 협동학습은 성인을 위한 수업 방식으로, 실제 세계의 경험을 성공적으로 습득하는 방법과 유사한 방식의 상호작용을 장려한다. 잘 만들어진 협동학습에서는 원하는 학습 결과를 이끌어내기 위해 실제적인 과제, 공유된 리더십, 사전 정의된 책임감, 그리고 가끔은 정의되지 않은(ill-defined) 결과물 요소들을 결합하여 활용한다.

발견학습에서 교사는 촉진자의 역할을 수행하고 성인 학습자가 개인적인 학습경험을 풍부하게 갖도록 선택할 수 있는 자료를 제공한다.

또한 성인 학습자를 위한 수업 방식으로는 협력 프로젝트와 공유된 노력, 기타 집단 포커스 평가 및 사정(assessment)이 있다.

원격 학습자를 위한 수업 제시 방식 선정

원격교육은 의사소통-강화 제시(communication-intensive presentation) 방식을 포함한 여러 전략들을 추가해야 한다. 의사소통-강화 제시 방식으로는 비동시적 · 동시적 의사소통, 몰입/혼합/자료저장 온라인 과정, 그리고 온라인 학습 관리시스템이 있다.

비동시적 의사소통은 동시간대에 발생하지 않는다. 일반적으로 회의 시간을 정하기 어려울 때(예: 작업 시간대나 작업 일정이 맞지 않을 때)나 학습자가 의견을 형성하거나 응답을 위해 시간여유를 가지기를 원할 때 가장 유용하다. 이메일, 뉴스그룹, 게시판이 비동시적 학습 도구의 일반적인 예이다.

동시적 의사소통은 두 개의 장소에서 실시간으로 일어나는 것이며 사회화와 토론을 촉진시킨다. 오디오-비디오 컨퍼런싱, 대화방, 전자 칠판이 동시적 의사소통의 가장 좋은 학습의 예이다.

대부분의 원격 과정은 몰입형(immersion)(완전 온라인), 혼합형(hybrid)(부분적으로 온라인), 자료저장형(repository)(자료만 온라인) 과정으로 구분된다. 몰입형 과정은 종종 더 일반적인 용어로, e-러닝(e-learning)으로 일컬어진다. 위키피디아(2006)의 정의에 따르면, 몰입형 또는 e-러닝은 상호작용성을 지원하는 기술을 적용한 컴퓨터 기반 학습으로 설명하고 있다. 혼합형 또는 부분적 온라인 과정은 학습 콘텐츠, 협력, 평가로 구분되며, 이러한 요소들을 조합하여 온라인이나 전통적인 형태의 학습으로 제공한다. 자료저장형 과정은 온라인 요소를 교육에 사용하지만 디지털 정보를 기록하고 저장하는 좁은 범위에서 사용하는 것을 말한다. 예를 들자면, 교사가 선호하는 웹사이트 온라인 목록을 만들거나 디지털 저널 문헌을 다운로드하여 저장할 수 있다(물론 적절한 저작권 허가를 받은 것으로 가정한다). 마지막으로 멀티미디어가 풍부한 최신 원격 과정의 범주로 학습관리시스템을 말할 수 있다. 이 시스템을 이용하여 수강등록, 시간표, 보고서 등과 같은 주요 학습활동을 관리할 수 있다. 교육 측면으로, 학습관리시스템은 과정전달, 내용저작, 학생연습, 퀴즈문항 저작, 학생 성적표, 진도확인, 통계분석 등을 제공한다.

전달 초점에서 전통적, 성인, 원격 학습자를 위한 적절한 수업 제시 방식과 면대면 강의에서 가상 강의까지의 특징적인 교수도구들을 살펴보았다. 다음으로 평가 방법론에 대한 논의와 학습 결과 측정의 중요성에 대한 논의를 다루면서 온라인 교육 설계를 위한 새로운 모델 소개를 마치고자 한다.

결과에 대한 초점: 평가 방법 선정

전통적인 학습자를 위한 평가 방법 선정

평가는 다양한 방식으로 수행되며, 전체 기간(학기 중 수업, 전체학습 프로그램)에 걸쳐서 전반적으로 이루어지며, 여러 가지 목적을 위해 활용된다.

원칙적으로 평가를 통하여 학생의 학업의 질과 습득의 정도를 측정한다. 평가의 더욱 중요한 역할은 교육과정의 지속적인 개선, 교수진의 발전, 평생학습을 위한 자극제의 역할이다. 전통적인 학습자를 위하여 전통적인 평가는 종종 일회성(single-incident) 평가, 단일차원(unidimensional) 평가, 평가시기가 정해진 특정 목적을 가진 평가, 특정 범위의 총괄평가, 기계적인 암기에 한정된 평가, 재정의하기, 용어 반복하기 등의 형태로 이루어진다. 전통적인 평가에서는 일반적으로 선다형, 정오형, 단답형 도구를 사용하는데 이 방법은 교사, 학생, 행정 전반에서 상당한 비판을 받고 있는 평가 방법이다.

하지만 비판가들도 전통적인 평가 방법 자체에 장점이 있다는 것을 인정한다. 그 장점으로는 평가를 구성할 때 시간이 적게 들고, 채점하기 쉽고, 행정적으로 훨씬 직접적으로 적용할 수 있다는 것이다. 또한 내적 일관성과 신뢰성에서의 타당성에 대한 문제가 적다는 장점이 있다. Gaynor와 Millham(1976)의 연구에서 매주 학생들의 퀴즈 시험 결과에 따라 수업을 보완했을 때 기말 고사에서 높은 점수를 받았다는 것을 보고하고 있다. 이 결과는 학생 중심 피드백을 빈번하게 했을 때 학습효과가 크다는 점을 나타낸다.

성인 학습자를 위한 평가 방법 선정

성인 학습자는 개인의 기술과 지식 적용을 요구하는 실제 세계의 도전을 기대한다. 성인교육학의 주창자는 경험, 의사소통, 대인 기술이 성공적인 성인 학습자의 독특한 특징이라는 것을 발견하였다. 이러한 성인 학습자들의 기대와 특성을 고려할 때 의미 있는 평가 방법으로 참평가(authentic assessment)를 들 수 있다.

참평가는 학습자들이 미리 정해진 선택사항 중에서 답을 고르게 하기보다는 답안을 작성하도록 하는 것이다. 즉, 이러한 방식을 통해 고차원적 사고를 유도하여 Bloom의 교육적 학습 목표를 달성하도록 하는 것이다. 참평가는 학생들의 분석 능력, 학습내용을 통합하는 능력, 창의력, 협력적으로 일할 수 있는 능력, 서면 또는 구술 표현 능력에 초점을 둔다. 참평가를 통하여 학습 결과물뿐만 아니라 학습 과정을 평가한다. 또한 참평가는 포트폴리오, 수행 과제, 시연 발표, 관찰(공식, 비공식), 토론, 학습자 자기성찰과 자기평가와 같은 도구를 포함한다.

원격 학습자를 위한 평가 방법 선정

원격 학습자는 전통적인 학습자들보다 어떻게 공부해야 하는지에 대해 아마도 더 걱정이 많을 것이다. 원격 교사들은 가상 평가(virtual evaluation)를 이용하여 학습자가 과제를 완료하고 목표를 성취했는지 그리고 학습과정을 수행했는지에 대한 개별적 노력과 협력적 노력 정도를 확인하고 자주 피드백을 제공한다. 왜냐하면 원격 학습자들은 온라인으로 지시사항을 읽게 되므로, 평가 수행 방법에 대한 구체적인 정보, 즉 평가가 진행되는 구체적인 형태 등에 관한 기본 정보를 제공해 주는 것이 매우 중요하다. 예를 들어 대화방, 비디오 회의, 웹 회의를 이용한 동시적 참여는 원격교육을 할 때 좋은 방법이다. 원격 학습자들에게 온라인 과정 또는 원격 과정인 경우에도 동시적 토론의 참여가 최종 성적을 내는 데 높은 비율을 차지한다는 것을 미리 공지해야 한다. 시기에 맞추어 비동시적 참여를 통해 의견 개진을 하는 것 또한 학기 내에 대부분의 온라인 과정에서 중요하다. 미국심리협회(American Psychological Association: APA)의 논문작성 양식을 엄격히 고수하는 것, 저작권 침해, 학업성실성(integrity)은 최종 성적을 내는 데 중요한 부분을 차지한다. 한편 이메일, 게시판에 글 올리기, 토론 포럼, 리스트서브도 교육과정의 형성평과와 총괄평가에 통합되어 사용된다. 마지막으로 전통적인 평가도구의 온라인 버전은 선다형, 정오형, 단답형 형태의 온라인 시험으로 시험 제출 직후 바로 채점이 된다. 이외에 디지털 문서(예: 에세이), 기타 전자 파일(예: 스프레드시트)이 있다.

이 외에도 (이 장의 범위에서 벗어나기도 하지만) 원격학습 환경의 통계정보를 지원하는 많은 전자도구가 있다. 많은 온라인 학습관리시스템은 교사에게 학생 진도율, 성취율, 과정 자료 사용, 교사-학생 간의 상호작용 횟수, 과제

완성 확인, 시험 항목 분석 등의 정형화된 분석 정보를 제공한다.

결과 초점 영역은 도전 과제와 기회로 가득 차 있다. 많은 학습자들은 이미 테크놀로지로 인해 교사와 동료 학생들로부터 분리되어 개별화된 상태이다. 또한 테크놀로지가 21세기 삶의 모든 측면에 침투했다고 하지만 아직도 원격으로 학습하는 데 필요한 일부 자료들은 접근하기조차 어렵다. 마지막으로 원격학습에서 적절한 평가방법을 선택할 때 흔히 나타나는 기술적인 문제와 학습자(그리고 교사)의 테크놀로지 활용 능력에서의 격차의 문제가 남아 있으며, 학습자 불안감 요소에 대한 충분한 고려가 필요하다.

권고

온라인 교육 설계를 위한 동력 적용

새로운 교육 설계 동력을 이용하여 온라인 교육 설계를 할 때, 학습자로부터 시작하여 학습목표, 학습자료 및 제시 방식을 재검토하고 적절한 평가 방법으로 종료하는 계열적이고 단계적인 과정을 갖춘 구조화된 접근법을 사용하는 것이 좋다.

학습자 초점: 교육학, 성인교육학, 생애교육학

교육학과 성인교육학을 넘어 생애교육학이라는 새로운 개념에 중점을 두고 대상 학습자를 정의해야 한다. 최상의 결과를 위하여, "변화를 위한 교육(생애교육학)" 의 궁극적인 목표를 달성하기 위해 성인학습 전략에 기반을 둔 평생수업을 설계해야 한다. 가능한 한 독립적인 학습을 장려하고 적절한 테크놀로지를 통합한 온라인 수업을 개발하면서 동시에 전통적인 교육학의 원리와 광범위한 대상자들을 설득할 수 있는 행동주의, 인지주의, 인본주의의 주제들을 도입할 것을 고려해야 한다.

학습 초점: 인지적 분류, KAR-P-E 분류, 테크놀로지 분류

Bloom의 전통적인 학습자를 위한 분류와 Tomei의 성인을 위한 KAR-P-E 분류는 성공적인 수업 목표를 형성하는 데 크나큰 공헌을 했다. 이 동력에서 전통적 학습자와 성인 학습자는 인지적 분류와 KAR-P-E 분류만으로도 가능하지만 원격 평생학습을 설계할 때에는 수업에 사용되는 테크놀로지 요소에 대한 주의 깊은 성찰이 필요하다. 온라인 교육의 성공적인 학습목표를 체계화하기 위하여 테크놀로지 영역에 대한 분류를 사용해야 한다.

자원 초점: 정적, 동적, 멀티미디어 자료

세 번째는 자원 초점으로 학습 설계자들은 다양한 학습자료를 고려하여 설계해야 한다. 다시 말해서, 원격 학습자를 위한 자료 설계는 과거의 전통적인 자료 및 자원을 벗어나 디지털 콘텐츠를 수용하여 설계하여야 한다. 우수한 온라인 수업을 만들기 위해 시간, 비용, 우수 사례를 고려하고 멀티미디어 자원 요소를 다양하게 통합해야 한다.

전달 초점: 강의, 그룹웨어, 의사소통-강화 매체

네 번째 새로운 동력의 요소는 전달 매체이다. 오디오나 비디오를 이용하는 것은 교실 강의나 디지털 강의나 상관없이 어떤 수업에서도 사용가능한 방법이다. 그룹과제는 광범위한 대상자에게 접근가능하고 사회적으로 수용적인 성인 학습자에게는 매력적인 방법이다. 원격학습 설계자들은 혁신적인 도구들의 발전을 고려하여 의사소통-강화 전달 방식을 원격학습을 설계할 때 반드시 포함할 것을 권고한다. 의사소통 도구는 평생학습의 미래를 결정하게 될 중요한 방식이 될 것이다.

결과 초점: 전통적 평가, 참평가, 가상평가

새로운 수업에 박차를 가하기 위한 마지막 요소는 학습결과를 강조하는 것이다. 앞에서 말한 바와 같이, 참평가(authentic assessment) 도구를 전자적으로 적용하는 것과 함께 전통적인 평가도구를 고려해야 한다. 디지털 포트폴리오는 상황맥락의 다양한 측면을 평가할 수 있는 도구로 성인 학습자와 가상 학습자의 연결고리가 된다. 학습 결과에 초점을 두고 가상환경에서 학습자의 성취를 평가할 기회가 많으면 많을수록, 성공적인 학습 결과를 달성할 기회가 많아지게 될 것이다.

결론

이 장에서는 효과적인 온라인 교육 설계를 위한 연구 기반의 방법론을 간략히 다섯 단계로 정리하였다. 앞에서 제시한 새로운 모델은 교육자들이 평생학습자를 지원하기 위하여 테크놀로지 기반의 온라인 교육 개발에 도움을 줄 것이다.

어떤 교육자가 테크놀로지의 적용에 대하여 "학습은 어렵다. 한 과목을 더 잘 배우려면, 그것을 가르쳐 보면 된다. 진정으로 내용을 완전히 습득하고 싶으면, 테크놀로지를 이용하여 가르쳐 봐라"라고 잘 설명한 적이 있다. 테크놀로지의 적용은 평생학습을 과거의 전통적인 교육 설계 모델에서 새로운 수업 개발 패러다임으로 이동시키고 있다. 테크놀로지를 적용하여 교육한 결과로 교사들은 학습자들이 자신의 학습 스타일을 알고 어떤 테크놀로지가 자신의 열정을 실현할 수 있도록 돕는지 또는 방해하는지 인식하도록 가르치면서 동시에 다양한 교육 초점을 고려하게 되었다.

마지막으로 우리는 앞서 언급한 교육자의 재치있는 말에 아래와 같이 부연한다: "진정으로 과목 내용을 이해하기 위해서는 원격으로 그것을 가르쳐 봐라." 평생학습"을 지원하는 온라인 교육 설계의 동력은 학습자 중심, 이론 기반, 그리고 풍부한 자료라고 볼 수 있다. 이 동력은 의사소통-강화 전달 방식과 가상 평가를 지원한다. 그리고 이 동력은 온라인 교육 설계를 위해 고유의 전통적인 도구와 현대의 도구를 결합한다.

이 장에 제시된 개념과 도구를 따라 실행하면서 풍부한 정보를 참고하여 평생교육을 지원하는 성공적인 온라인 교육 수업을 개발하라.

참고문헌

Bloom, B. S., & Krathwohl, D. R. (1956). *Taxonomy of educational objectives: The classification of educational goals by a committee of college and university examiners* (Handbook I: Cognitive Domain). New York: Longmans Publishing.

Campbell Gibson, C. (1990). Learners and learning: A discussion of selected research. In M. Moore (Ed.), *Contemporary issues in American distance edu-*

cation (pp.121-135). Oxford: Pergamon Press.

Dembo, M. (1991). *Applying educational psychology in the classroom* (4th ed). White Plains, NY: Longman Publishing Group.

DeNigris, J., & Witchel, A. (2000). *How to teach and train online*. Needham Heights, MA: Pearson Custom Publishing.

Furco, A., & Billig, S. (2002). *Service-learning: The essence of the pedagogy*. Greenwich, CT: Information Age Publishing.

Gaynor, J., & Millham, J. (1976). Student performance and evaluation under variant teaching and testing methods in a large college course. *Journal of Educational Psychology, 68*, 312-317.

Heinrich, R., Molenda, M., Russell, J., & Smaldino, S. (1996). *Instructional media and technologies for learning* (6th ed.). Upper Saddle River, NJ: Merrill/Prentice Hall.

Holmberg, B. (1995). *Theory and practice in distance education*. New York: Routledge Publishers.

Kearsley, G. (2000). *Online education: Learning and teaching in cyberspace*. Belmont, CA: Wadsworth/Thomson Learning.

Knowles, M. (1984). *The adult learner: A neglected species* (3rd ed.). Houston, TX: Gulf Publishing.

Knowlton, D. S. (2000, Winter). A theoretical framework for the online classroom: A defense and delineation of a student-centered pedagogy. *Principles of Effective Teaching in the Online Classroom, 84*, 5-14.

Ko, S., & Rosen, S. (2001). *Teaching online: A practical guide*. Boston: Houghton Muffin.

Krathwohl, D. R., Bloom, B. S., & Masia, B. B. (1964). *Taxonomy of educational objectives: The classification of educational goals* (Handbook II: Affective Domain). New York: David McKay Co. Inc.

Lehigh Carbon Community College. (2006). *Characteristics of successful online learners*. Retrieved August 6, 2006, from http://www.lccc.edu/ default.aspx?pageid=470

Moore, M. (1990). Self-directed learning and distance education. *Journal of Distance Education, 1*(1), 7-24.

National Center for Infants. (2002). *Toddlers and famiies: Zero to three*. Retrieved August 6, 2006, from http://www.brighttots.com/domains.html

Palloff, R. M., & Pratt, K. (2001). *Lessons from the cyberspace classroom: The realities of online teaching*. San Francisco: Jossey-Bass.

Priest, S. (2002). *Technology think tanks in experiential learning*. Unpublished manuscript

Rager, K. B. (2003). The self-directed learning of women with breast cancer. *Adult Education Quarterly, 53*(4), 277-293.

Simonson, M. (2000 Winter). Making decisions: The use of electronic technology in online classrooms. *Principles ofEffective Teaching in the Online Classroom, 84*, 29-34.

Tomei, L. A. (2004). *Learning theories-a primer exercise: An examination of behaviorism, cognitivism, and humanism*. Retrieved August 6, 2006, from http://academics.rmu.edu/%7Etomei/ed7llpsy/1 lngthco.htm

Tomei, L. A. (2005). *Taxonomy for the technology domain: A classification of educational objectives for the technology domain* (pp. 90-l08). Hershey, PA: Idea Group Publishers.

University Affairs. (1996). *Canada's magazine on higher education*. Mukimedia-makes its mark. Retrieved August 6, 2006, from http://donbergland. com/UAffairs/

Van Dusen, G. C. (1997). The virtual campus: Technology and reform in higher education. *ASHE-ERIC Higher Education Report, 25*(5). Washington, DC: The George Washington University, Graduate School of Education and Human Development.

Vygotsky, L. S. (1978). *Mind and society: The development of higher mental processes*. Cambridge, MA: Harvard University Press.

Wiggins, G., & McTighe, J. (2000). *Understanding by design*. New York: Prentice Hall.

Wikipedia, The Free Encyclopedia. (2006). *E-learning defined*. Retrieved August 6, 2006, from http://en.wikipedia.org/wiki/E-learning

Young, G. (2000) Dispatches from distance education where class is always in session. *The Chronicle of Higher Education, 46*(38), A41-A43, A45.

제7장

자기규제와 온라인 학습: 평생학습 지원에 관한 이론적 이슈와 실제적 도전

Julia M. Matuga, Bowling Green State University, USA

요약

이 장은 온라인 학습 환경에서 평생학습을 지원하는 자기규제의 개발과 사용에 관한 이론적 이슈들과 실제 도전들을 기술하고 있다. 자기규제나 자신의 학습을 계획하고, 조절하고, 평가하는 능력은 평생학습(Longworth & Davies, 1996; Zimmerman, 2002)과 온라인 학습(Niemi, Launonen, & Raehalme, 2002)에 중요한 기술이다.

자기규제가 사회인지적 관점에서 논의되고 탐구되어 왔지만, 이 장에서는 Vygotsky의 자기규제 관점이 사회문화적 맥락의 온라인 교수-학습 환경에서 자기규제 탐구에 더 적합한 것으로 제안하고 있다. 온라인 환경에서의 평생학습을 위한 주요 도전 및 전략들을 설명하기 위해 면대면 학습이나 온라인 환경에서의 자기규제에 관한 사례연구, 개인적 에세이와 이와 관련된 연구들이 소개되고 있다.

도입

평생교육 학습자들에게는 학습하는 방법에 대한 효과적인 전략을 개발하고 활용하는 것이 중요하다. 일반적으로 학습자들에게 있어 창의적인 사고나 발전해나가는 기술을 활용할 수 있는 능력이나 지식도 중요하지만, 효과적인 학습에 기초가 되는 자신만의 기술과 지식이 평생학습에서는 더욱 중요하다. 평생학습에 관련된 학자들은 "학습하는 방법에 대한 학습"에 관한 다양한 기술과 지식에 관심을 두고 있다. 예를 들어, 자기주도적 학습(Conceição, 2002), 자기지식(Longworth & Davis, 1996)과 자기관리(Longworth & Davis, 1996) 등이 평생학습자에게 근본적으로 중요한 과정과 기술로 활용되어 왔다. 더구나, "학습하는 방법에 대한 학습"과 관련된 용어들은 자기규제의 심리학 영역속에 있다. 그러므로 자기규제나 자신의 학습과정과 전략을 계획하고 조절하고 평가하는 능력은 평생학습의 중요한 심리학적 특징이다(Zimmerman, 2001)

이 장의 중요한 목적은 온라인 교육자들이 학습과정에서 학습자들이 자기규제를 잘 개발하고 활용할 수 있도록 이론적인 이슈들과 실제적인 도전들을 논의하는 것이다. 특히, 이 장은 온라인 학습 환경에서 자기규제에 대한 향후 근간이 될 Vygotsky의 이론적 관점을 제안한다. 자기규제와 온라인 학습영역에서의 문헌 연구는 온라인 학습 환경과 학습자의 자기규제에 대한 이해를 밝혀줄 것이다. 문헌에서도, 온라인 환경에서 평생학습에 필요한 자기규제 기술을 위한 노력이 간략히 소개되고 논의되고 있다. 이 장은 또한 온라인 학습 환경에서 학습자의 자기규제 개발과 활용을 조사하기 위한 강력한 연구 의제를 제안하고 있다.

자기규제와 온라인 학습

자기규제는 심리학적인 구조로서 학습자들이 자신들의 학습을 계획하고, 조절하고, 평가하는 데 활용되는 여러 전략의 범주를 포함하고 있다고 말하는 것이 가장 정확하다고 본다(Zimmerman & Martinez-Pons, 1988). 자기규제적 행동은 실제적으로 다양한 전략을 효과적으로 사용한 최종 결과물이다(Brooks,

1997). 예를 들어, 적절한 시간을 배분하고 조절할 줄 아는 능력(즉, 주어진 일들에 사용되는 시간을 적절하게 계산할 줄 아는 능력)을 적용, 발달시키는 것은 학생이 자신의 학습을 효과적으로 계획하는 과정에서 매우 중요한 요소이다. 그러므로 자기규제는 실제로 학생의 학습에 상당한 효과를 주는 방법들의 총체라 할 수 있다.

많은 연구자들은 자기규제가 감성적이면서 인지적인 다양한 결과와 관련이 있다는 것을 발견했다(Zimmerman, 2002; Zimmerman & Schunk, 2001). 예를 들어, 자기규제는 전형적인 교육환경에서 학습자들의 성과에 영향을 준다고 알려져 왔다(McCaslin & Hickey, 2001; Winne, 2001; Zimmerman, 1990, 1994, 2001; Zimmerman & Schunk, 2001). Zimmerman과 Martinez-Pons (1998)는 80개의 고등학교에서 자기규제 방법을 사용한 학습자들의 자발적 레포트를 조사하였고, 이는 표준학력검사 성과와 밀접한 연관성이 있음을 발견하였다. 연구자들(예: Clearly & Zimmerman, 2000; Schunk & Zimmerman, 1998)은 높은 수준과 낮은 수준의 자기규제적 지식을 가진 학생들을 대상으로 그들이 사용하는 계획 · 조절 · 평가의 방법에서 상당히 다른 점들을 발견하였다. 비록 전통적인 교실에서의 자기규제와 학습 성취의 관계가 기록에 의해 충분히 입증되었다 할지라도, 자기규제와 평생학습, 온라인 학습의 관계에는 더욱 큰 관심을 두어야 할 것이다.

Brooks(1997)와 McLoughlin과 Marshall(2000)은 자기규제적인 학습자가 되는 것은 곧 성공적인 온라인 학습자가 되기 위한 필수적인 첫 단계라고 말하고 있다. 이러한 견해는 "어디서나, 언제나"가 가능한 온라인 교육이 학습시간과 장소가 정해지는 전통적인 환경의 교육에 비해 학생이 직접 학습의 시간과 장소를 결정하도록 요구하고 있다는 점에서 받아들여질 수 있다. 온라인 교육환경에서 "어떻게 학습을 할 것인가"에 대해 습득하는 것, 혹은 성공적인 학습자가 되기 위해 필요로 하는 암시적, 명시적인 지식과 기술을 마스터하는 것은, 전통적인 학교에서 학생들이 "어떻게 학습을 할 것인가"에 대한 지식과 기술을 배우는 것과는 다른 근본적인 변화를 요구한다. Westby(1997)는 이러한 변화를 다음과 같이 언급하였다.

권위에 대한 상호의존과 충성, 그리고 말하는 것보다는 관찰하는 것에 가치를 두는 것은 학생들의 자기조절과 자기규제 능력 발달을 늦추는 요소이다. 이러한 기술들은 기술을 기대하는 환경과 능력을 촉진시키는 환경을 요구하는 발판을 제공함으로써 발전될 것이다(p.286).

이는 온라인 교육환경의 교사나 학습자들에게 자기규제의 개발과 사용에 대한 중요한 의미를 내포하고 있다. 첫번째, 학습자들이 다양한 수준의 기술적 능력을 갖고 온라인 교육환경에 참여하는 것처럼 학습자들은 다양한 수준의 자기규제 능력을 가지고 온라인 교육환경에 임하게 된다. 본인과 동료들도 대부분 인정하지만, 본인의 면대면 수업에서 고등교육 과정과 대학원 과정의 학생들이 다양한 수준의 자기규제 능력을 가지고 사용하고 있다고 주장했다. 일부 학생들은 높은 수준의 자기규제를 보이는 반면, 다른 몇몇 학생들은 온라인 환경보다는 훨씬 더 적은 면대면 학습 환경에서 자신들의 학습을 효과적으로 도와줄 기술과 전략을 거의 가지고 있지 않았다.

흔히 온라인 수업을 받으려는 학생들은 대학원 과정의 온라인 수업을 신청하기 전에 "온라인 학습에서 훌륭한 자질을 갖춘 지원자인가?" 라는 유형의 질문을 받는다. 이런 질문은 학생들이 성공적인 온라인 학습자가 되기 위해 "충분히" 자기규제화되었는지를 판단하기 위한 것이다. 이는 학습자들에게 온라인 수업에 대한 기대를 갖게 하고, 그들이 필요한 부분을 미리 알려주는 데 도움을 주면서, 온라인 학습에 들어오기 전 어느 정도의 효과적인 자기규제를 갖추고 있어야 한다는 것을 암시하고 있다. 온라인 교육에서는 학생들이 배우기를 원할 때, 자신들이 직접 계획해야 하기 때문에 앞서 말한 점이 어느 정도는 사실이라 볼 수 있다. 표준화되고 짜여진 수업날짜와 시간 같은 규정화된 전략들을 가진 면대면 교육의 전형적인 제약들이 온라인 교육환경에서도 있을 수 있다(예: 정기적으로 짜여진 채팅). 그러나 온라인 학습자들은 반드시 학습에서 "충분히" 자기규제적이어야 한다.

온라인 교육의 환경적인 접근성과 제약은 고등교육 과정 학생들의 자기규제 능력의 발달과 사용에 영향을 미친다고 알려져 왔다(Grabe & Grabe, 2001; McMahon, 2002; Nesbit & Winne, 2003; Niemi et al., 2002; Ng, 2002; Olgren,

1998; Song, Singleton, Hill, & Koh, 2004). 예를 들면, McManus(2000)는 각기 다른 수준의 자기규제 지식을 가지고 있는 학생들은 온라인 과정을 다양하게 진행해 나갈 수 있다는 것을 발견하였다. McManus(2000)는 119 대학 학생들의 자기규제 능력이, 다양한 온라인 학습 구조를 통해 어떻게 그들의 학습 진행 방향에 영향을 끼치는지에 대해 한 학기 동안 조사하였다. 통계적으로 만족할 만하지는 않으나, McManus는 서로 다른 수준의 자기규제 능력을 가진 학생들이 차별화된 하이퍼미디어 구조에서 더욱 효과적으로 학습하는 것을 알아냈다. 분명히 높은 수준의 자기규제 능력을 갖춘 학생들은 비선형적 하이퍼미디어 환경에서 그다지 성공적이지 못하였고, 낮은 수준의 자기규제 능력을 가진 학생들은 "지나치게 많은 선택이 주어지는 대단히 비선형적 환경"에서 성공적이지 못하였다(McManus, 2000, p.219). 위에 언급한 연구들이 중요한 반면, 이는 제한점이 있으며 온라인 학습이 시간이 지남에 따라 인지 능력의 개발과 사용이 가지는 효과에 대한 경험적 연구는 대체적으로 부족해 보인다. 특히 K-12 온라인 학생들의 주요한 인지능력과 학습과정의 개발과 사용에 대한 지식이 일반적으로 많이 부족하였다.

K-12 학생들의 자기규제 개발이 온라인 학습에 의해 어떻게 영향을 받았는지에 대한 주요 질문은 특히 온라인 학교에 등록한 K-12 학생 인원의 증가만큼이나 중요하다. 어떤 면에서 이는 전통적 학교교육의 대안으로 학생들과 학부모가 K-12 온라인 학교를 이용하는 비율과 관련이 있다(Cavavaugh, Gillan, Kromrey, Hess, & Blomeyer, 2004; Mehlinger & Powers, 2002; Zucker & Kozma, 2003). K-12 온라인 학교의 수나 이러한 온라인 학교에 참여하고 있는 정확한 학생의 인원 수는 급속히 확산되는 원격교육의 특성 때문에 정확히 단정짓기 어렵다(Cavanaugh et al., 2004; Zucker & Kozma, 2003). 국립교육협회(the National Education Association, 2004)의 최근 보고에 의하면, 2006년까지 상당한 수의 고등학교 학생들이 졸업 전에 온라인 수업을 들을 것이라고 추정하였다(Rose, 2001 NEA 발췌, 2004). 그러므로 앞으로 면대면이나 온라인 교육 학생들이 K-12 온라인 학습자로의 경험을 하게 될 것이라는 추측이 가능하다. 예를 들면, 미시간 주 교육위원회(the Michigan State Board of Education)에서는 새로운 고등학교 졸업생들에게 졸업 전 최소한 한 개 이상의 온라

인 수업을 들을 것을 요구하고 있는데, 이는 새로운 고등학교 교육 방침의 하나로 평생학습을 육성하기 위한 것이다(Carnevale, 2006).

K-12 학생들에게 온라인 학습의 장기적인 득과 실은 무엇일까? K-12 학생들은 어떻게 자기규제 능력을 배우고(혹은, 배우지 못하고) 있을까? 면대면 학습과 온라인 학습을 하는 K-12 학생들 중에서 자기규제 발달 양식의 유사점과 차이점을 알 수 있을 것인가? 이러한 질문들은 현재의 온라인 학습자 세대들뿐만 아니라 온라인 및 면대면 교육자들에게도 상당히 중요한 질문들이다. 아마도 전형적인 교실 환경에 익숙한 경험이 있는 온라인 교육자들은 학습과정과 평생교육 학습자가 되기 위한 맥락에서 자기규제가 갖는 역할을 숙지해야만 한다. 더 중요한 점은, 온라인 교육자들이 학생들로 하여금 자기규제를 위한 효과적인 방법을 사용할 수 있도록 하는 교육적인 능력을 반드시 가지고 있어야 한다. 전통적 교육환경에서의 교사들은 학생들이 효과적으로 학습할 수 있도록 도와주는 활동을 거의 하고 있지 않다는 점에서 이는 쉽게 해결될 문제가 아니다(Zimmerman, Bonner, & Kovach, 1996). 자기규제에 대한 지식을 가지고 있는 교사들도 종종 자신들이 가진 지식과 기술을 학생들에게 명확히 나타내지 못하고(Randi, 2004), 학생들도 그들만의 자기규제 기술과 전략을 나타내지 못한다. 이런 점이 학생들로 하여금 비효율적인 자기규제 방법들을 채택하도록 한다. 이 장은 온라인 교육환경에서 학습자들이 스스로 학습을 계획하고, 조절하고, 평가하기 위해 자기규제를 개발하고 사용하도록 하는 몇몇 실용적인 방법과 과제들을 조사하여 설명하고 있다.

주목할 점은 자기규제 전략의 사용이 이미 자신의 목표를 성취하고 성과에 도달한 학생들에게는 충분치 못하다는 점이다. 학생들에게는 이미 획득한 자기규제 전략을 활용할 수 있도록 동기가 부여되어야만 한다. 교육적 환경에서 학습환경 참여에 내재적 혹은 외재적으로 동기화되어 있다는 학습자 자신의 지각은 학생의 목표 지향성으로 알려져 있다(Barron & Harackiewicz, 2001; Elliot & Thrash, 2001). 학생의 자기규제와 목표 지향성은 학생들의 학습과 인지에 영향을 끼치는 데 밀접하게 관련되어 있다(McWhaw & Abrami, 2001; Pintrich, 1989; Wolters, Yu, & Pintrich, 1996). 본질적으로, 자기규제는 학습자가 학습활동에 참여하는 방법을 제시해주며(예: "기술"), 목표 지향성은 학습자가 학습활동에 참여해야 하는 근본적인 이유를 제공한다(예: "의지"). 동기와 자기규제의 연결도 중요하나, 평생교육 혹은 온라인 교육과 동기와 관련된 논의는 이곳에서는 다루지 않을 것이다.

하지만, 특별히 관심이 가는 부분은 자기규제의 사용과 개발에 관여하는 사회적 정황의 역할이다. 이는 자기규제에 대한 중요한 의문점들을 명백히 하려는 연구 결과물들에 대한 반발과 도전이 계속되면서 진행되었다. 이전에 언급하였듯이, Pintrich와 DeGroot(1990)이 인정했듯이, 자기규제에 관한 연구들의 한 가지 한계점은 실제적으로 교실 내에서의 어떤 정황과 과제와 관련된 변수들에 상당한 영향을 받는 것으로 나타나고 있다. 가족 및 다양한 사회적 요인들, 그리고 문화적 배경 등이 아이들의 자기규제 습득에 영향을 주는 것으로 연구결과가 나타나고 있다(Boekaerts, 1998; Gronlnick, Kurowski & Gurland, 1999). 더욱이, 고등교육 학생들의 자기규제 개발과 사용은 테크놀로지의 영향을 받고 있다고 나타난다(Grabe & Grabe, 2001; McMahon, 2002; McManus, 2000; Nesbit & Winne, 2003; Niemi et al., 2002; Ng, 2002; Song et al., 2004; Zimmerman & Tsikalas, 2005). 온라인 학습에서 자기규제의 개발과 사용 방법에 대한 폭넓은 범위의 질문이 더욱 연구되어야 할 것이다.

Vygotsky 이론: 자기규제와 온라인 학습

자기규제 개발과 사용에 관한 연구들의 두드러진 특징은 연구자들이 교사 모델링, 학생 목표설정, 자기점검과 같이 "아이들의 자기규제 개발에 영향을 주는 사회적 요소"에 중심을 두려는 사회인지 학습이론(social lognitive learning theory)에 바탕을 두고 있다(Zimmerman, 2002, p.66). 특정한 자기규제 전략의 사용도 학습자에 의해 사용되는 전략이 학습자가 사회적 맥락에서 두드러지게 보는 것이 무엇인가에 따라 다르다. "어떻게 학생들이 집과 학교라는 맥락 속에서 선택적으로 학습활동을 하고 변경하고 유지하는가"를 강조하고 있는 자기규제학습의 견해는 상호주의자의 관점으로 알려져 있다(Zimmerman, 1998, p.75). 자기규제를 위한 전략의 사용은 전후 맥락의 변화에 의해 달라질 수 있다는 점을 인정하고 있다(Zimmerman, 1998; Zimmerman & Martinez-

Pons, 1998). 학생들이 학습의 효과를 최대화할 수 있도록, 활발히 그들의 학습을 계획하고, 조절하고, 평가하는 것을 돕기 위해 다양한 방법을 가르치는 것을 대략적으로 "맥락적인 적용"이라 한다(Zimmerman, 1998, p.75).

사회문화적 맥락에서 인지과정에 대한 연구는 Vygotsky 이론의 특징이다(McCaslin & Hickey, 2001; Vygotsky, 1986, 1978). 사실, Vygotsky와 Vygotsky 학파 학자들은 어린이들의 개인적이고 자발적인 자기지시적 말이 이들의 자기규제의 개발과 사용에 중요한 역할을 하는지에 대해 토론하고 연구해 왔다(Diaz & Berk, 1992 참조). 어린이들이 사용하는 개인적인 말은 인지적이고 행동적인 자기 유도의 형태와 기능이며, 자기규제에 사용되는 수단이라 할 수 있다(Berk, 1992). 자기규제의 수단으로서 개인적인 말의 사용과 발달은 Vygotsky 이론과 연구의 주요한 쟁점임에도 불구하고, 적은 수의 학자들만이 Vygotsky의 관점에서 자기규제의 사용과 발달에 대한 연구를 확장하고 있다.

McCaslin과 Good(1996), 그리고 McCaslin과 Hickey(2001)는 Vygotsky의 관점에서 자기규제학습에 대한 견해를 제시하여 왔다. 이 견해는 사회문화적인 환경이 학생의 지각과 행동을 규제하는 데 중요한 부분임을 표명한다. McCaslin과 Good(1996)에 의하면 교수지원, 교육활동, 대인관계의 역동성과 같은 환경적 요인들이 자기규제에 기여하는 방법을 "공동규제(co-regulation)"로 정의하고 있다. 그들은 공동규제의 개념이란 "설정된 책무성 내에서 우수성의 기준에 대한 상호적 추구에 있어 사회적, 교수적 환경과 학습자를 통합하는 것"(p.660)이라고 얘기한다. 이들이 자기규제를 공동규제로 재개념화한 것은 학습과 동기 모두 "개인적 투쟁"이 아니고, 둘 다 사회교육적 맥락에서 내재된 것이라는 믿음에 기초를 두고 있다(McCaslin & Good, 1996). 최종적인 목적이 자기규제일지라도, 공동규제는 자기규제 전략의 개발과 활용에 책임을 같이한다는 것을 의미한다(McCaslin & Good, 1996).

공동규제의 개념은, 학습이란 무엇보다 가장 복잡한 사회 활동이라는 Vygotsky(1978, 1986)의 견해와 상통한다. 아마도 Vygotsky의 관점에서 가장 중요한 인식의 과정은 내면화일 것이다. 내면화란 외부적이거나 사회적인 것을 "상호 심리적 기능"으로 변환 혹은 개인적으로 이를 받아들이는 것을 의미한다. 즉, 내면화는 "상호 심리적 활동이 내면 심리적 활동이 된다."는 과정으로 언급된다(Frawley, 1997, p.94). 내면화는 사회 경험의 직접적 변환이 아닌 "생생한 경험이 개인의 의미화로 자리잡는" 것에 관련된다(Frawley, 1997, p.95).

Vygotsky의 관점에서 자기규제를 공동규제로 재개념화하는 것은 사회인지 이론가들이 기술하는 자기규제에 대한 전통적인 견해와는 이론적으로 다르다. 사회인지 이론가들은 학생의 자기규제 기술의 습득과 발전을 도와주는 방법으로서 교사의 모델링, 학생의 목표 설정, 그리고 자기 점검을 추천하고 있다(Zimmerman, 2002). 이러한 사회인지적 교수방법은 온라인 학습환경에서 이용될 수 있다. Zimmerman과 Tsikalas(2005)는 청소년기 초기의 학생들에게 컴퓨터 학습 환경을 통해 연구 프로젝트를 수행하는 방법을 가르칠 때 이 방법을 사용하였다.

하지만 사회적 인지와 Vygotsky의 자기규제에 대한 견해의 차이점은 온라인 교수전략을 위한 실질적 시사점을 내포하고 있다. 학습환경의 사회적, 문화적 맥락 안에서 Vygotsky 이론은 다음과 같다. 학생들은 사회, 문화적 맥락 속에 내재하고 있는 자기규제를 위한 효과적인 방법들을 내면화시킨다. 예를 들어, Vygotsky의 견해는 공유된 자기규제 전략의 개발과 사용에 발판을 제공하기 위해 교수지원, 교육활동들, 그리고 대인관계의 역동성의 활용을 지원한다(McCaslin & Good, 1996; McCaslin & Hiskey, 2001). 이 방법들은 온라인 학습환경 안에서 쉽게 합쳐질 수 있다. 더욱이, Vygotsky 이론은 교수-학습 과정에서 테크놀로지의 역할을 높이기 위한 확고하고 장래성 있는 틀을 제시한다. Vygotsky가 말하는 심리학적 도구들에 대한 견해는 테크놀로지가 어떠한 방식으로 인지과정에 영향을 주고 받는지에 대해 논할 경우 적절하다(Vygotsky, 1978, 1986). Vygotsky(1978)는 언어, 기술 및 그 밖의 여러 가지 예들은 개인이 인지적이고 행동적인 활동을 하기 위한 수단이라고 주장한다. Vygotsky의 이론은 종종 인지과정에서 테크놀로지가 갖는 영향, 즉 생각하고, 배우고, 가르치는 것이 과학적인 도구들에 의해 어떠한 방식으로 영향을 받는지에 대한 연구의 이론적 토대가 되어왔다(Duffy & Cunningham, 2001).

온라인 학습환경에서 학습자의 자기규제 지원

자기규제에 관한 문헌들을 살펴보면, 온라인 환경에서 학습자의 자기규제를 지원하고 증진하기 위한 전략에 기초한 연구문헌들이 거의 없다. 많은 자기규제 전략들은 면대면 학습환경에서의 효과성에 기반을 두고 온라인 환경에서 사용될 것이 추천, 제안되었다. 이 장의 다음 부분에서는 온라인 학습 환경에서 자기규제를 계획하고, 조정하고, 평가를 지원하기 위한 이슈들과 도전들이 논의될 것이다. 자기규제를 위한 가능한 중재 수단들이 여기에 모두 열거되지는 않지만 이러한 것들은 온라인 학습 환경에서의 자기규제에 관한 Vygotsky의 관점과 일치한다.

전문 혹은 초보 온라인 교수자들에 의해 사용되어 온 교수전략들은 일반적으로 세 범주로 제시될 수 있다. 즉 교수지원, 교육활동, 대인관계의 역동성이다.

사전: 계획수립 이슈와 실제적 도전

효과적인 학습과 인지 전략을 선택할 수 있도록 과제와 환경의 중요한 특징을 정의할 수 있는 학습자의 능력을 자기규제적인 계획수립이라고 한다 (McWhaw & Abrami, 2001; Zimmerman, 1998). 학습에 참여하기 전에 효과적인 학습과 수행을 위해 학생들로 하여금 계획수립 전략을 생각하도록 독려하는 것이 온라인 학습 환경에서 수행할 최상의 자기규제 전략(즉 시간관리 같은)일 것이다. 왜냐하면, 이 장 초반에서 이미 언급한 것처럼 학습을 효과적으로 계획하기 위한 첫 단계는 학생들로 하여금 학습상황으로 "들어오게" 하는 것이다. 즉, 컴퓨터를 키는 것 자체가 된다.

그러나 온라인 교수자는 온라인 학습자의 자기규제적 계획을 지원하거나 때로는 증진시키기 위해 교수지원, 교육활동이나 대인관계의 역동성을 활용할 수 있다.

표 1은 학습의 효과적인 계획 또는 예상(forethoughts)의 개발과 사용을 촉진시키기 위해 사용되는 교수지원, 교육활동, 대인관계의 역동성에 대한 잠재

표 1 자기규제 계획수립에 관한 전략과 연구의 예

온라인 요소	전략들(지원 연구)
교수지원	• 온라인 과정의 전체 회원에게 분명한 "참여법칙"을 제공 • 아직 지원되나 개인적 책임을 증진
교육활동	• 교수-학습에서 교사와 학생의 기대치를 명료화하는 활동과 토론을 활용 • 큰 프로젝트와 과제(연구논문 같은)를 세분화하여 손쉬운 과제로 만듦 • 학생들에게 위계적이고 현실성있는 목표설정을 요구하고(Schunk & Zimmerman, 1998; Zimmerman, 1998) 이를 온라인 학습 공동체에 올림
대인관계의 역동성	• 온라인 과정에서 학습자나 학습자 그룹에게 참여법칙을 정하도록 요청 • 학생들에게 비공식적인 토론을 위한 온라인 "친교의" 공간을 제공

적 전략 몇 개의 경우는 연구에 관련된 예에 강조를 두었다.

표 1에 나열된 모든 것이 이 장에서 설명되지는 않지만 자기규제를 실행할 때의 이슈와 실제적인 도전을 논의할 것이다: 참여의 형식, 학생들에게 그들 자신의 프로젝트의 기한을 설계하도록 요청하기, 학생들이나 그룹에게 참여의 법칙을 정의하도록 요청하기 등.

개인이 새로운 기술을 이해하고, 사회적이고 심리학적인 맥락을 이해하기 위한 방법의 하나를 Courtney(2001)는 '참여의 법칙' 이라 하였다(p.236). 이러한 참여의 법칙들은 온라인 환경 참여 같은 문화적 활동에 참여하는 규범이나 행동을 포함한다.

일찍이, "수업하는 방법"을 학습하는 것을 논의할 때, 성공적인 면대면 학생에게 필요한 명시적, 암묵적 지식을 숙달하는 것의 중요성이 전통적인 학교 맥락 내에서 학습되었다. 거기에는 면대면 학습환경에서 학생들이 수업하는 것을 개념화하는 것과 어떻게 이 개념이 도전되고 필연적으로 온라인 교수-학습 내에서 변화되는가 간의 이문화적 간섭이 있을 것이다

아직 자기규제에 대한 책임까지는 아니지만, 개인의 자기규제를 증진시키는 교육환경이, 학습자들이 스스로 학습을 계획하는 것을 도와왔던 것을 알 수 있다(Perry & Drummond, 2002). 내가 운영하는 온라인 수업에서 학습자가 자

신의 학습에 책임지도록 하려고 한 방법의 하나가 "참여의 법칙"을 명확하고 일관성 있게 세우는 것이다. 나는 자기규제 계획이 온라인 학생들을 도와줄 수 있다는 믿음으로 이를 여러 차례 시도하였다. 우선, 전체 과정을 면대면 학교의 분위기로 만들었다. 나의 학생들은 "동일한 장소/동일한 시간"에 온라인에 거의 없으며, 동시토론(예, 채팅)도 거의 사용하지 않았다. 더구나, 나는 나의 온라인 대학원 과정에서 교수전략으로 비동시적인 토론을 하는 소규모 그룹에 의존하였다. 많은 온라인 학생들은, 이것이 첫 번째 온라인 수업이라 걱정하면서 수업에 임하였다. 나는 학기내내 토론과 과제를 동시에 주려고 하였다. 예를 들어, 일요일 자정이 온라인 과정에 있는 학생들—그들의 대부분은 K-12 교실 교사들—에게는 가장 최선의 일을 할 수 있는 시간으로 보인다. 토론과 과제를 위해서 일관성 있게 기한을 제시하는 것이 온라인 학습활동에 효과적으로 참여하도록 도와주는 것으로 나타났다. 과정 중에 있는 소그룹에서 나온 사전 보고서는 온라인 수업에 등록된 22명의 대학원생 중에서 16명이 수업 넷째 주까지 참여 양상(동일한 날에 자료를 올리고 반응함)을 나타냈다. 예를 들어, 토론과 활동을 하기 위해 일정하게 만기일을 주는 것 같은 교수지원이나 설계가 이런 결과를 가져오게 하였으며, 대인관계의 역동성(후에 논의할 것임)도 이 결과를 가져오게 하는 데 기여했다.

연구자들은 면대면 환경에서 자기규제적인 계획을 수립하기 위해 도움을 주는 교육활동은 학생들에게 위계적인 학습목표를 가지도록 요구하는 것이라고 하였다(Schunk & Zimmermann, 1998; Zimmerman, 1998). 온라인 과정에서 학생들은 학기 중에 개인적 목표를 공유하거나 조정하기 위한 공통의 영역을 가질 수 있다. 교수자는 또한 학생들에게 연구 논문 같은 큰 프로젝트나 과제를 온라인 과정에서 자기규제 계획을 가지고 다룰 수 있는 작은 과제로 나눌 것을 요구하였다.

필자의 동료 한 사람은 면대면 수업에서 그녀가 가르치는 '교육심리' 과정이 시작될 때 특정한 학생의 행동과 학습전략에 초점을 맞춘 자기규제 계획을 개발하도록 학생들에게 요구하였다. 이러한 자기규제 계획은 학기 전 과정에서 학생들로 하여금 직접 과정점검을 하는 데 사용된다. 이는 학생들이 실제로 자기규제에 참여함으로써, 자기규제 개념에 관해 학습하며, 온라인 과정에서 자기규제 기술은 교육활동과 함께 이루어져야 한다는 것을 주목해야 한다.

이미 언급한 바와 같이, 나의 과정에서 활용된 일차적인 교수전략은 소그룹의 비동시적인 토론 목록이다. 수업에서 토론의 기본 틀은 협력연구 개념에 바탕을 두었다(Bray, Lee, Smith, & Yorks, 2002). 협력연구는 "동료그룹이 중요한 질문에 대한 답을 구하는 과정을 통해서 반복된 성찰과 행위들로 구성된 과정이다" (Bray er al., 2000, p.6). 나의 온라인 학습에서 이 방법의 채택은 학습이론과 연구를 실제 교실에서의 활동에 적용시키는 방법을 탐구하기 위해 학생들로 하여금 스토리텔링, 중요한 반응, 질문과 피드백을 요구한다.

주단위로 요구된 온라인 토론에서, 학생들은 교육내용과 관련된 질문에 대한 답변을 할 뿐 아니라 소그룹 내에서 동료들에게 반응하도록 요구된다. 이 그룹들은 학기 내내 잘 유지된다.

토론을 촉진시키고, 참여를 돕기 위해서는 토론을 위한 만료일이 일관성 있게 유지되어야 한다. 학생들은 대개 최초 질문에 대한 답변이나 동료에게 반응을 하는 데 일주일이 걸린다.

서로 소개를 한 후, 학생들에게 완성하도록 요구한 첫 번째 활동 중의 하나는 학생들이 그들의 과정 참여 계획을 도와주는 데 매우 중요하다. 우선, 그룹들은 소그룹 내에서 참여를 위한 법칙을 협상하고 정했다. 그룹 내에 상호 의존적인 토론이 요구되었다. 그들은 정해진 시간 내에 다른 사람들과 얘기하고 반응해야 한다. 그들에게 '참여' 를 위한 '그룹' 계획을 조절하고 작성하도록 요구했다. 또한 학생들은 무슨 피드백을 어떻게 받고 싶은가에 기초한, 동료들의 반응에 대한 기준을 가지도록 요구된다. 이런 참여의 법칙 외에도, 그룹에 새로운 "이름" 을 붙일 것을 제안하였다. 이 마지막 활동은 학생들이 과정에 참여할 수 있도록 도와주는 그룹의 역동성을 가져오며, 그룹에 대한 소속감을 가질 수 있도록 한다.

수행: 점검 이슈와 실제적 도전

학습자 측에서 보면, 학생들 스스로가 수업에서 학습과 성취에 영향을 주는 특별한 개별적인 과정이나 행동에 관한 정보를 평가할수 있도록 하는 노력을 자기규제적 조절이라 한다(zimmerman & Paulsen, 1995, p.14). 효과적인 자기 점검 전략을 가진 학생들은 설정된 목표를 향해 학습을 효과적으로 진행하면서 적절히 전략을 바꾸어가면서, 자신들의 과정을 평가할 수 있다(zimmerman & Paulsen, 1995).

Courtney(2001)에 의하면, 전통적인 학습환경에서는 교사가 모든 교육활동의 중심에 있고, 학습을 추구하는 학습자의 활동이 항상 교사의 행동에 어떻게 반응을 해야 하는가에 관련되기 때문에, 학습자가 늘 효과적인 조정 전략을 개발하지 않는다는 점이 논란이 되어 왔다(p.239).

이런 형태의 행동이 전통적 교실의 바탕에 있는 반면 온라인으로의 이동은 학습자의 학습을 조정하는 교사의 역할을 변경시키는데, 더 흥미로운 것은 교사는 자신이 가르치는 것을 점검하고, 각 참여자의 역할은 서로의 활동을 모니터링하는 것이다. 예를 들어 학생이 학습자로의 자신을 보는 가장 흔한 방법 중의 하나가 다른 사람과 비교하는 것이다.

온라인 교수환경은 종종 학습자에게 면대면 환경에서 학습 중에 자신들의 진행과정을 이용하는 전통적이고 사회적 환경적인 실마리를 제공하지 않는다. 반면 온라인 교육은 확실히 많은 장점을 가지고 있으나, 학습자의 관점에서 보면 다른 학생들이 온라인 과정에서 얼마나 잘하고 있는지를 알 수 없는 것이 하나의 단점이다(Matuga, 2001). 온라인 과정에서 자기규제 조정를 지원하는 전략의 예가 표 2에 있다.

학생들이 그들 자신의 학습을 점검하도록 도와주는 온라인 과정들 내에서 사용되는 교수지원은 수업에서 그들의 진행 상황에 대한 명확하고 구체적인 피드백을 제공하고 학생들이 과정과 관련된 질문을 하는 공동 영역을 생성하고 있다.

온라인 학생들은 행동이나 과제와 관련된 과제에 의문이 있을 때 교사와 직접적으로 접속할 수 있다. "교사에게 질문"을 할 수 있는 공동 영역을 가지고 모든 학생들이 꾸준히 이 과정을 사용하도록 강력하게 권하는 것이 자기규제적 점검을 도울 수 있었다. 예를 들어, 온라인 학생들은 수행 중인 활동과 과제에 대해 질문이 있을 때 직접 교사에게 질문할 것이다. 적어도 나의 경험에서, 이는 처음 온라인 교육을 시작할 때의 경우이다. K-12와 고등교육 교사로서 면

표 2 자기규제 조정 전략과 연구의 예

온라인 구성요소	전략(연구지원)
교수지원	• 학생에게 질문을 "요구하는" 공동의 영역을 제공 • 학생에게 학습과정에서 명확하고 특별한 피드백을 제공
교육활동	• 학습자에게 온라인 "학습일기"나 학습에 대한 자기기록을 반영하는 로그파일을 요구 • 학습자에게 학습과정의 내용을 아는 것과 모르는 것에 관련된 성찰 보고서를 완료하도록 요구
대인관계의 역동성	• 코스내용의 이해를 명확히 하기 위해 온라인 그룹에 토론할 질문을 생성(Zimmerman & Paulson, 1995) • 그룹 성찰에 참여하고 학생의 학습을 비평

대면 수업의 경험을 가지고 있었어도 이메일을 통해 직접 나에게 그렇게 많은 질문을 하리라고는 기대하지 않았다. 비교적 빨리, 학생들이 질문을 하고, 좀 더 비평적으로, 다소 강압적으로 사용하도록 공동의 질문영역(FAQ를 사용하는 것과는 다소 다른)을 설정하여야 한다는 것을 알았다. 이렇게 '교사에게 질문하라' 는(이 '교사에게 질문하세요' 의 특징은) 것은 일상적인 질문일 경우 교사와 전체 학급 사이의 상호작용을 복제할 수 있다.

이는 올려진 질문 유형에 기초하여 학생들이 다른 학생과의 관계에서 자신이 어디에 위치하는지를 평가하는 방법을 제공할 수 있다.

이 전략이 자기규제 조절을 지원하는 경험적 증거는 없을지라도, 온라인 학생들이 다른 사람들의 활동과 과제를 관찰함으로써 스스로를 바라볼 수 있도록 교수지원을 할 수 있다.

Zimmerman과 Paulson(1995)은 교사들이 학생의 효과적인 점검전략—기준선, 구조화되고 독립적이고 자기규제적인 점검—의 개발에 발판을 제공하는 다른 교육활동들을 기술하였다. 처음 단계에서 교사들은 학생들에게 성찰일기나 자기평가 같은 기본적인 자기점검 활동을 제공할 수 있다. 온라인 교사들은 학생들에게 "학습일기", 성찰로그 혹은 블로그를 통해 학습을 진행하도록 요구한다. 연구는 학생들에게 단지 학습을 계속 따라가도록 요구하는 것만으로도 자기규제적 모니터링을 증진하는 데 도움이 된다는 것을 보여준다(Brooks, 1997; Finnish Virtual University, 2005; Shapiro, 1984).

두 번째 단계에서 교사는 좀 더 명확한 이해를 위해 학생에게 질문을 하는 등, 특정 목적을 이룰 수 있도록 더 일반적이고 정교한 교육전략을 사용할 수 있다. Zimmerman(2002)은 학생들에게 알고 있는 것과 알지 못하는 것에 대한 성찰보고서를 요구하는 것이 자기점검 과정에서 학생들이 주제와 부주제에 대한 이해를 효과적으로 하게 한다고 하였다. 교사들은 점차적으로 Zimmerman과 Paulson(1995)이 제시한 다음의 두 단계로 변하고 있다. 독립적인 점검(구체적인 활동을 위하여 학생들이 스스로 전략을 만들게 하는)과 자기규제적 자기점검(학생들이 어떤 활동을 하기 위해 자신의 점검 전략을 개발하게 만드는)의 단계이다. 이 단계들은 또한 학습을 촉진하는 교사들에 의한 교육활동으로 사용되는 효과적인 점검전략의 개발에 발판을 제공하는 온라인 학습 환경 내에서 사용될 수 있다.

온라인 환경으로 쉽게 바뀔 수 있는 면대면 환경에서 자기규제 조절 전략의 개발과 사용을 촉진하기 위해 대인관계의 역동성을 활용하는 몇 가지 전략이 있다. 첫째, 온라인 토론에서 학생에게 중요한 사고나 성찰적인 질문을 하게 하면 학생들이 학습과정의 내용을 더 명료하게 이해하는 것을 도와줄 수 있다(Zimmerman & Paulson, 1995). 이 장에서 이미 언급한 바와 같이 온라인 학급에서 이용한 소그룹 토론에서 학기 시작 때 질문할 토론을 학생들에게 제공하면, 학생들은 차츰 중요한 사고나 성찰적인 질문을 형성해나가기 시작한다. 또한 학습 과정에 계속 참여하면서 학생들 자신과 그룹의 진행상황을 성찰하고 비평할 수 있도록 주기적인 자기평가 그룹을 형성하기도 한다.

자기성찰: 평가 이슈와 실제적 도전

학습자가 효과적인 평가전략 사용에 대한 수행을 성찰할 때 학생들은 수행을 향상시키는 것을 배울 수 있고 학습환경을 적극적으로 선택하고 구조화하며 심지어 유리한 학습환경을 만들어 낸다(zimmerman, 2001, p.5). 효과적인 자기규제 학습자들은 자신의 능력보다는 사용한 전략들에 관한 개인적 학습목적을 평가할 수 있다(zimmerman, 2002). 이처럼 향후 더욱 효과적인 전략을 사용하기 위해 그들 스스로의 학습평가를 활용할 수 있다. 자기규제는 학생들이 자신들의 학습을 평가할 책임을 가지는 중요한 도구이다(Ames & Gahagan, 1995). 이 시점에서 자기규제 기술 및 전략의 개발과 활용이 실제적인 전사고, 수행, 자기성찰의 순환과정이라는 것을 주지하는 것이 중요하다(zimmerman, 2000) 더구나, 온라인 환경에서 자기규제적으로 계획을 수립하고 조절하는 것이 중요한 것처럼, 교수 지원, 교육활동, 대인관계의 역동성에 자기성찰을 잘 접목시키는 것도 중요하며, 이는 면대면과 온라인 환경 모두에 효과적인 과정이다(표 3 참조).

총괄평가, 형성평가에서 중요한 요소인 자기성찰은 다양한 방법으로 교육과정에 접목될 수 있다(Matuga, 2005). 예를 들어 교사들은 교육과정에 학습자들이 주기적으로 자신의 학습을 평가할 수 있도록 자기평가 항목을 포함시킬 수 있다. Beatty, Wilson과 Branon(2001)은 학생들 스스로 학습과제를 얼마나 잘 학습하고 있는지를 검토하고 반영할 수 있도록 온라인 학습과정 구조 안에 자기평가 항목을 포함하고 있다. 특별히 여기로 "빌려올" 가치가 있는 사회인지 학습이론에 바탕으로 둔 하나의 전략은 모델링이다.

표 3 자기규제적 평가를 위한 전략과 연구의 예

온라인 구성요소	전략(연구지원)
교수지원	• 학생에게 교육과정의 자료나 활동에 개인적이고 평가적인 조언이 있는 자료를 제공("교사노트") • 학습과정 구조에 자기평가를 포함(Beatty, Wilson & Branon, 2001)
교육활동	• 학습자에게 학습이나 구성된 평가자료를 평가하도록 요구 • 학습자에게 전자포트폴리오를 작성하게 하거나 다른 학생에게 피드백을 주도록 요구 • 온라인 저널을 계속 기록하도록 요구(Andrusyszyn & Davie, 1997; King & Rocco, 2006)
대인관계의 역동성	• 학습자가 동료들에게 학습결과나 목표, 프로젝트나 과제에 대한 피드백을 제공할 기회를 제공

예를 들어, 나의 수업 과정에서 학생들에게 수업과정의 내용에 대한 나의 성찰 자료를 제공한다. "교사노트"에서 나는 학생들에게 내가 가르치는 수업과 관련되어 조사한 이론들과 연구들의 다양한 장점 및 단점들, 수업에 대한 개인적이고, 서술적인 다양한 평가 방법들을 적어놓은 것을 제공하는 것이다. 평균적으로, 내가 사용했던 "교사노트"가 학급의 97명의 학생들(85%)이 수업에서 다루었던 주제를 이해하는 데 많은 도움을 주었다는 것을 알았고, 68명의 학생(60%)은 과제로 주어진 독해, 과정 중의 활동이나 소그룹 토론의 참여에 대한 안내를 제공하기 위해 먼저 교사노트를 읽었다고 과정 평가에서 진술했다.

학생이 작성한 평가나 성찰적인 전자 포트폴리오(McMahon, 2002)는 온라인 학생의 학습에서 자기성찰을 증진시키는 유익한 교육활동이다. 학생의 이해정도를 알기 위해 쓰거나 작성한 성찰자료는 면대면이나 온라인 학습 환경에서 널리 활용되는 또 하나의 교육활동이다(Buehl, 1996; Reed & Koliba, 1995). 온라인 과정에서 자기성찰을 증가시킬 수 있는 또 다른 전략은 상호작용적인 저널쓰기이다(Andrusyszyn & Davie, 1997; King & LaRocco, 2006). King과 LaRocco(2006)에 따르면, 전통적인 저널쓰기와 비교하여 온라인 저널쓰기의 두 가지 우선하는 장점이 있다. 첫째, 온라인 저널은 종이로 된 저널보다 훨씬 덜 성가시다. 둘째, 저널이 전자적으로 검색될 때 교사들이 접근하고 피드백과 조언을 주는 것이 훨씬 쉽다. 온라인 교수자들이 평가를 위한 자기규제의 개발과 활용을 지원하는 온라인 환경을 설계할 때 이러한 교육활동을 고려할 수 있다.

학생들이 자신의 학습을 평가하기 위해, 자기성찰을 개발하고 활용하는 데 다양한 방법으로 대인관계의 역동성을 이용할 수 있다. 이는 학습자에게 학습결과(계획활동에 정의된), 혹은 프로젝트나 과제에 대한 피드백을 동료에게 주는 기회를 갖도록 하는 전략이다. 내 수업의 예에서, 온라인 학생에게 요구한 활동은 그룹 내의 최종 연구 보고서에 대한 비평이다. 학생들은 서로에게 총괄적 평가를 제공할 뿐 아니라, 더 나은 연구 프로젝트나 주제에 관한 학습에 도움을 줄 전략이나 힌트를 다른 학생들에게 제공한다. 이렇게 각 그룹 구성원 간의 대인관계의 역동성은 향후 미래의 학습활동에서 서로를 도와줄 수 있는 또 하나의 방법을 제공해준다.

결론 및 향후 연구 방향

평생학습의 주요한 요소인 자기규제가 온라인 학습 환경에서 어떻게 학습에 영향을 주고 받는지에 관하여 더욱 연구되어야 한다. 온라인 교수-학습에 관한 연구가 부족한 반면, 성공적인 온라인 교수와 평생학습에서 중요한 역할을 하는 자기규제는 우선적으로 연구되어야 한다. 특별히, K-12 온라인 학습에 대한 연구의 부족, "유의미한 차이가 없음", 장기 연구의 부족은 우리의 지식에 대한 중대한 도전을 나타내며 온라인 학습에 대한 경험적 연구를 위한 미래의 경향성을 제시한다.

K-12 온라인 환경에서의 학습자의 학습에 대한 연구의 부족에는 여러 요인이 있을 수 있다(Zucker & Kozma, 2003 참조). 첫째는, 온라인 교육에 관한 연구가 대개 성인학생들의 인지과정과 학습에 국한된 연구라는 점이다(McIsaac & Gunawardena, 2001; Ng, 2002; Song et al., 2004; Zucker & Kozma, 2003). 온라인 교육영역 내의 경험적 연구와 연구 프로그램들은 "원격교육은 주로 성인을 위한 교육"이라는 가정에 기초를 둔다(McIsaac & Gunawardena, 2001, p.423). 그러므로 고등교육 온라인 학습자들에게 국한되어, 아직 K-12 온라인 학습자들을 다 포용할 수도 없었고(Zucker & Kozma, 2003), K-12와 고등교육 학습자와 비전통적인 학생들의 서로 다른 요구와 특징을 알 수 있도록 확장되지도 않았다. 앞으로 온라인 학습 환경에서 자기규제에 대한 연구는 K-12 학생들을 다 포함해야 하며, 특히 고등학생들에게 유용한 온라인 과정이 되어야 한다.

둘째, 온라인 교육환경에서 이루어진 많은 경험적 연구에 사용한 설계 방법들 또한 비평을 받고 있다. 이러한 비평의 타당성은 온라인 환경에서 학생의 학습과 인지를 이해하는 데 기여할 수 있는 경험적으로 견고한 결과물이 부족하다는 인식이 원인이 되고 있다(Zucker & Kozma, 2003). 예를 들어, 온라인 학습에 관한 많은 경험적 연구들은 전통적인 면대면 학습과 온라인 환경에서 고등교육 학생의 인지와 학습을 비교하고 있다(Bernard, Abrami, Lou et al., 2004 참조). 마찬가지로, 온라인 환경과 틀에 박힌 전통적 환경에서의 학습자들의 학습 산출물을 비교하고 대조해보는 K-12 교육에 관한 몇 개의 연구가 있을 뿐이다(Cavanaugh et al., 2004).

온라인과 전통적 교실 환경의 차이에 관한 많은 연구들이 "유의미한 차이가 없음"으로 보고하고 있다(Cavanaugh et al., 2004). 이러한 연구들은 몇 가지 이유에서 문제를 가지는 것으로 볼 수 있는데 가장 두드러지는 것은 생태학적 타당성이 부족하다는 것이다(Bernard, Abrami, Lou et al., 2004 참조).

서로 다른 어포던스(적응성)와 제약성을 가진 두 환경(면대면과 온라인)을 비교하고, 학습자의 학습과 인지를 성취결과로 비교하기는 어렵다는 점에서 생태적 타당성이 거의 없다.

고등 온라인 교육에서 학습자의 학습과 인지에 관한 실제적 연구들은 상대적으로 단기간에 소수의 학생들을 대상으로 하고 있다는 비평도 받고 있다(Cohen & Ellis, 2003; McIsaac & Gunawarden, 2001). 즉, 온라인 교수-학습에 관한 경험적 연구는 전형적인 고등교육 기관에서 반학기 혹은 한학기 동안에 특정한 온라인 수업에 등록되어 있는 학생의 학습과 인지에 중심을 두고 있다. 장시간에 걸쳐 여러 다양한 온라인 학습 환경에서 학생들이 자기규제를 개발하고 사용하는 것에 대한 연구는 평생학습에 영향을 주는 온라인 코스구조와 교수전략의 발견에 중요하다.

단일집단이나 단기간의 연구 방법들도 무작위로 참여자 표본을 사용하지 않았다고 Mclsaac과 Gunawardena(2001)에 의해 비평을 받았다. 더구나 이런 연구들은 체계적인 경험적 연구에 기여하지 않았다(Mclsaac & Gunawardena, 2001). 이 장에서는 온라인 학습에 중요한 자기규제를 이해할 수 있도록 많은 연구 자료들을 제시하였다.

결론적으로 이 장은 Vygotsky 이론에 근거한 자기규제와 온라인 학습의 이론적 기초를 제공하고 있다. 이 프레임워크는 학생들이 온라인 환경에서 자기규제를 개발하고 활용할 수 있도록 교수지원, 교육활동과 대인관계 역동성의 사용을 탐구하는 견고한 연구 아젠다를 위한 가능성을 가지고 있다. 비록 온라인 환경에서 자기규제의 개발과 활용에 관한 연구는 제한되어 있으나, 온라인 환경에서 실제로 적용할 수 있는 몇 가지 통찰을 만들 수 있다. 이 장에서는 제외했으나 개인차, 의사소통 능력과 동기화와 같이 자기규제에 영향을 주는 추가적인 변인들을 주시하는 것이 중요하다. 예를 들어, McSporran과

Young(2001)은 여성과 나이 든 학생들이 남성이나 젊은 학생들보다 더 성공적으로 온라인 수업을 한다고 하였다. 온라인 환경에서 나이와 성별이 자기규제에서도 차이를 나타나는지 더 연구해야 할 것이다.

자기규제에서 개인차에 관한 연구 외에 자기규제된 학습을 개발하고 활용하도록 하는 가장 효과적인 교수지원, 교육활동 및 대인관계의 역동성이 무엇인지에 관한 연구가 K-12와 고등교육 온라인 학습 환경에 필요하다. 온라인 학습환경에서 장점과 제약점이 시간을 초과했을 때, 학생들의 자기규제에 어떻게 영향을 줄 수 있는지에 관한 연구도 K-12 온라인 수업의 대중화에 중요한 역할을 한다. 온라인 학습환경에서 자기규제를 탐구하는 기회는 평생학습에서 가장 중요한 기술 가운데 하나인 학습하는 법을 학습하는 것에 대한 통찰을 제공할 수 있다.

참고문헌

Ames, C. K., & Gahagan, H. S. (1995). Self-reflection: Supporting students in taking ownership of evaluation. In C. Dudley-Marling & D. Searle (Eds.), *Who owns learning? Questions of autonomy, choice, and control* (pp. 52-66). Portsmouth, NH: Heinemann.

Andrusyszyn, M. A., & Davie, L. (1997). Facilitating reflection through interactive journal writing in an online graduate course: A qualitative study. *Journal of Distance Education, 12*(2). Retrieved August 10, 2006, from http://cade.icaap.org/vol12.1/andrusyszyndavie.html

Barron, K. E., & Harackiewicz, J. M. (2001). Achievement goals and optimal motivation: Testing multiple goal models. *Journal of Personality and Social Psychologiy, 80*(5), 706-722.

Beatty, B. J., Wilson, J., & Branon, R. (2001). Embedded self-assessments in executive education courses: Improving participant learning and perceptions of course quality. In *Proceedings of WEBNET 2001*(pp. 60-61). Orlando, Florida.

Berk, L. E. (1992). Children's private speech: An overview of theory and the status of research. In R. M. Diaz & L. E. Berk (Eds.), *Private speech: From social interaction to self-regulation* (pp. 17-54). Hillsdale, NJ: Erlbaum.

Bernard, R. M., Abrami, P. C., Lou, Y., et al. (2004). How does distance education compare with classroom instruction? A meta-analysis of the empirical literature. *Review of Educational Research, 74*(3), 379-439.

Boekaerts, M. (1998). Do culturally rooted self-controls affect students' conceptualization of control over learning? *Educational Psychologist, 33*, 87-108.

Bray, J. N., Lee, J., Smith, L. L., & Yorks, L. (2000). *Collaborative inquiry: Action, reflection, and meaning making*. Thousand Oaks, CA: Sage.

Brooks, D. W. (1997). *Web teaching: A guide to designing interactive teaching for the World Wide Web*. New York: Plenum.

Buehl, D. (1996). Improving students' learning strategies through self-reflection. *Teaching and Change, 3*(3), 227-243.

Carnevale, D. (2006, January 6). Michigan considers requiring high-school students to take at least one online course. *The Chronicle of Higher Education, 52*(18), A45.

Cavanaugh, C., Gillan, K. J., Kromrey, J., Hess, M., & Blomeyer, R. (2004). *The effects of distance education on K-l2 student outcomes: A meta-analysis*. (Tech. Rep. No. ED-01-CO-0011). Naperville, IL: Learning Point Associates, North Central Regional Educational Laboratory & Institute of Learning Sciences. Retrieved August 10, 2006, from http://www.learningpt.org

Clearly, T., & Zimmerman, B. J. (2000). Self-regulation and differences during athletic practice by experts, non-experts, and novices. *Journal of Applied Sports Psychology, 13*, 61-82.

Cohen, M. S., & Ellis, T. J. (2003, November 5-8). *Predictors of success: A longitudinal study of threaded discussion forums*. Paper presented at the 33rd ASEE/IEE Frontiers in Education Conference, Boulder, CO.

Conceição, S. (2002). The sociocultural implications of learning and teaching in cyberspace. In M. V. Alfred (Ed.), *Learning and sociocultural contexts: Implications for adults, community and workplace education* (pp. 37-45). San Francisco: Jossey-Bass.

Courtney, S. (2001). Technology and culture of teaching and learning. *To Improve the Academy 19*, 232-249.

Diaz, R. M., & Berk, L. E. (Eds). (1992). *Private speech: From social interaction to self-regulation*. Hillsdale, NJ: Erlbaum.

Dohmen, G. (1996). *Lifelong learning: Guidelines for a modern education policy*. Bonn: Federal Ministry of Education, Science, Research and Technology.

Duffy, T. M., & Cunningham, D. J. (2001). Constructivism: Implications for the design and delivery of instruction. In D. H. Jonassen (Ed.), *Handbook of research for educational communications and technology* (pp. 170-198). Mahwah, NJ: Lawrence Erlbaum.

Elliot, A. J., & Thrash, T. M. (2001). Achievement goals and the hierarchical model of achievement motivation. *Educational Psychology Review, 13*(2), 139-156.

Finnish Virtual University. (2005). *The IQ form: A pilot project from the Finnish Virtual University.* Retrieved August 10, 2006, from http://www.edu.helsinki.fl/iqform/default_eng.htm

Frawley, W. (1997). *Vygotsky and cognitive science: Language and the unjfication of the social and computational mind.* Cambridge, MA: Harvard University Press.

Grabe, M., & Grabe, C. (2001). *Integrating technology for meaningful learning.* Boston: Houghton Mufflin.

Grolnick, W. S., Kurowski, C. O., & Gurland, S. T. (1999). Family processes and the development of children' s self-regulation. *Educational Psychologist, 34,* 3-14.

King, B. F., & LaRocco, J. D. (2006). E-journaling: A strategy to support student reflection and understanding. *Current Issues in Education, 9*(4). Retrieved August 10, 2006, from http://cie.ed.asu.edu/volurne9/number4/

Longworth, N., & Davies, W. K. (1996). *Lifelong learning: New vision, new implications, new roles for people, organizations, nations, and communities in the 21st century.* London: Kogan.

Matuga, J. M. (2001). Electronic pedagogical practice: The art and science of teaching and learning on-line [special issue]. *Educational Technology & Society, 4*(3), 77-84.

Matuga. J. M. (2005). The role of assessment and evaluation in context: Pedagogical alignment in online courses In D. D. Williams (Vol. Ed.), S. L. Howell & M. Hricko (Series Eds.), *Online assessment, measurement and evaluation* (pp. 316-330). Hershey, PA: Information Science Publishing.

McCaslin, M., & Good, T. L. (1996). The informal curriculum. In D. C. Berliner & R. C. Calfee (Eds.), *Handbook oJeducational psychology* (pp. 622-672). New York: Simon & Schuster Macmillian.

McCaslin, M., & Hickey, D. T. (2001). Self-regulated learning and academic achievement: A Vygotskian view. In B. J. Zimmerman & D. H. Schunk (Eds.), *Self-regulated learning and academic achievement: Theoretical perspectives* (pp. 227-252). Mahwah, NJ: Erlbaum.

Mclsaac, M. S., & Gunawardena, C. N. (2001). Distance education. In D. H. Jonassen (Ed.), *handbook of research for educational communications and technology* (pp. 403-438). Mahwa, NJ: Erlbaum.

McLoughlin, C., & Marshall, L. (2000, February 2-4). Scaffolding: A model for learner support in an online teaching environment. In A. Herrmann & M. M. Kulski (Eds), *Flexible Futures in Tertiary Teaching, Proceedings of the 9th Annual Teaching Learning Forum.* Perth. Australia: Curtin University of Technology. Retrieved August 10, 2006, from http://lsn.curtin.edu.au/tlf/tlf2000/mcloughlin2.htm

McMahon, M. (2002, July). *Designing an on-line environment to scaffold self-regulation.* Paper presented at the Annual Meeting of the Higher Education Research and Development Society of Australasia, Perth, Australia. Retrieved August 10, 2006, from http://www.ecu.edu.au/conferences/herdsa/main/papers/ref/pdf/McMahon.pdf

McManus, T. F. (2000). Individualizing instruction in a web-based hypermedia learning environment: Nonlinearity, advanced organizers, and self-regulated learners. *Journal of Interactive Learning Research, 11*(3), 219-251.

McSporran, M., & Young, S. (2001). Does gender matter in online learning? *Association for Learning Technology Journal.* Retrieved August 10, 2006, from http://hyperdisc.unitec.ac.nz/research/ALTJpaper_9.pdf

McWhaw, K., & Abrami, P. C. (2001). Student goal orientation and interest: Effects on students' use of self-regulated learning strategies. *Contemporarv Educational Psychology, 26*, 311-329.

Mehlinger, H. D., & Powers, S. M. (2002). *Technology and teacher education: A guide for educators and policvmakers.* Boston: Houghton Mifflin.

National Education Association (NEA). (2004). Guide to online high school courses. Retrieved August 10, 2006, from http://home.nea.org/www/htmlmail.cfm?type=printer

Nesbit, J. C., & Winne, P. H. (2003). Self-regulated inquiry with networked resources. *Conadian Journal of Learning and Teaching, 29*(3). Retrieved August 10, 2006, from http://www.cjlt.ca/content/vo129.3/cjlt29-3_art5.html

Niemi, H., Launonen, A., & Raehalme, O. (2002, September). *Towards self-regulation and social navigation in virtual learning spaces.* Paper presented at the European Conference on Educational Research, Lisbon, Spain. Retrieved August 10, 2006, from http://www.leeds.ac.uk/educol/documents/00002589.htm

Ng., C. (2002, December). *Relations between motivational goals, beliefs, strategy use and learning outcomes among university students in a distance learning mode: A longitudinal study.* Paper presented at the Annual Conference of

Australian Association for Research in Education, Brisbane, Australia. Retrieved August 10, 2006, from http://www.aare.edu.au/02oao.ng02462.htm

Olgren, C. H. (1998). Improving learning outcomes: The effects of learning strategies and motivation. In C. C. Gibson (Ed.), *Distance learners in higher education: Institutional responses for quality outcomes* (pp. 77-96). Madison, WI: Atwood Publishing.

Perry, N., & Drummond, L. (2002). Helping young students become self-regulated researchers and writers. *The Reading Teacher, 56*, 298-310.

Pintrich, P. R. (1989). The dynamic interplay of student motivation and cognition in the college classroom. In C. Ames & M. Maeher (Eds.), *Advances in motivation and achievement: Vol. 6. Motivation enhancing environments* (pp. 117-160). Greenwich, CT: JAI Press.

Pintrich, P. R., & DeGroot, E. V. (1990). Motivational and self-regulated learning components of classroom academic performance. *Journal of Educational Psychology, 82*(1), 33-40.

Randi, J. (2004). Teachers as self-regulated learners. *Teacher College Record, 106*(9), 1825-1853.

Reed, J., & Koliba, C. (1995). *Facilitating reflection: A manual for leaders and educators.* Retrieved August 10, 2006, from http://www.uvm.edu/~dewey/reflection_manual/

Schunk, D. H., & Zimmerman, B. J. (1998). *Self-regulated learning: From teaching to self-reflective practice.* New York: Guilford.

Shapiro, E. S. (1984). Self-monitoring procedures. in T. H. Ollendick & M. Hersen (Eds.), *Child behavior assessment: Principles and procedures* (pp. 148-165). New York: Pergamon Press.

Song, L., Singleton, E. S., Hill, J. R., & Koh, M. H. (2004). Improving online learning: Student perceptions of useful and challenging characteristics. *Internet and Higher Education, 7*, 59-70.

Vygotsky, L. V. (1978). *Mind in society: The development of higher psychological processes.* Cambridge, MA: Harvard University Press.

Vygotksy, L. V. (1986). *Thought and language.* Cambridge. MA: The MIT Press.

Westby, C. (1997). There' s more to passing than knowing the answers. *Language, Speech, and Hearing Services in Schools, 28*(3), 274-286.

Winne, P. H. (2001). Self-regulated learning viewed from models of information processing. In B. J. Zimmerman & D. H. Schunk (Eds.), *Self-regulated learning and academic achievement: Theoreticalperspectives* (pp. 153-190). Mahwah, NJ: Erlbaum.

Wolters, C. A., Yu, S. L., & Pintrich, P. R. (1996). The relation between goal orientation and students' motivational beliefs and self-regulated learning. *Learning and Individual Differences, 8*(3), 211-238.

Zimmerman, B. J. (1990). Self-regulated learning and academic achievement: An overview. *Educational Psychologist, 25*(1), 3-17.

Zimmerman, B. J. (1994). Dimensions of academic self-regulation: A conceptual framework for education. In D. H. Schunk & B. J. Zimmerman (Eds.), *Self-regulation of learning and perfbrmance: issues and educational applications* (pp. 3-19). Hillsdale, NJ: LEA.

Zimmerman, B. J. (1998). Academic studying and the development of personal skill: A self-regulatory perspective. *Educational Psychologist, 33*(2/3), 73-86.

Zimmerman, B. J. (2001). Theories of self-regulated learning and academic achievement: An overview and analysis. In B. J. Zimmerman & D. H. Schunk (Eds.), *Self-regulated learning and academic achievement: Theoretical perspectives* (pp. 1-38). Mahwah, NJ: Erlbaum.

Zimmerman, B. J. (2002). Becoming a self-regulated learner: An overview. *Theory into Practice, 41*(2), 64-72.

Zimmerman, B. J., Bonner, S., & Kovach, R. (1996). *Developing self-regulated learners: Beyond achievement to self-efficacy*. Washington, DC: American Psychological Association.

Zucker, A., & Kozma, R. (2003). *The virtual high school: Teaching generation V.* New York: Teachers College Press.

Zimmerman, B. J., & Marinez-Pons, M. (1988). Construct validation of a strategy model of student self-regulated learning. *Journal of Educational Psychology 80*(3) 284-290.

Zimmerman, B. J., & Paulsen, A. S. (1995). Self-monitoring during collegiate studying: An invaluable tool for academic self-regulation. *New Directions for Teaching and Learning, 63*, 13-27

Zimmerman, B. J., & Schunk, D. H. (Eds.). (2001). *Self-regulated learning and academic achievement: Theoretical perspectives.* Mahwah, NJ: Erlbaum.

Zimmerman, B. J., & Tsikalas, K. E. (2005). Can computer-based learning environments be used as self-regulatory tools to enhance learning? *Educational Psychologist, 40*(4), 267-271.

제4부

평생학습을 위한 Tech-Knowledge와 커뮤니케이션 기술

제8장

강력한 온라인 실시간 커뮤니케이션 구축하기: 원격교육에서 평생학습에 대한 프레임워크

Volkan T. Yuzer, Anadolu University, Turkey
Gulsun Kurubacak, Anadolu University, Turkey

요약

디지털 시민은 온라인 실시간 커뮤니케이션(online synchronous communications: OSC) 기반 환경을 10년 전부터 활용하고 있다. OSC의 가장 큰 특징인 즉각적 상호작용이라는 새롭고도 도전적 기회를 활용할 수 있게 됨에 따라, 평생학습자로서의 온라인 학습자와 커뮤니케이션 담당자(커뮤니케이션을 설계하고 매체를 코디네이팅하는 업무자, 온라인 관리자, 기술지원 스태프, 멀티미디어 설계자 등)들은 새로운 환경의 장점을 누릴 수 있게 되었다. 본 연구에서는 OSC의 특징들을 조명하여, 매체풍부성(media richness) 이론과 4개의 문화적 이슈(편견, 고정관념, 윤리, 가치)에 대해 논의하였다. OSC의 가능성을 활용하는 측면에서, 커뮤니케이션 이론은 관련 담당자들에게 미래지향적인 문화적 이슈와 관련된 유용한 가이드라인을 제공할 것이다. 본 연구에서는 매체 풍부성 이론의 전략에 따라 프레임워크를 개발하였는데, 이에 따라 기술과 커뮤니케이션의 구조들 간 균형을 추구하여 과제 수행 시 모호함을 줄일 수 있을 것이다.

도입

원격교육 분야는 전 세계적으로 지식을 전달할 수 있는 잠재력을 가지고 있다. 누가 어디에 있든지 소통하여 역동적이고 민주적인 평생학습의 철학을 실현할 수 있게 되었다. 따라서, OSC는 논리적인 온라인의 가능성과 유연한 콘텐츠를 생성할 수 있는 강력한 수단을 의미하게 되었다. 전문가들과 학습공동체는 OSC를 활용하여 유연한 평생교육 콘텐츠를 창출하기 위하여 원격교육 환경에서 지식을 공유하고 교환하는 방법, 기법, 원칙, 장벽 해결 등의 연구에 초점을 맞추어 왔다. 평생학습의 철학에 따라, 전문가들과 학습공동체는 관련 프레임워크들을 통해 효율적인 OSC를 설계하고 유지하면서 협력적 콘텐츠들을 활용할 뿐만 아니라, 커뮤니케이션 양식과 능력을 향상시키기 위해 몰입하고 정보화를 거듭하며, 역동적으로 활동해 왔다. 그러나 온라인 학습자들이 OSC에서 실제 삶의 경험을 가지고 평생학습을 위한 커뮤니케이션 양식과 능력을 키울 수 있는 것과 관련된 연구는 부족한 실정이다. 따라서 본 연구는 학습자의 커뮤니케이션 양식과 능력, OSC, 실생활의 경험에 대한 주요 이슈들을 제기하여 새로운 근간을 제공하려 한다. 이상의 관심사와 장의 주요 목적에 기초하여, 이 장에서 다루는 주요 문제는 다음과 같다.

1. OSC를 활용하면서 온라인 학습자들의 커뮤니케이션 양식과 능력이 개선되었는가?
2. OSC의 양식과 능력에 관련된 온라인 학습경험에는 어떤 유형이 있는가?
3. 원격교육의 OSC의 양식과 능력의 측면에서 온라인 학습자들의 참여 패턴은 어떠한가?
4. OSC의 양식과 능력은 평생학습의 성과에 어떤 영향을 미치는가?

저자들은 OSC에 대한 구성주의적 접근에 기초하여, 온라인 학습자의 실생활의 문제 해결을 위한 커뮤니케이션 양식과 능력을 향상시키기 위한 프레임워크를 개발하였다. 이 사례에서 온라인 커뮤니케이션은 지식을 획득하고 평가하며 생산하기 위한 역동적 과정이라 할 수 있다. 즉, 개인은 지식 창출에 있어서 수동적 수용자이기보다 적극적 지식 구성자로 참여한다. 이러한 구성주의적 환경에서 학습자들은 복잡한 평생학습 프로젝트에서 협업할 수 있고 그들만의 커뮤니케이션 양식으로 의미를 창출할 수 있다.

배경

이 장의 주요 목적은 원격학습에서 OSC 설계원칙을 논의하고 평생학습을 위해 OSC를 설계하는 방법에 관한 프레임워크를 소개하는 것이다. 현재 OSC를 활용하여 온라인 전문가, 공동체, 혹은 글로벌 자원들 간에 협력을 창출하는 방법에 대해 명확히 조사하기 원하는 긴급한 요구들이 있다. 따라서 이 프레임워크를 활용하면, 온라인 전문가와 공동체는 그들의 커뮤니케이션 역할을 관리하는 방법을 이해하고, 평생학습 활동에 새로운 디지털 기술들을 통합하는 중요한 역할을 수행할 수 있을 것이다. 더 나아가, 이론적 프레임워크는 온라인 전문가들, 학습자들 그리고 공동체 간에 지식을 교환하고 공유하기 위해 원격교육에서의 평생학습을 위한 OSC 설계와 온라인 실시간 환경을 성공적으로 창출하기 위한 전략적 기술 계획 개발을 하는 다차원적 특징을 갖고 있다. OSC를 통해 온라인 커뮤니케이션 설계자들은 전 세계의 개인들의 요구와 기대에 부합하는 양질의 온라인 커뮤니케이션 콘텐츠를 창출할 수 있는 창의적 솔루션을 고안해낼 수 있을 것이다. 그리고 온라인 커뮤니케이션 양식과 가능성에 대한 새로운 방법을 보여주고, OSC 내에서 다양한 문화의 사람들을 존중하면서 다문화적 글로벌 자원과 다양한 전략, 원칙, 제안을 조직화할 수 있을 것이다.

OSC를 평가함으로써, 온라인 커뮤니케이션 설계자들은 그들의 역할과제를 관리하는 방법을 이해할 수 있고, 다양한 온라인 공동체들을 신중히 설계할 수 있으며, 새로운 디지털 테크놀로지를 OSC에 기초한 활동에 통합해야하는 중요한 역할을 이해할 수 있다. 그러나 관련자들이 평가과정에 포함되는 것은 종종 어렵다. 그러므로 이 장에서는 OSC를 평가하는 데에 이론적 · 철학적 근거로서 매체 풍부성 이론을 이야기하고자 한다. 이 이론을 통해, 온라인 커뮤니케이션 담당자들은 OSC의 강점과 제한점을 알 수 있을 것이다.

매체 풍부성 이론

*매체 풍부성 이론(media richness theory)*은 우연성(contingency) 이론과 정보처리 이론에 기초한 이론이며(Galbraith, 1977), 이론의 제안자는 Daft와 Lengel(1984)이다. 매체 풍부성 이론은 현재 대표적으로 활용되는 매체 이론으로서, 주요 주장은 과제 정보 욕구가 매체의 풍부성이나 '공유된 의미를 촉진하는 능력'과 어울릴 때 과제의 수행이 향상될 수 있다는 것이다(Draft, Lengel, & Trevino, 1987, p.358). 매체 풍부성 이론은 매체들이 어떠한 독특함을 갖고 있어서, 독특함에 따라 개인이 풍부한 정보로 소통하는 능력에 영향을 미칠 수 있다는 것이다. Daft와 Lengel에 따르면, 정보 풍부성은 일정 시간 내에 이해한 것을 교환할 수 있도록 해주는 정보의 능력으로서, 다의적 정보의 경우 과제에 더 적합한 정보를 많이 보낼 수 있으면 정보가 풍부하다고 할 수 있다. 이 이론은 어떤 상황에 어떤 매체가 더 효율적인 정보를 제공하는지에 관한 것으로서, 관리자들이 매체를 선택하는 방법에 대한 것은 언급하지 않았다. 또한 Daft와 Lengel(1986)은 매체 풍부성 이론이 상호작용적인 온라인 커뮤니케이션의 기초가 되는 다양한 매체들의 영향력을 설명하고 있다고 하였다. 이론에 따르면, 커뮤니케이션 매체들은 그 풍부성 정도가 다르다. 즉, 커뮤니케이션 매체가 풍부할수록 다양한 암시, 즉각적 피드백, 자연어와 수치 등을 이용한 커뮤니케이션이 가능하거나 메시지에 개인적 초점을 맞추는 것 등이 가능해진다는 것이다.

Kydd와 Ferry(1991)는 풍부성 정도에 대해서 면대면 커뮤니케이션이 가장 풍부성이 높다고 하였다. 기존의 커뮤니케이션 매체들을 풍부함의 연속선상에 놓고 보면 다음으로 온라인 미팅 시스템이며, 비디오 회상회의, 오디오 회의, 전자메일, 음성메일, 컴퓨터 컨퍼런싱 순으로 그 정도가 낮아진다고 하였다. 즉, 더 풍부한 매체를 사용한다고 해서 애매모호하거나 불확실한 과제에 대한 수행력이 향상된다는 것은 모호한 주장이라는 것이다. 매체풍부성을 실증적으로 연구하는 연구자들 역시, 특히 *새로운 매체(computer-mediated communication: CMC)*에 대해서 이 이론을 설득력 있게 주장하지는 못하였다(Burke & Chidambaram, 1999; Ngwenyama & Lee, 1997). 그러나, 명백한 것은 OSC 분야가 새로운 인터넷 기반 기술들로 인해서 다문화적인, 민주적이면서도 상호작용적 온라인 커뮤니케이션이 가능해지도록 급속히 발전하고 있다는 것이다. OSC 기반의 커뮤니케이션으로 인하여, 사람들은 기술적으로나 사회적으로 면대면 환경에서보다 더 밀접한 커뮤니케이션을 할 수 있게 되었다. 이 장에서 매체 풍부성 이론은 온라인 커뮤니케이션 담당자들이 채널의 매체풍부성으로 시공간의 경계를 허물 수 있도록 하는 것에 초점을 두고 있다. 이 연구는 다음의 연구문제들을 다루었다.

1. 수신자가 송신자에게 줄 수 있는 피드백의 양과 신속성에 따라 매체의 즉각적 피드백 능력이 결정된다(Timm & Detienne, 1995).
2. 송신자가 가장 직관적 방법으로 혹은 마치 대화하는 것처럼 메시지를 구조화하여 보낼 수 있다면 매체는 자연어를 지원하는 능력을 가진다고 할 수 있다(Chua & Ngee, 2001).
3. 채널에 의해 제공되는 암시의 개수는 인간의 상호작용을 좀 더 효과적으로 도와주는 비언어적 암시—즉 음색, 주저함, 표정, 소리 특성, 의상 그리고 자세—와 언어적 암시를 포함한다(Parks & Floyd, 1996).
4. 채널에 의해 제공되는 수신자들의 사회적 실재감을 창조하는 채널의 양은 대인 커뮤니케이션에 참여하는 개개인의 동기에 영향을 미친다(Williams & Rice, 1983).

OSC를 평가하고 사정하는 것은 커뮤니케이션을 처리하는 상호작용적인 온라인 문제를 해결하기 위한 주요 수단이다. 매체 풍부성 이론은 의사결정, 정책 구축, 프로그램 인증을 위한 기초를 마련하기 위해 성공적인 OSC를 개발하고 구현하는 데 중요한 역할을 할 수 있다. 또한 매체 풍부성 이론은 성취 전략과 경계를 정의할 수 있도록 도와줄 것이다. Worthen과 Sander(1987)가 지적한 바와 같이, OSC를 계획하고 평가하는 중요한 근거는 다음과 같다.

1. **계획하기:** 프로그램 수정에 관한 의사결정을 하는 데 필요한 새로운 절차, 프로그램, 결과물 계획하기
2. **개선하기:** 프로그램 설치에 대한 의사결정을 하는 기존 절차, 프로그램,

결과물 개선하기

3. **정당화하기:** 기본적인 사회적, 커뮤니케이션적인 절차를 이해하는 데 필요한 기존의 혹은 계획된 절차, 프로그램, 결과물 정당화하기

온라인 실시간 커뮤니케이션(OSC)

OSC는 인터넷 기반 학습환경의 커뮤니케이션 유형 중 하나이다. Hofmann(2004)에 의하면, '실시간/동기적(synchronous)' 이란 지리적으로 분산된 참여자 그룹들이 같은 시간에 참여하는 것을 의미한다. Driscoll(2002)은 OSC에서는 일종의 실시간 상호작용이 가능하기 때문에, 이로 인해 학습자의 어투나 성격이 노출되고 더 많은 실재감을 형성하므로 중요한 커뮤니케이션 유형이라고 강조하였다. 이러한 주장은 인터넷 기반 학습환경에서 두 주요 그룹(i.e., 온라인 학습자와 커뮤니케이션 담당자)이 함께 해야 함을 나타내고 있다. 실시간 미팅에서 적어도 한 명의 커뮤니케이션 담당자가 교사(instructor)로서 참여해야 하며, 이는 온라인 학습자들이 더 나은 학습을 하도록 지도하고 도와주기 위해서이며, 그리고 요점에서 벗어나거나 다른 학습자들의 학습과정에 영향을 줄 수 있는 토론을 방지하기 위해서이다.

참여자들 간의 상호작용 유형에 따라 다양한 OSC 유형이 존재한다. 우선, 인터넷 릴레이 채팅(internet reply chat: IRC)이 있다. Turkle(1997)은 IRC가 사용자들이 채널을 열고 게스트들을 초대하여 마치 같은 방에서 서로 이야기하는 것과 같은 형태로서, 가장 많이 활용되는 대화 포럼이라고 하였다. 이전의 온라인 학습자들이 주로 사용했던 방법이며, 비교적 활용하기 쉬운 방법이었다. IRC는 일반적으로 문자로만 커뮤니케이션(written communication)이 이루어지긴 하지만, 학습기반 OSC에서는 유용한 도구이다. 예를 들어, 교사는 실시간으로 모든 학습자들에게 대답이나 코멘트를 달도록 할 수 있다. OSC에서 다른 응용 프로그램을 사용하여 이를 구현하기는 어렵다. 더욱이 IRC 커뮤니케이션은 스크롤 방식이다. 참여자들이 원한다면 이전 글들을 체크할 수 있도록 기회를 줘야 한다.

두 번째 유형은 실시간 오디오이다. Hofmann(2004)은 모든 사람이 단조로

운 음성을 좋아하지 않는다고 하였다. 원격학습에서 중요한 주제와 함께 오디오에 대한 것은 중요하다. 대화나 나레이션에서 중요한 부분을 명확히 제시하기 위하여 효율적인 톤으로 음성을 제시하고, 학습자의 주의를 끌기 위해서 유머를 사용하며, 정말로 말하듯이 커뮤니케이션하는 등의 전략을 활용할 수 있다. 만약 학습자들이 이러한 전략들을 활용한다면 다른 학습자의 말에 집중하여 귀 기울일 것이다.

OSC의 세 번째 유형은 오디오가 포함된 실시간 비디오(real time audio-video)이다. 실시간 비디오의 특성상 대역폭을 많이 필요로 하나(Preece, Rogers, & Sharp, 2002), OSC의 고유한 특성들을 만들어낼 수 있는 방법이다. 원격 참여자들 간에는 눈맞춤 등이 존재하지 않는다. 이와 달리, 비디오로는 *가상의 눈맞춤(virtual eye connect)*이 가능하다. 모든 온라인 학습자들이 비디오를 가지고 있지 않을 수 있으므로 가상적 눈맞춤이라는 것이다(Driscoll, 2002). 대역폭이 크지 않더라도, 하나의 비디오 신호를 활용하여 중재자의 실시간 비디오를 보여줄 수 있다. 이 경우, 모든 온라인 학습자들은 그들의 스크린을 통해 중재자의 이미지를 보고 마치 직접 눈을 맞추는 것처럼 느낄 수 있다. 비록 일방향이긴 하나, 커뮤니케이션 담당자는 웹캠을 이용하여 눈맞춤을 시도할 수 있다. 또한 온라인 학습자들은 화면의 중재자가 말하고, 경청하고, 대답할 때 그들을 보며 생각할(reflection) 수 있다. 이를 통해 커뮤니케이션 담당자와 온라인 학습자 간에 공감(sympathy)이 생긴다. 만약 학습자들도 웹캠을 가지고 있거나 대역폭이 충분하다면, 실시간 비디오를 활용할 수 있다. 이러한 상황에서 학습자와 커뮤니케이션 담당자는 서로의 이름과 음성뿐만 아니라, 외모도 확인할 수 있다. 이러한 애플리케이션은 전통적 화상회의에 기초하고 있지만, 웹캠과 스크린을 통해 서로간의 눈맞춤 같은 확장된 시도를 할 수 있는 것이다.

OSC를 이용한 네 번째 커뮤니케이션 유형은 애플리케이션 공유이다. 연필, 지우개, 텍스트 박스, 컬러, 도형 등을 활용하는 화이트보드 프로그램(white-board applications)은 좋은 예이다. 커뮤니케이션 담당자가 화이트보드를 준비해 놓으면, 참여자들은 실시간으로 화이트보드를 활용하여 아이템을 그리고, 작성하는 등의 작업을 통해 시간을 절약할 수도 있다. 프레젠테이션 슬라이드, 스프레드시트, 웹페이지 등도 공유할 수 있다. 물론, 이들 애플리케이션뿐 아니라 가상교실에서는 IRC나 실시간 오디오-비디오 등 다른 동기화된 유형의 애플리케이션도 사용할 수 있다.

OSC 커뮤니케이션 유형은 발전되고 있는 기술에 의존하고 있다. 만약 웹캠, 헤드셋, 넓은 대역폭을 활용할 수 있다면, 참여자들은 기술적 문제 없이 커뮤니케이션할 수 있다. 이는 커뮤니케이션과 상호작용 환경을 제공하는 기술적 면에서 중요하다(Hofmann, 2004; Preece et al., 2002). 그러나 사용자들이 서로 소통하기 시작하면 또 다른 이슈들이 발생한다. 문화와 그 하부시스템에 대한 이슈가 그것이다.

OSC에서 제기되는 문화적 이슈

커뮤니케이션 기술의 덕분으로 다양한 사회나 문화에 속한 사람들은 원격에서도 협력할 수 있게 되었다. 매스미디어가 그 좋은 예이다. 사람들은 TV를 통해 세계 어느 곳, 어느 때나 뉴스를 보고 정보를 얻을 수 있다. 인터넷에서도 마찬가지이다. Kendall(2003)은 서로 다른 나라, 사회, 문화 등에 속한 사람들이 인터넷에서 소통한다고 하였다. OSC로 인하여 실시간 미팅으로 상호작용하는 것이다. OSC에서 사람들은 쌍방향 커뮤니케이션으로 편견, 고정관념, 윤리, 가

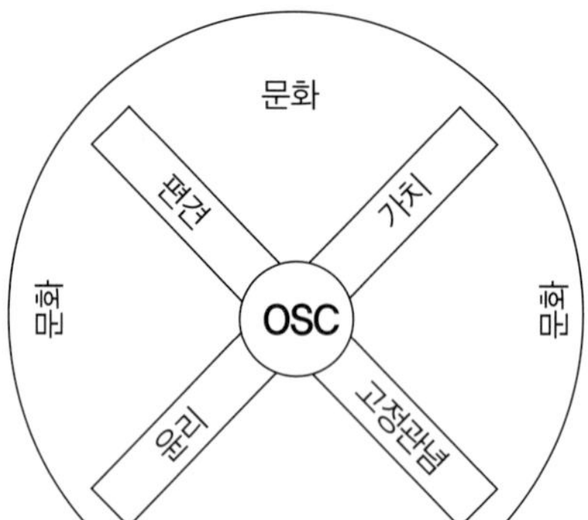

그림 1 OSC와 편견-고정관념, 윤리, 가치의 관계

치 등과 같은 문화나 관습, 행동, 실제(practice)를 실시간으로 공유하고 있다(그림 1 참조).

OSC에서의 편견

"편견"은 어떤 이슈나 상황에서 객관적인 숙고를 방해하는 편협함을 의미한다(WordNet Search, 2006). 더 나아가, 일반적으로 사건이나 관찰한 것의 진실된 속성을 왜곡하는 요인들은 모두 편견에서 비롯된 것이라 해도 과언이 아니다(Medsearch, 2006). 실시간 커뮤니케이션에서도 편견의 개념은 나타난다. 첫째, 매체에서의 편견을 들 수 있다(Innis, 1991). 둘째, OSC에서 커뮤니케이션할 때 이러한 편견들이 작용하는 사람들의 마음이다. 이러한 두개의 편견에 관한 개념은 모든 커뮤니케이션에서도 찾아볼 수 있지만, OSC에서 이에 대한 특별한 측면을 확인할 수 있다(그림 1 참조).

Adeogba(2003)는 커뮤니케이션이 사용자들 간의 밀접한 관계를 유지하는 것을 도와주고, 공동체 의식을 배양할 수 있도록 도와준다고 하였다. Shade(2006)에 의하면, Innis는 시공간을 넘어서 통제적인 면에서 커뮤니케이션으로 인해 어떻게 편견을 갖게 되는가를 검토한 학자 중 한 명이라고 한다. Innis(1991)는 편견의 관점에서 매체를 두 유형으로 분류하였다: (1) 시간 속성과 관련된 시간적 매체(time-binding media), (2) 공간 속성과 관련된 공간적 매체(space-binding media). 시간적 편견의 속성을 지닌 매체는 구어적 대화와 인쇄 기반의(manuscript) 대화 모두를 포함한다. 이러한 커뮤니케이션은 세계적 수준에서 이루어지기에는 잠재적으로 한계가 있다. 오히려, 밀접한 공동체에서나 전통적 권위를 활용한 커뮤니케이션에서 가능하다(Shade, 2006). 공간적 편견의 속성을 지닌 매체는 커뮤니케이션이 보다 넓은 지역에서 이루어지며 세계적으로 교류하는 공동체에서 사용되는 인쇄와 전자적 매체를 포함한다. OSC에서는 사람들이 헤드셋을 이용하여 대화를 할 수 있다. 만약 웹캠을 사용한다면, 동시간대에 원격지에 있는 사람과 대화할 수 있다. 더욱이, 어떤 사람들은 개방되지 않은 특별한 공동체를 구성하기도 한다. 이러한 점들을 미루어 볼 때, OSC는 시간과 관련된 매체의 속성을 지닌다고 할 수 있다. 한편, OSC에서는 텍스트나 구어에 기반해 실시간으로 전 세계 사람들과 소통할 수 있다. IRC를 이용한 상호작용은 이러한 능력을 보여주는 대표적 예이다. 다양한 사회, 문화, 하위문화에 속한 사람들이 함께 모여 OSC에서 즉각적으로 소통하는 것이다. 이러한 상황은 OSC의 공간적 속성을 보여주는 것이다. OSC의 기반이 되는 전자적 인프라에서 역시 공간적 편견을 지닌 매체의 속성을 확인할 수 있다. OSC는 Innis가 언급한 매체의 속성을 지니고 있는 것이다. 사람들이 존재하는 속성에 따라 이러한 측면은 다양하게 나타난다.

편견은 OSC에서도 나타난다. 모든 커뮤니케이션에서도 마찬가지이겠으나, 사람들이 (IRC 미팅과 같이) 임의적으로, 혹은 (컴퓨터 기반 비디오 화상회의 같이) 의식적으로 세계의 어떤 곳에 모여 실시간 소통하는 것을 보기는 힘들 것이다. 이러한 속성이 OSC로 하여금 다양한 문화나 사회의 사람들이 실시간으로 상호작용할 수 있는 능력을 갖게 하는 것이라 할 수 있다. 편견은 즉각적 커뮤니케이션을 하는 어느 때든 나타날 수 있다. 온라인 학습자나 커뮤니케이션 담당자들은 다소 비생산적인 편견에 기초한 대화를 피하고 생산적인 상호작용에 몰입하도록 해야 한다. 특히, 커뮤니케이션 담당자들은 온라인 학습자들의 비생산적인 대화를 중재할 의무가 있다. Rosenberg(2001)에 의하면, 인터넷은 모든 사람들이 *교수적 문화(teaching culture)*에서보다 더 많은 것을 배울 수 있는 *학습문화(learning culture)*를 생성하는 커다란 힘을 가진다고 하였다. 만약 인터넷의 OSC상에서 비생산적인 상호작용이 일어난다면, 온라인 학습자들은 인터넷에 대해 편견을 가질 것이며 이러한 사용자들에 의해서는 학습문화가 생성될 수 없다. Chandler(1996)는 매체에 대해서 어떤 문을 닫는 것은 또 다른 문을 여는 것이라고 하였다. 그것이 파괴이든 창조이든 간에 말이다. OSC에서는 즉각적 상호작용이 가능하므로, 이러한 면에 있어서 오히려 부정적 측면에 대한 위험을 더 내포하고 있다고 할 수 있다.

OSC에서의 고정관념

"고정관념"은 종종 사람들이 개념이나 의견, 이미지를 지나치게 단순화하는 것이라 할 수 있다(Equalcitizen, 2006). 혹은 전통적이거나 형식적인 개념이나 이미지를 의미한다(WordNet Search, 2006). 부정적이거나 편파적인 쪽으로 활용되기도 하지만, 그룹에 대한 긍정적인 고정관념도 존재한다(Wikipedia, 2006). 긍정적이거나 혹은 부정적인 고정관념은 서로 다른 사회나 문화 간의 관계와 시각의 차이에 따라 다르다. 고정관념에 기초한 시각이나 상호작용의 차이는 어디서나 일어날 수 있다. 한편 OSC에서는 실시간에 함께 모여 소통하므로, 짧은 시간 동안 상호작용하는 것보다 서로를 훨씬 더 잘 이해할 수 있다. 늘 그런 것은 아니겠으나, 서로의 고정관념과 생각과 의견을 변화시킴으로써 잘 이해할 수 있게 되는 것이다. 사람들은 자신과 유사한 고정관념을 가지고 있는 사람들을 쉽게 찾아 함께 토론하고 생각을 공유하는 경향이 있다.

OSC에서 커뮤니케이션 담당자들은 학습세션을 준비하거나 예제를 선택할 때 유의해야 한다. 주제나 예제들이 우세적인 고정관념을 반영한다면, 반대편의 학습자들은 상처를 받고 부정적인 태도를 가지게 될 것이다. 실시간 커뮤니케이션뿐만 아니라, 비실시간 커뮤니케이션(asynchronous communication)에서도 이에 대해 고려해야 한다. 즉각적으로 상호작용하는 OSC에서 만약 어떤 학습자가 특정 고정관념을 표출한다면, 다른 학습자가 토론에서 반론을 제기하여 이로 인해 원하지 않은 상황이 도출될 수 있다. 그렇게 되면, 끝나는 시간조차 가늠하기 어려우며 비생산적인 결과가 도래할 것이다. 또한 어떤 학습자들은 학습내용이 그와 관계없는 것임에도 불구하고 자신의 고정관념을 표현하기 원할 수도 있으며, 그렇지 않은 사람들도 있을 것이다. OSC에서 사람들은 서로의 고정관념에 대해서 인내하며, 실시간 커뮤니케이션을 시간 내에 끝내도록 노력하거나 고정관념에 기초한 행동을 보이기도 하고, 그 이유를 이해하려고 하는 사람도 있을 것이다. 커뮤니케이션 담당자들은 이러한 상호작용을 모두 고려하여 중재해야 한다.

OSC에서의 가치와 윤리

전략적 기획과 의사결정 전략과 관련된 측면들에 초점을 두는 OSC에서 "가치"와 "윤리"는 기본적인 요소이다. 가치는 디지털 사회의 구성원들에 의해 부여되거나 중요하게 인식되는 것이다. OSC의 비전이 공동체의 핵심 가치에 기초한 비전("Strategic Leadership", 2005)인 경우에는 더욱 중요하다. 더욱이, OSC는 해당 사회의 가치를 대표하며, 그 구성원의 행동에 기초하여 형성된다. 따라서 개인의 가치와 OSC의 가치가 상충하는 경우에는 문제가 발생할 수 있다. 가치의 옳고 그름을 판단하기는 어렵다. 가치와 윤리가 온라인에서의 법이나 관습과 밀접하게 관련된 경우도 있다. 사회가 모든 법과 관습을 받아들이지 않는다 하더라도, Solomon(1984)이 지적했듯이 온라인에서는 그것이 동등하게 인정된다는 것이다. 디지털 시민(digital citizen)들은 OSC에서 옳고 그름의 연구와 관련된 아이디어, 의견, 목적, 원칙에 대해서 그 목적과 아이디어의 진가를 판단하고 정당화하는 것을 존중하면서 그들이 지니고 있는 윤리로 이러한 사항을 판단한다.

명시적인 윤리 정책을 확립하기 위해서는, OSC에 기초한 가치를 바탕으로 전략적 관리 행위와 윤리적 이슈를 처리하는 방법을 결정해야 한다. 윤리적 차원의 측면에서 어떠한 상황을 어떻게 처리하느냐 하는 것과 어떤 환경이 어떠한 인종적/윤리적 선택을 낳는지에 대한 예측은 장기적인 문제가 될 수 있다. 그러므로 윤리적 측면의 특징을 철저히 조사하여 윤리적 문제에 직면했을 때 다양한 배경을 가진 주체들을 존중해야 한다("Strategic Leadership", 2005). 윤리적 원칙과 전략들을 수용하기 위해서는 OSC에서 진행되고 있는 것을 필수적으로 이해해야 한다. OSC에서 다양하고 복잡한 디지털 사회의 이슈와 관심거리를 효과적으로 다루기 위해서는 효과적인 커뮤니케이션, 존중받는 주체, 옳은 의사결정, 윤리 및 가치에 관한 새로운 코드를 생성하는 모든 것에서 온라인 윤리의 문제를 다루어야 한다.

평생학습자들이 민주적인 OSC를 형성하기 위해서는 다양한 문화에서 모인 의사결정자들이 그들이 소통하는 디지털 사회에 대해서 독립적이고, 공정하며, 책임의식을 가져야 한다. 결과적으로, 협력적 커뮤니케이션 환경인 온라인에서 윤리와 가치는 디지털 시민의 윤리강령의 최상위 표준을 촉진하고 유지해야 한다. OSC의 모든 구성원은 자신의 커뮤니케이션에 대하여 책임을 느끼고 그 실제가 무엇인지를 판단하고 평가할 수 있어야 한다. OSC에서 공공의 자신감과 신뢰를 찾기 위해서 디지털 시민의 상호작용과 협력은 다음의 사항들을 노력하여 최상위 수준의 성취감을 보여주어야 하며, 가장 요구되는 윤리적 표준을 모아야 한다.

- 윤리적 코드는 그룹과 사회의 모든 구성원들이 집단적 선을 위해 가능하는 데 필요하다. 그 코드를 충실히 기술하고, 협동적 커뮤니케이션에 참여한 구성원들의 개인적, 전문적 강령에 대한 최상위 기준을 유지하고 증진시키기 위해 상호존중과 신뢰를 구축함으로써 OSC 공동체를 더 발전하게(better) 하라.
- OSC에서 사용되는 권력이 정책에 관한 도덕적 판단을 할 때에만 관련된 목적을 위해서 사용되도록, 그리고 디지털 구성원들의 행동이 공공에 기여해야 하는 대가를 치르더라도 공공의 이익이 개인의 이익보다 우선함을 확실하게 하라.
- 디지털 사회의 무결성을 완전하게 유지하고 공공의 확신을 증진시키기 위해 전문적 활동을 할 때에는 온라인 커뮤니케이션을 지원하고 이끄는 OSC의 윤리와 가치를 다양하게 설정하는 일련의 커뮤니케이션에서 무엇이 옳고 그른지 결정하기 위해서 다양한 관점을 살펴보라.
- OSC의 효과 및 강령과 관련된 윤리적, 가치적 차원에 관한 다문화적 지식을 전달하고 발전시키는 데 주력하도록 전략을 계획하고, 다양한 비전과 임무를 통해 OSC에서 협력하는 데 필요한 헌신을 명확히 표현하고 계획할 수 있는 전략을 설정하라.
- 온라인 커뮤니케이션 내에서 윤리적 개념을 분석하는 다양한 능력과 이해력을 얻기 위해 도덕적 상대주의를 넘어선 불일치와 모호성에 대한 관용을 배양하라.

결론적으로, 평생학습자는 다양한 참여자들의 도덕적인 부분을 인식하고 서로에 대해 얼마나 세심하게 판단하는지와 관련된 가치와 윤리의 역동적인 관계를 평가하고 실현해야 한다.

해결 방안 및 권고사항

OSC는 매체로서의 풍부성에 있어서, 그리고 편견, 고정관념, 윤리, 가치 등의 문화적 이슈와 관련하여 많은 차원들을 지니고 있다. 이 모든 차원들은 커뮤니케이션 담당자와 디지털 시민이 소통하는 데 있어서 가치 있는 실마리를 제공하기 때문에, 저마다의 중요성을 지니고 있다. 커뮤니케이션 담당자가 이 장에서 언급했던 이 모든 실마리들을 이해할 수 있다면, 인터넷 환경에서 강력한 상호작용적 실시간 미팅을 창출하기가 훨씬 쉬울 것이며, 원격학습 애플리케이션으로서 OSC를 활용하기 위한 자신감과 의지를 향상시킬 수 있을 것이다.

디지털 시민은 인터넷 환경에서 상호작용을 실시간으로 경험하고 있다. 주체들 간에 서로 잘 이해하고 반응하기 위해서 다음에서 제공되는 실시간 미팅에서의 상호작용을 위한 단계를 숙지한다면, OSC에서 어떻게 대처해야 할 지 효율적으로 결정할 수 있을 것이다.

프레임워크상에서 매체 풍부성 이론의 주요 개념과 4개의 문화적 이슈를 함께 다루어 강력한 OSC를 생성할 수 있다. 매체 풍부성 이론은 다양한 채널에서 제공되는 단서의 수와 수신자에 대한 사회적 실재감을 만들어내는 정도와 관련되므로 즉각적 피드백과 자연어 지원 능력의 기반이 될 수 있다. 또한 고정관념, 윤리적 코드, 가치 등의 문화적 이슈 역시 프레임워크에서 다뤄지고 있다(표 1 참조).

요약 및 결론

이 장의 목적은 현재 더 요구되고 있는 교육적, 사회적 문제에 초점을 두어 OSC를 다시 제고하고 온라인 커뮤니케이션의 성취과제와 평가사항을 이해하는 것이다. 이 연구를 통해 교육가, 정책입안자, 이해관계자, 학자들은 평생학습과 관련된 연구문제와 관심사항을 다룰 수 있다. 이 장에서는 온라인 학습자의 커뮤니케이션 양식과 실생활 상황으로부터의 실제와 경험을 고찰하는 능력을 향상시키기 위해 구성주의에 기반한 접근방식을 취했으며, 구성주의적 OSC에서 평생학습 자원들을 교육적으로 설계하기 위한 교수적 지식(pedagogical knowledge)과 설계원칙에 대해 토론하였다. 또한 온라인 학습자와 관련하여 변화하고 있는 요구에 대한 중요한 정보를 제공하였다.

인터넷에 기반한 실생활의 교육적 경험에서는 OSC 애플리케이션을 활용하

표 1 강력한 OSC를 생성하기 위한 프레임워크

OSC			
매체풍부성과 관련된 문화적 이슈	편견	고정관념	가치 및 윤리
즉각적 피드백 능력	OSC에서 이루어지는 전 세계 수준의 즉각적인 미팅을 통해 다른 사람들이나, 사회, 문화, 하부문화 등의 편견을 이해할 수 있다.	즉각적 미팅에서 유사한 고정관념들은 더 건설적으로, 반대의 고정관념들은 더 부정적으로 변할 수 있다.	실시간 커뮤니케이션과 상호작용으로 문화적 가치와 윤리를 공유할 수 있다.
자연어 지원	같은 언어를 사용하더라도 서로 다른 문화에서 오는 편견을 가진 사람들을 만나기도 한다.	커뮤니케이션 담당자는 자신의 고정관념과 다른 문화의 고정관념에 대하여 유의해야 한다.	거리 개념이 사라진 인터넷 사회에서 사람들과 문화, 비전이나 행동을 즉시 공유할 수 있다.
채널에 따른 단서 수	언어적/비언어적 커뮤니케이션으로 다른 문화에 속한 사람들과 서로의 편견에 대해 공유하고 토론한다.	다른 문화에 대해 이해할지라도 OSC에서는 고정관념에 기초한 행동을 보일 수 있다. 예를 들어, 언어적/비언어적 커뮤니케이션상에서 서로 이해하려고 하더라도 고정관념을 보일 때는 상호작용을 종료한다.	참여자들 간에 가치나 윤리적 이슈에 대한 옳고 그름을 검증하기가 어렵다.
채널이 수신자에 대한 사회적 실재감을 생성하는 정도	OSC 미팅을 통해 공동체를 생성하고 참여하면서 편견이 긍정적으로 재조형될 수 있다.	대화에서 상대방에 대한 개념이나 이미지는 즉각적 커뮤니케이션에 의해 쉽게 변할 수 있으며, 고정관념에 기초한 상호작용으로 인해 실재감 등이 다소 제한될 수 있다.	즉각적 실재감과 커뮤니케이션에서는 윤리와 가치에 대한 인내를 키우는 것이 중요하다.

는 다양한 유형이 존재한다. 첫째, 온라인 학습자와 커뮤니케이션 담당자는 미팅 전에 내용에 대해 충분히 생각하고 자료를 준비할 시간을 가져야 한다. 오디오, 비디오, 채팅 기반 커뮤니케이션 등의 특정한 포맷이나 플랫폼을 준비해야 할 수도 있다. 커뮤니케이션 담당자는 슬라이드 쇼, 다이어그램, 애니메이션, 비디오 등 다양한 포맷을 준비하고, 미팅 중에는 진행 중인 커뮤니케이션과 상호작용에 집중하도록 도와줄 수 있다. 둘째, 학습자들은 텍스트 기반 상호작용을 통해 커뮤니케이션 담당자와 상호작용할 수도 있으며, 기관은 여러 유형의 커뮤니케이션을 활용할 수 있다. 셋째, 학습자들은 평범한 애플리케이션을 활용할 수 있다. 예를 들어, IRC를 활용하여 아이디어를 실시간으로 공유하고 토론할 수 있다. 그러나 만약 준비된 내용이나 교육적으로 어떻게 전개할 것인지에 대한 흐름(flow) 등이 준비되지 않거나 커뮤니케이션 담당자가 미팅에 참여하지 않는다면, 편견이나 고정관념 등이 확대될 수 있다. 새로운 커뮤니케이션 기술과 인간에 대한 이미지화 등을 활용하여 (형식적이거나 구조화된) 준비된 미팅과 (비형식적이며 구조화되지 않은) 준비를 하지 않는 미팅을 다양하게 제공할 수 있다. 그러나 앞선 두 개의 이슈는 여전히 남아있다.

강력한 OSC를 창출하고 관리하는 데 중요한 장벽들이 존재한다. 구성원들의 사회적 배경이 다르다는 것 역시 중요한 이슈이다. 온라인 커뮤니케이션 담당자들은 고정관념, 편견, 가치와 윤리와 관련된 문제에 초점을 두어야 한다. 그렇다면 다양한 커뮤니케이션 양식과 지능적 양식을 갖춘 평생학습 공동체로 OSC를 설계할 수 있다. 또한 효율적인 OSC를 형성하기 위해서는, 커뮤니케이션 담당자가 세계의 시민이 될 수 있도록 사고 능력을 향상시키고, 학습자들에게 다소 급진적이긴 할지라도 주체의 느낌, 아이디어, 태도, 의견을 감추거나 고립되지 않고 실세계와 소통할 수 있도록 민주적인 기회를 제공해야 한다. 이러한 측면들을 활용하여 문화적 이슈를 다룰 수 있도록 전문화된 OSC를 형성하고 강화하는 데 초점을 맞출 수 있을 것이다.

인터넷은 2000년대에도 지속적으로 성장하고 있다. 1993년에 성장하기 시작하여, 1995년에는 2,500만 명이(Smith & Kollock, 1999), 2002년에는 6억 5백만 명이 인터넷에 참여하고 있다(Benschop, 2005). 이러한 상황으로 인해 개인뿐만 아니라 문화와 하위문화, 편견, 고정관념, 가치, 윤리에도 관심을 가질 수밖에 없다. 교육기회의 잠재력이 늘어나는 반면, 문화적 이슈와 관련된 문제도 증가할 것이다. OSC 미팅에서 커뮤니케이션 담당자들의 지원이 동반된다면, 인터넷은 다른 사람을 즉각적으로 이해할 수 있는 파워를 가지게 될 것이다.

세계는 기술적으로 점점 복잡해지고 있다. 원격교육이나 온라인 교육 분야는 학습자들은 변화하는 이러한 사회에서 적극적인 구성원이 되어 변화를 받아들이도록 준비해야 한다. OSC는 온라인 학습자들에게 강력한 디지털 학습 자원을 제공하고 복잡한 커뮤니케이션 활동에 몰입하도록 지원하고 있다. 이 장은 학습자들이 새로운 기술에 기반한 다양한 애플리케이션을 이용하여 학습할 수 있는 커뮤니케이션 양식과 능력을 촉진하기 위해 OSC의 주요한 특징에 대해 논의하였다. 이러한 과정을 통해 온라인 전문가들과 공동체는 윤리와 가치에 있어서 올바른 의사결정을 할 수 있다. 프레임워크를 통해 단순히 지식을 암기하고 재생산하는 것이 아닌, 지식을 교환할 수 있는 그들의 커뮤니케이션 양식과 능력을 고찰할 수 있을 것이다. 또한 프레임워크의 학습활동을 통해 학습자들은 효과적, 효율적으로 학습할 수 있도록 동기화될 수 있을 것이다.

대부분의 전문가들은 다양한 학습자원으로부터 글로벌 지식을 받아들인다. 그러한 학습경험에 대해서, 주체들은 고도의 통제력과 자율성, 성찰을 통해 그들의 커뮤니케이션 양식과 능력을 계획하고 관리해야 한다. 프레임워크에 기초하여 OSC에서 온라인 전문가들은 커뮤니케이션 과정에 활발하게 몰입하고 서로 공유한 것에 대해 비판하고 성찰할 것이다. 이러한 과정을 통해, 전문가들은 새로운 상황에 대한 커뮤니케이션 양식과 능력을 효과적으로 전달할 수 있을 것이다. 결과적으로, 참여자들은 OSC에서 지식을 생성하고 시연한다. 이 프레임워크는 전문가들 간의 협력과 상호작용을 촉진하기 위한 기준을 평가하는 지침서로 제공될 수 있다. 더욱이, 전문가들은 원격교육에서 평생학습을 위한 새로운 기회를 실천하고 변화하는 요구를 충족시키기 위해 혁신하는 과정에 참여할 수 있다. 디지털 시민이 다원론적이고 다문화적인 OSC에서 발전을 지속하기 위해서는 다양한 온라인 공동체 간의 효율적인 커뮤니케이션에 대한 기대와 예상을 유추해야 한다.

참고문헌

Adeogba, E. (2003). *Notions and practices of spirituality: An etiology of technology education and teacher preparation.* Doctoral dissertation, New Mexico State University, Las Cruces. Retrieved August 11, 2006, from http://reta.nmsu.edu/tunbi

Benschop, A. (2005). *Internet users: Dernograp~v and geography of the Internet.* Retrieved August 11, 2006, from http://www2.fmg.uva.nl/sociosite/websoc/demography.html

Burke. K., & Chidarnbaram, L. (1999). How much bandwidth is enough? A longitudinal examination of media characteristics and group outcomes. *MIS Quarterly, 23*(4), 557-580.

Chandler, D. (1996). Engagement with media: Shaping and being shaped. *Computer Mediated Communication Journal, 3*(2). Retrieved August 11, 2006, from http://www.aber.ac.uk/media/Documents/short/determ.html

Chua, A., & Ngee, A. P. (2001). Relationship between the types of knowledge shared and types of communication channels used. *Journal of Knowledge Management Practice.* Retrieved August 11, 2006, from http://www.tlainc.com/articl26.htm

Daft, R. L., & Lengel, R. H. (1984). Information richness: A new approach to managerial behavior and organizational design. In B. Staw & L. L. Cummings (Eds.), *Research in organizational behavior* (pp. 191-233). Greenwich, CT: JAl Press.

Daft, R. L., & Lengel, R. H. (1986). Organizational information requirements, media richness, and structural design. *Management Science, 32*(5), 554-571.

Daft, R. L., Lengel, R. H., & Trevino, L. K. (1987). Message equivocality, media selection, and manager performance: Implications for information systems. *MIS Quarterlv 11*(3), 355-366.

Driscoll, M. (2002). *Web-based training.* San Francisco: Jossey-Bass/Pfeiffer.

Equalcitizen. (2006). *Stereotype.* Retrieved August 11, 2006, from http://www.equalcitizen.org.uk/glossary.htm

Galbraith, J. (1977). *Organization design.* Reading, MA: Addison-Wesley.

Hofmann, J. (2004). *The synchronous trainer's survival guide.* San Francisco: Pfeiffer.

Innis, H. (1991). *The bias oJcomnmnication.* University of Toronto.

Kendall, L. (2003). Cyberculture. In S. Jones (Ed.), *Encyclopedia of new media* (pp. 102-104). New York: Sage.

Kydd, C. T., & Ferry, D. L. (1991). Computer supported cooperative work tools and media richness: An integration of the literature. In *Proceedings of the 24th Annual Hawaii International Conference on Systems Sciences, 3* (pp. 324-332). Los Alamitos, CA: IEEE Society.

Medsearch. (2006). *Bias*. Retrieved August 11, 2006, from http://www.gulflink.osd.mil/medsearch/glossary/glossary_b.shtml

Ngwenyama, O. K., & Lee, A. S. (1997). Communication richness in electronic mail: Critical social theory and contextually of meaning. *MIS Quarterly, 21*(2), 145-167.

Parks, M. R., & Floyd, K (1996). Making friends in cyberspace. *Journal of Communication, 46*(1), 80-97.

Preece, J., Rogers, Y., & Sharp, H. (2002). *Interaction design*. New York: John Wiley & Sons.

Rosenberg. M. J. (2001). *E-Learning: Strategies for delivering knowledge in the digital age*. New York: McGraw-Hill.

Shade, L. R. (2006). *Is technology neutral? Space, time and the biases of communication*. Retrieved August 11, 2006, from http://www.cfp2000.org/papers/shade.pdf

Smith, M. A., & Kollock, P. (1999). Communities in cyberspace. In P. Kollock & M. A. Smith (Eds.), *Communities in cyberspace* (pp. 3-25). New York: Routledge.

Solomon, R. C. (1984). *Ethics: A brief introduction*. New York: McGraw- Hill.

Strategic leadership and decision making Web page of National Defense University. (2005). Retrieved August 11, 2006, from http://www.au.af.mil/au/awe/awegate/ndu/strat-ldr-dm/cont.html

Timm, P. R., & Detienne, K. B. (1995). *Managerial communication*. New York: Prentice Hall.

Turkle, S. (1997). *Life on the screen*. New York: Touchstone.

Wikipedia, The Free Encyclopedia. (2006). Stereotype. Retrieved August 11, 2006, from http://en.wikipedia.org/wiki/Stereotype

Williams, F., & Rice, R. E. (1983). Communication research and the new media technologies. In R. Bostrom (Ed.), *Communication yearbook, 7*(pp. 200-224). Beverly Hills, CA: Sage.

Wordnet Search (2006). Stereotype. RetrievedAugust 11, 2006, from *http://wordnet. princeton. edu*

Worthen, B. R., & Sanders, J. R. (1987). *Educational evaluation: Alternative approaches and practical guidelines*. White Plains, NY: Longman.

제9장

테크-날리지(Tech-Knowledge): 유아와 유아교사가 테크놀로지를 통해 지식을 개발하는 방법

Satomi Izumi-Taylor, University of Memphis, USA
Ann F. Lovelace, University of Memphis, USA

요약

이 장은 유아교사가 어떻게 유아로 하여금 테크놀로지를 통해 학습 열정을 고취시키도록 지원할 수 있는지와 유아교육 프로그램이 어떻게 온라인 비디오 컨퍼런스(online video conference) 테크놀로지를 활용하여 대학생들의 학습을 증진시키는지에 대해서 기술하고 있다. 유아와 교사를 위한 웹사이트뿐 아니라 유아교육용 소프트웨어에 관한 유용한 정보도 포함하고 있으며 성인교육을 위한 테크놀로지 활용법에 대한 추천사항도 기술하였다.

도입

"충분히 발달된 테크놀로지는 사실상 마술과 같다." Arthur C. Clarke의 유명한 인용구는 최근의 기술 발전이 얼마나 눈부시게 이루어져 왔는지를 생생하게 잘 말해주고 있다. 테크놀로지의 발전은 사회의 모든 측면에 많은 영향을 주었으며(Morrison, 2001), 많은 유아교육자들이 컴퓨터와 기타 다른 고도의 테크놀로지에 접근할 수 없는 유아들과 그 가정이 우리 사회에서 살아가기가 어려울 것임을 경고하였다(Morrison, 2001; Taylor, 2000). 테크놀로지는 "인간의 필요를 해결하기 위한 과학적, 물질적, 인적 자원의 적용"으로 정의된다(Morrison, 2001, p.386). 전미유아교육협회(National Association for the Education of Young Childeren: NAEYC, 이하 NAEYC로 칭함)의 성명서에 의하면, 오늘날 테크놀로지는 미국 생활의 커다란 부분을 차지하고 있으며(1996), 유아발달에 대한 잠재성을 잘 정리하여 기록하고 있음을 알 수 있다(Fisher & Gillespie, 2003; Wright & Shade, 1994). 모든 유아들은 현대사회에서의 삶을 준비하기 위하여, 그리고 창조적으로 문제를 해결하고 탐구할 기술을 확장하기 위하여 유아기에 테크놀로지를 경험하고 탐험할 기회가 필요하다(Bowman, 1998). 테크놀로지가 유아들의 학습과 발달에 커다란 역할을 하기 때문에(Ashikawa, 1991; Morrison, 2001), 유아교사들은 그들 자신뿐 아니라 그들이 담당해야 할 유아들을 위하여 테크놀로지에 대한 소양을 개발하는 방법과 유아교육 프로그램에서 테크놀로지가 적용되는 방법을 알아야 한다.

이 장은 두 부분으로 구성된다. 하나는 어떻게 교사들이 테크놀로지를 통하여 유아들의 학습 열정을 고취시키는지와 다른 하나는 2003년과 2004년에 온라인 비디오 컨퍼런싱 테크놀로지를 통하여 유아교육 프로그램이 대학생들의 학습을 증진한 방법이다. 이러한 두 가지 사안은 "학습자들이 자기 스스로 탐구를 통해 지식을 구성한다"는 구성주의 관점에서 논의될 것이다(Taylor, 2004, p.20). 우리는 구성주의를 유아들을 가르치는 접근법으로 간주한다. 그리고 구성주의 수업이라면 실제의 물건, 설비 그리고 기자재를 포함하여 학습자들에게 진정한 과업을 제공해야 한다(Branscombe, Castle, Dorsey, Surbeck, & Taylor, 2003). 또한 우리는 컴퓨터와 같은 테크놀로지를 유아들의 교실 안 일상적인 사물에 포함되어야 하는 것으로 간주한다. 그리고 만일 교사가 구성주의 가르침에 맞추어 교실 안에서 테크놀로지를 실행하고 이해한다면, 유아들이 진정한 학습경험에 능동적으로 참여할 수 있고 그들 자신의 지식을 창조할 수 있다고 생각한다. 더구나, 유아들이 환경과 상호작용하면서 자신의 지식을 구축해가는 것을 이해해야 한다면, 교사들은 반드시 교사 자신의 지식을 구성해가는 과정을 이해할 수 있어야만 한다. 그러므로 테크놀로지 활용을 통해 최고의 연구자/교육자와 함께 상호작용함으로써 대학생들은 그들 자신의 학습경험에 능동적으로 참여할 수 있고, 그렇게 함으로써 유아들이 지식을 구성하는 방법을 이해할 수 있다(Taylor & Hsueh, 2005). 또한 이 장에는 성인교육의 테크놀로지 활용에 관한 제안사항 역시 포함되어 있다.

테크놀로지를 활용한 유아들의 지식 구성

유아들은 새로운 정보에 마주쳤을 때, 이를 이해하기 위하여 새로운 정보와 관련하여 그들 자신이 기존에 갖고 있는 지식을 활용한다(Branscombe et al., 2003). 이러한 과정에서, 유아들은 그들 자신의 지식을 구성하고 그러한 과정에 참여하면서 정보를 수집하고, 탐구하고, 조사하며 새로운 분류항목을 개발하고, 그들의 사고를 한 번 더 생각할 풍부한 기회를 필요로 한다. 교사는 학생들이 학습하는 과정을 생각하고 지원할 필요가 있다. 그리고 학생들 각자가 서로 다른 방법으로 학습하기 때문에 교사는 유아 각각의 독특한 학습방법을 고려해야 한다. 구성주의 교사는 각 유아의 요구에 따라 개별화된 수업을 가치있게 생각한다(Branscombe et al., 2003). 그리고 교사는 테크놀로지의 활용을 통하여 각 유아에게 개별화된 교수법을 제공할 수 있다(Goldberg, 2006; Hertzog & Klein, 2005). 테크놀로지는 그래프, 차트, 삽화, 자료수집 그리고 분석과 같은 도구를 제공함으로써 유아의 산출물뿐 아니라 사고도 증진시키고 폭넓게 해준다(Means & Olsen, 1994). 이처럼 테크놀로지를 활용함으로써 유아는 요약하는 사고기술을 개발시킬 수 있을 뿐 아니라(Hertzog & Klein, 2005; Nir-Gal & Klein, 2004) 자신의 사고방법을 확장시킬 수 있다(Goldberg, 2006). 구성주의 교사는 유아의 다중학습 기술, 비선형적 사고 등을 포함하는 사고 기술을 촉진시킨다. 그리고 테크놀로지는 유아들이 이러한 기술을 개발하도록 기회의 창을 활짝 열어준다(Goldberg, 2006).

테크놀로지가 유아들의 지식 구성에 관계되는 방법에서의 또 다른 중요한 사안은 유아들의 공동체 의식(community spirit)을 개발하는 것이다. 구성주의 교사들은 유아들이 교실에서 공동체 의식을 개발한다는 것을 굳게 믿으며(Branscombe et al., 2003; Brooks & Brooks, 1999; DeVries, Zan, Hildebrandt, Edmiaston, & Sales, 2002; Taylor, 2004) 공동체 의식 안에서 교사들과 유아들은 모든 사람들과 그들 자신의 생각을 표현하고 공유함으로써 신체적으로 정서적으로 안전함을 느낀다. 테크놀로지를 사용하면서 교사와 유아들은 그러한 공동체 의식을 창조할 수 있으며 그들의 결과물에 소유권을 가질 수 있다(Thomas, 2005). 테크놀로지와 공동체 의식의 또 다른 예는 테크놀로지를 활용하여 학부모-교사 회의를 이끈 유치원생들에 관한 최근의 연구이다(Young & Behounek, 2006). 교사들로부터의 약간의 도움을 받은 유치원생 그룹은 학교에서 유아들이 무엇을 하는지 부모에게 보여줄 수 있는 파워포인트 프레젠테이션 자료를 만들었다. Young과 Behounek은 유아들이 테크놀로지를 활용한 이런 프로젝트를 수행함으로써, 그룹으로서의 유아들이 그들의 학교 경험에 관하여 잘 알게 되고, 그들 자신의 장점과 약점을 그들 스스로 논의함으로써 그들 자신뿐 아니라 학교에 관하여도 학습하게 되었다고 설명하였다. 다른 학자들도 유아들이 "그들 학습에 관한 성찰을 만들고 그들의 사고를 나타내도록" 협동적으로 테크놀로지를 활용할 수 있다는 연구결과를 발표하였다(Hertzog & Klein, 2005, p.31).

교사가 테크놀로지를 통해 유아들의 학습 열정을 고취시키는 방법

테크놀로지가 끊임없이 변함에 따라 학습의 목적이 변화하였으며 이제는 학습되어야 하는 것들 즉 교육내용의 개념도 변화시키고 있다(Morrison, 2001). 그러므로 유아교사들은 유아에 대한 테크놀로지의 영향에 대하여 인식할 필요가 있으며 또한 유아들에게 도움이 되도록 테크놀로지를 활용하는 기술을 개발할 필요가 있다(NAEYC, 1996). 적절하게 개발된 교육용 컴퓨터 프로그램이 유아들의 사회적, 정서적 그리고 인지적 발달을 증진시킨다는 연구결과들에 의해 유아기 교육에 대한 테크놀로지의 영향을 알 수 있다(Blagojevic, 2003; Clements & Saroma, 2003; Fisher & Gillespie, 2003; NAEYC, 1996; Wortham, 2006). 이러한 측면에서, 적절하게 개발된 테크놀로지의 활용이 유아들의 학습과 발달을 증진하는 방법에 대한 사안이 논의될 것이다. 교사들이 테크놀로지 활용을 통해 유아들의 지식 구성을 증진시킬 수 있는 방법 또한 이야기될 것이다. 우리는 이러한 소프트웨어에 대한 유아들의 코멘트를 포함하여 어떤 교육용 소프트웨어 프로그램을 유아들이 즐겁게 여기는지에 대하여 설명할 것이다. 그 후 교사들이 교실에서 테크놀로지를 실행하는 데 도움이 되는 웹사이트를 소개하겠다.

유아발달에 적합한 테크놀로지 활용

NAEYC의 성명서(1996)에 따르면, 교사들이 적절하게 테크놀로지를 활용할 때 유아들의 인지적 사회적 발전이 이루어진다고 한다. 이와 유사하게 유아들이 컴퓨터를 활용할 때 유아들은 다양한 선택을 할 수 있고 있고 그 결과물로 즐겁게 된다(Blagojevic, 2003). 심지어 학습의 다른 영역에서 어려움을 겪고 있는 유아조차도 컴퓨터 활용을 통해 자존심을 키울 수 있다(Moore, 2003). 테크놀로지 활용은 교사들이 교육과정을 설계함에 있어 학생들의 다양한 요구를 충족시킬 수 있도록 도와준다(Blagojevic, Twomey, & Labas, 2002). 그러나 테크놀로지를 교육과정에 통합할 때, 교사들은 학생들의 컴퓨터 활용이 적절하게 개발된 것인가를 먼저 확인해야 한다(Haugland, 2000). 즉 어떤 테크놀로지가 적합한 것인지를 살펴봐야 한다.

NAEYC(1996)의 주장에 따르면, 교사들은 적절한 테크놀로지가 무엇인지 결정하기 위하여 다음과 같은 세 가지를 질문해야 한다: 연령에 맞는가? 개별 학습에 적절한가? 문화적으로 적절한가? NAEYC는 교사들이 유아들의 발달과 학습을 근거로 하여 소프트웨어를 선정하고 평가하는 데에 시간을 쏟아야만 한다고 하며 또한 “기회와 문제 모두를 명확하고 적절하게 적용할 수 있도록” 유아들이 소프트웨어를 활용할 때 교사들이 가까이 관찰하도록 권하고 있다

(1996, p.12).

테크놀로지의 연령 적합성을 결정하기 위해서 교사는 유아들이 스스로 능동적이 되어 자신들의 활동에 대한 영향을 발견하고, 탐구하고, 선택할 기회를 필요로 한다는 것을 명심하여야 한다(Prairie, 2005; Shade, 1996). 가장 좋은 소프트웨어는 유아가 "자신의 생각을 소프트웨어 경험과 통합할" 기회를 제공하도록 요구한다(Clements & Sarama, 2003; Fisher & Gillespie, 2003; Prairie, 2005; Shade, 1996). 그리고 이러한 소프트웨어 활용을 통해, 교사들은 유아들이 독립적인 컴퓨터 활용자가 되도록 격려할 수 있다(Shade, 1996). Shade에 따르면, 적절한 컴퓨터 프로그램을 선택할 때 다음의 소프트웨어 특성을 고려해야만 한다: 유아들 자신의 속도에 따른 활용, 능동적 학습, 통제된 상호작용, 가능한 실험(possible experiment), 프로그램 중단의 초기화, 그림 메뉴로부터의 조작가능성, 그리고 독립적 활용.

연령 적합성을 더 주의 깊게 살펴보기 위해서는 유아들의 발달단계를 고려해야만 한다. 예를 들어, 7세 어린들이 좀 더 복잡한 지식과 기술을 활용할 수 있기 때문에 프로그램을 즐길 수 있는 반면에, 3세 유아들은 접근성이 쉬운 특정한 소프트웨어가 사용되어야 한다(Shade, 1996). 그러나 Prairie(2005)는 컴퓨터를 사용할 기회가 없었던 유아들이 프로그램에 좀 더 자신감을 가질 수 있도록 하기 위해서는 반복연습형 소프트웨어가 도움이 될 수 있다고 기술하였다.

테크놀로지 활용에서의 연령 적합성에 덧붙여서, 개별화교육의 적절성 역시 고려되어야만 하며, 이러한 사항을 통하여 유아들에게 가장 효율적으로 테크노롤로지가 활용될 수 있다고 확신한다(Morrison, 2006). 교사들은 테크놀로지 활용 학습활동을 설계할 때, 유아들이 각각 개별적으로 차이가 있다는 사항을 기억해야만 한다. 어떤 유아들은 테크놀로지를 활용하는 활동에 쉽게 참여하는 반면에 어떤 유아들은 좀 더 많은 격려를 필요로 할 수 있다(Morrison, 2001). 교사는 유아의 학습을 촉진하기 위하여 테크놀로지에 관련된 각각의 유아들의 욕구, 흥미, 능력을 살펴볼 필요가 있다. 이와 유사하게, 교사들은 학생들의 학습목표와 관련있는 테크놀로지 활용 활동을 선정할 필요가 있다. 모든 수업은 그들의 교육목적, 가치, 주제, 시간계획, 학습계획, 단위계획, 활동을 갖고 있다. 그리고 컴퓨터의 활용은 이러한 현존의 교육방향을 지원해야 한다

(NAEYC, 1996). 컴퓨터 관련 활동을 일상적인 수업에 통합함으로써, 교사들은 유아들의 컴퓨터에 대한 반응과 상호작용을 관찰할 수 있고 각각의 유아들의 요구에 근거한 적절한 활동을 제공할 수 있을 것이다.

교사들이 적절하게 개발된 테크놀로지의 중요성을 염두에 두면서 테크놀로지에 대한 접근을 모색할 때, 문화적 적합성은 나타날 수 있다. 모든 유아들과 그 가정에서의 테크놀로지 접근은 유아교육 분야의 생생한 화두이다(Becker, 2000; Morrison, 2001; NAEYC, 1996). 수업에서 문화적으로 적합한 테크놀로지를 지원하는 것은 교사들이 "반편견적 테크놀로지 기반 자료"를 선정하고 평가할 때에 이루어질 수 있다(Morrison, 2001, p.395). 테크놀로지 기반 자료를 선정할 때, 교사들은 능력, 나이, 성, 그리고 사회경제적, 문화적 배경이 다른 사람들의 결핍에 관하여 고려할 필요가 있다. Haugland(1992)는 이러한 자료가 다수의 언어 능력, 다양한 환경, 성 평등 그리고 많은 문화에 대한 폭넓은 대표성을 가져야만 한다고 주장하고 있다. Haugland의 테크놀로지에 대한 관점은 교사들이 "어떤 그룹의 고정관념을 제거하고, 폭력에의 노출을 제거하는" 데 더 많은 주의를 기울여야 한다는 NAEYC의 주요 주장과 일치한다(1996, p.14).

테크놀로지 활용을 통한 문화적 적절성과 관련된 또 다른 필수적인 사안은 제한된 영어구사 능력뿐 아니라 장애를 가진 유아들의 요구를 충족시켜 주는 것이다. NAEYC(1996)는 테크놀로지에 관하여 "유아들의 특별한 요구는 이를 사용하는 것이 그들에게 도움이 된다면 테크놀로지에 대한 접근을 증가시켜야만 한다"(p.13)고 입장을 밝히고 있다. 그러한 요구를 충족시키기 위하여 많은 유아 전문가들이 유아들과 그 가정을 돕기 위해 보조적인 테크놀로지를 활용하고 있다(Morrison, 2001; Mulligan, 2003). 공법(Public Law) 100-407, 1988년의 보조 테크놀로지 헌장(Tech Act)에 의하면, 보조적인 테크놀로지는 장애를 겪고 있는 개인의 기능적인 능력을 지원하거나, 증진하거나, 유지하게 하는 데 활용될 수 있는 모든 재료나 장치를 말한다. 보조적인 테크놀로지는 "적응적 숟가락과 스위치, 적응적 건전지가 작동되는 장난감과 같은 단순한 장치에서부터 컴퓨터화된 환경적 통제 시스템과 같은 복잡한 장치에 이르기까지의" 다양한 산물을 포함하고 있다(Morrison, 2001, p.398).

테크놀로지 프로그램의 적절성을 결정할 때, 다음의 사항들이 교사에게 도움이 될 수 있다(Holder-Brown & Parette, 1992): (1) 테크놀로지는 각 유아의 교육목적에 반응할 수 있는 능력을 가져야 한다. (2) 테크놀로지는 계획된 훈련과 자원에서 실질적이어야 한다. 그러므로 유아들, 가족들 그리고 교사들이 이를 활용하도록 허락해야 한다. (3) 테크놀로지는 사용자들에게 특정하고 바람직한 결과를 제공해야 할 필요가 있다.

테크놀로지가 문화적으로 적절한지 생각해보기 위하여, 교사들은 소프트웨어가 다중언어 능력을 제공하는지 살펴볼 필요가 있다(Haugland, 1992; Morrison, 2001). 이러한 소프트웨어의 중요성은 21세기 동안에 "소위 '소수민족'이라 칭해지는 전통적으로 대표성이 부족했던(underrepresented) 그룹들이 미국 내에서 새로운 다수를 결성할 수 있을 것"(Trawick-Smith, 2003, p.iv)이라는 사실에 의하여 이해될 수 있다. 유아교실은 지속적으로 다양화될 것이며, 교사들은 다양한 언어 배경을 가진 유아들의 독특한 요구를 수용하여야만 한다(Clements & Sarama, 2003; Morrison, 2001). 이러한 요구를 충족시키기 위하여, 교사들은 제한된 영어 능력을 가진 유아들을 위해 언어능력 개발을 도와주는 적절한 소프트웨어를 사용할 수 있다.

간단히 말하면, 테크놀로지 덕분에 유아교육자의 교실수업의 개념은 확장되었다(Blagojevic, 2004). 이제는 유아교사들의 능력 개발 기회를 증진시키기 위한 테크놀로지 사용법에 대하여 논할 때이다(Donohue & Neugebauer, 2004). 그러나 Bewick과 Kostelnick(2004)은 "많은 교사들이 기본적으로 수업에서 컴퓨터를 활용하는 것을 무시하거나 아주 제한된 방법으로만 사용하고 있다"(p.26)고 강력히 주장하였다. 이와 유사하게 Plowman과 Stephen(2005)은 스코틀랜드의 많은 학령전 교사들이 수업에서 컴퓨터를 활용할 때 기술적 지원과 훈련이 필요함을 말하고 있다고 발표하였다. 교사들이 발달에 적절한 테크놀로지의 활용과 그 적절성의 중요성을 이해할 때, 테크놀로지는 유아들의 발달과 학습을 증진할 수 있다. 그러므로 Haugland(1999)는 교사들이 유아들의 발달에 적합한 컴퓨터 프로그램의 긍정적인 힘을 발견하고, 경험하고, 탐구할 필요가 있으며, 그러한 프로그램을 실제로 실험해 본 후에 교사들은 그들 수업에서 특정 소프트웨어를 편안하게 통합할 수 있을 것이라고 권장하였다.

유아들을 위한 소프트웨어

Smithson-Berry Publications사의 *Reading Success*

(1-877-732-3935 또는 www.smithson-berry.org의 Smithson-Berry 출판사에서 가능)

Reading Success(성공적 읽기)는 유아들에게 '이티비티시(Itty Bitty City)'를 여행하면서 상호작용적인 시각과 청각 학습경험을 제공하는 소프트웨어 프로그램이다. 연구에 기반한 프로그램은 음소 식별 인지능력, 언어개발, 파닉스(발음법), 유창성, 이해력, 어휘력 등을 포함하는 유아의 조기 문해능력에 초점을 두고 있다. 이 프로그램의 전읽기(prereading) 기술은 계열화, 유목화, 운율화(rhyming), 글자인식(철자구별), 언어와 어휘 발달, 색깔과 형태 식별을 포함한다. 읽기 준비활동은 유목화, 어휘와 언어 발달 활동, 표현양식, 철자 순서, 대문자와 소문자 식별, 모음과 자음 식별, 소리글자의 조합, 그리고 단어 식별능력을 포함한다. 일찍 책 읽는 아이들은 어휘 식별 능력을 높이고, 간단한 문장을 작성해보고, 동음이자(同音異字)와 복모음을 탐구하고, 동사의 시제를 연습하며 실제로 책을 읽는 중에 학습 기술을 사전에 연습할 수 있다.

다음에 제시된 코멘트는 이 게임을 갖고 노는 유아들과 그들의 교사들이 제공한 것이다.

- 4살 유아는 "이것 봐! '아홉(Nine)'과 덩굴(Vine)'은 운율이 비슷해! 나는 운율을 할 수 있어!"라고 말했다.
- 또 다른 학령전 유아는 "나는 이티비티시에 들어갈 수 있었으면 좋겠어. 거기는 너무 재미있어"라고 했다.
- 수업에서 프로그램을 실시해본 교사에 의하면 "이티비티시 프로그램을 실시하기 시작한 후로 수업에서 타이머를 사용하지 않을 수 없었습니다. 유아들이 절대 끝내고 싶어하지 않았답니다!"
- 한 유아의 프로그램 실시 동기를 지속시켜 준 것은 실행수준이 성공적으

로 완성되었을 때 나타나는 '불꽃놀이' 이다. 유아는 "불꽃놀이를 할 때까지 결코 멈출 수가 없어요. 나는 불꽃놀이를 원해요" 라고 말했다.

Learning Company의 *Reader Rabbit Learns to Read with Phonics*

(www.learningcompany.com에서 가능)

이 소프트웨어 프로그램은 3세부터 6세까지의 유아들에게 적합하다. 이 소프트웨어는 읽기 준비 기술을 격려하기 위하여, 음운학과 단어 식별 능력 양쪽 모두를 사용하는 두 가지 접근 방식을 사용한다. 프로그램에 포함된 활동은 철자음 인식, 혼합기술(blending skills), 양식화 능력 개발을 지원한다. 또한 어휘 개발 기술에 도움을 준다. 소프트웨어의 한 구성요소인 독서로 가는 길(The Road to Reading)은 'Mat the Mouse' 를 주연으로 출연시키고 이에 관련된 임무를 부여하고 있다. 'Mat the Mouse' 는 글을 읽을 수 없어서 좌절을 겪으며 이 세상에 더 이상 단어가 없기를 희망했던 새끼 쥐이다. 유아들은 'Mat the Mouse' 가 한 번에 한 철자씩, 세상에서 알파벳을 복구하도록 도와야 한다.

School Zone Publishing Company의 *Alphabet Express*

(www.schoolzone.com에서 가능)

이 프로그램에 로그온한 후, 유아들은 알파벳 노래를 듣거나, 초기 문해 게임을 하거나, 게임과 페이지에 색칠을 하는 것을 배우면서 알파벳 철자를 선택할 수 있다. 알파벳 각 철자마다 필기체 연습페이지를 인쇄할 수 있는 기능이 제공되고 있다. 밝은 색상과 생생한 음악은 매우 어린 학습자들의 흥미를 끈다. 이 프로그램은 3세부터 6세까지의 유아들에게 추천할 만하다.

Adobe사의 *Adobe Photoshop*

(Adobe사의 전화 1-800-279-2795 또는 www.adobe.com에서 가능)

*Adobe Photoshop*은 슬라이드쇼를 창조하고 수업에서 찍은 디지털 사진을 활용한 수업앨범을 만드는 데 활용될 수 있다. 슬라이드쇼는 학교 생활, 또는 특별 이벤트를 사진으로 기록하는 데 매우 탁월한 방법이다. 이는 디스크에 저장될 수 있으며 부모님들이 확실히 즐거워 할 기념품이다. Adobe Photoshop으로 수업앨범을 만듦으로써 교사들은 그들 자신의 교실 경험을 기록하고 다시 말할 수 있도록 도와준다. 유아들은 친구들과 가족들과 함께 보기 위해 이 책을 집으로 가져가는 것을 좋아한다!

Broderbund(Learning Company)의 *Kid Pix Studio Deluxe*

(Learning Company사의 전화 1-800-825-4420 또는 www.broder.com에서 가능)

Kid Pix는 유아들로 하여금 컴퓨터를 이용하여 예술작품을 창조하도록 허락한다. 창조도구상자는 유아들이 삽화를 그리고, 칠하고, 움직이게 하도록 자원을 제공한다. 또한 그들의 삽화는 움직임과 음악을 수반할 수 있다. 삽화는 저장되고, 슬라이드쇼의 형태를 나타내도록 함께 결합되거나 친구들과 가족들에게 이메일을 통해 보내지기도 한다. 프로그램에서 나타난 기술은 색상, 도형, 숫자와 철자를 포함하고 있다. 초보적 어휘 사용 역시 권장된다.

Inspiration Software사의 *Kidspiration*

(Inspiration 소프트웨어 주식회사의 전화 1-800-877-4792 또는 www.kidspiration.com/productinfo/kidspiration/index.cfm에서 가능)

*Kidspiration*은 유아들로 하여금 그림, 문장, 구어를 활용하여 그래픽 구성을 창조할 수 있도록 돕는다. 이 프로그램은 유아들이 중요한 개념을 시각적으로 창조하도록 도움으로써 학습기술을 발전시키도록 도울 수 있다. *Kidspiration*은 학생들이 유목화, 의사소통, 그리고 추정 기술을 발전시키도록 도울 수 있다. 이 프로그램은 유치원부터 5학년까지의 유아들을 대상으로 하고 있다.

Edmark사의 *Bailey's Book House*

(Edmark사의 전화 1-800-362-2890 또는 www.edmark.com에서 가능)

Bailey's Book House(베일리의 책방)는 2세부터 5세까지의 유아들에게 권장하고 있다. 소프트웨어와 상호작용할 때, 유아들은 철자 인식, 운율, 어휘 개발에 집중한 일곱 개의 초기 문해 활동을 선택할 수 있다. 또한 유아들은 다양한 경우의 인쇄 가능한 카드를 만들 수 있으며 이야기를 "창작할 수 있다". 이 프로그램은 기본적인 컴퓨터 기능 개발을 격려한다.

Edmark사의 *Sammy's Science*

(Edmark사의 전화 1-800-362-2890 또는 www.edmark.com에서 가능)

Sammy's Science House(새미의 과학방)는 유아들이 일 년의 계절과 날씨, 동물들의 서식지, 그리고 다른 기본 개념에 관하여 학습하는 동안에 과학적인 사고를 하도록 격려하고 있다. 순서 정하기, 분류하기, 등급 나누기 기능이 포함된다. 유아들이 서로 다른 움직이는(animated) 풍경을 창조함으로써 환경의 특성을 다양하게 조작하도록 하므로 이 프로그램을 좋아한다. 예를 들어, 유아들은 다른 강수량과 풍향 수준을 선택하고 이들의 영향을 관찰한다. 프로그램 전반을 통해 창의력을 발휘하도록 격려되고 있다.

유아를 위한 웹사이트(www.starfall.com)

이 사이트에서는 부모들과 교사들이 전읽기 학습단계 유아들의 초급 읽기, 중급 읽기, 고급 읽기 수준으로 학습을 지원하기 위해 활동, 유인물, 상호작용적인 게임을 찾을 수 있다. 매우 어린 유아들은 이 사이트를 탐구하는 동안에 철자들이 만드는 음성과 철자를 찾을 수 있다. 모든 철자마다 그 특정 철자에 의해 만들어진 소리(sound)를 강조한 움직임이 있는 사진이 제공되며, 짧은 비슷한 소리(jingle)의 반복은 소리(sound)를 가르치도록 도와준다. 이 사이트에서 제공하는 상호작용적 책에 의하여 초급 수준의 읽기능력 획득이 장려된다. 학생들은 컴퓨터로 작업하는 중에 가능한 책의 페이지를 조작할 수 있으며, 컴퓨터는 읽혀지는 대로 각 개개의 단어를 밝게 비추어주면서 책을 유아들에게 "읽어줄 수 있다". 인쇄 가능한 책과, 기능을 쌓을 수 있는 연습장은 컴퓨터를 통해 배울 수 있는 기능을 강화시켜 줄 수 있다. 고급 읽기 학습자를 위해서는 연주, 만화, 신화, 우화, 민담을 포함하는 다양한 양식의 상호작용적 책이 가능하다. 허구적 작품과 실제적 작품 또한 가능하다.

http://www.sesameworkshop.org/sesamestreet/

이 사이트에서는 유아들이 상호작용적 게임을 하면서 그리고 이야기를 들으면서 철자, 숫자, 모양, 분류하기, 날씨 그리고 다른 많은 주제에 대하여 배울 수 있다. 디지털 색칠하기 부분은 인쇄가능한 게임과 마찬가지로 가능하다. 이 웹사이트의 특정한 부분은 부모들을 위해서 설계되었다. 이 사이트를 방문하는 동안에 부모들은 부모역할과 교육적 사안에 대한 조언을 얻을 수 있고 유아들과 완성할 수 있는 즐거운 활동에 대한 제안을 찾을 수 있다.

http://www.bbc.co.uk/cbeebies/

CBbeebies 믿음의 바탕은 유아들이 놀이를 통하여 배울 수 있다는 것이다. 상호작용적 이야기들과 게임들이 이 사이트에서 가능하다. 몇몇의 게임과 이야기는 유아들의 특정 욕구의 요구를 맞추기 위하여 수정되어 왔다.

http://www.storyplace.org/

영어와 스페인어가 모두 가능한 이 웹사이트는 유아들에게 상호작용적 책을 탐험하도록 기회를 제공하고 있다. 디지털 책방은 학령 전 그리고 초등학교 연령의 유아들을 위한 활동을 제공하고 있으며 온라인과 인쇄된 활동 모두 이 사이트에서 가능하다.

http://www.bookhive.org/

이 사이트는 부모와 교사들과 마찬가지로 신생아부터 12살에 걸친 유아들에게 다양한 유아책에 대한 정보를 제공하도록 구성되어 있다. 다양한 책에 걸쳐,

학부모 노트와 함께 제공되는 책 리뷰가 제공된다. 저자, 삽화가, 제목, 흥미 분야, 읽기 수준 또는 페이지 수에 근거하여 검색이 가능하다.

http://www.literacycenter.net/

LiteracyCenter.net은 미국 교육부로부터 계약된 소규모 비즈니스 혁신 연구(Small Business Innovation Research: SBIR)와 함께 시작되었으며, 학부모와 교사에게 조기문해 능력을 개발하도록 돕는 자원을 무상으로 제공하고 있다. 자원은 영어, 스페인어, 덴마크어, 불어로 가능하다. 이 사이트에서 가능한 상호작용적 활동은 유아들이 색상, 철자, 숫자, 모양, 음소, 운율, 쓰기에 대하여 배울 기회를 제공하고 있다. 이 사이트에서는 각각의 기능의 중요성에 대한 부가적 정보도 볼 수 있다.

교사를 위한 웹사이트(www.internet4classrooms.com)

이 사이트에서 교사들은 다음과 같은 다양한 종류의 교육자원에 접근할 수 있다.

- 테스트 준비에 도움을 주는 평가 지원 자료
- 파워포인트, 워드, 엑셀, 인스파이레이션(Inspiration), 인터넷 익스플로러, 드림위버, 하이퍼스튜디오, 매킨토시, 윈도우즈/PC, 웹퀘스트, 웍스, 넷스케이프, 클라리스를 포함하는 다중 소프트웨어를 활용하는 데 필요한 기술적 기능을 발전시키는 데 도움을 주는 연습 모듈/학습자료
- 유명한 인용구, 사소한 질문, 그리고 다른 흥미로운 사건들을 포함하는 자주 업데이트되는 사이트 링크
- 인터넷을 효과적으로 찾아주는 가이드라인
- 교실학습을 증진시키는 데 활용될 수 있는 수많은 사이트들로의 링크(주제 영역, 학년 수준, 토픽에 따라 그룹화된 링크 제공)

http://school.aol.com/

이 사이트에는 학생들과 교사들, 부모들을 위한 자원이 가능하다. 학생들은 수학, 과학, 언어예술, 사회학, 예술 그리고 다른 선택 교과의 학습을 증진시키는 개인교습, 레슨, 게임을 포함한 정보에 접근할 수 있다. 지도책, 연감, 사전, 백과사전 등과 같은 참고자료 도구가 새소식 자원, 교육적 게임, 일기 예보와 마찬가지로 가능하다. 교사들에게는 레슨 계획서, 플래시카드, 워크시트, 퍼즐 만들기, 클립아트 자원, 지침서 제작(rubric generator) 등도 가능하다. 웹사이트 만들기, 온라인 협동 과제, 인터넷 보안, 수업에 테크놀로지를 통합할 수 있는 조언들 역시 이 웹사이트에서 찾아볼 수 있다.

www.PlayhouseDisney.com/Educators

이 사이트에서 교육자들은 교실활동, 퍼즐, 요리법, 노래를 찾을 수 있다. 또한 교육자들은 활동에 포함되어 있는 연령 수준(2세부터 5세), 주제, 특정 기능을 선택함으로써 정보를 찾을 수 있다. 각각의 검색은 교실에서 활용할 수 있는 나이에 적절한 활동을 생성한다.

http://teacher.scholastic.com/

이 사이트에서는 주제와 관련된 온라인 활동, 수업계획, 교구들이 제공된다. 교사들은 플래시카드를 생성할 수 있으며 연감을 만들 수 있고 교실 홈페이지를 제작할 수 있고 연령에 적합한 수업계획을 찾을 수 있다. 교사들은 Scholastic' s Global Classport를 가지고 182개 국의 교사들과 함께 협동하고 교실들을 서로 연결할 수 있다!

http://netc.org/earlyconnections/

북서지역 교육공학 컨소시엄(Northwest Educational Technology Consortium)에 의해 개발된 이 사이트는 교사들에게 조기유아교육에서 테크놀로지를 활용할 수 있는 정보와 자원을 제공하고 있다. 테크놀로지가 각각의 발달단계에 있는 유아들의 발달에 어떻게 영향을 주는지에 대한 정보를 이 사이트에서 찾을 수 있다. 또한 테크놀로지를 교실에 통합시키는 방법에 대한 정보와 부가적인 정보에 대한 링크 역시 찾아볼 수 있다.

www.techandyoungchildren.org/

NAEYC 테크놀로지와 Young Children Interest Forum의 공식 사이트인 이 사이트는 유아들에게 테크놀로지를 활용하는 것, 테크놀로지 기금을 위한 자원 그리고 인터넷을 활용하는 팁 등 최고의 실제적 활용에 대한 정보를 제공한다.

http://school.discovery.com/

이 사이트에서 교사들은 수업계획서를 찾을 수 있으며, 퍼즐을 만들고, 클립아트를 무료로 다운로드할수 있으며, 일반적 퀴즈와 연습장을 만들 수 있다. 온라인 계좌에 등록함으로써, 교사들은 미래 활용을 위한 온라인 창조물을 저장할 수 있다. 이 사이트의 전체는 과학 축제(Science Fairs), 프로젝트 아이디어 제공 그리고 부가적 정보를 찾을 수 있는 다중의 링크 주소들에 집중되어 있다. 높은 수준의 사고 지식을 요구하는 'Brain Booster' 란 단어 퍼즐은 교육자들이 그들의 교실에서 활용할 수 있도록 가능하다.

http://educationworld.com/

교사들은 다음과 같은 주제-수업 계획, 전공 개발, 테크놀로지 통합, 학교 안건, 집에서의 Education World-에 따라 구성된 정보의 바다를 찾게 된다. 교실을 위한 조언, 교구관리 그리고 인쇄 가능한 아이디어들과 활동들을 여기서 찾을 수 있다. 다른 전문적 자료로의 링크도 이 사이트를 통해 가능하다.

http://www.alphabet-soup.net/

이 사이트에서 교사들은 의미적 단위, 게임, 활동, 조리법 그리고 수많은 무료 인쇄물을 찾을 수 있다. 교사들에게 가능한 자원에는 알파벳 색칠하기 페이지, 주제 쓰기 연습지, 게시판 영역(border), 인쇄될 수 있는 책들이 있다. 이 사이트는 잘 구성되고 자주 업데이트된다.

http://www.teachersandfamilies.com/index.html

이 사이트에서 교사와 가족들은 유치원 주제-기반(theme-based) 활동, 프로젝트, 인쇄가능한 연습 페이지에 접근할 수 있다. 유치원부터 12학년까지의 학생들을 위해 주제와 학년 수준에 관련된 가치 있는 학습자료에 대한 링크도 찾아볼 수 있다. 부모들을 위해 현재의 사안에 관한 기사와 부가 정보에 대한 링크도 제공된다.

대학생들의 학습과 테크놀로지의 통합

우리는 구성주의적 교사들이 주장하는 "어린 아이들은 생각하는 방법을 배운다"는 개념에 동의한다(Branscombe et al., 2003. p.313). 그리고 이는 이 절의 근간을 형성한다. 유아들을 위한 적절한 학습환경을 만들기 위하여, 구성주의적 교사들은 유아들이 이해하는 방법과 생각하는 방법을 이해해야만 한다. Papert(1990)는 "구성주의"라고 명명한 고유의 이론을 창안하고 이 이론을 통해 테크놀로지의 역할을 포함시켰다. 그는 유아들이 특히 테크놀로지를 통해 스스로 고유 프로젝트의 제작자(producer), 설계자, 생산자(makers)여야 한다고 생각했다(Forman & Landry, 2000). 그의 이론은 Piaget 이론에 근거하고 있으며 학습환경과 테크놀로지를 활용한 교육을 재정의하고 있다. Papert가 학습자들이 능동적으로 그들 지식을 구성하는 데 참여해야 할 필요가 있다고 믿은 것처럼, 우리 역시 대학생들이 온라인 비디오 컨퍼런싱 세션을 통해 그들의 지식을 구성하는 과정에 직접적으로 참여하기를 원하고 있다.

온라인 비디오 컨퍼런싱 세션은 유아교육 학습자들에게 테크놀로지를 활용함으로써 실제적 학습환경을 제공하게 되었다. 이러한 학습자들은 교재, 그리고 그들의 사회적 지적 환경과 상호작용함으로써 전문 지식을 능동적으로 구성해나갈 수 있다(Taylor & Hsueh, 2005). 인터넷을 통한 온라인 비디오 컨퍼런싱 테크놀로지는 학습자들이 다른 곳의 교육자들과 상호작용할 수 있는 풍부한 환경을 제공한다. 교사교육 과정에 접목된 온라인 비디오 컨퍼런싱은 학습자들이 구성주의를 이해하는 데 효율적으로 기여하고 있다. 이러한 견해는 유아들이 그들 주변 환경과 상호작용함으로써 어떻게 지식을 구성하는지 이해할 수 있기 때문에 구성주의의 기본 이해와 일치한다. 교사들은 스스로 자신의 지식을 어떻게 구성하는지의 과정을 경험해야만 한다. 온라인 비디오 컨퍼런싱 세션은 미국 전역의 유명한 교육자들과 상호작용할 기회를 제공함으로써 구성주의에 대한 학습자들의 이해를 증진시킨다. 2003년과 2004년 세션에서, 한 대학으로부터만 접근 가능한 것이 아니라 전 세계로부터 아이디어와 지적 자원에 접근하였다. 사범대학생(teacher education students)들을 위해 전 세계적으로 개방된 이러한 교수법은 Duckworth(1996)의 다음과 같은 개념에 근거하고 있다: "사람들은 자신의 지식을 구성해야만 하고, 그들은 자신에게 뜻이 통하는 방식으로 새로운 경험을 소화해야만 한다"(p.150).

이 절의 목표는 대학생들이 그들 지식구성을 증진하기 위해 테크놀로지가 교수법(2003년과 2004년 온라인 비디오 컨퍼런싱 세션을 조직하는 단계를 포함하여)에 통합되는 방법을 기술하기 위한 것이다. 교수전략, 학습자들의 이 세션에 대한 반응, 그리고 대학 교실수업에서 테크놀로지를 활용하는 방법에 대한 조언 등과 같은 세션들을 구성하는 단계는 차차 논의하도록 하겠다.

온라인 비디오 컨퍼런싱 세션을 조직화하는 단계

유아교육을 전공하는 대학원생에게 인터넷 프로토콜 기반(IP-based)의 온라인 비디오 컨퍼런싱 세션을 제공하기 위하여 첫 번째로 요구되는 단계는 이 같은 노력을 지원해줄 수 있는 멤피스 대학을 통해 2003년과 2004년의 기술 접속 요금에 대한 기금을 확보하는 것이었다. 이에는 다음 사항들이 수반되었다: (1) 일본 교육자 1명, 스웨덴 교육자 1명을 포함하여 유아교육 분야에서 전국적으로 그리고 국제적으로 성공한 학자들에게 인터넷을 통한 IP기반 온라인 비디오 컨퍼런싱의 가능성을 요청함과 동시에 비디오 세션에 참여할 수 있는지를 묻는 편지를 쓰는 것이다. (2) 수업에서 학자들의 출연 순서를 계획하고 네트워크의 연결을 시험해본다. (3)초청된 학자들로부터 받은 새로운 과정자료를 모으면서 동시에 온라인 비디오 컨퍼런싱 세션에 포함하기 위하여 유아교육에서의 구성주의에 대한 기존 과정을 재설계한다. (4) 학기가 시작되기 직전에 네트워크의 연결을 재시험한다. 이러한 세션을 만들기 위한 단계들은 다른 곳에서 좀 더 자세하게 다루고 있다(Taylor & Hsueh, 2005).

비록 2003년과 2004년 세션에는 두 명의 국제적 학자들이 포함되도록 계획되었지만, 이들은 시차 때문에 참여하기가 불가능하였다. 또한 미국 학자 두 명 역시 개인 사정 때문에 온라인 비디오 컨퍼런싱 세션에 참석해달라는 초청을 수용할 수가 없었다. 2003년 세션에는 6명의 학자들이 참여하였고, 2004년 세션에는 7명의 학자들이 참여하였다. 참여한 학자들은 오클라호마 주립 대학의 Kathryn Castle, 롱아일랜드 대학의 Arleen Dodd, 노던 아이오와 대학의 Rheta DeVries, 하버드 대학의 Eleanor Duckworth, 사우스 플로리다 대학의 Stephan Graves, 버밍햄, 앨라바마 대학의 Constatnce Kamii, 애리조나 주립 대학의 Joseph Tobin, 클렘슨 대학의 Dorothy Sluss이다. 이러한 교육자들 중 몇 명이 두 학기에 걸쳐 있었던 세션에 참석하였고, 한 학기에 있었던 두 개의 온라인 비디오 컨퍼런싱에 참석한 사람은 한 명이었다.

교수전략

2003년과 2004년 사이에 두 번의 가을 학기 동안, 유아교육을 전공하는 25명의 대학원생이 14개의 다른 IP 기반 온라인 비디오 컨퍼런싱 세션에 참여하였다. 이 수업을 들은 학생 중 11명은 유아교사, 유아교육 대학 강사 또는 유아교육 기관의 행정가였다. 그들의 학습을 좀 더 생생하고 의미 있게 만들기 위하여, 학생들은 그 주의 초빙 강사가 작성한 책의 장(chapter)이나 기사를 할당받았고, 그들이 읽은 책의 장 또는 기사에 근거하여 전문가에게 할 질문을 준비하도록 하였다. 각 세션은 처음을 제외하고 거의 두 시간 정도 지속되었으며 각 세션은 동영상으로 녹화되어 학생들이 후에 재검토할 수 있도록 만들어졌다. 2003년과 2004년 세션 동안에 각 초빙 강사는 현재 진행 중인 연구를 토론하도록 요청되었고 그 뒤 학생들은 그들에게 질문하였다(Taylor & Hsueh, 2005).

Duckworth(1996)의 개념 즉 학생들이 어떠한 문제를 직면할 때 그들의 경험을 연결 짓도록 하는 개념을 기반으로 수업의 첫 단계가 이루어졌다. 다시 말하면, 학생들은 현장의 전문가가 제공하는 온라인 비디오 컨퍼런싱 세션에 참여함으로써 유아교육에서의 구성주의에 관한 현재의 논의사항들에 직접적으로 참여하게 되었다. 학생들은 읽기 자료를 바탕으로 질문하였고, 전문가들은 그들의 질문에 직접 답하였다. 학생들은 전문가들과 상호작용하는 그들 자신의 방식을 경험하도록 허락되었고, 세션을 통하여 그들 자신의 지식을 구성하였다(Taylor & Hsueh, 2005). 부가적으로, 이 세션을 통하여 연설자들과 상호작용함으로써 학생들은 더 많은 지식이 파생되었다. 몇몇 질문은 즉흥적이었고, 그 중 일부는 사전에 잘 구안된 것이었다.

이 과정은 구성주의를 중심으로 이루어졌기 때문에, 학생들은 각 세션에서 만났던 초빙강사들과의 경험에 관한 질문적 성찰기술지(reflection form)에 반응함으로써 학습을 성찰하도록 격려되었다. 각 학생들의 성찰기술지는 처음의 저자 즉 초빙강사로부터의 반응이 부가되어 학생들에게 되돌려졌다. 가을학기가 끝나는 시점에는 학생들로부터 성찰기술지를 모아 총괄적으로 재검토하였다. 이는 성찰기술지를 작성함으로써 학생들이 한 학기 과정의 학습 내용을 심층적으로 이해할 수 있다고 언급한 Duckworth(1996)의 교수학습 두 번째 단계에서 서술된 내용과 일치한다.

성찰기술지는 다음과 같은 사항을 포함하고 있다: (1) 오늘 온라인 비디오 컨퍼런싱 세션 동안에 토의된 구성주의에 대하여 당신이 이해한 사항 중 중요한 세 가지 사안을 논하라. (2) 오늘 수업에서 이루어진 당신의 발전과 학습—당신의 학습에서 개선해야만 할 것이 무엇인지를 반드시 포함하라—을 성찰하라. (3) 상호작용적 목적에 충분할 만큼 TV 스크린이 컸는가? (4) 이 세미나에서 온라인 비디오 컨퍼런싱을 사용하는 장점은 무엇인가? (5) 단점은 무엇인가? (6) _______ 박사와 상호작용한 것에 관련하여 가장 즐거웠던 것은 무엇인가? (7) 미래의 온라인 비디오 컨퍼런싱 세션을 위해 제안할 사항은 무엇인가?

학생들의 반응

"어젯밤에 난 잠을 잘 수가 없었어요! Steven Graves 박사와의 온라인 비디오 컨퍼런싱 때문에 너무 흥분되었고 흥미로웠어요! 그는 나의 구성주의에 대한 신념을 확고하게 했어요!" (Taylor & Hsueh, 2005, p.127). 이것은 2003년 처음 세션을 마친 후, 흥분한 한 학생의 말이다. 바로 위에서 세션에 참석한 것이 얼마나 좋았는지에 대하여 언급한 말처럼, 많은 학생들이 최고의 교육자들과 직접적으로 의사소통한 기쁨을 논하고 있었다. 다른 코멘트들은 "이 세션은 전문교사로서의 내게 가장 의미 있는 경험 중 하나였다", "매우 흥미로운 사람들로부터 많은 것들을 배울 수 있는 기회였다" 그리고 "우리 분야의 명사들과 상호작용할 수 있는 기회"를 포함하고 있다. 온라인 비디오 컨퍼런싱 세션의 장점과 단점을 논하는 것에서 학생들의 코멘트들은 압도적으로 긍정적이었다. 한 학생이 "읽은 글들, 자료들의 원 저자와 만날 수 있었던 것이 장점이었다"고 했으며 두 명의 학생은 "우리는 전 세계에 접근할 수 있었다" 그리고 "우리는 경력이 쟁쟁하지만 지리적으로는 접근이 불가능한 전문가들로부터 직접 도움을 얻을 수 있었다"고 했다. 또한 한 학생은 "사용하기 어려운 테크놀로지에 접해 본 것이 좋았다"고 했다(Taylor & Hsueh, 2005, p.131).

온라인 비디오 컨퍼런싱 세션의 장점은 학생들에 의한 코멘트뿐 아니라 초빙강사들에 의해서도 증명되었다. 롱아일랜드 대학의 Arleen Dodd는 "테크놀로지의 활용을 탐험해야만 했다. 재미있었고 교육적이었다"고 말했다. 이와 유사하게, 앨라바마 대학 버밍햄캠퍼스의 Constance Kamii는 "이제 당신은 온라인 비디오 컨퍼런싱으로의 연결이 얼마나 멋진지에 대한 생각을 내 머리에 깊이 심어놓았다. 일본에 있는 동료와 내가 이를 활용할 수 있는 가능성을 탐구하겠다"고 말하였다(Taylor & Hsueh, 2005, p.131). 그녀는 또한 "오늘 나는 일본인 학생 한 명을 이 비디오 세션에 초청하여 그로 하여금 이를 관찰하고, 이에 관해 일본에 있는 내 친구에게 정보를 주도록 하였다."

적은 수이긴 하지만 온라인 비디오 컨퍼런싱 세션의 단점에 대하여 "기다리는 시간이 지루했어요", "약간의 시간 지체가 산만하게 만들었어요" 그리고 "때때로 잡음이 있는 것이 단점이에요" 등이 언급되었다. 그러나 다음과 같은 코멘트는 이러한 세션을 학생들에게 계속하여 제공하는 것이 얼마나 중요한지에 대하여 강력하게 증명하고 있다. "이러한 단점은 아마 우리가 결코 다시는 경험하게 될 수 없을 것입니다." 요약하자면, 대학 교실은 "다양한 경험, 세계관, 문화적 가치, 언어적 배경을 가진 사람들의 잠재적 학습 공동체이다. 모든 사람들이 함께하면 학습은 더욱 풍부해질 것" (Magee & Jones, 2004, p.17)이라는 개념을 바탕으로 온라인 비디오 컨퍼런싱 세션이 진행되었다. Magee와 Jones(2004)와 Blagojevic(2004)이 대학 교육과정에 좀 더 호혜적이기 위하여 원격학습을 찾은 것처럼, Taylor와 Hsueh(2005)는 학생들의 학습에 의미 있게 도움이 되고자 캠퍼스 밖의 교육자들과의 온라인 비디오 컨퍼런싱 세션을 찾았다.

원격학습에서 테크놀로지의 활용은 학습과 발전을 긍정적으로 만든다. 이처럼, Prairie(2005)는 함께 참여하는 모든 사람들에게 이익이 될 수 있도록 "가까이 그리고 멀리 있는 사람들과의 의사소통"이 가능한 테크놀로지 활용을 고려하고 있다.

추천안

이러한 온라인 비디오 컨퍼런싱 세션을 바탕으로 하여, 테크놀로지를 활용한 성인교육에서의 구성주의적 접근을 실행하는 방법에 관하여 다음과 같은 사항들이 권장된다.

1. 구성주의를 증진하는 수단으로서 테크놀로지 활용을 명시한 수업 계획서에 수업 목표를 명확하게 기술한다. 그리고 이러한 목표를 학생들과 세밀히 검토하고 논의하여, 각 세션의 녹화 중에 학생들로부터 기대되는 것이 무엇인지 확실하게 이해하도록 한다. 학생들에게 세션이 진행되는 동안 적절한 행동이 무엇인지 알려줌으로써 지각하거나 껌을 씹는 등과 같은 부적절한 행동을 방지할 수 있다.
2. 학생들에게 각 세션이 시작되기 전에 미리 읽은 각 초빙강사의 글에 대하여 코멘트를 만들거나 질문을 준비하도록 한다. 비록 학생들이 세션 동안에 흥미로운 새 질문을 하겠지만, 질문을 준비하는 것은 초빙강사들이나 학생들이 침묵의 거북한 순간을 피하게 할 뿐 아니라 순조롭게 진행되는 것을 돕는다.
3. 초빙강사들에게 그들에게 기대하는 바가 무엇인지 알려라. 왜냐하면, 초빙강사들이 준비하는 사항이 학생들의 기대와 다를 수 있기 때문이다. 초

빙강사들이 세션을 시작하는 방법에 따라 약간의 혼란이 있기도 하다. 사전에 초빙강사들과 의사소통을 원활하게 하는 것이 학생들로 하여금 읽기를 통해 친숙하게 된 아이디어들과 연결할 수 있는 기회를 좀 더 많이 제공할 수 있다(Taylor & Hsueh, 2005).

4. 세션이 진행되는 동안에 상호작용을 할 수 있는 시간을 충분히 배정하라. 몇몇 세션은 배정된 시간을 초과할 수 있다. 그러므로 초빙강사들에게 이러한 사항을 알리는 것이 중요하다.
5. "학생들에게 둘 또는 그 이상의 초빙강사들이 서로 상호작용할 수 있도록 다자 방식의 온라인 비디오 컨퍼런싱 세션을 제공할 수 있는 가능성"을 고려하라(Taylor & Hsueh, 2005, p.131). 이는 2004년 두 번째 가을 학기의 세션 동안에 한 초빙강사에 의해 제안되었다. 그러나 이러한 가능성을 준비할 수 있는 시간이 제한되어 있기 때문에, 다자 방식의 온라인 비디오 컨퍼런싱 세션은 그 당시 가능하지 못했다.
6. "각 대학에서 인터넷에 접속할 수 있는 광대역 네트워크 인프라를 갖추도록 확실히 해야 한다"(Taylor & Hsueh, 2005, p.132). 양쪽에 있는 교실에서 커다란 스크린 모니터와 함께 IP기반의 온라인 비디오 컨퍼런싱 카메라가 있어야만 할 필요가 있다. Taylor와 Hsueh(2005, p.132)에 따르면, "온라인 비디오 컨퍼런싱 상호작용의 질은 기술적 장비의 호환성, 연결된 두 대학교 사이, 그리고 캠퍼스 내의 네트워크를 통한 연결성에 많은 부분 의존한다".
7. 초빙강사들이 바쁜 일정을 조정할 수 있도록 사전에 세션을 계획하는 것에 대하여 서로 충분히 이야기되어야 한다. 기꺼이 참석하고자 하는 초빙강사가 외국에 있어야 했기 때문에 참석할 수 없었던 사례가 있었다. 또한 사무적 지원이 부족하여, 어떤 세션은 새로 일정을 조절해야만 한 경우도 있다.
8. 많은 수의 학생들에게 참석할 기회를 주기 위하여 온라인 비디오 컨퍼런싱 세션을 강당에서 제공할 수 있는지도 알아봐야 한다.

참고문헌

Ashikawa, T. (1 99 1). *Oya, kyoshi, jukuga kodomoodamenishita* [parents, teachers, and after school schools ruined children]. Tokyo: Gendaishorin.

Becker, H. (2000). Who' s wired and who' s not: Children' s access to and use of computer technology. *The Future of Children, 10*(2), 44-75.

Bewick, C., & Kostelnick, M. (2004). Educating early childhood teachers about computers. *Young Children. 59*(3), 26-29.

Blagojevic, B., Twomey, D., & Labas, L. (2002). *Universal design for learning: From the start.* Retrieved August 11, 2006, from http://www.ume.maine.edu/-~cci/facts/facts6/udl.htm

Blagojevic, B. (2003). Funding technology: Does it make cents? *Young Children, 56*(3), 28-33.

Blagojevic, B. (2004). World class learning. *Young Children, 59*(3), 42-44.

Bowman, B. (1998). Equity and young children as learners. In *Proceedings of the Families, Technology and Education Conference.* Retrieved August 11, 2006, from http://ericeece.org/pups/books/fte/general/bowman.html

Branscombe, N., Castle, K., Dorsey, A., Surbeck, E., & Taylor, J. (2003). *Early childhood curriculum: A constructivist perspective.* Boston: Houghton Mifflin.

Brooks, J., & Brooks, M. (1999). *In search of understanding the case for constructivist classrooms.* Alexandria. VA: Association for Supervision and Curriculum Development.

Clements, D., & Sarama, J. (2003). Young children and technology. *Young Children, 58*(6), 34-40.

DeVries, R., Zan, B., Hildebrandt, C., Edmiaston, R., & Sales, C. (2002). *Developing constructivist early childhood curriculum.* New York: Teachers College Press.

Donohue, C., & Neugebauer, R. (2004). Innovations in e-learning: New promise for professional development. *Young Children, 59*(3), 22-32.

Duckworth, E. (1996). *The having of wonderful ideas and other essays on teaching and learning.* New York: Teachers College Press.

Fisher, M., & Gillespie, C. (2003). Computers and young children' s development. *Young Children, 58*(4), 85-91.

Forman, G., & Landry, C. (2000). The constructivist perspective on early education: Applications to children' s museums. In J. L. Roopnarine & J. E. Johnson (Eds.), *Approaches to early childhood education* (pp. 149-174). Upper Saddle

River, NJ: Merrill/Prentice Hall.

Goldberg, M. (2006). *Integrating the arts: An approach to teaching and learning in multicultural and multilingual settings.* Boston: Allyn & Bacon.

Haugland, S. (1992, Winter). Maintaining an anti-bias curriculum. *Day Care and Early Education,* pp. 44-45.

Haugland, S. (1999). What role should technology play in young children' s learning? Part 1. *Young Children, 54*(6), 26-31.

Haugland, S. (2000). What role should technology play in young children' s learning? Part 2. *Young Children, 55*(1), 12-18.

Hertzog, N., & Klein, M. (2005). Beyond gaming: A technology explosion in early childhood classrooms. *Gifted Child Today, 28*(3), 24-65.

Holder-Brown, L., & Parette, H. (1992, September). Children with disabilities who use assistive technology: Ethical considerations. *Young Children,* pp. 74-75.

Magee, J., & Jones, E. (2004). Leave no grownup behind: Coming to terms with technology. *Young Children, 59*(3), 13-20.

Means, B., & Olsen, K. (1994). The link between technology and authentic learning. *Educational Leadership, 51*(7), 15-19.

Moore, C. (2003). *With computers, children learn the 3Rs plus the S: Self-esteem.* Retrieved August 11, 2006, from http://www.Mainecite.org/funding.htm

Morrison, G. (2001). *Early childhood education today* (8th ed.). Upper Saddle River, NJ: Merrill/ Prentice Hall.

Mulligan, S. (2003). Assistive technology supporting the placation of children with disabilities. *Young Children, 58*(6), 50-51.

NAEYC position statement: Technology and young children-ages three through eight. (1996). *Young Children, 51*(6), 11-16.

Nir-Gal, O., & Klein, P. (2004). Computers for cognitive development in early childhood-the teacher' s role in the computer learning environment. *Information Technology in Childhood Education Annual,* 97-119.

Papert, S. (1990). *A critique of technocentrism in thinking about the school of the future* (Epistemology and Learning Memo No. 2). Cambridge, MA: MIT.

Plowman, L., & Stephen, C. (2005). Children, play, and computers in pre-school education. *British Journal of Educational Technology, 36*(2), 145-157.

Prairie, A. (2005). *Inquiry to math, science and technology jbr teaching young children.* Clifton Park, NY: Thomson Delmar learning.

Shade, D. (1996). Software evaluation. *Young Children, 51*(6), 17-21.

Taylor, S. 1. (2004). Let it be! Japanese preschoolers rule the classroom. *Young*

Children, 59(5), 20-25.

Taylor, S. I., & Hsueh, Y. (2005). Implementing a constructivist approach in higher education through technology. *Journal of Early Childhood Teacher Education, 26*(2), 127-132.

Technology-Related Assistance for Individuals with DisabilitiesAct of 1988 (PL 100-104). (1988). Retrieved August 11, 2006, from http://pursuit.rehab.uiuc.edu

Thomas, A. (2005). Children online: Learning in a virtual community of practice. *E-Learning, 2*(1), 27-38.

Trawick-Smith, J. (2003). *Early childhood development: A multicultural perspective.* Upper Saddle River, NJ: Merrill/ Prentice Hall.

Wortham, S. (2006). *Earljy childhood curriculum* (4th ed.). Upper Saddle River, NJ: Merrill/ Prentice Hall.

Wright, J., & Shade, D. (1994). *Young children: Active learners in a technological age.* Washington, DC: NAEYC.

Young, D., & Behounek, L. (2006). Kindergartners use PowerPoint to lead their own parent-teacher conferences. *Young Children, 61*(2), 24-26.

제10장

평생학습을 위한 온라인 지식 공동체 형성: 터키에서 대학-지역사회의 파트너십

Gulsun Kurubacak, Anadolu University, Turkey

요약

새로운 통신기술(communication technology)이 가져온 패러다임의 변화는 터키에서 대학-지역사회 파트너십(university-community partnership: UCP)을 강화시키고 있다. 이 장의 목적은 평생학습을 위해 대학과 지역사회가 온라인 지식 공동체를 형성하는 방법을 밝히는 것이다. 나아가, 비평적 교육접근법(critical pedagogy approach)에 근거한 매체 풍부성 이론(media richness theory)을 토대로 UCP의 전략과 원리를 제시할 것이다. 이를 통해, 우리의 일상생활과 연결된 사회정의에 관해 논할 수 있는 이론적 틀을 제안할 것이다. 또한 새로운 통신기술을 통해 온라인 학습자는 다양한 자원, 다문화 경험, 평등주의 실현의 기회를 가질 수 있을 것이다. 즉 이 장은 평생학습에서 UCP의 특성을 밝히는 데 중점을 두고 있으며, 여기에는 새로운 통신기술을 활용한 온라인 공동체 형성방안을 포함하고 있다.

도입

새로운 통신기술은 터키에서 대학과 지역사회 파트너십(UCP)의 강화라는 패러다임 변화를 실현할 수 있는 강력한 도구로 자리매김하고 있다. 이와 같은 기술은 상호 협력의 강화와 국제적인 지식 및 자원의 공유를 촉진하고 있다. 평생학습에서 원격교육이라는 개념은 더 이상 새로운 것이 아니라 하더라도, 이는 강조되고 재고되어야 할 관심사다. UCP의 실천은 온라인 커뮤니케이션 관련 이론, 모형, 전략을 주의 깊게 재설계하고 변화할 것을 요구하기 때문에, 사회 정의 실현에도 기여할 수 있다. 또한 평생학습의 표준과 규칙도 파트너십에 영향을 미친다. Baum(2000)에 의하면, 평생학습 맥락에서 대학과 지역사회의 파트너십은 사회적, 경제적, 교육적, 인지적 자원과 시설 등 모든 자원을 재조정하도록 해주므로 다음과 같은 성과를 거둘 수 있다.

1. UCP는 글로벌 지식 공동체를 형성하는 다양한 활동에 깊이 참여할 수 있게 된다.
2. 온라인 공동체에서 민주주의적인 변화를 가져올 수 있는 이론적 틀을 생성할 수 있다.
3. 사회적, 문화적, 교육적 상호작용과 협력은 공익 실현을 촉진하게 된다.
4. 단순 전달형을 넘어서는 커뮤니케이션 모형이 가진 가능성, 잠재성, 시사점은 사회정의 실현에 대한 관심을 불러일으킬 수 있다.
5. UCP에 관한 태도, 신념, 기대는 중요한 문화적, 사회적 문제점에 대해 효과적으로 대처할 수 있게 해준다.
6. UCP는 사회정의가 어떻게 일상생활에서 실현되고 안정화될 수 있는지 탐색해 준다.
7. 효과적인 실천은 다문화를 고려한 민주적 의사결정뿐만 아니라 대학과 지역사회에서 대화중심적 리더십이 실현될 수 있게 해준다.

이러한 과정에서 이론적 틀은 일상적인 예시와 경험을 통해 터키의 UCP를 강화시켜 줄 수 있기 때문에 매우 중요하다. 이 장의 주된 관심사는 확고한 온라인 지식 공동체를 건설하기 위해 평생학습자의 역할을 명확하게 정의하고 이들의 책임이 변화하고 있음을 상기시키고자 하는 것이다. 뿐만 아니라 지역사회의 문제점에 대응할 수 있는 현실적인 방안으로 UCP를 제안한다. 따라서 이 장에서는 터키 UCP의 전략과 원리뿐만 아니라 그 문제점과 제한점에 대해서도 다루고자 한다. 이는 파트너십을 시작할 때 관련 자원과 산출물을 명확하게 밝히는 것이 중요함을 알려줄 것이다. 그러나 이러한 과정에서 융통성이 발휘될 필요도 있을 것이다. 간략하게 말하자면, 이 장은 어떻게 터키의 대학과 지역사회가 사회 정의 실현이라는 공동의 비전을 만들고 이러한 평생학습의 비전을 이루기 위해 온라인 공동체로서 어떠한 활동을 해야 하는지를 제시하였다.

이론적 배경

그동안 복합적인 성향을 지닌 평생학습 영역에서는 대학과 지역사회가 효과적으로 협력할 수 있는 방안이 마련되어야 한다는 요구가 있어왔다. 온라인 파트너십은 각 개인이 지닌 문화적 차이를 존중하는 동시에 이러한 다양성에 대한 폭넓은 논의가 이루어질 수 있게 해준다. 그러므로 Bates(2000)와 Stephenson(2001)은 UCP에서 다음과 같은 사항이 중요하다고 보았다. UCP는 (1) 구성원의 역할에 따른 책무를 관리하는 방법을 이해하고, (2) 다양한 온라인 공동체에 깊은 주의를 기울이고, (3) 관련 활동에 새로운 디지털 기술을 접목해야 한다. 그러나 이를 모두 실천하는 것이 쉽지 않음을 터키에서도 자주 경험한다. 따라서 여기서는 UCP의 이론 및 철학적 토대로 매체 풍부성 이론(media richness theory)을 삼고자 한다. 이 이론을 통해 대학과 지역사회는 온라인 협력이 지닌 장점과 제한점에 대해 알 수 있을 것이다.

*매체 풍부성 이론*에 대한 경험적 연구자들은 특히 컴퓨터 매개 통신(computer-mediated communications)과 같은 *뉴 미디어(new media)*의 효과성 등에 대해 확신하지 못하고 있다. 그럼에도 불구하고 인터넷 중심의 새로운 기술이 UCP 분야에 혁신적인 변혁을 가져올 것만은 분명하다고 보고 있다. 온라인 커뮤니케이션은 면대면 환경에 비해 기술적 및 사회적 측면에서 보다 밀도 있는 상호작용의 환경을 제공해준다(Powazek, 2002; Rovai, 2002). 매체 풍부성 이론

은 대학과 지역사회가 시공간 제약에서 더 자유로울 수 있도록 도와줄 것이다. 그러므로 UCP는 보다 많은 학습자들에게 터키의 사회적 문제에 대한 다양한 관점을 제공해 이들에게 학문적 도전감과 관심도를 높일 수 있도록 해준다.

매체 풍부성 이론은 온라인 커뮤니케이션을 성공적으로 이끄는 중요한 역할을 할 수 있으며, 이러한 원활한 커뮤니케이션은 올바른 의사 및 정책 결정의 바탕이 된다. 융통성 있는 열린 온라인 지식 공동체는 평생학습과 함께 복잡한 현실 문제를 해결하기 위해 필요한 비평적 사고, 감정, 행동을 수정할 수 있게 해준다. 뿐만 아니라 대학과 지역사회에 강력하고도 혁신적인 해결책을 제시할 수 있다(Bonk, Kim, & Zeng, 2006; Burge, 2000). 구체적으로 다양한 상호작용적인 온라인 커뮤니케이션 채널의 활용은 다음 사항을 가능하게 해준다.

1. 파트너십을 통해 현실적이고, 흥미롭고, 실생활의 경험과 밀접한 평생학습을 설계할 수 있다.
2. 이론을 어떻게 실제로 적용할 수 있는지에 대한 모델을 제시해준다.
3. 온라인 공동체 형성에 필요한 교육적 가이드라인을 명확하게 진술함으로써 진정한 파트너십이 구현되도록 해준다.
4. 대학과 지역사회의 파트너십이 평생학습 과정에 관한 주인의식과 책임감을 가질 수 있도록 독려한다.
5. 교육적 관점을 토대로 온라인 지식 공동체를 형성하기 위해 필요한 인지적 코치(cognitive coaches)가 되어 준다.
6. 평생학습을 통해 독창적인 커뮤니케이션 전략과 원리를 향상시키게 된다.

비평적 접근법인 매체 풍부성 이론을 통해 보았을 때, UCP는 실생활의 경험과 아이디어에 대한 논의 및 토론이 가능한 상호작용적인 커뮤니케이션 환경을 기획, 개발하고 실천할 수 있게 해준다. UCP가 전통적인 물리적 환경의 장벽을 무너뜨리고 온라인으로 전 세계적인 커뮤니케이션과 지식 획득을 가능하게 해줄 것이라는 것은 분명하다. 그러나 이러한 과정에서 나타날 수 있는 온라인 협력의 실패는 풍부한 미디어를 활용함으로써 완화될 수 있다. Powazek(2002), Schrum과 Benson(2002)이 강조한 바와 같이, 대학과 지역사

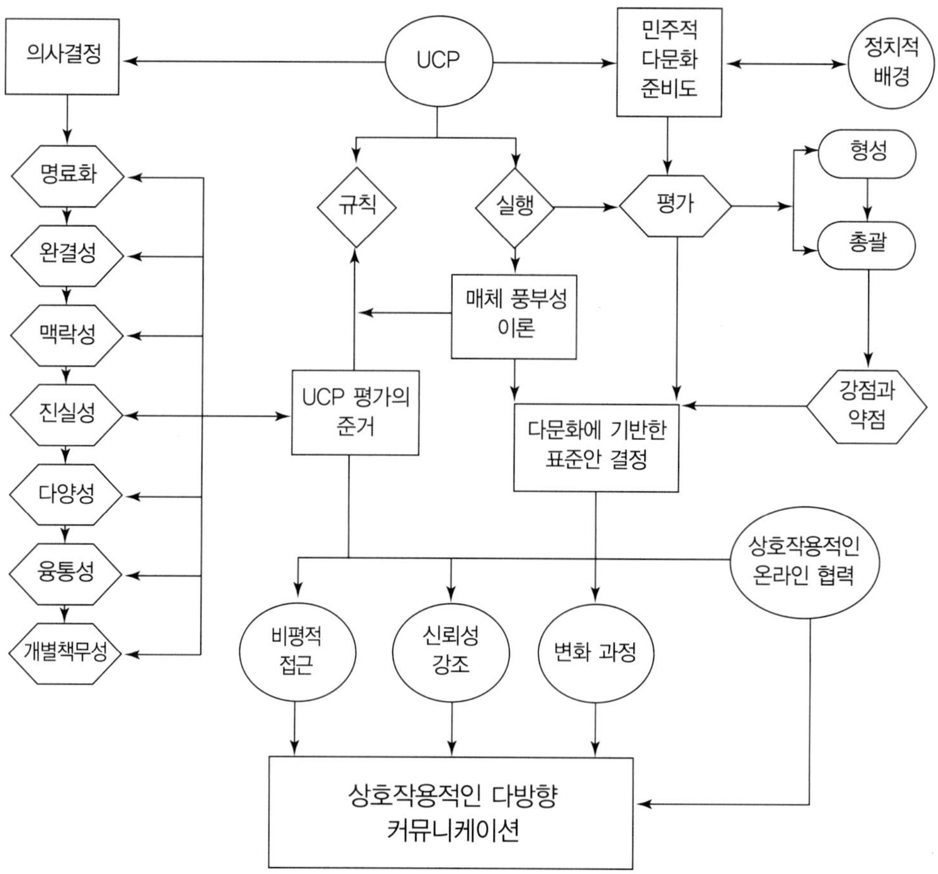

그림 1　매체 풍부성 이론과 비평적 접근을 적용한 UCP의 기본 특성

회는 온라인을 통해 양질의 커뮤니케이션을 하면서, 실제 UCP의 실천과 적용에서 나타나는 어려움은 줄일 수 있다. 그러므로 다양한 사회적 관심사, 모순된 개념, 실행, 이념, 인식론과 같은 복잡하고도 다양한 영역에 대한 그간의 논의는 터키의 평생학습에 대한 상반된 정의와 비전을 재조명할 수 있게 해준다. 이러한 맥락에서, 그림 1은 UCP에 적절한 커뮤니케이션 매체를 접목함으로써, 어떻게 온라인 협력이 이루어지는지를 보여주고 있다.

이와 같이 비평적 교육 접근법에 근거한 매체 풍부성 이론의 적용은 UCP에 관한 모호성을 줄여줄 수 있다. 온라인 커뮤니케이션은 관계의 단절성을 줄일 수 있는 풍부한 매체이기 때문에, 파트너십의 질이 향상되는 데 상당히 긍정적인 영향을 미칠 수 있다(Benson & Harkavy, 2000). 그러므로 사회 정의 논란에서 역량 구축(capacity building)은 대학과 지역사회의 리더십을 강조하고 이들 사이에 협력적 커뮤니케이션을 촉진해준다.

이러한 과정에서 대학과 지역사회는 특히 평생학습자의 교육적 발전을 위해 상호작용한다(Frabutt, Forsbrey, & MacKinnon-Lewis, 2003). 원격교육의 새로운 통신기술을 활용하여 어떻게 온라인 공동체를 건설할 것인지는 전문가와 대중 모두의 주요 관심사다. 우리가 UCP와 같은 파트너십에 주목하는 것은 평생학습자에게 풍부한 디지털 자원을 제공하고 복합적인 커뮤니케이션과 학습 활동에 몰입할 수 있게 해주기 때문이다.

대학-지역사회 파트너십의 유지와 변화

UCP는 온라인 지식 공동체의 특성과 미래에 대해 연구하는 동시에, 사회의 새로운 요구와 변화에 늘 즉각적으로 대처해야 한다는 긴장감을 해소할 수 있는 방안도 함께 마련해야 한다. Farmer(2004)와 Rovai(2002)가 강조했듯이, 보다 나은 UCP를 만드는 것은 온라인 지식 공동체의 지속적인 관심사다. 이를 위해, 원활한 커뮤니케이션에 대한 장애물을 확인하고, 어떻게 이러한 변화를 성공적으로 이끌 수 있는지를 실제적으로 분석해야 한다. UCP와 같은 파트너십의 등장은 가상 공동체들에게 자율성과 상호의존성 간의 갈등을 야기할 수도 있다. 따라서 UCP는 이렇게 새로운 파트너십에 대한 유용한 평가기준을 포함하여, 변화하는 평생학습의 환경, 평생학습의 기관, 다문화적인 배려에 대해 준비하고 논의해야 한다(Anderson & Elloumni, 2004). 대중의 관심을 증대시키고 폭넓은 동의를 이끌어내기 위해, 터키의 UCP는 온라인 공동체의 잠재성과 강점뿐만 아니라 새로운 통신기술이 가진 개방성, 융통성, 분배성을 이해해야 한다. 그러므로 명확한 개념적 틀이 필요하며, 이는 대중의 관심을 증가시키고 평생학습에 대한 적극적인 방법, 절차, 모형을 모색할 수 있게 해줄 것이다. 이러한 틀은 다음과 같은 사항을 가능하게 해줄 것이다.

1. 온라인으로 지식을 공유하기 위해 UCP 활동과 경험을 분석할 수 있다.
2. 구성주의적인 사고, 감정, 행동을 장려하여 평생학습자에게 융통성 있고 열린 온라인 커뮤니케이션 환경을 만들어 줄 수 있다.
3. 온라인 커뮤니케이션에 대한 긍정적인 또는 부정적인 경험을 조사 및 확인하고, 문화적 장벽도 허물 수 있다.
4. 일관되고 창의적이며 미래지향적인 과정을 통해, 조직의 개념과 구조를 새로이 형성할 수 있다.
5. 원격교육의 특징적인 요구와 우선순위를 결정하고, 이를 통해 온라인 공동체에 대한 비현실적인 요구에서 벗어날 수 있다.
6. 새로운 접근법을 통해 공통된 미래상을 확립할 수 있고 다문화적으로 정책을 결정하고 기획할 수 있다.
7. 실생활의 경험, 아이디어, 의견, 토론을 통해 비평적 사고, 의사결정, 문제해결을 할 수 있다.
8. 새로이 등장하는 통신기술의 영향이나 효과에 대해 대처하고 해석할 수 있다.
9. 가까운 미래에 일어날 평생학습의 가장 중요한 기대사항이나 딜레마를 파악할 수 있다.

이와 같이 온라인 공동체 형성에 관한 이론적 틀은 UCP가 상호작용적으로 활동하고 현실 세계를 반영하여 문제점이나 관점을 이해하도록 해준다. Brook과 Oliver(2003), Garrison과 Anderson(2003)이 지적한 바처럼, UCP는 이러한 틀을 통해 대학의 미래 비전, 권위, 명성을 터키가 직면한 사회 문제를 해결하도록 해준다. 이런 경우에, UCP가 평생학습을 위해 능동적으로 온라인 커뮤니케이션하고, 평가하고, 생성하는 실천적 관계를 형성했다고 볼 수 있다. 이와 더불어, Ralson, Lerner, Mullis, Simerly와 Murray(2000)가 주장했던 것처럼, UCP는 전문적인 인적자원에게 교육, 공공 정책, 지역사회 서비스의 통합에 관한 아이디어도 제공해야 한다. 그러나 평생학습의 변화와 연계는 도전적인 일이기도 하다. 이와 같이 급변하는 상황은 관련 사항에 대한 서술이나 묘사를 어렵게 하고 있으며 더 나아가 분석 또한 불가능하게 하고 있다.

대학-지역사회 파트너십 구조의 변화

터키에서 대학과 지역사회의 기능과 역할은 사회, 경제, 정치, 문화적 문제들과 함께 지속적으로 변화하고 있다. Thompson과 Lerner(2000)는 UCP의 목적이 지식 추구, 지식의 전파, 공공 서비스 향상에 있으므로, 온라인 지식 공동체는 민주주의나 다문화주의와 같은 개념을 실천하도록 해준다고 하였다. 이때 UCP는 개인의 권리를 보호해야 한다. 또한 대학과 지역사회는 자신의 파트너십을 다양한 문화적 주체와 배경을 고려해 자체적으로 평가해야 한다.

대학과 지역사회가 전문적 파트너십을 형성하는 목적은 터키에서 평생학습의 적절성과 관련성을 높이고 다양한 지역사회를 집결하기 위한 것이다. 최근 몇 년 사이에, UCP는 원격교육 프로그램을 설계하고 업데이트하라는 요구에 직면하고 있다. 이를 위해 필요한 새로운 자원을 찾고 집단적인 행동을 기획하고 새로운 파트너십을 정당화할 필요가 있다. Moore와 Brooks(2002)가 언급했듯이, 점차 많은 온라인 지식 공동체가 사회정의 실현에 기여하기 위해 필요한 역량을 갖출 것을 요구받고 있다. 이러한 경우, 개별 지식 네트워크의 역량을 넘어 실생활의 실제적 문제와 잠재성 간의 차이를 확인하고 정의해야 하므로, 다문화적인 접근이 필수적이다. 또한 여기에 글로벌 지식 공동체의 형성과 사회적, 문화적, 교육적 커뮤니케이션이 함께 이루어져야 한다. 이를 통해, 관련된 태도, 신념, 기대사항을 강조하고, 터키에서 효과적으로 평생학습을 실천하기 위해 필요한 지원책이 무엇인지 찾을 수 있을 것이다.

이와 같은 지식 공동체는 성인 참여자들이 원격교육 형태의 평생학습 활동에 깊이 몰두할 수 있게 해주므로, 대학과 지역사회가 온라인 공동체를 통해 민주적으로 변화할 수 있다. Harkavy (2000)와 Smith(2000)가 언급했듯이, 대부분 UCP는 정치적 권위나 압력이 존재하는 위계적 사회구조를 갖고 있다. 따라서 UCP의 파워 엘리트들은 UCP에서 가장 가치 있고 기본적인 것이 무엇인지를 결정할 수 있다. 이는 평생학습에서 온라인 커뮤니케이션의 구조와 의미를 좌우하게 된다. 그러므로 UCP는 다양한 그룹의 요구, 기대, 신념 등을 온전하게 드러낼 수 있어야 한다. 지배적인 문화가 사회적, 정치적, 경제적, 종교적 분야에 미치는 영향력이 크기 때문에, 이국 문화나 소수 집단이 원격교육을 통해 파워 엘리트와 커뮤니케이션하도록 하는 것은 매우 중요하다.

대중의 흥미를 반영한 UCP는 개인이 자신의 평생학습 과정에 적극적으로 몰두하고 비판적으로 공유하며 성찰하도록 돕는다. 더 나아가, 이런 협력은 개인이 자신의 지식을 효과적으로 공공재(public goods)라는 새로운 맥락으로 전파하도록 돕는다. 그 결과로, UCP의 참여자들은 자신의 지식을 창출하고 증명하는 복합적 비판적인 사고 기술을 기를 수 있게 된다. 이는 전문가, 학습자, 지역사회 간 협력과 상호작용에 대한 평가기준이 된다(Burniske & Monke, 2001; Cawelti & Protheroe, 2003). 즉, 온라인을 통해 지식을 공유하고 자신의 변화하는 요구에 대응하고 새로운 기회를 실현할 수 있게 된다.

결론적으로, UCP는 구성원들이 우리 사회의 공익(public interest)과 함께 전반적인 교육 · 사회 문제를 염두에 두면서, 평생학습에서 성취도나 평가 문제를 바라볼 수 있게 해준다. 그러므로 Porter(2004)가 지적했듯이, UCP는 온라인 학습자의 변화하는 요구에 늘 귀 기울여야 한다. 이는 양적 및 질적 연구를 통해 실현될 수 있을 것이다. 또한 교육관계자, 정책입안자, 주요 의사결정자, 학자의 의문점과 관심사에도 부응하는 길이기도 하다. 나아가, UCP는 실제 경험과 맥락을 고려하여 공익이 실현되는 과정을 면밀히 살펴보아야 한다. 이를 통해, 평생학습자는 터키의 깨어 있는 시민이자 개인이며, 능동적인 자세를 갖춘 참여자가 될 것이다.

사회 · 문화 · 교육적 커뮤니케이션의 지원

대학과 지역사회 간의 사회 · 문화 · 교육적 상호작용을 지원하는 것은 터키에서 평생학습이 단순히 지식의 전달 모형에서 벗어나 진정한 의사소통이 될 수 있다는 가능성 및 잠재성을 보여주는 것이다. 사람은 저마다 다양한 커뮤니케이션 방식과 전략을 갖고 있다(Stephenson, 2001). 그러므로 이에 따라 자신의 비판적 사고 기술을 향상시킬 수 있는 다양한 기회를 가져야 한다. 평생학습은 실생활 경험과 밀접해야 하며, 이를 통해 국제회된 지식을 기를 수도 있다. UCP는 우리 시대의 정치 · 교육 · 민족 · 경제 · 사회적 문제를 통해 반드시 학습자의 비판적 사고 기술이 향상되도록 해야 한다. 대학과 지역사회는 단순히 메시지를 주고받는 수준이 아닌 진정한 의미의 커뮤니케이션을 온라인에서 실현하도록 노력해야 한다. 인간 커뮤니케이션에서 중요한 특성 중 하나는 참여자의 경험과 배경이 커뮤니케이션에 큰 영향을 미친다는 점이다. 다음은 터키에서 UCP가 강조해야 할 세 가지 사항이다.

1. UCP는 첨단의 통신매체를 통해 온라인 프로그램의 참여자가 필수적인 지식과 정보에 쉽게, 저렴하게, 빠르게 접근할 수 있도록 해야 한다.
2. UCP는 온라인 참여자들이 다음의 활동을 통해 자신의 비판적 사고 기술을 향상하도록 독려해야 한다.
   - 스스로 지식 창출자가 될 수 있는 지식획득을 경험한다.
   - 자신의 의도를 분명하게 표현하고 관련 지식을 수집하고 해석한다.
   - 자신의 학습 과정에 대해 비판적으로 생각하고, 사고를 촉진하기 위해 무엇을 배우고 있는지에 대해 성찰한다.
   - 자신의 이상을 실현할 수 있는 방법을 찾아본다.
3. UCP는 평생학습에 대한 협력과 공유를 더 많이 지원해야 하며, 이는 잠재적 교육과정의 일환으로 이루어져야 한다. 원격교육의 이러한 다차원적인 상호작용은 UCP가 실생활의 맥락에서 아이디어, 신념, 사실을 타인과 공유하며 교환하도록 해준다. 그러므로 UCP의 발달은 타인과의 상호작용을 통해 이루어질 수 있다.

태도, 신념, 기대의 강조

대학과 지역사회 간 파트너십에 대한 태도, 신념, 기대를 강조하는 것은 평생학습에서 중요한 문화·사회적 문제다. 이를 통해 평생학습 참여자들이 교육 및 사회적 정의를 실생활에서 경험할 수 있다. UCP의 모형과 접근은 문화 간 커뮤니케이션에서 나타나는 폭넓은 문화의 다양성을 경험할 수 있는 기회를 준다. 그러므로 터키 UCP의 주된 목적은 평생학습자들을 위해 비평적이고 창의적인 지식 공동체를 형성할 수 있도록 대학과 지역사회 간 상호작용을 돕는 것이다. 이러한 온라인 협력의 전략과 원리는 구성주의 학습 이론에 근간하고 있으며, 이는 UCP에서 반드시 논의되어야 할 사항 중 하나다. 평생학습의 교육적 특성과 커뮤니케이션의 특성은 집단 간 협력 설계에 영향을 미칠 수 있다(Garrison & Anderson, 2000; Salmon, 2000). 따라서 문화적 차이는 해당 집단의 사회적 특이성 정도에 따라 달라질 수 있다. UCP 구성원은 다음 사항을 할 수 있다.

1. e-공급자와 e-커뮤니케이션 설계자가 상호작용적인 지식 공동체를 계획하고, 개발하고, 실행하도록 독려할 수 있다.
2. 이들에게 현실을 반영한 경험, 아이디어, 의견, 토론을 제공할 수 있다.
3. 다양한 학습자에게 다양한 통로와 수준에 맞춘 e-텍스트와 e-콘텐츠를 제공하기 위해, 보다 효율적인 방안을 고안하고 다문화적인 온라인 인프라를 구축할 수 있다.
4. 다양한 생각, 감정, 행동이 수정될 수 있는 열린 융통성 있는 온라인 지식 환경을 만들 수 있다.
5. UCP의 현재까지 공헌점을 인식하고, 미래의 잠재력, 기회, 더 나아가 장애요인을 예측할 수 있다.

그러므로 터키의 대학들은 지역사회와 화합하여 사회정의와 평등에 기여할 수 있고, 결국 지역사회의 일상을 비평적인 시각으로 재구성하게 될 것이다.

평생학습의 효과적인 실천을 위한 지원

민주적인 의사결정이 이루어지는 UCP의 효과적인 평생학습 사례를 문서화하는 것은 관련 실천가들 사이의 대화와 리더십을 촉진시킨다. 또한 문서화 과정 중 일어나는 평생학습에 대한 비판적 분석은 일상의 실천과 균형을 가져오게 된다(Burge, 2000; Powazek, 2002). UCP는 구성원들이 인종차별주의와 엘리트 우월주의에 맞서 대응하는 사회정의와 같은 문제에 관심을 기울이도록 독려할 수 있다. 따라서 UCP는 인종과 다양성에 대한 우리의 의식과 실천에 영향을 미치며, 뿐만 아니라 평생학습자의 온라인 커뮤니케이션 경험에도 영향을 미친다. 이러한 실제적 경험을 통해 다양한 커뮤니케이션 모델과 접근법이 필요하게 되었다. 더욱이, 비평적 교육과 커뮤니케이션의 증가는 터키의 UCP 안에서뿐만 아니라 이를 뛰어넘어 기존의 업무와 권력에 대한 특권의 재생산을 어렵게 한다. 파트너십에 대한 다양한 관점과 관심은 온라인 지식 공동체에서 자신의 인종, 민족, 계층, 성별, 능력에 대해 깨닫도록 한다.

Haefner(2000)와 Rovai(2002)가 언급했듯이, UCP는 지역사회의 현실을 제대로 반영함으로써 지역사회를 화합하여 사회정의 실현에 기여할 것이다. 이런 파트너십이 되기 위해서는 반드시 평생학습에 대한 자신의 가정, 실천, 방법을 깊이 비평적으로 성찰해야 한다. 그러므로 평생학습 구성원 모두가 원활한 커뮤니케이션을 통해 평생학습에 대해 충분히 이해하고 상호의존적인 환경 속에서 서로 믿으며 성취하고 수행할 수 있도록, UCP가 주도력을 발휘해야 한다. 터키에서 UCP는 적극적인 커뮤니케이션의 과정일 뿐만 아니라 문화적으로 다양한 지역사회 내에서 이루어지는 복합적인 의사결정이기도 하다. 또한 UCP는 온라인에서 이루어지는 비평적인 대화를 통해 우리가 갖고 있는 문화적 편견, 고정관념, 선입관을 여실히 드러나게 해주기도 한다. 그러므로 우리는 평생학습이 사회지배층인 엘리트뿐만 아니라 불평등한 소수 집단을 배려할 수 있도록 해야 한다(Brook & Oliver, 2003; Smith, 2000; Thompson & Lerner, 2000). 사회정의 실현 활동에 대한 비평적인 접근은 문화적으로 민감하고, 사회정의 지향적이며, 비평적인 논의를 이끌어낼 수 있다. 이런 파트너십은 온라인 상호작용에서 사회적으로 불평등을 겪는 소수자가 동시대의 파워 엘리트로 인해 겪을 수 있는 여러 어려움을 줄여줄 수 있다. 정리하면, UCP는 파트너십의 구성원들이 (1) 문화적으로 민감하고 통합적이며 사회정의에 부합하도록 평생학습을 설계하고 (2) 파트너십이 비평적인 대화를 통해 반인종차별주의, 사회운동, 대안적 커뮤니케이션을 실천하도록 도와준다.

이와 같이 UCP는 구성원의 다양한 문화를 고려하여 다문화에 대한 통찰력을 갖추어야 한다. 효과적인 실행 계획, 지속적인 평가, 민감성은 UCP가 원격교육으로 이루어지는 평생학습에 대한 중요한 요구와 문제를 이해할 수 있게 해줄 것이다.

해결책 및 제언

지난 몇 년간 "평생학습(lifelong learning)"은 전자통신기술의 놀라운 성장과 함께 터키에서 폭발적인 인기를 끌고 있다. 원격교육은 대학과 지역사회가 상호 커뮤니케이션할 수 있는 온라인 환경을 구축해 문호를 개방시키고 있다. 앞서 강조했듯이, UCP는 이론적 틀에 근거하여 평생학습을 위한 상호작용적인 협력 환경을 조성해야 한다. 이런 협력은 우리가 현실 세계의 문제와 관점들을 이해하도록 해준다. 뿐만 아니라 이러한 커뮤니케이션 활동은 UCP가 평생학습자들이 온라인 공동체의 여러 문제에 대해 준비할 수 있도록 도와준다. 이런 경우, 파트너십을 통해 온라인 공동체를 형성하는 것은 역동적인 사회 문화적 활동인 동시에 목적 지향적 과정이다(Cawelti & Protheroe, 2003; Moore & Brooks, 2000). 그러므로 터키의 모든 실천가들은 다음과 같은 구성주의적 관점을 실천할 수 있도록 협력해야 한다.

1. 교육적 · 사회적 정의를 고려하여, 효과적인 UCP를 위한 평생학습 프로젝트를 기술하고 분석한다.
2. 평생학습을 위한 실천적인 방안을 모색한다는 교육적 맥락에서, UCP의 일상적인 경험을 점검한다.
3. 원격교육에 이러한 파트너십을 포함시킴으로써 단순한 전달 모형을 벗어나 교육 및 사회정의 실현이 가능한 온라인 지식 공동체를 형성한다.
4. 지역사회가 평생학습 공동체를 형성하는 데 몰입할 수 있도록, 이를 지원해야 하는 대학의 역할을 다각적으로 점검한다.
5. 이론적으로뿐만 아니라 실제적으로, 어떻게 대학과 지역사회가 평생학습자와 함께 보다 많은 대화를 나누고 민주적 형태로 교육과 지역사회를 재창출할 것인가를 논의한다.
6. UCP가 원격교육에서 교육 및 사회정의 실현을 촉진하기 위해, 우리의 의식적이고 무의식적인 장벽과 잠재성을 점검한다.

여기서 문제는 평생학습에 관련된 다양한 자원을 UCP의 주요 목적에 잘 부합하고 일관성 있게 이루어지도록 배분하는 것이다. 게다가 이런 파트너십은 지식 공동체를 강력하게 구축하기 위해 필요한 다양한 자원의 활용, 관련된 조건과 제한점에 영향을 미칠 수 있다. UCP는 평생학습의 기본적인 목적, 프로그램의 균형성, 수행의 수월성, 기회의 개방성을 실현할 수 있다. 이런 경우, 지식 공동체의 구축은 UCP가 공익과 대중의 요구에 부합하는 방향으로 다양한 원격교육 프로그램을 개발하도록 해준다. UCP를 통한 지식 공동체 구축이 갖는 이점은 상당하다. 평생학습에서 위험 집단(risk groups)에 대한 차별을 줄이고 인종차별에서 비롯되는 불공평과 좌절감에 효과적으로 대응할 수 있게 해준다. UCP는 기술적으로 그리고 사회경제적으로 불리한 집단에게 온라인 지식 공동체의 적극적인 구성원이 될 수 있는 새로운 기회를 제공해야 한다. 이는 파워 엘리트를 만들어 낸 사회 · 정치 · 경제 · 문화적 격차를 직시할 수 있게 해주고, 또한 온라인 지식 공동체가 이러한 갈등을 민주적으로 해결하기 위해 필요한 중요 가치가 무엇인지 알 수 있게 해준다(Ralston et al, 2000).

표 1에 제시한 바와 같이, 터키의 UCP는 평생학습자의 역할과 책임을 변화시키고 있다. UCP는 국제화된 지식과 정보에 민주적으로 접근할 수 있는 온라인 커뮤니케이션을 환영하고 있다. 표 1은 *매체 풍부성 이론*과 *새로운 통신기술*에 근거하여 UCP 활동의 주요 특성을 요약 정리한 것이다.

온라인 지식 공동체는 대학과 지역사회의 실생활 관련 경험을 지원할 잠재성을 갖고 있다(Salmon, 2000). 면대면 협력을 지원하는 환경뿐만 아니라 온전히 온라인으로만 이루어지는 상호작용도 지원할 수 있으므로, UCP는 더 이상 시간과 공간에 묶이지 않을 수 있다. 이런 파트너십은 상당히 편리하고 경제적인 커뮤니케이션 환경을 만들어준다. UCP는 온라인 지식 공유를 통해 가상 공동체(virtual community)를 형성해 여러 문제들에 적절하게 대응할 수 있도록 해주는 매개체 역할을 한다. 필연적으로, 온라인 지식 공동체는 UCP가 지식에 대한 접근성, 전달성, 공유, 교환을 촉진할 수 있는 새로운 방법을 동반하고 있다. 온라인을 통해 지식을 전달하기 위해서, 대학과 지역사회는 함께 상호작용적이고 협력적인 가상 공동체 내에서 온라인 커뮤니케이션 방법, 기술, 전략에 관한 자신들의 새로운 역할을 주의 깊게 재설계하고 변화시켜야 한다. 온라인 지식 공동체의 형성은 첨단 테크놀로지를 일상의 상호작용에 효율

표 1 평생학습을 위한 UCP의 구조

<table>
<tr><th colspan="4">대학-지역사회 파트너십(UCP)</th></tr>
<tr><th rowspan="2" colspan="2">매체 풍부성 이론 전략과 원리 / 새로운 통신기술</th><th colspan="2">온라인 공동체 구축</th></tr>
<tr><th>평생학습자의 새로운 역할</th><th>평생학습자의 변화하는 책무</th></tr>
<tr><td rowspan="2">협력적 온라인 커뮤니케이션</td><td>새로운 커뮤니케이션 역량</td><td>• 충분한 숙고와 함께 적극적으로 질문하기
• 개념 학습, 정보 활용, 지식 표상과 같은 다양한 기회를 탐색하기
• 온라인 환경에서 자신의 생각, 신념, 의견, 태도, 의도를 적절하게 나타낼 수 있는 인지적 도구에 대해 적극적으로 알아보기
• 자신이 배운 것을 나타낼 수 있도록 지식 창출의 산출물을 강조하기
• 온라인 지식 공동체를 구축하기 위해 다른 학생, 교수, 수업 운영자와 지식을 공유하고 의사소통하기</td><td>• 자신의 실수와 성공 경험으로부터 배우기 위해 다양한 관점을 탐색하기
• 커뮤니케이션의 이유를 찾기 위해 유연해지기
• 새로운 생각과 함께 상반된 정보와 지식도 같이 가질 수 있도록 토론하기
• 타인의 생각, 의견, 감정, 기대, 요구에 민감할 수 있도록 자신의 비판적 사고 기술 기르기
• 구체적 사물과 추상적 개념을 변별하기</td></tr>
<tr><td>새로운 커뮤니케이션 전략</td><td>• 구성주의 전략과 원리를 바탕으로 커뮤니케이션 과정을 변화시키고 비판적 사고 기술을 기르기
• 적절한 실제 경험과 연습을 통해 원격교육 형태의 평생학습에서 제시되는 비판적인 질문에 대한 대답을 찾기
• 새로운 과학기술에 기반을 둔 커뮤니케이션 환경을 활용하여 고차원적인 사고 기술을 향상시키기
• 커뮤니케이션 과정에 대해 주인의식을 갖고, 새로운 잠재력과 논리적 사고력을 기르기</td><td>• 타인과 상호작용을 위해 다양한 커뮤니케이션 방법을 활용하기
• 소극적인 수용자보다는 적극적인 활동자 되기
• 제시된 해결책보다 더 나은 자신의 방안을 만들기
• 커뮤니케이션의 문제가 발생했을 때, 이를 정교화하기
• 완전히 새로운 아이디어를 위해 적절한 질문 던지기
• 무엇을 어떻게 사고하는지와 같이 기존 자신의 커뮤니케이션 습관을 주의 깊게 성찰해보기</td></tr>
<tr><td>융통성 있는 온라인 커뮤니케이션</td><td>교육과 사회 정의에 관한 공통의 비전</td><td>• UCP가 사회적, 문화적, 교육적 커뮤니케이션을 지원하는 공익 서비스를 실천할 수 있도록, 글로벌 온라인 지식 공동체 구축하기
• 평생학습의 문화적 사회적 문제에 대처할 수 있도록 대학과 지역사회의 태도, 신념, 기대 강조하기
• 비판적 사고력을 길러, 복합적인 문제 해결에 몰입하고 민주적, 다문화적 평생학습 실현에 이바지하기
• 중요한 윤리적 문제 등에 대해 다양한 해결책을 모색할 수 있도록 UCP의 커뮤니케이션 패턴을 깊이 탐구하기</td><td>• 평생학습을 통해 지속적으로 배우고 새로운 아이디어나 체제를 창의적으로 활용함으로써, 수월성 촉진하기
• 평생학습 및 원격교육을 통해 공익을 실현하기 위해 비평적 사고를 함양할 수 있는 커뮤니케이션 경험과 기술 중시하기
• 원격교육 및 평생학습에 대한 기획, 의사소통, 동기화, 관리, 전문성을 개발하기 위해 파트너십과 연관된 다문화적인 지식 쌓기
• 평생학습의 동료, 학습자, 글로벌 파트너 등과 협력할 수 있도록 민주적이고 다문화적인 커뮤니케이션 환경 조성하기</td></tr>
</table>

적으로 통합하고 실천할 수 있도록 보다 분명하게 정의되고, 점검되고, 분석될 필요가 있다.

최근 평생학습의 지식 공동체 형성에 관한 전략과 조직이 급격하게 변화하고 있다. 최첨단 통신기술의 새로운 발전과 접근법은 UCP가 터키의 다양하고도 다문화적인 자원을 개발하고 통합할 것을 요구하고 있다. Powazek (2002)과 Stephenson(2001)이 언급한 바와 같이, 이러한 파트너십은 평생학습자 사이에 풍부한 상호작용과 많은 협력을 제공할 수 있다. 그러므로 많은 전통적인 혹은 현대적인 원격교육 프로그램은 터키에서 UCP를 위한 지식 공동체를 형성하기 위해 늘어나는 컴퓨터 기반 테크놀로지에 관심을 기울여야 한다.

요약 및 결론

비록 원격교육을 제공하는 교육기관이 증가세라 하더라도, 평생학습에서 온라인 지식 공동체를 형성하기 위해 대학과 지역사회가 파트너십을 형성하는 것은 상당히 새로운 현상이다. 이 연구는 평생학습자에게 실제적 경험을 설계하고 전달해주기 위한 파트너십을 정의하고 점검하고 분석하였다. 이 장은 원격교육을 둘러싸고 일어나는 급격한 변화를 강조하면서 UCP의 이론적 틀을 제시하였다. 또한 이 장은 원격교육에서 평생학습자를 지원하기 위해 필요한 평가 기술, 강화된 기준 및 책무성을 재정의하였다.

평생학습에 대한 미래를 계획할 때, 대학과 지역사회는 합리적인 타협점을 찾고자 노력해야 한다. 여기에는 다문화와 평등주의가 포함되어야 하며, 원격교육 프로그램에는 다양한 사회적 요구가 반영되어야 한다(Moore & Brooks, 200; Schrum & Benson, 2002). 특히, UCP는 교육의 생산성을 강화하고 입증하기 위한 노력을 기울여야 한다. 지식 공동체를 학문 공동체로 간주하고, 평생학습을 위해 교육적 커뮤니케이션을 어떻게 구조화할 것인지에 대해서도 관심을 기울여야 한다. 그러나 파워 엘리트와 이들의 가치가 귀족주의적인 지식 공동체에서 중요한 역할을 하듯이, UCP에서도 지배적인 역할을 할 수 있다. 그러므로 원격교육에서 UCP의 사명서를 작성하는 것은 매우 필요하다. 여기에는 평생학습에 대한 다양한 관점이 반영되어야 하며, 이를 통해 주도권을 지닌 엘리트의 파워와 차별적인 실천을 줄일 수 있을 것이다.

원격교육 학습자는 자신을 둘러싼 변화를 감지하고 평생학습이라는 새로운 기회를 실현하도록 학문 활동에 참여해야 한다. 또한 UCP는 이러한 평생학습자가 온라인 지식 공동체의 적극적인 구성원이 되도록 준비시켜야 한다. 따라서 이 연구는 평생학습자가 교육과정에 적극적으로 참여하고 지식 공유에 대해 비판적으로 성찰할 수 있는 UCP의 원리와 전략을 조사하고자 하였다. 온라인 지식 공동체는 학습자들이 사회정의 실현이라는 새로운 맥락에서 자신의 지식을 효과적으로 전달하도록 돕는다. 그 결과, 모든 평생학습자는 원격교육에서 지식을 구성, 생산, 증명하는 자신의 복합적이고도 비평적인 사고 기술을 향상시킬 수 있을 것이다. 또한 평생학습에 대한 새로운 평가기준을 발견할 수도 있고, 대학과 지역사회와의 파트너십을 증진시킬 수도 있다. 그러므로 온라인 지식 공동체의 형성은 오늘날 원격교육에서 대학과 지역사회 간 파트너십의 가장 중요한 교육적 목적이 되어야 한다.

이 장은 터키 평생학습자의 경험과 성찰을 탐색하고 발견하기 위해 UCP가 온라인 지식 공동체를 형성해야 함을 강조하였다. 대학과 지역사회 간 관계를 촉진하는 예시, 원리와 가치, 기술과 역량, 행동중심적 방법을 살펴보는 것은 (1) 평생학습의 관심을 고취시키고, (2) 다세대 간 파트너십을 형성하고, (3) 원격교육에서 민주적인 리더십을 고취시켜 준다. 이런 틀에서 UCP는 평생학습자가 교육적, 사회적 요구에 효과적으로 대응할 수 있도록 도와주어야 한다.

이 연구는 온라인 공동체 형성에서 핵심적인 사항은 온라인 통신기술을 제시하고, 신뢰할 만한 기술적 지원을 제공하는 것이라고 보았다. 이를 위해 대학과 지역사회가 가상 커뮤니케이션을 이용하도록 돕는 것은 효과적인 지원책이 될 것이다. 원격교육에서 온라인 지식 네트워크를 생산적으로 구축하기 위한 핵심 단계는 평생학습에서 교육의 역할을 명확하게 정의하고 온라인 환경에서 대학과 지역사회의 역할 변화를 이해하는 것에서부터 시작된다.

참고자료

UCP는 다문화 간 협력을 통한 원활한 의사소통, 연구, 재정적 지원의 기회를 얻기 위해서 강력한 지식 공동체를 결성해야 한다. UCP는 다음의 4가지 영역을 포함하여 중요하고도 다양한 사회적 논점에 대응해야 하는 사명을 갖고 있다.

1. **교원-학생 상호작용**(faculty-learner interaction)
   - 청년 시민 교육의 강화
   - 대학생의 비판적 사고력 향상
   - 다양한 분야의 훈련과 직업에 대비한 학습자 준비
   - 대학생의 정신 건강 증진
   - 민주주의적 의사결정과 대화중심적 리더십의 가능성과 잠재력에 대한 이해
   - 대학생의 음주와 약물 남용의 감소
   - 학문적인 풍토에 기반한 참여를 촉진
   - 실제적이고도 양질의 평생학습의 경험을 촉진

2. **교원-교원 상호작용**(faculty-faculty interaction)
   - 지역사회 기반의 연구와 평가 활동에 중점
   - 효과적인 지역사회 기반의 연구 수행
   - 연구의 관련성 증가
   - 시민의 의무, 학구적 교육과정, 사회 운동에 대한 참여 촉진
   - 다양성과 격차로 인한 압박감을 대화중심적 리더십으로 포용

3. **교원-지역사회 상호작용**(faculty-community interaction)
   - 개인, 가족, 집단, 주민, 지역사회에게 중요한 문제들을 해결
   - 인종 및 민족 차별주의적 요소 배제
   - 민주주의적 변화를 가속시키기 위해 필요한 개념, 기술, 통찰에 대한 철학적 토대 및 배경에 대한 논의
   - 연구를 실제 및 정책으로 현실화
   - 보다 건강한 사회 건설

4. **교원-지역사회-학생 파트너십**(faculty-community-learner partnerships)

- 교육적 가이드라인을 명확하게 진술함으로써 실제적 파트너십을 통합
- 평생학습 과정에 대한 주인의식과 책임감
- 교육적 관점을 토대로 원격교육을 통해 지식 공동체 형성
- 독자적인 삶의 전략 및 원칙 수립
- 진실로 평등한 기회와 민주적 참여권을 획득하기 위하여 자신의 방법론적 장점과 약점에 독특하고 다양한 관점을 제공
- 권위, 위계, 경쟁적이지 않은 지식 공동체 형성
- 평생학습 활동에 깊게 몰두할 수 있도록 권위와 문화를 공유
- 성찰적인 활동을 강화시켜 온라인 공동체에서 민주적인 변화와 활동을 고찰

UCP는 대화중심적 리더십을 실현하기 위해 필요한 민주적 의사결정의 요구 및 기대사항을 설명해야 한다. 지역사회와 젊은 세대가 적극적으로 온라인 지식 공동체 형성에 몰두하도록, UCP의 다양한 책무를 고찰하는 것은 지역사회의 근본적인 변화에 영향을 미치는 중요한 역할이다. 이를 통해 이들은 실제적이고도 참여적인 의사 결정이 이루어지는 사회를 구성하는 데 기여하는 균형 잡힌 지식 노동자가 될 수 있다. 터키에서 UCP는 서로의 학습을 촉진할 수 있는 방안을 논의하고, 권력과 문화적 차별을 없애 사회정의 실현이라는 공통의 비전을 수립하도록 해야 한다.

파트너십은 궁극적으로 새로운 통신기술을 통해 지식 공동체를 구성하고자 한다. 테크놀로지 기반의 협력은 대화중심적 리더십과 민주적 의사결정을 통해 구성원들이 이타적이 되도록 해주는데, 결국 이는 자신의 삶과도 직결된다. 구성원들의 이러한 활동은 자신의 정체성과 차별점을 명확하게 깨닫도록 해주며, 인권의 평등성과 관련된 민주주의의 가치에 대해 정의내릴 수 있도록 도와준다. 또한 이러한 새로운 모형은 이들의 활동에 대한 대안과 지원 전략을 제공해주며, 이를 통해 자본주의 주도권과 이로 인한 불공평한 구조와 싸울 수 있게 해준다. 이러한 맥락에서, UCP는 평생학습을 위해 진보적인 지식 공동체를 형성하는 방안을 모색해야 한다.

글로벌 지식 공동체와 실제적인 학습환경의 형성은 교육에서 현실적 경험을 중시함으로써, 대학과 지역사회에 민주적인 변화를 가져올 수 있다. 더 나아가, 평생학습의 교육 및 사회정의에 관한 비평적 커뮤니케이션의 가능성과 잠재력을 이해하는 것은 교육과 지역사회의 활동을 대화중심적이고 민주적인 형태로 재창조할 수 있게 해준다. 마지막으로, 구체적인 아이디어를 주고받는 민주주의적인 의사소통 활동은 대학과 지역사회 간의 대화를 촉진할 것이다.

참고문헌

Anderson, T., & Elloumni, F. (Eds.). (2004). *Theory and practice of online learning.* Athabasca: Athabasca University Press.

Bates, A. W. (2000). *Managing technological change.* San Francisco: Jossey-Bass.

Baum, H. S. (2000). Fantasies and realities in university-community partnerships. *Journal of Planning Education and Research, 20*(2), 234-246.

Benson, L., & Harkavy, I. (2000). Higher education' s third revolution: The emergence of the democratic cosmopolitan civic university. *Cityscape: A Journal of Policy Development and Research, 5*(1), 47-57.

Bonk, C. J., Kim, K. J., & Zeng, T. (2006). Future directions of blended learning in higher education and workplace learning settings. In C. J. Bonk & C. R. Graham (Eds.), *Handbook of blended learning: Global perspectives, local designs* (pp. 550-568). San Francisco: Pfeiffer Publishing.

Brook, C., & Oliver, R. (2003). Online learning communities: Investigating a design framework. *Australian Journal of Educational Technology, 19*(2), 139-160.

Burge, L. (2000). *The strategic use of learning technologies.* San Francisco: Jossey-Bass.

Burniske, R. W., & Monke, L. (2001). *Breaking down the digital walls: Learning to teach in a post-modem world.* Albany. NY: State University of New York Press.

Cawelti, G., & Protheroe, N. (2003). *Supporting school improvement: Lessons from districts successfully meeting the challenge.* Arlington, VA: Educational Research Services.

Farmer, J. (2004). Communication dynamics: Discussion boards, Weblogs and the development of communities of inquiry in online learning environments. In R. Atkinson, C. McBeath, D. Jonas-Dwyer, & R. Phillips (Eds.), *Beyond the comfort zone: Proceedings of the 21st ASCILJTE Conference*, Perth, Australia (pp. 274-283). Retrieved August 11, 2006, from http://www.ascilite.org.au/conferences/perth04/procs/farmer.html

Frabutt, J. M., Forsbrey, A. D., & MacKinnon-Lewis, C. (2003). A university-community partnership' s use of qualitative methods to foster community engagement in adolescent research. *Journal of Higher Education Outreach and Engagement, 8*(2), 105-118.

Garrison, R., & Anderson, T. (2003). *E-Learning in the 21st century: A framework for research and practice.* New York: Routledge.

Haefner, J. (2000). *Opinion: The importance of being synchronous.* Academic writing. Retrieved August 11, 2006, from http://aw.colostate.edu/teaching/haefner2000.htm

Harkavy, I. (2000). Historical evolution of university-community partnerships. *Community News & Views: A Publication of the MSU Center for Urban Affairs, Community and Economic Development Program, 12*(2), 1-3.

Moore, A. B., & Brooks, R. (2000). Learning communities and community development: Describing the process. *Learning Communities: International Journal of Adult and Vocational Learning, 1*(1), 1-15.

Porter, L. R. (2004). *Developingan online curriculum: Technologies andtechniques.* Hershey, PA: Information System Publishing.

Powazek, D. (2002). Design for community: The art of connecting real people in virtual places. *Philosophical Perspectives on Constructivist Views of Learning, 29*(1), 37-48.

Ralston, P. A., Lerner, R. M., Mullis, A. K., Simerly, C. B., & Murray, J. P. (2000). *Outreach scholarship series, Vol. 3: Social change, public policy, and community collaborations: Training human development professionals for the twenty-first century.* Boston: Kluwer Academic Publishers.

Rovai, P. A. (2002). Building sense ofcommunity at a distance. *InternationalReview of Research in Open and Distance Learning, 3*(1), 1-16.

Salmon, G. (2000). *E-moderation: The key teaching and learning online.* London: Kogan Page.

Schrum, L., & Benson, A. (2002). Establishing successful online distance learning environments: Distinguishing factors that contribute to online courses and programs. In R. Discenza, C. Howard, & K. Schenk (Eds.), *The design & management effective distance learning programs* (pp. 190-204). Hershey, PA: Idea Group Inc.

Smith, B. (2000). As we sow ... A pragmatic analysis of how to build successful partnerships between the university and the larger community. In R. M. Lerner (Series Ed.) & P. A. Ralston, R. M. Lemer, A. K. Mullis, C. B. Simerly, & J. P. Murray (Eds.), *Outreach scholarsjip series, Vol 3: Social chwage, public policy. and commuaity collaborations: Training human development professionals for the twenty-first centary* (pp. 59-70). Boston: Kluwer Academic Publishers.

Stephenson, J. (Ed4 (2001). *Teaching and learning onlion: Pedagogies for new technologies.* London: Kogan Page.

Thompson, L. S., & Lerner, R. M. (2000). Pursingpolicies healthy youth development: The role of university-community collaborationts. *Policy Politics, & Nursing Practice, 1*(1), 68-75.

제5부

평생교육을 위한 온라인 교육에서의 사례연구

제11장

온라인 평생교육의 증진, 촉진: 전문성 개발 경험에서의 사례연구

Danilo M. Baylen, Florida Gulf Coast University, USA
Joan Glacken, Florida Gulf Coast University, USA

요약

컴퓨터의 도입과 새로운 테크놀로지의 적용은 교육의 지평에 변화를 가져왔으며, 특히 고등교육의 경우, 더욱 큰 변화를 가지고 왔다. 온라인 교육이나 원격교육 테크놀로지는 전통적인 대학 강의실 수업에서부터 공동체 기반의 성인교육 프로그램에 이르기까지 다양하게 활용되고 있다. 온라인 교육은 교수를 전달하고, 교육자료에 대한 접근성을 향상시키며, 고등교육을 성공적으로 이수하기 위한 보편적인 방법이 되었다. 이 장은 전문성 개발 프로그램의 전달에 있어서 테크놀로지의 실제적 적용에 초점을 두고 있다.

도입

컴퓨터의 도입과 새로운 테크놀로지의 적용은 교육 전반에 변화를 가져왔으며, 특히 고등교육 부분에서 많은 변화가 있었다. 전통적인 대학 강의실 수업에서부터 공동체 기반의 성인교육 프로그램에 이르기까지 온라인이나 원격교육 테크놀로지를 통해 교수가 전달되는 것은 아주 보편적인 현상이 되었다(Huang, 2002). 고등교육에서 온라인 교육은 교수를 전달하고, 교육자료에 대한 접근성을 향상시키며, 성공적으로 학업을 이수하는 보편적인 방법이 되었다(Glacken & Baylen, 2001).

이 장에서는 새로운 기술의 적용(예: 인터넷, 비실시간 커뮤니케이션 도구, 교수학습 관리시스템)과 전문성 개발(professional development) 프로그램의 전달에 초점을 둔다. 이 장의 목적은 평생교육 전략에 대한 전문적 주제(professional interest)에 관심이 있는 사람들에게 Authenticated Networked Guided Environment for Learning(ANGEL)이라 불리는 교수학습 관리시스템을 활용하여 원격교육과정을 설계하고 실행하며 평가하는 것을 지원하는 방법에 대해 설명하는 것이다.

개요

"평생교육"과 "온라인 원격교육" 사이의 가장 본질적인 연결고리는 무엇인가? 먼저, Koper와 Tattersall(2004)은 Aspin과 Chapman(2000), Field(2001), Griffin(1999)과 같은 연구자들의 평생교육에 대한 정의를 조사한 후, 평생교육을 "어떤 개인적인, 사회적인 또는 고용과 관련된 동기로 인해 평생에 걸쳐 특정 분야에 대한 지식, 기술, 능력을 향상시키고자 하는 사람들의 활동"이라고 정의하였다(p.689). 정신적 요인, 재정적 요인, 접근성 문제, 그리고 교수설계와 정보에 의해 평생교육 활동은 성공적으로 실행되지 못하고 방해 받을 수 있다(Longworth, 2003). 평생교육 활동의 설계와 실행에 관련된 사람들은 가장 우선적으로 이 요인들의 효과와 영향에 대해 철저하게 이해하는 것이 중요하다.

Koper와 Tattersall(2004)은 접근성의 문제와 교수설계, 그리고 정보와 같은 방해요인들을 기존의 기술과 새롭게 등장하는 기술로 해결할 수 있다고 주장한다. 네트워크화된 교육기술은 기존의 교육상황에서와 마찬가지로 "언제, 어디서나" 평생교육 활동을 지원할 수 있다(Baylen & Zhu, 2005; Koper & Tattersall, 2004). 또한 Edwards(1993)는 전자적 도구를 활용하면 사적이고도 개인적인 수준의 학습을 가능하게 하여 학습자들의 동기가 유발된다고 말한다.

평생교육을 지원하는 선행 연구들을 살펴보면, 시맨틱 웹(Semantic Web), 상호 커뮤니케이션 기술, 그리고 e-포트폴리오 등의 네트워크 기반 기술들이 포함되어 있다(Friesen & Anderson, 2004; Zhu & Baylen, 2005). 이 기술들은 "절충주의적이고 전체론적인 평생교육의 본질을 구성하는 평생교육의 특징"에 잘 부합하는 것처럼 보인다(Friesen & Anderson, p.683). 더 나아가, Gorard, Selwyn, Madden(2003)은 이 기술들을 사용함으로써 몇몇 개인들이 교육적 경험에 참여하는 패턴을 바꿀 수 있으므로 이러한 기술들을 신중하게 채택해야 할 것이라고 언급하였다.

또한 블로그(blogs), 팟캐스트(podcast), 위키(wikis), 소셜 북마크(social bookmarking), 인스턴트 메시징(instant messaging)과 같은 젊은 세대들이 사용하고 있는 새로운 기술들을 점점 성인 세대들도 사용하고 있다. 이런 새로운 도구들은 성인 학습자들이 교수활동에 참여하는 방법, 특히 교실 외에서의 교수활동 방법을 재정의하고 있다. 블로그와 위키는 학습자들이 생각을 서로 표현하고 특정 이슈에 대하여 주목을 끌게 하는 가상 공간을 제공한다 (Downes, 2004; Engstrom & Jewett, 2005). 많은 대학생들은 강의를 오디오 혹은 비디오 형식으로 다운로드할 수 있다는 것에서 팟캐스트의 가치를 발견한다. 소셜 북마커(예: http://del.icio.us/)는 웹 자료를 보관하고 공유하는 좋은 도구가 되고 있다. 또한 인스턴트 메시징은 개인 간의 사적인 커뮤니케이션을 넘어 전문적 활동을 향상시킬 수 있는 도구로서 사용될 수 있다.

온라인 교육 또는 원격교육은 평생교육에서 큰 자리를 잡아 가고 있다. 웹 기반 기술의 빠른 발전, 넓어진 대역폭, 비용의 감소, 향상된 접근성으로 인해 대학에서 원격교육을 교육전략으로 채택하는 일이 점점 늘고 있다 (Townsend & Wheeler, 2004). 동시에, 새로운 용어(예: 가상교육, 열린교육, 분산교육(distributed education), 원격교육), 새로운 기술, 새로운 학습자, 새로운 상업적인 경쟁 매체의 출현으로 혼돈이 야기되기도 한다. 교육자들이 원격교육을 선택한 것을 정당화하기까지 이와 같은 혁신은 수많은 도전에 부딪치게 될 것이다(Garrison, 2000).

교육환경의 변화로 인해 교수학습 관리시스템은 온라인 학습을 지원하는 유용한 도구가 되었다. Morgan은 교수학습 관리시스템을 교수-학습에 특화되어 설계되고 나름의 교수-학습 시장을 형성한 소프트웨어로 설명하고 있다. 일반적인 교수학습 관리시스템의 예로서 WebCT, Blackboard, ANGEL을 들 수 있다. 교육자료와 교육활동을 관리하는 교육과정 콘텐츠, 구성, 재연양식, 커뮤니케이션 도구, 학습자 평가도구, 성적 관리 도구(grade book tool), 그리고 기능들은 교육과정 관리시스템의 일반적인 구성요소이다(Zhu & Baylen, 2005).

이론적 프레임워크

이 기술들을 이용한 학습은 전통적인 교실수업과는 다른 구조와 형식을 가지고 있기 때문에 성공적인 교육경험을 이끌어 내기 위해서 교수자는 기존과 다른 테크닉과 인식이 필요하다.

교수를 설계한다는 것은 교수설계 원리(Dick & Carey, 2002)와 온라인 과정 설계 모델(Sorensen & Baylen, 2004)의 응용을 포함한다. 실제적 학습(Authentic learning; Herrington & Oliver, 2000), 사례기반학습(case-based learning; Kreber, 2001), 대리적 학습(vicarious learning; Rummel, Spada, Hermann, Caspar & Schornstein, 2002)을 포함하는 다양한 이론적 프레임워크는 온라인 과정 개발 과정에서 교수설계자와 교육과정 개발자들이 사용하는 일반적인 프레임워크가 되었다.

Huang(2002)은 "구성주의적 접근을 사용하는 성인 온라인 학습 교수설계 가이드라인"(p.27)을 제안한다. Herrington과 Oliver(2000)는 상황학습 프레임워크(situated learning framework)를 사용하는 것이 고급지식을 획득할 수 있는 환경의 디자인을 위한 교수설계 가이드라인에 효과적이라고 제안한다. Kreber(2001)는 경험적 학습은 학습자들의 학습을 상위 단계로 향상시켜 준다고 말한다—비판적 사고능력과 자기결정적 학습능력. Stenning, McKendree, Lee 등(1999)은 학습에서의 대화의 역할을 연구하였고 다른 학습자들로부터 "엿들을 수 있는" 기회로부터 얻는 이점이 중요하다고 말한다. 학습자 간 협력(peer-to-peer collaboration)에 대하여 Murphy(2004)는 "온라인 비실시간 토론(online asynchronous discussion: OAD)의 고급단계 과정은 참여자가 그룹이나 그룹활동보다 개인의 단계에서 머무르려는 경향을 방지하기 위해 명백하고 효과적으로 추진되어야 한다."고 말했다. "높은 수준의 OAD에서 참여자들은 그룹 수준의 활동보다 개인 수준의 단계에만 머무르려는 경향이 강하기 때문에 이를 극복하기 위해서는 토론이 명백하고 효과적으로 추진되어야 한다." Murphy는 다음과 같이 구체적으로 언급하였다.

> *온라인 비실시간 토론(OAD)의 맥락에서 협력 증진은 협력을 과정으로, 학습이라는 연속된 과정을 나타내는 지표로 개념화함으로써 촉진될 수 있다. 협력을 증진하는 목적은 토론의 참가자들이 이러한 학습의 연속적인 과정을 따라 안내해주는 지원과 스캐폴딩을 통해 혜택을 얻는 것이다. 협력의 증진은 각 개인이 목적과 목표를 공유하고, 문제에 대한 해결방법과 같은 유형화된 결과물(artifact)을 만드는 과정에서 여러 방법들을 결정함으로써 촉진된다.*
>
> *결과적으로, OAD에서 협력을 증진하려면 가상의 환경에서 각 개인이 속한 맥락에 대해 인정하는 것이 필수적이다. 이러한 상황에서는 공간적, 정서적 실재감 없이 각 개인이 상호작용을 한다. 공유된 결과물(artifact)과 공유된 목적과 목표를 만드는 것은 온라인 상황에서 학습과정이 실생활에서의 각 개인이 물리적 실재감을 느끼면서 상호작용하는 것과는 상이한 과정이라는 것을 나타내고 있다(p. 430).*

마지막으로, Huang(2002)은 상호학습, 협력학습, 촉진학습, 실제적 학습, 학습자 중심 학습, 그리고 높은 수준의 학습에 대한 교수원리는 교수설계, 특히 원격학습을 촉진하기 위한 교수설계와 결합되어야 한다고 정리한다.

현황: 온라인 과정의 분석

온라인 평생교육의 실황에 대한 논의는 온라인 과정의 전달을 관찰하고 조사함으로써 더 잘 이해할 수 있다. 학습자의 배경과 동기, 학습목표를 이해하고, 온라인 전달(online delivery)의 전략과 이슈, 피드백을 이해하는 것은 많은 도움이 될 것이다. 이 장의 후반부에서는 온라인 대학원 교수설계 과정을 다룰 것이다. 학위를 목표로 하거나 목표로 하지 않는 학생들이 졸업조건을 만족시키기 위해서나 그 분야에 대한 전문 지식을 얻기 위해서 이 과정을 지원하였다.

9명의 성인 학습자들이 주어진 학습환경에서 교수설계 방법에 필요한 지식과 기술을 배울 수 있는 과정을 신청하였다. 5명은 현재 K-12(2명은 초등학교, 1명은 중학교, 3명은 고등학교) 학교에서 가르치고 있고 3명은 K-12는 아니지만 가르치는 것이나 행정적인 활동과 관련된 일을 하고 있었다. 그러나 모두 다양한 수준의 학생들에게 교육적 경험을 촉진하는 활동에 종사하고 있었다.

5명은 처음에는 산업이나 비영리단체에서 일을 시작한 반면 3명은 처음부터 교직에 있었다. 7명은 대학원 과정으로 등록하였고, 2명은 해당 과목의 이수증을 받기 위해 과정에 등록하였다. 남녀 성비는 3명, 3명으로 동일했다. 7명은 백인이었고 2명은 백인이 아니었다.

과정의 형식과 구조

이 과정의 온라인 전달형식은 학습자들이 교수설계, 온라인 교수와 학습, 커리큘럼 개발에 대한 지식을 향상시킬 수 있는 것뿐만 아니라 성인 학습자를 위한 전문개발 프로그램의 구성요소로서 온라인으로 전달될 수 있는 교수단위를 개발하도록 촉진한다. 표 1은 활동의 형식, 사용된 교수전략, 온라인 교수학습을 촉진한 전달형식을 보여준다.

코스 구조(course structure)는 학생들을 사례분석, 성찰적 비실시간 토론(reflective asynchronous discussions), 동시적 프레젠테이션 등 다양한 방법으로 연관시킨다. 코스 퍼실리테이터(course facilitator)는 자기결정적 학습과 테

표 1 활동 유형

교수학습을 촉진하는 데 사용된 전략	온라인 전달형식	활동 유형 자기결정적 학습활동	테크놀로지 기반 상호작용	활동기반 토론	자기반성적 학습활동
콘텐츠 지식 촉진(facilitation) (학생당 한 번의 경험)	동시적	×	×		×
콘텐츠 지식 토론 (최소한 한 과정에 한 번)	동시적	×	×		
사례분석 촉진(facilitation) (학생당 한 번의 경험)	비동시적	×	×		×
사례분석 참여 (학생당 4번의 경험)	비동시적	×	×	×	×
프로젝트 설계 제작 (학생당 5 섹션)	비동시적	×		×	×
프로젝트 설계 계획서 검토 (학생당 3개 검토)	비동시적	×		×	

크놀로지 기반 상호작용, 온라인 기반 토의 활동을 촉진하고 숙고하는 학습 결과를 성취하기 위하여 몇몇 교수전략을 사용하였다. Knowles(1975)에 의하면, 자기결정적 학습은 "개인이 다른 사람의 도움이 있거나 혹은 없어도 그들의 학습욕구를 진단하고, 학습목표를 설정하며, 학습에 필요한 인적, 물적 자원을 확인하고, 적절한 학습 전략을 선택하고 실천하며, 학습결과를 평가하는 일을 시작할 수 있도록" 한다.

온라인 전달형식이 주어졌을 때, 학생들 간의 유일한 상호작용 수단은 교육과정 관리시스템의 비동시적, 동시적 도구를 사용하는 것이었다. 온라인 상호활동 없이는 교재의 장 맨 뒤에 있는 문제를 푸는 것과 온라인을 통해 질문에 답을 주는 것은 별 다를 것이 없었다. 온라인 활동기반 토론에서 사례분석은 비판적 사고력, 문제해결 능력, 소규모 토론을 증진시키는 데 도움이 된다. 이

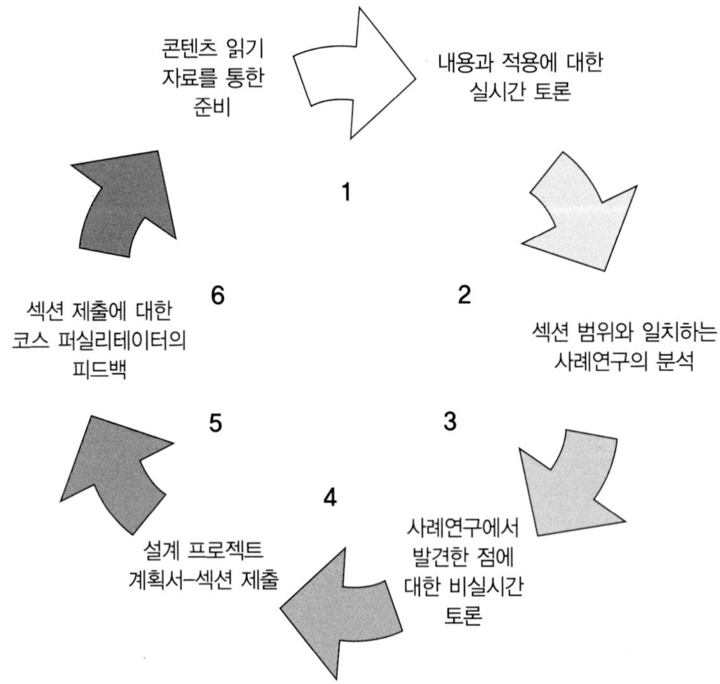

그림 1 코스 퍼실리테이터와 학생들 사이의 코스 과정

제 온라인 상호활동에서 자기평가와 자신이 한 것에 대해 정리를 하는 것은 당연한 흐름이 되었다. 그림 1은 이 과정을 설명한다.

사용된 온라인 전략

콘텐츠 지식 촉진과 토론 참여

학생들이 온라인 활동과 설계 작업과 연관된 교육자료를 이해하는 데 도움을 주기 위해 학생들을 두 명씩 짝지어 학기 중 격주로 이른 저녁시간에 1시간 동안 실시간으로 토론을 하게 한다. 다른 학생들은 컨셉에 대하여 토론하고 과정에 대한 기대와 실행과 관련된 이슈와 문제점을 명확히 한다. 이것은 또한 토론의 마지막에 짧은 질의응답시간을 가짐으로써 코스 퍼실리테이터를 격려하는 좋은 시간이 된다. 학생들은 한 과정에 최소한 한 번의 동시적인 토론 시간

표 2 동시적 토론에서의 학생들의 참여 분포

동시적 세션	학생 촉진자의 수	참여한 학생 수 N=9	코스 퍼실리테이터	총 학생 수
1	0	6	1	6(67%)
2	2	7	1	9(100%)
3	2	6	1	8(89%)
4	1	5	1	6(67%)
5	2	4	1	6(67%)
6	2	6	1	8(89%)

을 갖게 된다. 표 2에 제시된 바와 같이, 최소한 3분의 2의 학생들이 학기 중에 2주에 한 번은 다른 실시간 토론 세션에 참여하였다.

이 과정을 위해, 실시간 토론 세션은 학기 중에 최소한 한 번 참여해야 하는 과정에서 발생하는 마찰 때문에 화요일이나 수요일로 변경되어 열렸다. 이 1시간의 세션은 학생들의 개인적인 사정을 고려하여 보통 저녁 8시에 열렸다. 이 실시간 토론 세션에 참여했던 학생들의 피드백은 긍정적이었다.

> *동료들과의 토론과 온라인 대화를 통해 얻은 훌륭한 격려로 인해 어려움을 이겨내려고 하는 사람이 나 혼자만이 아닌 것을 알게 되었습니다. 우리들은 그룹 활동을 통해 큰 동기를 부여받은 것 같습니다. 나는 그 동기를 같은 수업을 듣는 학생들에게 나누어 주었고 격려해주었습니다. 그들이 마주치게 될 어려운 수업이나 과제를 그들과 연관 지어 설명할 수 있다는 것을 나눌 수 있게 되었습니다. 우리들이 도전하고 포기하지 않는다면 우리는 해낼 수 있다고 그들과 나 자신을 격려하였습니다. (H 학생)*

토론 촉진과 참여를 통한 사례분석

학생들의 과정에 대한 학습과 기술 개발을 촉진시킨 추진력 중의 하나는 사범대학과 보건전문교수(이 책의 저자)들에 의해 고안된 5개의 사례조사였다. 각 사례는 학생들이 설계 작업 제안서를 완성할 때까지 온라인 토론과 응용을 통해 배우고 발전시켜야 할 컨셉과 기술을 잘 서술하고 있다(표 3 참고).

몇몇 학생들에게는 이 교수전략이 익숙했던 반면 어떤 학생들에게는 낯설었다. 그러나 첫 사례조사 후, 한 학생이 다음과 같이 적절하게 말했다. 그 후 모두가 그들이 무엇을 해야 하는지 알게 된 것 같았다.

학습과정을 더 발전시키기 위한 사례조사는 컨셉을 소개하는 도구로서 굉장히 새롭게 다가왔습니다. 첫 사례조사는 불안한 교육실습생에 대한 것이었고 교육실습생이 거절의사를 표현하는 데에 어려움을 겪고 있다는 시나리오를 검토하였습니다. 난 해결자 역할을 해야 했고 문제가 해결될 때까지 지속적으로 그 일을 하였습니다. 종종 나는 내가 항상 진정한 문제가 무엇인지 멈추어 주의 깊게 보지는 않는다고 생각합니다. 문제를 발견하는 것은 필수적인 과정입니다! (D 학생)

온라인 사례조사 토론에서 각 학생들은 최소한 새로운 화제를 던지는 10개의 메시지와 기존의 메시지에 최소한 10개의 답을 해야 했다. 10개의 글을 쓰는 것은 온라인 토론에 참가하게 만들기 위한 매직 넘버와 같이 보였다. 저자

표 3 온라인 사례분석과 토론의 학습목표

사례	주제	각 온라인 사례토론의 학습목표
1	불안한 인턴 간호사	사례조사의 세부 내용과 자신의 학문적, 전문적 경험과 비교, 대조하기
2	UEO 프로젝트에 자원하기	설계 아이디어와 작업을 발전시키고 설계 작업 과정의 각 단계에서의 변화(추가, 편집, 혹은 수정) 확인하기
3	의견의 일치	각 사례에 나타나 있는 교수설계의 컨셉과 교수설계의 원리에 대해 이해한 것을 서술하기
4	되느냐 되지 않느냐	사례, 사례에 대한 토론과 자신의 설계 작업과의 관련된 측면을 규명하기
5	투명한 유리를 통해서 보기	자신의 설계 작업에 도움이 된 학생들의 글에 대하여 토론하기. 자신의 설계 작업의 요구조건과 관련이 되는 사례조사로부터 배운 지식과 안목을 적용하기

들의 온라인 과정 전달의 경험에 기반하여 그들은 학생들이 5개에서 10개의 메시지를 작성하였을 때, 학생들은 온라인 토론 과정에서 일어난 거의 모든 것들을 읽었고, 그들 자신의 의견과 안목을 덧붙였다. 학생 촉진자는 보통 온라인 토론을 시작하는 첫 글을 작성하는 역할을 하였다.

이 수업은 전 과정 동안 수업 동료들 간의 많은 상호작용을 요구한 수업이었습니다. 처음에는 이 상호활동이 지루하고 별 느낌이 없을 것이라고 예상하였습니다. 그러나 설계과정으로 점점 발전되면서 나는 동료 한 명 한 명이 전문성을 확립해 가고 그 지식을 서로 공유하도록 하는 것을 발견하였습니다. 몇몇 구성원들은 중요한 정보가 담겨있는 웹페이지를 찾는 것에 능숙했습니다. 또 몇몇은 APA 참고자료를 찾는 데 유능했고, 또 다른 몇몇은 이 모든 것에 도움이 되는 테크놀로지에 대한 배경지식을 가지고 있었습니다. 첫 과정부터 몇몇 동료들의 장점이 돋보이는 반면 다른 동료들은 그렇지 않았습니다. 하지만 이 과정이 끝날 무렵에는 모두의 장점이 밝혀졌고 나를 포함하여 모두 이 과정에 기여하였습니다. (G 학생)

처음 시작하는 글과 답문(부록 A 참고)의 예들은 이 과정에서 학생들의 공유의 깊이를 보여준다. 이전의 경험과의 관계는 명확했다. 또한 학생들 간의 관계도 발전되는 것처럼 보였으며 인식이 온라인상에서 공유되었다.

프로젝트 설계 제작과 계획서 검토

사례조사 토론에서 학생들은 필요한 지침 아래 프로젝트 제안서의 부분을 제작해야 했다. 교실 구성원들은 적절하게 과정들의 각 섹션들 간의 연결고리를 잡아내었고, 학습의 실험실로서의 전체 설계 프로젝트와의 연결고리도 파악하였다.

만약 여러분이 직선적으로, 순차적으로 또는 이 코스를 끝내고야 말겠다는 방식으로 접근한다면, 교수적인 문제를 총체적인 시각에서 통합적인, 완전한 단일 사건으로 연결하고 결합시키는 데 실패할 것입니다. 나는 이 코스가

단지 학습자료에 대해 학습완료에 도달하기 위한 수단으로서가 아니라 총체적으로 접근할 수 있도록 나를 이끌고 있다는 것을 알았습니다. (F 학생)

표 4는 학생들이 학습을 완료하는 데 필요한 토론의 각 부분을 정리한 것이다. 학생들은 그 과정의 웹사이트에서 토론의 부분을 완성하여 다른 학생들이 자신들의 의견을 보게 한다. 코스의 퍼실리테이터는 각 부분마다 제시된 의견에 피드백을 제공한다. 이것은 모든 사람의 학습활동의 강점과 약점을 보면서 대리학습의 기회를 가지게 할 뿐 아니라 똑같은 피드백을 제공하는 것도 방지한다.

모든 세션이 끝나면, 코스의 퍼실리테이터는 학생들에게 설계 프로젝트의 1차 계획서를 제출하도록 요구하였다. 그 후, 각 학생들은 동료 학습자들이 만든 3개의 설계 프로젝트 계획서를 검토하는 과제를 부여받았다. 각각의 계획서에 대한 검토를 할 때는 다음 질문을 사용하였다.

- 이 세션에서 가장 뛰어난 특징은 무엇이며 왜 그렇게 생각하는가?
- 이 세션에서 수정되거나 변경되어야 하는 점은 무엇이며 왜 그렇게 생각하는가?
- 이 세션에서 적절하지 않은 부분은 어디이며 왜 그렇게 생각하는가?
- 이 세션에서 개선하기 위해 추가해야 할 점은 무엇이며, 왜 그렇게 생각하는가?

더 나아가서, 학생들에게 전체 계획서 문서의 정확성, 창의성, 적절성, 정렬성, 즉각적인(out-of-box) 해결, 자원, 참고문헌, 부록의 체제에 대한 논평을 하

표 4 사례연구에서 강조된 개념과 원리

사례	섹션 범위
1	문제의 진술, 요구 분석, 목적 분석
2	학습자 분석, 환경 분석, 초기 과제 분석
3	군집화와 계열화, 교수 전(pre-instructional) 활동, 학습자 평가, 학습, 추수활동, 목표를 위한 교수전략
4	온라인 모듈 정보, 온라인 모듈의 내용과 전략, 온라인 모듈 평가
5	평가 : 환경, 투입, 과정, 산출물, logistic, 비용

게 하였다

이러한 동료 검토 과정은 읽고, 사례에 대해 토론하고, 섹션을 완료하기 위한 기초(initial) 작업 등으로부터 배운 점을 적용할 수 있도록 한다. 세 가지 서로 다른 설계 프로젝트 계획서와 분명한 피드백을 파악하는 능력은 교수설계자나 컨설턴트로서의 역할을 감당할 수 있도록 한다. 코스의 퍼실리테이터의 입장에서 보면, 학생들이 교수설계의 개념과 원리에 대해 얼마나 배웠는지, 교수설계자나 컨설턴트의 역할을 얼마나 성공적으로 했는지가 분명해진다. 결과적으로, 학생들은 그들이 검토한 다른 사람의 계획서와 비교해서 자신이 제출한 계획서의 순위를 정하도록 한다.

이슈와 도전

코스의 경험이 학위를 필요로 하는 학생과 전문성 개발에 관심을 갖는 이들에게 개방되었을 때, 지식, 퍼실리테이션 기술, 그리고 테크놀로지 문해 능력 영역의 다양성은 학기 초에 이슈가 되었다. 학위과정 중에 있는 학생들이 처음에 예상한 것들을 스스로 감당할 수 있음을 알게 된 반면, 전문성 개발을 위해 등록한 사람들은 몇 가지를 명확하게 하기 위해 코스 담당 퍼실리테이터와 즉각적인 면대면 또는 전화상으로 대화를 해야 할 필요가 있다는 것을 알았다.

교육연구와 커리큘럼 내 핵심과정을 수강한 학생들은 교육과정에서 강의된 새로운 개념과 원리를 배울 때 자신감을 나타냈다. 같은 학급에서 이런 친숙한 경험이 없는 다른 학습자는 읽기에서부터 사례분석, 토론과 설계 프로젝트 계획서에 이르기까지 개념과 원리를 적용하는 것처럼 이론과 실제를 연결하는데 어려움을 겪었다고 이야기하였다.

이러한 감정(sentiment)에 대해 한 학생이 적절하게 표현하고 있다.

수업이 시작됨에 따라, 내가 학습자료와 의미를 연결할 수 있는 경험이나 배경이 없다는 것을 느끼면서 개념과 씨름하였다. 나는 교사와 같은 지식적 배경이 없는 것을 하이테크에서의 배경지식으로 보상할 수 있을 것이라는 희망을 가졌습니다. 나는 앞부분의 몇 세션까지는 대부분의 급우와 같이 계

속 고전했습니다. (E 학생)

이전에 온라인 과정을 수강한 경험이 있는 학습자는 코스 관리시스템(ANGEL)이 학습자료에 접근하고 코스 퍼실리테이터와 학급 구성원과 상호작용하는 데 도움이 된다는 것을 확인하였다. 온라인 과정을 처음 수강하는 학생들은 동시적이든 비동시적이든, 코스 관리시스템의 기술적인 특징을 숙달하기까지의 어려움을 호소하였다. 그러나 코스가 진행되어 가면서 이러한 문제가 학습자의 수행에 미치는 영향은 아주 미미했다.

온라인 학습을 제공하는 데 있어 한 가지 중요한 측면은 대상 집단(target population), 달리 말하면 그 수업의 학생이다. Mager(1997)에 의하면, 대상 집단에 대한 정보는 시작 시점에서 코스를 구체화하는 데 도움을 준다. 대상 집단에 대한 정보는 어휘를 결정하고, 가장 적절한 사례를 결정하고, 적용할 매체의 유형과 절차를 결정하는 데 유용하다. 이 사례조사에서 나타나 있듯이 점점 다양해지는 학습자들은 결과적으로 교육과정 설계자들과 교수자에게 더 많은 작업을 요구한다. 학습활동과 문헌은 모든 학생들이 이해할 수 있을 만큼 발전되어야 하고 또한 어느 정도 어려워야 고급과정의 학습자들이 쉽게 지루해하지 않을 수 있다. 다양한 학습 집단으로 인해 다양한 학습자들의 학습 형태를 포괄할 수 있는 더 다양한 교수전략이 요구된다. 테크놀로지 학습 곡선(technology learning curve)에 있어서 대상집단에 대한 지식은 필수적이다. 모든 학생들이 온라인 과정을 능숙하게 수강하지는 못할 것이다. 테크놀로지와 온라인 학습에 대해 거의 지식이 없거나 무지한 학습자들은 교수자들의 많은 시간을 소모할 것이다. 일반적으로 이런 학생들이 테크놀로지와 온라인 형식에 대해 익숙해지는 데에는 3주 정도의 시간이 걸린다. 온라인 학습에 경험이 있는 학습자들은 온라인 학습에 익숙할 것이며, 보통 온라인 과정에 미숙한 학습자들의 멘토 역할을 한다. 온라인 과정의 설계와 개발에 있어서 타겟 층을 파악하는 것은 매우 중요한 일이다.

결국, 최대 이슈이자 문제는 코스 경험과 같은 과정중심의 활동을 실천하는 데에 가능한 시간이다. 이 과정을 가르치는 시설의 위치를 보면, 자연(예: 허리케인)에 의한 접근성과 전기시설에 대한 가용성이 떨어진다. 이 특정 경험의 실천 기간 동안 코스는 한 주 넘게 중단되었다. 몇몇 학생들은 그 지역의 정전에 따라 교육과정 관리시스템에 접근하고 온라인 활동에 참여하는 데에 거의 2주 동안 문제가 있었다.

평생학습을 온라인으로 제공할 때, 테크놀로지의 한계는 언제나 주요한 요인이다. 이전에 언급하였듯이 자연 현상이 그 과정을 듣는 학습자나 코스 퍼실리테이터가 있는 곳에 정전을 일으켰다. 비록 전력이 복원되었지만 광범위한 정전이 학습자의 위치에서 발생하였다. 교수자들은 가능한 한 많은 경우를 제시해 줌으로써 이러한 상황이 일어나기 전에 준비되어 있어야만 한다. 기술적인 문제와 연관된 수업계획의 정책과 공정은 미래의 많은 문제점들을 감소시킬 것이다. 학습자가 물리적으로 먼 위치에 있다면 이런 문제들에 대하여 실제로 대처할 계획을 세워야 할 것이다.

고려해야 할 또 다른 기술적인 문제는 학습자들의 컴퓨터 상태이다. 교수자들은 원활히 온라인 과정을 수강할 수 있는 최소 하드웨어, 소프트웨어 사양을 반드시 명시해야 한다. 만약 학습자들이 pdf 파일을 열어봐야 한다면, 컴퓨터에는 그에 맞는 소프트웨어가 설치되어 있어야 한다. 학습자들은 메모리가 충분하지 않거나 수업이나 과제를 다운로드할 수 있는 인터넷 서비스 제공자에 접근을 하지 못한다면 실망감을 느끼고 좌절할 것이다.

온라인 교수와 평생학습에의 함의

(1) 사전경험(prior experience), (2) 실제적 학습경험(authentic learning experience), (3) 텍스트, 내용, 교수자와 테크놀로지의 연계, (4) 온라인 역할극, 촉진, 협력과 같은 과정의 경험을 검토함으로써 성공적인 학습경험에 영향을 주는 다양한 요인들이 확인되었다.

사전경험

성인 학습자로서 이 과정을 수강하는 학생들은 자신들의 사전경험이 사례분석과 토론에 큰 도움이 되었으며, 또한 설계 작업 계획서를 제작할 때에도 도움이 되었다고 하였다. 몇몇은 그들이 이 과정을 듣기 전에는 어떻게 교수를 설계하였는지를 공유하였다. 다른 학생들은 그들이 인생이나 일을 통해 배운 경험뿐만 아니라 대학에서 수강했던 이전의 과정들에서 배운 것을 기반으로 어떻게 적절하게 구성하는지에 대하여 의견을 나누었다.

> *과거의 나의 설계 과정의 특징을 말하라고 한다면 나는 McDesign 과정을 사용했다고 말해야 할 것입니다. 나는 이 과정에서 많은 설계 모델을 선택하고 또 모델을 조사하면서 교수설계에 좀 더 견고한 체계적인 과정을 사용할 수 있다는 믿음을 가졌습니다. "완전한(full-blown)" 과정을 사용하게 되지 않을지는 모르지만 최소한 내가 무엇을 해야 하는지에 대한 개념을 더 알게 되었고, 과거에 내가 과정을 제대로 활용하지 못하고 학습자를 기만했을지도 모른다는 것을 잘 알게 되었습니다. 더 명확해진 교육이론과 교수설계이론으로 나는 높은 수준의 학습결과를 창출할 수 있는 더 좋은 교수를 설계할 수 있을 것입니다. (B 학생)*
>
> *나는 내가 이전에 수강했던 수업들의 조각 조각을 모으고 있는 내 자신을 발견했습니다. 나는 평가 수업에서 배웠던 것을 나의 형성적이고 총괄적인 평가를 설계하는 데에 사용했습니다. 나는 하드웨어 수업에서 배웠던 것을 활용하여 일반적인 컴퓨터와 서버 환경에서 교수를 설계할 수 있다는 것을 알았습니다. 웹과 휴먼 인터페이스(human interface) 디자인을 통해 배운 것을 사용해 나의 인터페이스를 사용자 위주로 만들 수 있었습니다. 연구수업을 통해 배웠던 것을 사용해 검토 보고서를 작성하는 데에 활용하였고 마지막으로 교육이론 시간에 배웠던 것을 이용해 교수를 차별화하고 상이한 학습방식에도 흥미를 끌 수 있었습니다. 수정작업을 하면서 공통점이 없어 보이는 나의 교육적 지식이 마침내 이 수업 하나로 집결된다는 것을 알 수 있었습니다. (E 학생)*

실제적인(authentic) 학습경험

이 과정을 경험함으로 인해 학생들은 사례의 구체적인 사항들을 읽고 분석하고, 사례조사와 설계 작업 제안서와 관련된 아이디어에 대하여 토론하며, 사적 경험 혹은 전문적인 경험과 온라인 자료를 공유하였다(그림 2 참고). 이 활동이나 이벤트 각각은 온라인 소통을 풍부하게 했을 뿐만 아니라 그들이 무엇을 배우고 있으며 그들이 어떤 것을 성취해야 하는지에 대한 이해를 더 깊게 해주었다.

이 과정을 수강하는 동안, 우리는 사례조사에서 어떤 원리들을 발견할 수 있었습니다. 이것과 동일한 원리들이 우리의 교재에 명시되고 서술되어 있었습니다. 우리는 이 요소들과 함축적 의미들에 대하여 온라인상에서 토론을 하였고 이것들을 우리의 교수 설계 작업에 적용하였습니다. 과정에서 요구하고 있는 참여의 활동으로 상호작용 과정에서 의견을 말할 때, 나의 생각과 그 생각을 어떻게 표현할지에 대해서 지속적으로 생각하고, 수정하게 됩니다. (F 학생)

교재, 사례조사, 온라인 토론, 그리고 설계 작업 과정을 통해 나는 교수 설계 과정에 대해 더 명확하게 알게 되었습니다. 과거와 현재의 나의 설계

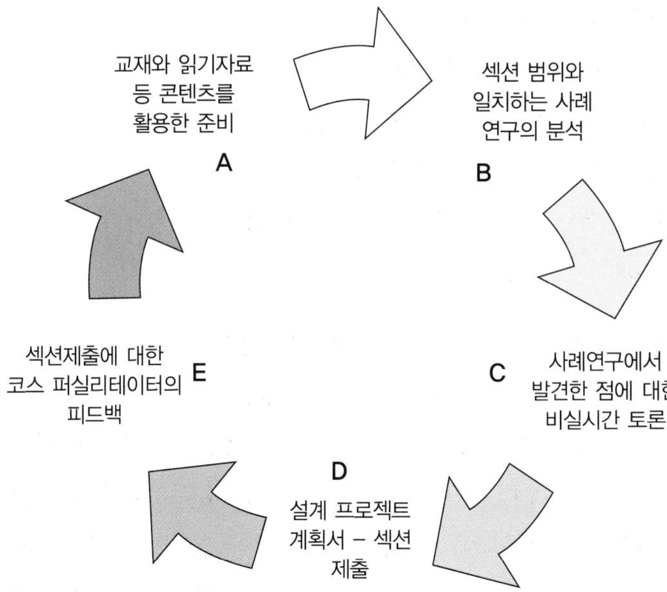

그림 2 코스 퍼실리테이터와 학생 사이의 사례분석과 토론과정

의 약점을 사례조사를 통해 발견하였습니다. 나는 교수 설계의 약점과 틈을 인식하면서 또한 설계 작업에서의 잠재적인 약점까지도 볼 수 있게 되었습니다. (B 학생)

나는 항상 주의 깊게 교수를 설계하면 원하는 학습결과가 나올 것이라고 믿어 왔습니다. 그러나 나는 '불안한(anxious) 인턴 시나리오'를 읽을 때 그 믿음 이상의 것을 알 수 있었습니다. 그 시나리오는 이후에 학습자와 학습자에 의해 영향을 받은 교수자 모두에게 영향을 미칠 수 있는 부적절한 학습평가의 결과를 가르쳐 주었습니다. (C 학생)

텍스트와 테크놀로지의 연결

이 과정은 테크놀로지가 학습을 확실히 지원할 수 있는지 확인하기 위해서 설계되었다. 5개의 사례조사는 교수와 학습의 핵심 교수학습 자료로 사용되었다. 이 텍스트와 관련된 자료는 각 사례조사를 보충하게 위해 나뉘었고, 이 과정 동안 함께 작업하는 학생들과 코스 퍼실리테이터에게 기본과 교육언어를 확실히 하는 역할을 하였다. 실시간 커뮤니케이션(채팅)과 비실시간 커뮤니케이션(토론)은 학생들이 아이디어를 교류하거나 평가를 시험해보고, 현재의 주제와 관련된 이슈에 대하여 이야기할 수 있는 공간을 제공하였다. 마침내, 이런 교류 뒤에 학생들은 그들의 의견을 종합하고 교수설계자나 교육과정 개발자 역할로서의 새로운 역할을 시도하면서 그들 자신에 대해서 어떤 지식과 기술을 습득하였는지 돌아볼 수 있었다.

네 번째 사례는 내 프로젝트의 교수전략과 교수자료를 세련되게 할 수 있도록 도와주었습니다. 나는 사례의 훈련담당자(trainer)들이 교수 요소를 발전시킬 때 인내할 것이라고 생각하였고 나는 나의 프로젝트와 관련해서 나에게 굉장히 중요한 질문 하나를 던져야 함을 느꼈습니다. "내가 이 과정을 밟고 싶어하는가?" 나는 이렇게 열정적이지 못한 태도로 내 프로젝트에 대해 억지로 생각하면서, 적절하게 연속된 교수를 통합하는 것도 중요하지만 학습자의 주의를 끌고 가능한 여러 방면으로 창의적인 교수가 더 중요하다고

생각했습니다. (C 학생)

우리가 해온 각각의 사례조사는 처음부터 끝까지 나에게는 배우는 과정이었습니다. 처음에는 우리가 이런 것을 왜 하고 있는지 의심을 품었지만 이제야 나는 그 이유를 알 것 같습니다. 사례조사는 미래에 교수설계를 할 때에 무엇을 해야 되고 무엇을 하면 안 되는지를 가르쳐 주었습니다. 사례조사는 내가 무지했던 곳에 빛을 비추어주는 엄청난 도구였습니다. 이런 사례조사와 수업에서 가졌던 토론이 없었다면 나는 이런 지식을 습득하지 못하고 과정을 마쳤을 것입니다. 나는 이 과정에서 사용하였던 도구들이 대단하다고 생각합니다. 토론과 사례조사의 조합은 정말 많은 도움이 되었습니다. (A 학생)

온라인 토론은 교사인 나에게 가장 많은 도움이 되었습니다. 다른 교사들과 이 과정을 어떻게 나의 교수생활에 적용할지에 대한 생각을 교류하면서 많은 도움이 되었습니다. 또 다른 이점은 테크놀로지를 이용한다는 것이었습니다. 나는 이제 이메일만 사용하는 것을 뛰어넘게 되었습니다! 이제 나는 온라인 토론에 참여하는 방법을 알고 파일 업로드 방법도 압니다. (D 학생)

이 과정에 참여하면서 나는 다른 사람들과 소통해야 한다는 것을 진정으로 배웠습니다. 학습공동체(learning community)에서 다른 사람들과의 소통이 요구될 때 나는 항상 풀이 죽어 있었습니다. 실패에 대한 두려움과 일을 다른 사람들만큼 잘하지 못하는 것에 대한 두려움이 있었는데 이 수업에서 나는 마침내 이 방법이 학습에 있어서 최고의 방법이란 것을 깨달았습니다. 이제 학습공동체에 기여해야 하거나 다른 사람들과 소통해야 할 때, 개념과 학습이 그 중심을 차지하고 나머지 생각은 모두 부수적인 것들입니다. 비록 안 그럴려고 하더라도 동료와 함께 대화하고, 더 나은 이해를 위해 작업하는 것이 더 행복합니다. (F 학생)

온라인 역할극, 퍼실리테이션과 협력

코스가 진행됨에 따라, 학생들은 자신의 수업이 그들의 공동체—개인적인, 직업에서의 요구를 적절히 해 나가느라 힘들고 신체적으로 피곤할때, 자연재해(예를 들면 허리케인)로 인해 코스 학습의 진행이 어려워질 때 지원해주는—가 되었음을 알았다. 교수설계자나 컨설턴트로서의 역할극은 세션이 거듭되면서 그들의 설계 계획서가 명확한 교수 요구에 부응하는 일관성 있는 교수적 지도로 발전된 "실제 상황"이 된다. 학습사태(learning events)의 촉진은 코스 퍼실리테이터에서부터 동료 학생에 이르기까지 학습에 관련된 모든 사람들로부터 비롯된다. 궁극적으로, 학생들이 각자 자신의 프로젝트 계획서를 완성하는 개별적 작업 대신 협력이 학생과 학생 사이의 규범이 되었다.

나에게 이 코스에서 가장 유용한 부분은 질문이나 피드백, 대리학습과 동료의 검토 과정에 대한 강조를 위해 교수자를 활용할 수 있다는 것이었습니다. 내가 제대로 하고 있다는 것을 확인할 수 있게끔 이메일이나 직접 만남을 통해 상담이 가능하다는 것이 매우 큰 도움이 되었습니다. 또 다른 사람의 의견, 포스팅, 보고서를 읽는 것 역시 큰 도움이 되었습니다. 나는 이러한 대리적 학습경험을 통해 교수설계의 다양한 측면을 명확하게 이해하게 되었습니다. (C 학생)

나는 우리가 사용한 가장 강력한 학습 도구(tool)는 채팅이라고 말하고 싶습니다. 나는 동료로부터 많은 것을 배웠습니다. 지금은 내가 알고 있지만 그 지식은 나 혼자서는 알 수가 없었을 것입니다. 채팅은 교과서에서 배운 것을 활용하고, 교과서에서 배운 것과 우리 프로젝트와의 직접적인 관련성을 이해하게 함으로써 교과서에서 배운 것을 활용하고 우리 프로젝트와 대응시켜 연결할 수 있도록 했습니다. 많은 경우에, 채팅이 끝나고 나면 나는 혼잣말로 "이제야 이해했어!"라고 말하곤 했습니다. (A학생)

어떤 측면에서 이 수업은 내가 편안하게 느낄 수 있는 공간이었습니다. 나는 온라인 공동체의 일원으로서 대부분의 의사전달이 이메일을 통해 이루어지는 일본 기업에서 수년간 일했습니다. 나는 글로 쓰는 메시지는 언어로 소통할 때의 몸짓이나 억양이 없기 때문에 잘못 이해할 수 있으므로 잘못 이해하는 것을 피하기 위해 매우 신중해야 하는 것을 배웠습니다. 또한 온라인 공동체의 다른 구성원에게 빈번한 피드백을 제공하고 지원하는 것

이 중요하다는 것도 배웠습니다. 이러한 기술과 경험은 나의 다른 온라인 과목에서와 같이 이 수업을 잘 할 수 있도록 해주었습니다. (E학생)

우리가 서로 다른 동료들의 학습을 평가할 때, 나의 학급 동료 중 한 명이 내가 혼동했던 부분을 확실히 알 수 있게 해주었습니다. 학급 동료와 검토자는 아주 공손하게 나의 잘못을 지적하였고, 내가 어려워하는 교과서의 부분을 알려주어서 어려워하는 부분을 확실히 알게 되었고, 지금까지 내가 놓치고 있는 부분을 이해할 수 있게 되었습니다. 내가 이러한 상호 평가를 통해 얻은 깨달음, 그것은 진정한 "아하! 그렇구나!(Aha!)"의 경험이었습니다. (F 학생)

결론

평생학습 과정을 온라인으로 제공하는 것은 모험적인 것이다. 대부분의 과정이 그 과정을 선택한 이유, 테크놀로지, 사회화(socialization), 피드백 등에 대한 요구가 각각 다른 다양한 학습자의 관심을 끌어야 한다.

내가 처음 이 프로젝트와 코스를 시작했을 때, 교수설계자가 아닌 내용전문가(subject matter expert)로서의 나 자신을 발견했습니다. 시간이 흐름에 따라 서서히 교수설계자로 변화되는 나 자신을 보기 시작했습니다. 때로는 교수설계자로서, 때로는 다른 모습으로, 그리고 양쪽 입장이기도 하였습니다. 이제는 나 자신을 교수설계자라고 당당하게 말할 수 있습니다. 나는 소위 말하는 아마추어 설계자입니다. (A 학생)

사례연구 활동을 하면서, 나는 문제의 뿌리를 찾는 데 있어 모든 이해당사자의 문제, 요구(needs), 관점을 고려하는 것의 중요성을 배웠습니다. 이 점은 사례연구를 위해서뿐 아니라 내 설계 프로젝트와 업무 관련 프로젝트에서의 실제적인 문제에서의 능력을 기르기 위한 것임을 알았습니다. (B 학생)

성공적인 온라인 교수자는 개별 학습자가 서로 상이하다는 것을 인식할 것이고, 온라인 코스의 개발에서 이러한 차이점을 고려하여 계획을 수립할 것이다. 교수자는 수업에서 학습자의 사전 경험과 대상 학생 파악의 중요성을 인식하여야 한다.

나는 교수설계를 위한 구조화되지 않은 "방법"을 가지고 …… 수업에 왔습니다. 나는 과정, 전략, 전술, 평가, 연구, 학생들과 성인을 위한 효과적인 수업을 설계하기 위한 체제적 방법에 있어서 이러한 도구(tool)를 사용하려는 확신 등으로 가득 채워진 툴박스(toolbox)에 열정적인 교수설계자로서의 나를 맡겨버렸습니다. (B 학생)

이 수업은 자신의 가치나 자존심과 타협하지 말라고 가르쳤습니다. 많은 시간과 에너지가 하나의 프로젝트를 설계하는 데 소모되었고, 간단하게 나를 알릴 시간도 없었습니다. 이 수업으로 인해 나는 스스로 내가 얼마나 가치 있는 사람인지 증명하였습니다. 가치 측면에서 보면, 힘든 일은 보람이 있다는 것을 알게 했습니다. 당신이 최선을 다하였다는 것을 알 때 일종의 만족감을 얻을 것입니다. (A 학생)

실제적(authentic) 학습은 학습자가 이론과 실제 사이의 차이를 연결하도록 하는 중요한 개념이다. 온라인 코스의 모든 부분은 학생들이 모든 과제들의 관련성을 이해할 수 있도록 연결되어야 한다. 학생들은 온라인 코스에서 역할극, 퍼실리테이션, 협력을 통하여 적극적인 참여자가 되어야 할 필요가 있다.

이 코스를 통해 내가 얻은 가장 큰 이점은 나의 태도, 성향(disposition), 방향성(orientation)에 미친 영향력입니다. 동료평가의 과정은 가장 가치 있는 일인 동시에, 가혹했습니다. 이러한 과정의 직접적인 효과는, 모든 답을 가진 사람은 하나도 없다는 나의 믿음을 확고하게 했다는 것입니다. 로버트 프로스트(Robert Frost)가 내가 할 말을 잘 대변하고 있습니다. "교육은 평정심이나 자신감(self-confidence)을 잃지 않고 어떤 얘기든지 귀를 기울이는 능력입니다." (C 학생)

공동체는 온라인으로 발전될 수 있습니다. 관계가 형성될 수도 있고, 실제적인 결속이 이루어질 수도 있습니다. 이러한 관계가 형성되는 학습과 각 공동체 구성원에 의해 제공되는 도움의 정도, 도움의 수준에 매우 큰 감명

을 받았습니다. 나는 동료에게서 얻은 통찰력에 대해 고맙게 생각합니다. (D 학생)

온라인 수업에서는 테크놀로지가 항상 이슈가 되며, 교수자가 테크놀로지 이슈를 정책과 절차를 통해 계획하면 할수록 더 쉽게 수업할 수 있을 것이다. 온라인 과정을 개발하고 실행하는 데 있어서 이러한 개념을 잊지 않는 교수자는 성공적인 교수자가 될 것이다.

난생 처음으로, 나는 원격교육에서 어떻게 커뮤니케이션이 토론되는 주제를 충분히 지지할 만큼의 수준에까지 도달하는지 직접 목격했습니다. 나는 항상 원격교육은 가장 중요한 인간의 정을 느끼는 실재감(presence)이 결여된다고 느꼈기 때문에 원격교육에 편견을 가지고 있었습니다. 이번 강좌에서의 경험은 꼬리에 꼬리를 무는 토론과 채팅이라는 방법을 통해 원격교육이 높은 수준의 정교화와 커뮤니케이션을 이룰 수 있다는 살아있는 증거를 얻었습니다. (F 학생)

회상해 보건대, 지금까지 서술된 경험은 평생교육이 온라인 방식으로 이루어질 수 있다는 신념을 재확인하였다. 현재의 테크놀로지로 급격히 변화하는 환경 속에서 스스로를 발전시키고자 하는, 지식적 기반, 적절한 기술, 특정 분야에서의 역량 등을 발전시키고자 하는 사람들 사이의 쌍방향의 적극적인 상호교류를 지원할 수 있다는 것을 강력히 시사한다.

결론적으로, 온라인 교육은 평생교육의 학습경험을 전달하는 강력한 힘을 가지고 있다. 코스 관리시스템과 같은 새로운 테크놀로지의 사용은 원격교육을 통해 직업적인 발전의 기회를 제공하는 데 아주 효과적인 방법이 되었다. 많은 보고서들에서 쌍방향의 적극적인 상호교류를 하게 함으로써 온라인 평생교육을 지원하고 격려하는 성공적인 교수경험들을 보고하고 있다. 이러한 점에서 볼 때, 온라인 교수자는 성찰적인(reflective) 학습성과뿐만이 아니라, 자기주도학습(self-directed learning), 테크놀로지로 지원되는 상호작용, 활동기반의(activity-based) 수업을 증진시키기 위한 다양한 교수전략을 개발하고 설계하고 활용할 필요가 있다. 이번 사례연구에서 증명된 이들 요소들을 통합함으로써 온라인 교수의 질을 개선시키고, 다양한 학습자의 주의를 끌고, 이론과 실제 사이의 차이를 극복하려는 학생들은 그들의 직업적 발전에서 적극적인 참여자, 실천가가 될 수 있다.

참고문헌

Aspin, D. N. & Chapman, J. D. (2000). Lifelong learning: Concepts and conceptions. *International Journal of Lifelong Education, 19*(1). 2-19.

Baylen, D. M., & Zhu, E. (2005). "Going online": Challenges and issues. In P. L. Rogers (Ed.), *Encyclopedia of distance learning: Distance learning techt,ologies and applications* (Volume II, pp. 969-974). Hershey, PA: Idea Group Reference.

Dick, W., & Carey, L. (2004). *The systematic design of instruction* (6th ed.). Boston: Allyn & Bacon.

Downes, S. (2004). Educational Hogging. *EDUCAUSE Review 39*(5). 14-26.

Edwards, C. (1993). Lifelong learning. *Communications of the ACM, 36*(5), 76-78.

Engstrom, M. E., & Jewett, D. (2005). Collaborative learning the Wiki way. *TechTrends, 49*(6), 12-15.

Farmer, R. (2005). Instant messaging: IM online! RU? *EDUCA USE Review, 40*(6), 49-62.

Field, J. (2001). Lifelong education. *International Journal of Lifelong Education, 20*(1/2), 3-15.

Friesen, N., & Anderson, T. (2004). Interaction for lifelong learning. *British Journal of Educational Technology 35*(6), 679-687.

Garrison, D. R. (2000). Theoretical challenges for distance education in the 21st century: A shift from structural to transactional issues. *International Review of Research in Open and Distance Learning, 1*(1), 1-17.

Glacken, J., & Baylen, D. M. (2001). Health professions education online: A case study. *Journal ofAllied Health, 30*(3), 183-187.

Gorard, S., Selwyn, N., & Madden, L. (2003). Logged on to learning? Assessing the impact of technology on participation in lifelong learning. *International Journal of Lifelong Education, 22*(3), 281-296.

Griffin, C. (1999). Lifelong learning and social democracy. *International Journal of Lifelong Education, 18*(5), 329-342.

Herrington, J., & Oliver, R. (2000). An instructional design framework for authentic learning environments. *Educational Technology Research and Development. 48*(3), 23-48.

Huang, H. M. (2002). Toward constructivism for adult learners in online learning environments. *British Journal of Educational Technology 33*(1), 27-37.

Knowles, M. S. (1975). *Self-directed learning. A guide for learners and teachers.* Englewood Cliffs, NJ: Prentice Hall/Cambridge.

Koper, R., & Tattersall, C. (2004). New directions for lifelong learning using network technologies. *British Journal of Educational Technology, 35*(6), 689-700.

Kreber, C. (2001). Learning experientially through case studies? A conceptual analysis. *Teaching in Higher Education, 6*(2), 217-228.

Longworth, N. (2003). *Lifelong learning in action: Transforming education in the 21st century.* London: Kogan Page.

Mager, R. F. (1997). *Making instruction work.* Atlanta: Center for Effective Performance, Inc.

Morgan, G. (2003). *Faculty use of course management systems.* Retrieved August 12, 2006, from http://www.educause.edu/ir/library/pdf/ecar_so/ers/ERS0302/ekft0302.pdf

Murphy, E. (2004). Recognising and promoting collaboration in an online asynchronous discussion. *British Journal of Educational Technology, 35*(4), 421-431.

Rummel, N.. Spada. H., Hermann, F., Caspar, F., & Schornstein, K. (2002). *Promoting the coordination of computer-mediated interdisciplinary collaboration: Vicarious learning from worked-out examples and the effects of different technical settings.* Paper presented at the Computer Support for Collaborative Learning (CSCL) 2002 Conference. Retrieved August 12, 2006, from http://newtnedia.colorado.edu/cscl/26.pdf

Sorensen, C. K., & Baylen, D. M. (2004). Learning online: Adapting the seven principles of good practice to a Web-based environment. *Distance Learning, 1*(1), 7-17.

Stenning, K., McKendree, J., Lee, J., Cox, R., Dineen, F., &Mayes, T. (1999). Vicarious learning from educational dialogue, in C. M. Hoadley & J. Roschelle (Eds.) *Proceedings from Computer Support for Collaborative Learning (CSCL) 1999 Conference* (pp. 341-347). Mahwah, Ni: Lawrence Erlbaum Associates.

Townsend, M., & Wheeler, S. (2004). Is anybody out there? Teaching assistants' experiences of online learning. *Quarterly Review of Distance Education, 5*(2), 127-138.

Zhu, E., & Baylen, D. M. (2005). From learning community to community learning: Pedagogy, technology, and interactivity. *Educational Media International, 42*(3), 251-268.

부록 A: 최초의 포스팅과 답변의 예

사례	최초 포스팅의 예	포스팅 답변의 예
1	나는 처음에 두 가지 생각이 있었습니다. 첫째는 훈련의 문제라고 생각했습니다. 만약 그녀가 과정에 대해 더 많은 훈련을 했다면 더 잘 수행할 수 있었을 것입니다. 둘째는, 그런 반사적 반응은 많은 분야에서 일반적입니다. 불만 10가지는 상황을 봤을 때 많지 않은 것일 수도 있습니다. 비노인(non geriatric) 시설에 인턴을 두고 있습니까? 만약 인턴을 두고 있다면, 불만율(그리고 문제발생률)이 그런 시설과 비교했을 때 어떻습니까? (E 학생)	굉장히 흥미로운 의견이었습니다. 그녀가 그 시술 절차에 익숙하지 못했고, 그녀가 절차에 대해서 두려워한다는 것을 알고 있었기 때문에 Dr. Shoemaker가 그녀에게 이 과정을 12번도 넘게 연습하게 했다고 언급했습니다. 그녀는 너무 서두를 필요가 없고, 그녀는 점점 잘하고 있다고 말했습니다. 나에게는 이 말이 그녀가 이 과정을 숙달한 것처럼 들리지 않았습니다. 그녀가 숙달하지도 않았고, 편안함을 느끼지 못하는데 왜 인턴이 혼자 남아야겠습니까? 당신은 그녀가 의사의 감독 없이 홀로 진행했어야 한다고 생각합니까? 당신은 교수설계가 예상되는, 미래의 요구가 분석에 포함되어야 한다고 생각합니까? (A 학생)
2	교과서 56페이지에 따르면, 우리는 우리의 초기 설계 단계에서 어떤 학습자/훈련생의 특성이 유용한지를 결정해야 합니다. 우리는 사례연구 지원자들에 대해 토론하면서 잠시 경험해 보았습니다. 우리는 일반적 특성, 출발점 능력, 학습 스타일, 학업 정보, 그리고 개인적, 사회적 특성을 고려했습니다. 비록 사례연구에서는 이에 대해 고려하지 않은 것처럼 보이지만, 우리는 장애를 가진 학습자에 대한 고려도 잊지 않았습니다. 우리 동료들은 비전통적인	그렇습니다. 두 가지 유형의 학습자가 있지만, 훈련담당자들은 지원자들이라는 오직 한 유형의 학습자들을 가르쳐야 합니다. 그럼 어린이들은 자원하는 학습자가 되겠죠. 그렇죠? 그리고 당신은 어린이들이, 지원자들이 다양한 배경을 가진, 전혀 지식이 없을 수 있는 다양한 상황에서 모인다는 좋은 점을 지적해 주셨습니다. 당신은 그들이 어린이들의 경험과 어린이들 자체와 연관 지을 수 없을 수도 있다고 말했습니다. 그럴 수도 있습니다. 그렇지만

(계속)

	(non-conventional) 학습자를 간과하지 말 것을 주의시켜 주었습니다. 당신은 섹션 2를 읽고, 준비하고 토론을 진행시키면서, 이 질문에 대해 신중하게 생각하게 되었습니다: "학습자, Holly와 Ray는 당신의 잠재적인 학습자/훈련자와 어떻게 비슷하게 또 다르게 교수설계를 하고 있습니까?" (B 학생)	어린이들이 지원자들 사이에서 안정성(stability)을 찾을 수도 있습니다. 그럼 어린이들에게 기댈 수 있고 마음을 열 수 있는 누군가를 만들어 줄 수도 있겠죠. (A 학생)
3	차가운 무언가를 먹고 머리가 얼어붙는 듯한 느낌을 받은 기억이 있으신가요? 저는 머리가 얼어붙는 듯한 느낌을 약 5일 동안 느끼고 있습니다! 저는 두 개의 세션을 제출했고, 사례 3을 시작했고, 교육목표에 대해서도 생각하기 시작했습니다. 그때가 제 머리가 얼어붙은 때입니다. 저는 두 세션을 다시 읽었습니다. 저는 세션 3의 구성요소를 읽고 또 읽었습니다. 저는 기사를 읽었고 수업 동료가 권해준 웹사이트도 방문했지만, 아직도 제 머리는 얼어붙어 있는 상태입니다. 오늘밤, 점점 풀리기 시작합니다. AR이 포스트한 자료와 저의 프로젝트 계획서를 이용하면서 나는 이번 훈련에서 완수하기를 원하는 것을 실제로 평가하기 시작했습니다. 서류상으로 가능해 보였고, "환상적"으로 보였습니다. 누가 이 훈련에 참가하고 싶지 않겠습니까? 이 훈련은 수많은 해야 할 일과 배움으로 가득 차 있을 것이고, 나는 관계자들의 그룹 상호작용과 직접적인 경험과, 없으면 안 되는 새로운 도구들로 그들을 현혹시킬 것입니다. 그들은 최대 6주안에 훈련이 끝나길 기다릴 수 없을 만큼 발전해서 그들의 문화적 소통을 계속하고, 그들의 커리큘럼을 바꾸고 그들이 상상도 못한 새로운 방식의 수업을 진행하는 기술 통합자로 변해 있을 것입니다. (B 학생)	당신의 진심과 생각을 나눠주시고 우리의 취약점을 알려주셔서 감사합니다. 당신의 프로젝트를 보면서(그리고 글을 읽으면서) 나는 조금 겁먹었음을 인정해야 할 것 같습니다. 나는 이제 당신이 나와 같이 고민하는 사람이지만 당신의 생각(그리고 우리의 생각)을 정리하고 글로 표현할 수 있는 능력을 가진 분이라는 것을 알게 되었습니다. 감사합니다, 감사합니다, 감사합니다! (H 학생)

(계속)

4	나는 오늘 그만 일을 정리하려고 했으나, 방금 나의 프로젝트에 대한 평가를 하면서 있었던 경험을 나누고 싶었습니다. 모듈 1에 대한 수업을 적고 있었을 때, 나는 내가 과제를 평가하기 위한 루브릭(rubric)을 사용할 것을 표시했습니다. 잘 설계된 루브릭으로 과제를 다듬을 수 있었습니다. 평가 루브릭을 만들기 위해 자리에 앉았을 때, 분명하지 못했던 과제의 내용과 방향이 분명해졌습니다. 루브릭을 활용하면서 과제를 다듬고 참여자들로 하여금 각 수업에서 할 것들(성과/산출물)에 대해 확인할 수 있도록 했다는 점에서 보람이 있었습니다. (B 학생)	나도 루브릭들이 얼마나 도움이 될 수 있는지에 대해서 공감합니다. 저는 자주 프로젝트나 과제를 루브릭으로 시작하곤 합니다. 그것은 학생들에게 명세서(specs)를 적어 주기 전에 저에게 A, B, C 등을 구성하는 것이 무엇인지를 확실하게 해줍니다. 많은 시간을 아끼게 해줍니다. 내가 알게 된 또 다른 사실은 좋은 루브릭은 시간에 따라 변한다는 것입니다. 내가 루브릭을 사용할 때마다, 루브릭에 대한 평가를 해야 합니다. 내가 미처 발견하지 못한 허점을 학생들이 발견하는 것을 보면 놀랍습니다. 나는 좋은 루브릭을 좋은 와인에 비유한 적이 있습니다. 시간이 흐름에 따라 더 나아지기 때문이지요. 나와 학생들 모두에게 얼마나 강력한 작용을 하는지 알게 될수록 더욱더 많이 이용하게 됩니다. (E 학생)
5	프로그램 설계 경력자로서 당신은 평가과정을 준비하고 있습니다. 당신의 평가안을 만들면서, 당신의 설계 프로젝트의 최종단계에서 고려해야 할 질문들은 무엇입니까? (H 학생)	내가 잠시 악역을 하게 해주세요 :) 이전에 포스트에서 간호사들이 훈련한 대로 사람들이 이용하는 건 용납될 수 없다고 언급되어 있습니다. 우리의 훈련은 달라야 할까요? 과거에 나는 개발 단계나 소규모의 시험 집단에서 형성평가를 사용했습니다. 왜냐구요? 많은 동일한 이유들이 여기에 포스트되어 있습니다. 만약 첫 결과물의 수행에 너무 많은 문제점이 있다면, 나중에 훌륭하게 수정된다 하더라도 실패하게 되어 있습니다. 마이크로소프트사의 사례를 봅시다. 내가 아는 대부분의 사람들은 소프트웨어의 초기 발매시기에는 구입하지 않을 것입니다. 왜냐구요? 왜냐하면 결함으로 가득 차 있을 것을 알기 때문입니다. 우리는 그것이 우리가 사기 이전에 신중한 고객들에 의해 리뷰되기를 기다리고 기다립니다. 그렇지 않습니까? (E 학생)

제12장

마이크로네시아의 원형 안의 삶과 도서관 역사

Nicholas J. Goetzfridt, University of Guam, Guam

요약

이 장에서는 태평양 지역의 마이크로네시아에 미국 정보 기관인 "도서관"을 도입한 사례를 탈맥락적이고 문화 간 정보 전이의 예로서 제시하였다. 이러한 문화 간 정보 전이는 원격교육 테크놀로지와 규약(protocol)이 마이크로네시아의 토착적인 공동체와 다른 해석적 공동체들에 자율적 영향을 미치고 있음을 보여준다. 이는 공동체들이 가진 결연한 문화적 · 사회적 가치로부터 나온 "지식"과 "정보"의 개념과 관련된 본연의 가치를 부인한 채 영향을 미치고 있음을 의미한다. 토착적 가치와 "도서관"의 이전과 이에 따른 정보 테크놀로지 간의 충돌은 마치 마이크로네시아의 초기 기독교 선교사들이 개인화 가치를 제시했던 것과 같은 경우라 할 수 있다. 이러한 여러 가지 쟁점과 문화 간 긴장에 기반하여, 이 장에서는 온라인 교육 개발과 접근에 있어 토착적 맥락을 포함할 것을 호소하고 있다. 이는 공동체들을 더 잘 이해하고 지원하기 위해서이며, 원격교육의 기회를 제공함에 있어 문화적 맥락의 중요성을 인식할 수 있는 사례적 상황을 제시하기 위함이다.

도입

이 장은 미국의 도서관과 문헌정보서비스(librarianship)가 구두기반(oral-based) 사회인 마이크로네시아(Micronesia)에 전이된 사례에 초점을 맞추었다. 도서관은 마이크로네시아인들에게 적절한 정치적 · 경제적 관점에서 도입된 미국의 문화적 기관의 한 예이다. 이러한 문화 간 전이(cross-cultural transference)와 전자적인 지평선의 확장으로 가능해진 개방적인 평생학습과의 관련성은 단순히 도서관을 일종의 정보 저장소로 여기는 관례적인 개념으로 생각해서는 안 될 것이다. 마이크로네시아에서 토착적 맥락(indigenous context)은 그 자체가 정보와 규약을 공유하는 역사적 면과 동시대적인 면을 포함하는 것이다. 토착적 맥락을 고려하지 않고 미국의 도서관이라는 기관의 역사와 존재(presence)를 설명하기란 쉽지 않다는 의미이다. 따라서 마이크로네시아의 역사적이고도 토착적인 맥락을 고려하여 오늘날 태평양에서 일어나는 학습 테크놀로지를 활용하는 것에 대해 논한다면, 평생학습과의 관련성을 더욱 명확하게 제시할 수 있을 것이다. 토착적 맥락에 대해 고려하지 않는다면, 괌과 마이크로네시아 및 다른 토착 공동체에서의 "평생학습을 위한 온라인 교육"의 개념은 미래 교육에 대한 요구를 바탕으로 활용되고 개발되는 자원으로서의 정보를 다루는 해외 기관을 비판적 사고 없이 단순히 받아들이는 것에 지나지 않을 것이다.

마이크로네시아의 섬들과 산호섬은 태평양을 가로질러 미국 대륙보다 더 넓게 뻗어있다. 3,000년 전 남아시아로부터 이주한 오스트로네시아인(Austronesian)들이 마이크로네시아에 정착하였다. 오스트로네시아인들은 나무로 만들어진 간단한 조정장치가 달린 카누에 의존하여 수천 마일을 항해하여 마리아나(Mariana) 군도에 이르렀으며, 후에 마이크로네시아는 3개의 다른 큰 군도인 캐롤라인(Carolines), 키리바티(Kiribati), 나우루(Nauru)와 마샬(Marshall) 군도로 구성되었다. 그러나 영국 식민지였던 키리바티는 나우루와 갈라지게 되었으며, 따라서 미국의 영향력에서는 동떨어지게 되었다.

카누를 탄 오스트로네시아인들이 마이크로네시아의 대부분의 섬들을 발견한 이후, 1831년 파리의 지질학협회(La Société de Géographic)의 승인하에 프랑스 지리학자 그레그와르 루이 도메 드 리앙지(Gregoire Louis Domey de Rienzi)는 "작은 섬들"을 의미하는 그리스어 '마이크로네시아'로 명명하였다. 리앙지는 유럽식 지도 제작법을 사용하여 모든 마이크로네시아 섬들과 폴리네시아(Polynesia)를 명명하고 오세아니아주를 유럽식으로 명명하였다. 그 시기에 미해외선교회(American Board of Commissioners for Foreign Missions: ABCFM)는 30년 후 폰페이와 코스라에(Kosrae)의 마이크로네시아 섬들로 이동할 것을 궁극적인 목표로 하여 9년 동안 하와이에서 선교 자료를 출판하며 선례를 만들고 있었다.

1565년 마이크로네시아 섬들은 독립을 원했으나, 1668년 스페인이 마이크로네시아의 북서부에 있는 마리아나 섬들을 식민지화하여 원주민 차모로인들(Chamorro)을 다스리기 시작하였다. 스페인은 마이크로네시아 대부분에서 마리아나의 남쪽에 이르기까지 걸쳐져 있는 캐롤라인 섬들을 식민 통치하였고, 이는 1880년대에 독일인의 증가로 스페인이 캐롤라인에서의 권리를 인정할 때까지 계속되었다. 한편, 1600년대 후반에 마리아나 섬에서 일어났던 차모로 전쟁은 영토뿐만 아니라 공동체적 삶, 가치, 영적인 신념(spiritual conviction) 등에 대한 체계까지도 간섭하려던 외부인들에 대한 차모로인의 저항을 보여주는 것이다. 문화적으로 많은 손실이 일어났던 당대에 산 빅토르(Diego Luis de San Vitores) 신부(1627~1672)는 괌에서 가장 존경받던 카톨릭 순교자로서, 다수의 섬들과 마리아나의 나머지 섬들에서 예수 그리스도에 대한 헌신을 보여주었다. 마리아나 섬들에서 빅토르 신부가 보여준 카톨릭 선교의 노력은 차모로인들에게 문화변용(acculturation)과 문화적 변화를 가져다주는 주요한 원동력이 되었다. 카스트 계급의 차모로인의 갓 태어난 딸이 빅토르 신부에게 세례를 받았는데, 이 일에 화가 난 차모리(chamorri)와 카스트 계급의 차모로들이 1672년에 빅토르 신부를 살해하였다. 살해된 빅토르 신부는 지금은 주로 괌을 방문하는 일본 관광객을 위해 오성급 호텔들이 지어진 투몬(Tumon) 지역의 암초 위로 던져지고 말았다(Rogers, 1995, p.55).

그 당시에는 유럽식 해석에 기초하여 역사에 대해 서술하였는데, 유럽식 해석은 경제발전 지표를 기준으로 연대기를 사용하여 역사적 사건을 측정하는 방식이었다. 이에 대해 태평양의 역사 편찬가들이 도전장을 던졌으며, 마이크로네시아의 "역사"에 대한 유럽식 해석에도 논쟁을 제기하였다. 위에서 언급한 소수의 사건들은 다양한 역사적 사건들에서 빙산의 일각에 불과하다. 그러나 구전되어 내려오고 특정 사회의 문화적 역동성을 반영하는 토착의 역사에 의해 인정되고 보완되면서 그 움직임은 더 다양해졌다. 구전으로 내려오는 그러한 사건들은 때로는 다른 대표적 사건들보다도 더 발전된 정신적, 도덕적 관점을 반영하기도 하며, 그 지역에서 정치적, 사회적으로 긴장을 야기하는 이슈나 선호하는 관점에 의해 부분적으로 변형되거나 전략적으로 강조되기도 한다.

주요 섬들과 밀접한 관련이 있는 마이크로네시아 연방주의 각 지역과 산호섬들은 때로는 단일화(unity)와 같은 외부의 압력을 받으면서 문화적, 사회적으로 지역이 구분되었다. 각 사회는 그들만의 환경에서 친숙했던 시대로 회귀하기도 하였다. 땅과 권력에 의존하던 대부분의 마이크로네시아는 원래는 모계사회였는데, 역사적, 사회적 요인들로 인한 문화적 영향으로 지역이 구분되었다. 마이크로네시아를 하나의 사회로 통일하려 했던 미국의 노력은 마이크로네시아 북쪽 지역의 섬인 팔라우(Palau)에서는 성공을 거두었다. 그러나 마샬(Marshall) 군도는 태평양 섬들의 신탁 영토에서 떨어져 나와 그들만의 정치적 지역을 형성하였으며, 이로 인해 문화적 차이가 나타나게 되었다.

지배체계

제2차 세계 대전 후 마이크로네시아에서는 미 연방정부의 주도로 자본주의라는 명분하에 개발 원조 프로그램이 실시되었다. 태평양 지역의 역사전문가인 David Hanlon(1998)은 그 프로그램의 일환으로 마이크로네시아에서 일어난 (주목되는) 현상을 조사하였다. 마이크로네시아에서 발견된 많은 현상들은 미국적 민주주의라는 이름 아래 소비주의적 경제학이 등장한 것과 연관이 있다. 이것은 1850년대에 마이크로네시아로 파송된 최초 선교사가 선교 전략의 일부로서 토착적 사회주의를 근절하려 했던 것과 같은 의도라 할 수 있다. 이 같은 현상의 핵심은 미국이 계획하에 문화적, 사회적, 언어적으로 다양한 마이크로네시아를 지도상으로 구획하여 단일하게 재편하고자 하는 데 있다(Richard,

1957). 운송업자들은 마이크로네시아를 차지하면서 마이크로네시아가 캘리포니아의 팔라우 섬 서쪽에서부터 캐롤라이나 북쪽과 남쪽의 마샬 군도에까지 뻗어 있음을 표시하였다. 이는 운송업자들이 공간과 거리를 표현하기 위해 (자신들에게) 익숙한 물리적 양식을 사용하였음을 의미할 뿐만 아니라, 무엇보다도 태평양에서 미국의 군사전략적 입지를 확보하기 위하여 마이크로네시아를 미국의 방식으로 개발하고 미국적 가치를 심기 위한 의도를 포함하는 것이었다. 미국은 그들의 발전을 위해 성공을 거둔 것들이 기타 다른 지역에서도 잘 발현될 수 있다고 가정하고 있었다.

Hanlon(1998)은 전후(戰後) 마이크로네시아에서 의심할 여지 없이 이러한 가정이 적용되었다고 기록한다. 그러나 그 발전이라는 것은 전후 미국의 군사적, 정치적 목적을 달성하기 위한 '지배전략'으로서 결국은 (미국에 대해) 경제적으로 종속됨을 의미하는 것이다. 미국인들은 1947년부터 1986년에 이르기까지 마이크로네시아를 태평양 지역의 미국 영토로서 확실히 인지하고 관리하기 위해 노력하였다. 이것은 약 1세기 전에 마이크로네시아에 파송된 초기 선교사들이 마이크로네시아인들을 개인화하고자 했던 의도와 많은 면에서 일치한다. 선교의 차원에서 토착적 "사회주의"를 근절함으로써 기독교를 수용하는 것은 마치 전후 경제 발전을 통해 "생산성, 번영, 자유가 의미하는 것을 얻게 될 것이고, 이것은 미국인이 되는 것"(p.6)이라는 미국인들의 주장과 다를 바 없다.

1850년대, 1860년대 그리고 그 후 마이크로네시아의 초기 개신교 선교사들은 "사회주의"를 공동체적 타락(communal depravity)을 야기하는 주요 원인으로 간주하였다. 개인주의와 사유재산을 옹호하는 '기독교적 문명'의 관념을 갖고 있던 선교사들에게 사회주의는 자신들의 교리에 반대되는 것이었다. 그러므로 족장에 의해 통제되는 토지와 재산의 공동체 소유 체계는 개인의 소유로 대체되어야 했고 이것은 개인적 사고와 행동을 조장하였다. 이러한 개인주의와 민주주의의 개념이 없었다면 마이크로네시아의 역사와 정체성 안에 깊게 스며있는 고유의 신을 거부하고 이를 대신하여 기독교의 신을 받아들이는 것은 매우 어려웠을 것이다. 이렇듯, 미국의 문화기제는 최소한 1850년대부터 마이크로네시아에 영구히 정착되었던 것으로 보인다.

Hanlon(1996)은 "서적의 생산과 소비"에 대한 이해를 통하여 문화의 사회사를 이해할 수 있다고 주장하였는데, 이는 마이크로네시아나 아프리카 내에서나 혹은 미국의 신탁 영토였던 태평양 지역에서는 거의 실현 불가능한 것이다. 지난 20년에 걸쳐 나타난 아프리카의 문헌정보학에 관한 소수의 문헌들에서는 영국 문헌정보학에 기반한 가치와 기제에 대한 아프리카의 믿음에 의문을 제기하고 있다. 또한 미국 문헌정보학에 그 원칙과 기준들을 재평가해야 한다고 요청했던 Michael Harris(1976)의 의견을 반영하고 있다. 이 문헌들의 대부분은 아프리카 도서관이 아프리카의 문화적 맥락을 인정하지 않았던 영국의 사회적, 정치적 식민체계에서 비롯된 것으로 언급하고 있다. Adolphe Amadi(1981)는 영국인들이 그들의 목적을 달성하기 위한 수단으로서 서적이나 도서관을 아프리카에 도입했다고 언급하였다. 이교도를 기독교로 개종시키고 구원의 길을 가르치기 위한 도구로서, 또는 식민지의 사회적, 정치적, 경제적 목표를 달성하기 위해 대상이 되는 사람들을 교육하는 수단으로서, 그리고 토착적 사고를 유럽식으로 변용하거나 세뇌시키기 위한 수단으로서 서적, 도서관, 형식적 교육을 아프리카에 도입하였다는 것이다.

문화변용을 강화하는 시도로서의 도서관은

> *실용성, 고유한 문화 요소의 전수, 그리고 경험적 가치를 강조하는 구두적 교육법으로부터 성찰적 가치, 외래문화 요소의 습득, 인쇄물(도서)의 권위와 그에 대한 업무를 강조하는 도서관 교육으로 변화하였다(Amadi, 1981, p.70).*

이데올로기적 도구로서 서적에 대해 다룬 아마디의 저서인 『아프리카 도서관, 서구 전통과 식민적 세뇌(African Libraries, Western Tradition, and Colonial Brainwashing)』는 비평적 문헌들 속에서 외로운 모노그래프로 남아있다. 아프리카 도서관에 관한 대부분의 문헌들은 사회문화적인 맥락을 고려하지 않고 외국의 정보 접근 테크놀로지를 지속적으로 추구하고 있음을 밝히고 있는데, 이는 종종 미국 도서관 및 정보과학과 관련된 사례이다.

Hanlon이 규명한 경제적 종속을 통한 "지배전략"은 식민주의, 문화의 변이, 변용된(acculturated) 반응과 같은 많은 혼란을 유발하였다. 도서관과 문헌은 지배에 복종적이거나 또는 지배를 교묘히 조작하고자 하는 사람들의 수단이 되었다. 그리고 미국에 의해 국제 경제에 참여하게 된 마이크로네시아에서는 (비록 마이크로네시아의 주민들의 대부분이 빈곤하고 공공 의료서비스조차 받을 수 없다 할지라도) 현대화와 문화적 변용이 이루어졌다.

그러나 이로 인해 마이크로네시아인들은 실제로 지배체계하에 종속되게 된 것이었다. 이에 대해, 한론은 "원시와 현대 간의 차이에 대한 침묵의 증언"이라 표현했고, 텍스트를 선택함으로써 지식의 '전통적' 개념이 해체되었다고 하였다(Hanlon, 1999, p.15). 서구 교육의 장점을 추구하던 마이크로네시아인들은 라이브러리안십을 수용하게 되었다. 마치 영구히 그 영향이 지속될 것 같이 미국의 프로그램과 경제적 가치, 구조, 기대가 수용되면서, 점차 완강히 저항하고 있는 자치적 체계와 토착의 자치적 가치에 둘러싸여 있던 수많은 마이크로네시아인들이 변화에 동참하기 시작했다. 그러나 그들은 토착적 공동체의 가치 기준을 끈기 있게 유지하고 공동체에 소속된 구성원으로서 변화에 동참하였다.

예를 들어, 폰페이(Phonpei)에는 웨이(wehi)라는 자치적인 족장직이 아직도 존재하며, 주민들은 전후 역사를 통하여 외래로부터 들어온 자본주의적, 정치적 산물에 역사적으로 맞서고 있다. 이러한 사실은 마이크로네시아 문헌정보학에 대한 알려지지 않은 인식론(epistemology)이 외래 문물이나 인지적, 지각적 가치와 끊임없이 충돌하고 있음을 뚜렷이 보여주는 예이다. '읽기와 쓰기', '정보' 그리고 '지식'은 토착적 맥락이라는 짜임 내에서 현재까지 유입된 미국 문화적 기초로 인한 갈등이 지속되고 있음을 나타내는 용어이다. 읽고 쓰기는 의심할 여지 없이 현대화된 세계에서 마이크로네시아인들에게 중요하다. 그리고 학교 내 도서관을 비롯하여 공공적으로 읽기를 향상하는 것은 국가 발전의 중요한 기틀을 제공할 수도 있다. 그러나 외래 유산으로 인해 토착의 뿌리와 마이크로네시아의 인식론은 유지되지 못하고 사라져버리기도 한다.

마이크로네시아인의 인식론과 원형 안의 삶

Michel de Certeau(1988)는 적은 파워를 가지고 일상적 "삶"의 현장과 전략을 전복할 수 있는 "전술"과 전략을 만들어가는 지배 공간의 핵심을 주장하였다. 마이크로네시아 연구에 있어서 Certeau의 아이디어는 마이크로네시아의 문제를 지역적 이슈로 확대하는 데 유용하다. 폰페이의 웨이나 최고위직을 둘러싼 각각의 공간과 토착적인 전술의 맥락에 관해 예로 제시할 만한 공통의 역사가 존재하지는 않는다. 그들에게 있어 정치적 공간은 미 연방의 프로그램에 의해 결코 변화되지 않을 (혹은 정말 변하지 않는) 지식과 삶으로 설명된다. Certeau는 비록 공간과 재화의 사용자가 강력한 환경으로부터 탈출할 수 없다 하더라도, 사용자는 속임수와 파괴적인 선택을 통해 종종 공간을 창조하기도 하며, 사유자의 형식적 논리를 역전시키거나 상실시킨다고 설명한다. 그러므로 사용자는 지배 공간의 힘을 학습하게 되는 것이다. Certeau(1988)에 의하면, 구축된 전략은 "일정한 장소를 자신의 영역으로 간주하여 타켓이나 위협을 제공하는 (경쟁자, 적들, 국가들, 연구의 목표와 대상 등의) 외면적인 것들과의 관계에 대한 근거를 제공한다." 그러므로 전략은 이러한 장소와 관련된 시간의 전술적인 면을 알려줄 수 있도록, 역사의 불확실성을 텍스트로 옮겨놓을 것을 종용하는 강력한 예지력과 그 분야를 조사할 수 있는 능력에 의존한다(Certeau, 1988, p.36).

마이크로네시아에서 현재 사회적 인식론은 서구 세계의 영향을 받은 당대의 요구와 지식 및 전통적 지식, 가치 사이의 긴장에서 유래되었으며, 그 결과로 변용된 지식(acculturated knowledge)이나 마이크로네시아의 상황에 적합한 지식이 도출되었다. 혹은 마이크로네시아에서 변화의 힘이 강하여 전통적인 지식이나 당대의 지식과 가치를 모두 유지하기 힘들었을 수도 있다. 마이크로네시아의 도서관(libraries in Micronesia)은 토착이 아닌 외래의 맥락에서 만들어졌다. 따라서 마이크로네시아의 사회적, 문화적 맥락하에서 그 도서관이 미국의 도서관과 어떻게 다른지에 대해 새로운 역사를 찾고 예리하게 평가하지 않을 수 없게 되었다. 마이크로네시아의 사서에 대한 역사적, 사회적, 문화적 맥락을 신중하게 고려하지 않는다면, 주체(people)보다는 과정(process)에 더 전문적 가치를 두는 기술적 변화의 영향력은 모호해질 수밖에 없다.

Elfreda A. Chatman(1999)은 이렇듯 문제가 되는 정보 시스템의 문화 간 전이와 관련하여 중요한 이슈를 제기하였다. Chatman은 미 남부 대학의 경비,

위기 센터의 여성들, 은퇴 공동체의 여성들, 최상의 보안이 유지되는 여자 교도소를 대상으로, "정보빈곤(information poor)"과 "정보 외부인(information outsiders, 내부에서 정보를 보호하는 문지기와 반대 의미)"에 대해 연구하였다. 그녀는 은퇴 공동체와 교도소의 정보 환경에서 가장 흥미로운 결과를 얻었는데, 이를 "원형 안의 삶(life in the round)"으로 표현하였다(Chatman, 1999). Chatman(1992)은 은퇴한 공동체에서 여성들이 정보를 공유하고 동일 연령대와 상호작용하며 네트워크를 형성할 것(networking)을 기대하였다. 그러나 그녀는 여성들의 건강이 좋지 않거나 삶이 피곤할 때에는 정상으로 보이기 위해 오히려 비밀이나 속임수가 많아진다는 것을 발견하였다. 이들 중년 여성은 관련된 상황에서나 기꺼이 위험을 감수할 용의가 있을 때에만 어떤 사건이나 상황에 대해 자신이 알고 있는 것을 공유한다는 것을 밝혀낸 것이다.

Chatman은 외부인과 내부인의 정보 세계를 포괄하는 개념적 프레임워크를 생성하면서, 어떤 정보가 중요한지 아닌지를 결정하는 역할을 하는 정보 내부인(information insiders)을 더 강조하였다. "정보 내부인"은 많은 상황과 환경에서 나타나는데, 정보 내부인의 가장 주요한 특징은 "그들이 만들지 않은 소스나 자원을 받아들이지 않기 때문에 정보의 부족함을 야기하고 강화"한다는 것이다(Chatman, 1996, p.193). 누군가가 지식으로부터 이익을 얻고 이를 알아가기 위해서는 공동의 전제와 가치를 받아들여 이해하고 동참해야 하는데, 내부인들은 자신에게 가장 가치 있고 수용할 만한 정보 자원만을 받아들이게 된다는 것이다. 실제로, 마이크로네시아는 Chatman이 언급한 정보 내부자처럼, 토착의 지식과 정보의 문화적 맥락을 인정하지 않은 채 유입되고 있는 미국 기관의 정보와 정보저장소, 접근체계에 대한 표준체계를 받아들이고 있지 않은가?

Chatman(1999)은 최상의 보안이 유지되는 여자 교도소를 대상으로 한 연구에서 "정상적" 행동과 가치로 간주되는 시스템을 받아들이는 것의 중요성을 확장하였다. Chatman에 의하면, 교도소에서 수감자들은 정보를 받아들여 그들의 행동을 환경에 적합하게 변화시키곤 하며, 이러한 과정에서 개인의 의견은 공동체 관점의 것으로 동화된다는 것이다. 특히, 이 정보의 주요한 특징은 다음과 같다: "정보는 정보가 사용되는 특정한 맥락에서 생성되기 때문에 일상적 삶의 현실과 쉽게 조화를 이룬다"(p.208). 그리고 그 정보는 그 의미가 존재하는 공유된 현실의 경험으로부터 생성된다. 삶은 어떤 의미에서는 작은 세상에서 펼쳐지는 것이며, 그 범위는 그 세상의 규준에 의해 결정된다. Chatman은 P. G. Cressey의 고전연구인 직업댄스 홀(The Taxi-Dance Hall)에 등장하는 "완전한 원형(total round)" 구절을 빌려서, 이러한 정보의 경계를 "원형 안의 삶(life in the round)"이라고 칭했다. Cressey는 직업댄스 홀의 개념을 이용하여, 누군가가 독특한 세계에 어떻게 들어가는지, 어떻게 물리적으로 바깥으로 나오는지에 대해 서술하였다. Cressey는 다음과 같이 썼다.

> *직업댄스 홀에 참여하는 주체는 비정기적으로 참여하더라도 고유의 방식으로 행동하고 말하며 사고하는 고유한 사회를 형성한다. 고유한 어휘를 사용하고 자신만의 활동을 하며, 자신만의 관심거리를 가지고 삶에서 중요한 개념을 가지고 있는 …… 어느 정도 자신만의 고유한 삶의 스키마를 형성한다(p.29).*

물론, 마이크로네시아의 공동체적 관점이나 여자 수감자들, 직업댄서들 간에는 차이가 있다. 그러나 가치를 수용하거나 행동을 설정하고 유지하는 기본적인 방법은 유사하다는 것을 인정해야 할 것이다. 여성 수감자나 은퇴 공동체의 중년 여성들, 미남부 대학의 경비들과는 달리, 마이크로네시아의 공동체의 맥락은 식민지의 힘이 변화를 가져온 것으로 설명된다. 위 사례들에서 형성된 규준과 표준이나 가치는 그들이 발견한 상황에 따라 제도화된다. 그러나 마이크로네시아인들은 그들 스스로에 기인하는 힘으로부터 발전되어 온 공동체의 뿌리—토착에서 생성된 사회적 구조와 기대—를 가지고 있다. 2차 세계대전 후 미국의 통치로 그 변화가 빨라지기도 했지만, 미국의 통치와 그로 인해 도입된 기관들—도서관과 "정보"와 "지식"의 근본 개념—로 인해 공동체의 정보와 정보 규약의 고유한 규준에 영향을 미치고 변화시키는 식민지적 전통이 생겨났다. 이는 마이크로네시아인들의 "원형 안의 삶(그리고 다른 원주민들의 원형 안의 삶)"을 고려하지 않는다면 거의 받아들여지지 않을 교육공학을 실행하는 데에 근본적으로 영향을 주는 것이기도 하다.

Falgout(1984)은 폰페이인의 인식론에서 "사람(person)"에 대한 개념 —특히, 사람들의 유형과 지식, 소유, 사회적 협상의 관계의 측면에서－의 핵심을 강조하였다. 폰페이에서 "사람"의 개념은 내면과 외모, 행동에 이중적 잣대를 들이대는 서구의 개념에 상반된다. 폰페이에서도 형식이나 외모는 사람의 내면보다 더 중요할 수 있지만, 그것이 곧 내면과 일치한다고 보지는 않는다.

누군가의 진실된 의도와 지식을 이해하기 위해 반드시 요구되는 사회적 협상은 그들이 절대 감정을 상하게 해서는 안 되는 조상의 영혼들과 맺은 결합의 영향을 받는다. 마나만(manaman)이란 강력한 힘과 권위를 의미하는데, 공동체의 관계에서 위배해서는 안 된다. Glenn Petersen(1993)은 폰페이의 은폐 정치학에서 카네가마(Kanegama)의 기능을 검토하였다. 카네가마는 사회 구성원들이 권위에 지배당하지 않고 존경을 표현하면서 위계적이고도 평등한 사회구조를 형성하여 결과적으로 공동체를 상호의존적으로 만들 수 있는 방법을 의미한다.

Falgout의 연구대상 중 한 명은 지식이 사람의 내면적 내용(inner content)이라는 것을 강조하였다.

> *지식으로 충만한 사람은 목적을 가지고 있으며, 유용한 역할을 한다. 빈 바구니와 같이 비어있는 사람은 목적을 가지고 있지 않다. 폰페이인들은 사람이 갈수록 나약해지고 죽을 수밖에 없다는 것을 알고 있다. 그리고 지식은 삶의 힘이자 개인이 존재하는 데 필요한 이유와 목적을 제시한다. 내면의 내용이 고갈되면 생기가 없어지거나 죽게 되는 것은 폰페이인에게 있어서는 엄연한 사실이자 두려움이다. 또 다른 연구 대상자는 누군가의 삶을 빼앗는 것은 지식을 빼앗는 것과 같다고 하였다. 폰페이인에게 있어서 지식을 빼앗는 것은 사랑하는 부인을 잃는 것과 같은 정도의 충격을 준다. 사고력이 줄어들수록, 나약해지고 결국은 죽게 된다. 건강을 잃는 실제적 원인은 정신적 능력(mental ability)이 없어지거나 지식이 사라진 결과로 야기되는 것이다(Falgout, 1984, p.135).*

우리는 위의 사실을 Melvil Dewey의 '객관적' 지식이라는 아이디어와 수세기 동안 도서관에 중요한 영향을 끼쳐온 '도서관 정신(library spirit)' 미션에서 발견하지 못했을 뿐만 아니라, 미국 문헌정보학 역사의 어느 부분에서도 발견하지 못하였다. 1887년 콜럼비아 대학 Dewey의 사서 학교에서 공식적으로 시작된 '도서관 정신(library spirit)'은 정보에 대한 확장된 이용성과 접근에 의지하여 문헌정보학의 현대적 가치와 실천으로 확대되었다. "좋은" 문헌이 어떻게 구성되는지, 그리고 도서관 서비스를 통해 그 문헌이 어떻게 사회에 영향을 미치는지에 대한 도서관의 비전과 기대가 지속적으로 변화한 반면, 그 실천은 정보와 지식의 공유와 향상에 기초하였다. 비록 비민주적 지역에서 이러한 정보와 지식의 확장과 형성에 대해서 논쟁해왔다 하더라도, 폼페이의 예에서 제시하는 것과 같이 정보를 공유하기 위한 토착적 사회 관습에서 비롯되는 개념화는 논의에서 제외되어 왔다. 또한 듀이 학교의 문헌이나 미국 도서관에서 발행한 최근의 전문적 문헌에서도 전혀 다루어지지 않았다.

Shera의 사회적 인식론 모델

"사용자 연구(user studies)"라 명명되는 분야에 초점을 맞춘 비교적 최근 학문(이 학문은 특히 정보에 대한 사용자의 인지적 관점에 대한 접근방식을 취하고 있다)은 정보에 접근하고 정보를 사용하는 공동체의 표준에 초점을 두지 않고 주로 개별적인 검색 방식들에 초점을 두고 있다. 이를 명확히 제시하기 위해, 여기서는 마샬 군도의 폰페이 사례를 든다. Jesse Shera(1976)의 『도서관학의 소개: 도서관 서비스의 기본 요소(Introduction to Library Science: Basic Elements of Library Service)』에서 이와 관련된 딜레마가 소개되었다. 민족 공동체의 문화적 맥락은 정보를 공유하기 위해 필요한 규약과 정보의 가치, 요구들이 형성되는 방법에 영향을 미친다. 그러나 그는 정보에 대한 개별적 방식들과 문화적 맥락이 어떻게 관련이 있는지 설명하지 못하였다.

Shera의 사고는 그가 "사회적 인식론"이라 부르는 것과 관련이 있는데, 이는 대부분 "어떻게 지식이 조화되고(coordinated) 통합되어 작용하는지"(p.49)에 대한 연구이다. Shera는 "문화의 속성"이 이러한 사회적 인식론과 어떤 관련이 있는지 설명하기 위해서 문화를 삼각구도로 표현하였다. 그 삼각구도는 "물리적 시설(physical equipment)", "학문(scholarship)", "사회적 조직화(social organization)"로 구성되어 있다(p.44). Shera의 모델에서 사회적 조직화는 "문화를 추동하거나 문화에 현실성을 부여하는 기관들과 기제"로 구성되어 있다. Shera는 문화가 살아남기 위해서는 물리적 시설(컴퓨터와 기술을 포함한 오늘날의 시설), (지식, 전문성, "믿음, 신화, 전설" 등을 포함한) 학문, 사회적 조직화, 이 세 부분이 상대적으로 조화를 이루어야 한다고 했다. 또한 삼각구도의 내부에 위치해야 하는 4번째 요소가 필요한데, 그것은 바로 커뮤니케이션이며 도서관은 커뮤니케이션을 통해 이 문화의 세 개 요소를 통합하는 데 중요한 역할을 한다고 했다. 그러나, Shera에 의하면, 이보다 더 중요한 것은 "늘 그랬듯이, 도서관은 그것이 기능하는 사회의 환경에 의해 형성되고 조형된다"(p.42)는 것이다.

Shera는 도서관이란 한 사회의 지적 과정의 복잡함을 이해하기 위해－완전히 지적이고도 사회적인 환경을 지각하기 위해 사회가 전체로서 어떻게 기능하는지를 이해하기 위한－효율적인 철학적 프레임워크를 제공해야 하기 때문에, 사서들에게 있어 한 사회의 사회적 인식론을 이해하려는 시도는 기본적인 것임을 강조하였다: "이 원칙(예, 사회적 인식론)의 핵심은 전체적인 사회 패턴에서 작용하는 커뮤니케이션의 모든 형태를 생성, 흐름, 통합, 소비하는 것에 초점을 맞추고 있다"(p.50). Shera는 다음과 같이 질문한다.

> *한 사회는 그 사회가 무엇을 아는지, 지식이 전체 사회 환경에 영향을 미치는지 어떻게 알 수 있는가? 이 질문은 사회에서 사서의 역할과, 일종의 사회적 수단으로서의 도서관의 핵심적 역할에 관한 것이다. 그러한 지식으로 무장할 때에 우리는 도서관의 역할이 어떠한 것인지에 대해 가치 있는 의사결정을 할 수 있다(p.50).*

> *라이브러리언십은 지적 삶에 규칙(order)을 부여하고, 한 사람을 그가 속한 전체 환경과 연결시킬 수 있는 위대한 통합적 기제가 될 수 있다. 그것은 바로 사서가 사람의 지적인 삶에 가장 중요한 기여를 할 수 있는 것 중의 하나로서 사람의 지식을 지혜 촉진과 연결시키는 창조인 것이다; 이것이 바로 규칙과 관계성(relationship)이라는 선물이다(p.54).*

마이크로네시아에서는 공동체의 수준에서 "지식"과 "정보"를 창출하고, 저장하고, 표현하며, 협상하는 데 있어서 전통적으로 비밀(secrecy)과 존중

(respect)을 주춧돌로 삼는다. 이러한 마이크로네시아에서 도서관에 대한 Shera의 모델은 어떤 의미가 있는가? 일반적으로, 식민지적 역사를 통해 유입된 서구 모델과 교육 표준은 마이크로네시아에서 개인의 성취와 자아 향상, 그리고 그 자아에 대한 공동체적 인식을 추구하는 기본적 목표에 있어서 긴장감을 유발한다. 이러한 긴장은 비록 급변하는 마이크로네시아인들의 삶에서 서구의 교육 표준이 중요하더라도 미국의 사서와 다른 미국 기관들을 비판 없이 받아들이는 데 대한 보이지 않는 딜레마를 의미한다. 마이크로네시아에서 도서관은 일반적인 사회의 맥락에서 도서관 서비스 구축 법안(Library Services and Construction Act: LSCA)에 의해 소개되었다. 이는 곧 민주주의의 발전이라는 맥락하에서 만들어진 것이다. LSCA하에서, 미국의 시골 도서관들은 "정보가 빈곤한" 농장과 "정보가 풍부한" 도시인 및 시골 거주자 간의 차이를 없애고자 한 것이다. 또한 이 도서관들은 2차 세계대전 후 전례 없는 지원을 받았으며, 연구와 지식이 폭발적으로 이루어졌다. 정보에 평등하게 접근함으로써, 미국인들은 민주주의에 있어 다원론적인(pluralistic) 차원에서 동등해질 수 있었다. 미국의 모델과 사서의 가치와 함께, 사회적 지식에 대한 이러한 인식론 역시 마이크로네시아의 LSCA가 처음으로 만들어진 곳인 "시골"로 이전되었으며, 이것이 마이크로네시아 도서관의 기원이다.

그러나 이것이 곧 마이크로네시아에서 토착 사회의 기원이라고는 할 수 없다. 도서관과 "정보"와 관련하여, 마이크로네시아 사회의 인식론적 요소들을 이해하는 토대를 형성하기 위해 마이크로네시아인에 대해 설명하고자 한다면, 마이크로네시아인의 삶에 대한 가치와 사회적 요소에 대한 설명은 필수적이다: 대양의 돌출(prominence); 협상, 카누와 약초학과 관련된 지식의 비밀스러움; "정보" 교환에 대해 존경을 표시하는 것의 중요성; 문화적 지식과 가치를 보존하고자 하는 바람을 바탕으로 돈과 재산에 대해서 (보통 부정적으로) 간주한 결과. 작은 섬들의 젊은이들이 서구 대학교육으로 이주하는 것에 대한 영향력에 대해 토론할 때에도 공동체에서 공유된 이러한 가치는 중요하다. 이를 고려한다면 변용의 주체와 그 결과는 성공적일 것이다(Goetzfridt, 1997).

Chatman은 "공유된 현실의 기초를 세우는 것"과 삶에 대한 공동체적 관점을 지지하는 "정보 내부자" 간의 궁극적인 공통점을 강조하였다. 이러한 현실이 마샬인(Marshallese), 폰페이인, 사타월리스(Satawalese)의 공동체 구성원 사이에 공유된 것이든 아니든 이 점은 사실이다: 자신들의 상황이 드러나는 것에 대한 위험을 알고 있는 중년 여성들의 공동체; 작업 환경에서 업무를 유지하거나 향상시키려는 관리인들; 자신들의 수감 기간을 마칠 때까지 그럭저럭 살아가길 바라는 수감자들.

그러나 식민지 시대의 파워를 가진 서구의 후세들과 일본인들은 기존의 토착 구조에 일련의 규범을 부여하고 있다. 이로 인해 사서들이 서구 모델과 정보에 대한 서구의 소스를 유지하고 촉진하기 위해 변용에 참여하는 것인지, 마이크로네시아인의 "원형 안의 삶(lives in the round)"을 무시하는 것인지 아닌지에 대한 기본적인 질문이 제기되고 있다.

Hanlon은 "역사의 냉혹함(the chill of history)"을 통해, 서구적 표준을 활용하여 전통적으로 태평양 사회를 정의하던 지식을 조직화하고 저장하며 지배하는 함의를 설명하고 있다(Hanlon, 1999). 식민주의와 제국주의를 지지하던 서구의 사회들 역시 지식을 분류하고 공동의 지식분류시스템과 접근에 대한 규약을 약화시키는 시스템을 정의하였는데, 이러한 메커니즘을 사용하는 바람에 도서관들은 신용(credibility)과 중용(neutrality)에 대한 그들의 전제를 상실해 버렸다는 것이다. 또한 한론은 이렇게 언급한다: "태평양에서 도서관과 골동품들은 그 지역의 인식론을 침범하고, 계약하고, 대체하여 식민화시킴으로써 가능해진 것이다. 다른 종류의 지식은 잊혀지는 반면, 기록된 지식은 지속된다"(Hanlon, 1999, p.15). 토착의 공동체 사회에서 문화적으로 지식이 창출되고, 지속되고, 전수된다는 사실을 무시하고 사서에 대한 서구의 가치하에 만들어진 조직적 시스템을 태평양 사회에 강제적으로 적용한 것은 고유한 지식에 대한 기본적 독트린(tenet)을 인식하는 데 실패한 것이나 마찬가지인 것이다. 이러한 시스템에 의해 지속된 유산은—그것이 미국 박물관에서의 기록물이든 아이템이든 간에—태평양 사회의 역사적, 문화적 맥락과 분리되었다. 즉, 미국은 지배체계 내에서 서구의 방식을 전이시켰을 뿐만 아니라, 세계의 역사에서 자신들의 탁월한 과학, 진보와 자본주의를 재차 인식시키기 위해 박물관의 기록물들을 대체하여 원시와 현대를 조용히 구별해버리는 증거"를 제공한 것이다(p.15).

문화 간 전이에 대한 역사적 참조

이러한 문화 간 전이의 시사점과 결과—특히 지배적 토대에 기초한 일방적 움직임—는 적어도 마이크로네시아 섬들의 토착 역사의 맥락에 제한되지 않아야 한다. 넓은 의미에서, 공동체적 맥락은 지배받은 체계의 윤리, 종교, 경제적 상태의 요소들을 통해서든 토착의 식민지적 역사를 통해서든, 대두되고 있는 교육적 접근의 하나인 "온라인 원격교육"의 가상적 현상과 모든 수단 및 변형의 기본 기제와 관련된다. 교육적 확장과 접근, 기술의 발전에 대한 압박을 주는 교육기관과 전문가들이 가상 환경을 발전시키면서, 기술의 발전과 실행의 실제 수준은 자연적으로 "해석적 공동체"나 "공동체의 맥락"보다 우선하게 되었다. 왜냐하면, 기술의 발전과 실행이 결국 이러한 이슈들을 가능하게 만들기 때문이다. 반면에 공동체적인 해석의 기준, 지식의 가치, 지식의 사회적 생존력은 항상 존재한다. 마이크로네시아의 식민지적 역사와 세계의 다른 지역에서도 발견할 수 있듯이, 해당 사회의 기원에 근거를 두어 기술을 개발하고 실행하고 채택한다면 다른 상황에 전이할 수 있는가에 대한 의문이 제기될 수 있다.

1817년 3월 18일, 원주민의 카누 9대가 모레아(Moorea) 섬에 대한 인쇄물을 출판하여 런던선교사회(London Missionary Society)에 착륙했을 때, 서구의 기술적 발전은 태평양에 일방적으로 전이되어 변형되었다. 1856년 2월 모닝스타(Mornig Star)라는 선교사의 배가 폰페이 해변에 출판물을 가져왔을 때 마이크로네시아에서는 원주민의 영혼을 보호하기 위한 출판이 시작되었다. 출판물이 기독교를 전파하는 수단이기는 했으나, 이는 또한 태평양의 선교사들이 미처 깨닫지 못한, 인쇄에 대한 토착적 구두 반응을 촉진하기도 했다. 성서와 기도문을 읽으면서 경험을 교환하고 대화하기보다, 섬 주민들은 출판물을 새로운 종교의 우상으로 여겼고, 토착의 정치적 장점을 모방하는 "읽을" 가치가 있는 실제의 것으로 간주하였다. 태평양인들은 영혼을 변화시키기 위해 출판물을 사용했던 선교사의 노력을 모방하게 되었다. 이는 문화 간 타협에서 중요한 역할을 하였으며 사회적 지위를 얻는 방법이자 "서구"에 몰입하는 기회가 되었다. 또한 종종 선교사들에게 유머스럽고 스스로 정당화된(self-justifying) 자료가 되기도 하였다(Smith, 1998, p.7).

폰페이에서 선교를 시작한 지 28년 후, Albert Sturges는 폰페이인들에게 기독교인이 된다는 것은 폰페이인이기를 포기하는 것이 아님을 부분적으로나마 인식시키기 시작했다. Sturges는 1884년까지 마이크로네시아에서 가스펠을 전파하였고, 스페인이 지배하기 시작한 다음해에 죽었다. 그는 토착민 출신의 선교사를 발굴하고 양성하기 위하여 많은 업무와 농사의 메타포를 제공하는 자유기업 시스템과 함께 강력한 업무윤리를 신봉하고 마이크로네시아 전체에 이를 기독교의 씨앗으로서 배포하였다. 그러나 1850년대와 1860년대의 기간 동안 선교사들이 보여주었던 마이크로네시아에 대한 부정적 견해들과는 달리, Sturges는 폰페이인들의 인간 중심의 가치를 되살리는 것에 대해서 강조하였다. 그의 성찰에서 나타난 전반적인 주제는 원주민들이 백인 선교사를 지원하기 위해 자신을 희생하며 커뮤니케이션과 영향의 토착적 기준을 바탕으로 교회를 설립할 수 있는 토착민 선교사를 수용하는 것이 얼마나 중요한가에 대한 것이었다. "우리는 혼자다." Sturges는 다음과 같이 기술한다.

> *만일 우리 스스로가 이교도보다 더 친절한 이웃이 되기를 원한다면 우리는 혼자일 것이며 이웃이 되기만을 원할 뿐이다. 거의 모든 경우에 우리는 지나치게 옳고, 지나치게 상식적이고, …… 이교도는 어리석은 사람들이 아니다. 나는 울타리를 부순 대법관 마샬의 이야기를 자주 떠올린다. 마샬은 흙이 무너지자 도움을 청하기 위해 2마일 떨어진 가장 가까운 집으로 달려갔는데, 농장의 흑인이 칼을 들고 묘목과 가지를 베는 것을 보고 외쳤다. "브라보! 삼보! 왜 나는 이 생각을 못했을까? 다른 사람들보다도 더 센스 있는 사람도 있군"(ABCFM, 1878, pp.1-2).*

그러나 현지의 사회적 구조와 인식론에 대한 진화적 인식의 관점에서 가장 두드러진 것은 성공적인 선교를 위해서 "완전한 체계적인 조직화"를 활용해야 한다는 Sturges의 전제이다. 이는 "이교도들은 우리가 상상하는 것과 같이 혼돈이나 정글, 무너진 더미 속에 처한 것이 아니라, 구조화되어 있고 조직체이자 시스템으로 조직화되어 있다. 또한 그것은 인간의 속성에 대한 성장이라 볼 수 있으며, 어디에서든 자신을 환경에 적응시킨다." 비록 Sturges의 논문에서

나 선교자의 기록에서 카네가마가 언급되지는 않았지만, 그가 새로 발견한 구조에 대한 신념과 "이교도"의 시스템과 그 사회를 살펴보면 카네가마의 개념이 포함되어 있다. 그럼에도 불구하고, Sturges의 관점은 그가 수년간 마이크로네시아에서 선교 노력을 하는 동안 폰페이인들이 상황에 따른 반응이나 파괴적인 전략을 진화시켰음을 반영하였다.

가상적으로 엄청난 진보인지 아닌지에 대한 질문을 통해, 어디서나 가능한 "정보"와 "지식"의 미래지향적 전달 수단으로서의 온라인 교육은 퇴보할 수 있고, 해석적 공동체와 가치에 대한 공동체적 맥락을 고려해야 할 것이다. 그러나 새로운 환경에서의 교육적 전달의 경제적 힘을 강조한다면, 이를 탐구할 필요가 없을 수도 있다—누군가가 세익스피어나 왈트 화이트맨이 생계를 위해 무엇을 했는지를 연구할 수도 있는 것처럼.

가상환경에서 교육의 개별화된 프레임워크 내에 토착화되거나 다른 그룹의 맥락과 가치를 인식하는 것이 문화의 핵심가치와 생존수단이 합류되는 어딘가를 조명하는 측정 가능한 결과로 이어지지 않을 수도 있다. 그러나 이러한 지역에서 연구조사가 부족했던 탓에—특히 도서관의 역할이라는 측면에서—관련된 인식과 행위 그리고 이에 반응하여 정책을 발전시키는 것의 결과는 명확하게 밝혀지지 않았다. 초기 선교사들이 해안에 발자국을 남기며 가져온 노력의 다른 측면에 대한 연구에 대해 전문적인 논의를 시작할 수 있을 것이다. 어떤 유형의 맥락 내에서 메커니즘을 발견하고 사용하고자 하는 노력에 의존하는 것이 어떤 결과를 가져올지는 쉽게 알 수 없다. 전문 교육자와 도서관은 삶 속에서 그러한 탐구를 시작해야 하며, 우리에게 제공된 영감을 주는 장소와 행위가 무엇이든지 간에 그에 대한 숙고가 필요할 것이다.

토착의 맥락과 지식

토착의 고유한 지식과 관련된 연구는 토착의 고유한 지식과 관련된 분야를 연구함으로써 가능하다. 이 영역은 농경과 국제적 발전 분야에서 발전되고 있는데, 서구 문화와 함께 과학만 도입한다고 해서 문화 간 전이가 이루어지는 것은 아니다. 예를 들어, Michael D. Warren(1996)은 오히려 과학을 과소평가하여 토착의 고유한 지식에 초점을 맞추기보다는, 고유한 지식과 정보를 글로벌 분산 시스템으로 구축한다면 모든 공동체가 글로벌 수준의 지식에 기여할 수 있는 메커니즘을 구현하는 실제 시스템을 구축할 수 있다고 하였다. 그러한 메커니즘은 궁극적으로 "그들이 가진 가장 중요한 리소스, 즉 그들이 지식을 만들어내었지만, 보통은 그 지식을 무시해버리는 것과 같이 태도를 변화시킨다" (Warren, 1996, p.13). 또 다른 작가는 농민과 사무직원, 그리고 그들을 도우러 파견된 전문가 간의 커뮤니케이션에서 늘 있는 충돌의 원인으로서 고유한 지식의 한계를 인용한다. 즉, 농민들이 가장 잘 알긴 하지만 Warren이 기술했던 메커니즘을 망쳐놓는 그런 권위적인 구조는 아니어서 사무직원들은 그 물리적 환경을 전반적으로 이해하는 데 실패하는 것이다.

한편, 파이엘라(Paiela: 파푸아 뉴기니 고지)의 회계 시스템에서는 서구적 논리가 아닌, 그들만의 논리에 따른 커뮤니케이션적 접근을 취하고 있으며 다수의 위계적 패턴을 따르고 있다.

또 다른 예로서, Aletta Biersack(1982)은 이 회계 시스템에서 보존하고 있는 "과학들 사이의 과학"이나 "구체적인 과학"을 인식하는 것에 관해 논의했다. 그러나 사고와 "지식"에 대한 여타 공동체의 표준들과 같이, 파이엘라는 서구로부터 유입된 정보와 정보 접근에 대한 지배적 "원형 안의 삶"에 대한 표준을 따르는 교육의 전자적 방식을 따르지 않고 정량화하고 있다.

온라인 교육에서는 "정보"와 "지식"에 접근하여 이들을 활용하는 것이 핵심적 부분을 차지하는데, 온라인 교육을 논함에 있어서 토착의 맥락을 고려한다 하여도 그 자체가 평생교육을 위한 문화 간 전이에 대한 해결책을 제시해주지는 않는다. 과소평가된 토착의 지식은 인류학적이나 교육학적, 혹은 도서관학을 포함한 다른 분야에서도 긴 역사를 갖고 있지만, 토착의 맥락을 가시적으로 만드는 것, 문화적 현상을 바탕으로 온라인 교육의 개발에 지적 부분을 도입하는 것, 그 결과로 이러한 전이나 인식론과 관련된 사고와 정책에 대한 수단을 제공해주지는 않는다. 그러한 것들을 도입하지 않고 정보 내부자에 대한 Chatman의 개념을 도입하거나 "원형 안의 삶"을 배척하고 지배하기 위해 설계한다면, 지속적으로 발전하는 지적 풍부함을 위해 유입한 온라인 학습환경을 발전시킬 수 없을 것이다.

마이크로네시아에서 미국의 사서는 “정보”, 정보의 포맷 및 액세스에 대한 표준을 따르는 Cressey의 직업댄스 홀(taxi-dance hall)과 같다. Hanlon이 서술한 바와 같이, “역사의 냉혹함(chill of history)”은 미국의 경험에서 참조에 대한 역사적 프레임으로 유지되는 이 표준들의 독자적인 속성에 기인한 것이다. 1850년대와 1860년대 마이크로네시아인들에게 서구의 구원 개념을 가르치기 위해 개인주의를 선교한 것과 같이, 미국의 도서관은 1876년에 세워진 첫 번째 미도서관협회(American Library Association: ALA) 이래로 발전되어 온 그 정보에 대한 표준들을 수용하였다. 이 표준과 표준을 사용하는 전문가들이 Shera가 “완전한 사회적 환경”으로 표현한 것과 지식에 대한 인식론을 추구하지 않을 때, 도서관과 다른 정보의 소스들은 기본적으로 “정보 내부자”의 역할을 한다. 원래는 이익을 목표로 하였다 하더라도, 진행과정에서 그렇게 되지 않을 수도 있다. 온라인 교육과 기술은 오래 지속된 원형 안의 삶에서 “정보 내부자”들이 지배하는 정보 접근에 대한 모든 단계를 제공하기 때문에, 잠재적으로 과소평가된 사실—이 사례에서는 토착의 원주민들이 공동의 맥락과 가치에서 기능한다는 사실—이 미래 발전과 관련된 대화에서 점점 더 큰 몫을 차지하게 될 것이다.

참고문헌

Amadi, A. O. (1981). *African libraries, Western tradition and colonial brainwashing.* Metuchen, Ni: Scarecrow Press.

American Board of Cornmissioners for Foreign Missions (ABCFM). (1878). *Letters and papers of the American board of commissioners for foreign missions: Mission to Micronesia, 1852-1909.* Honolulu, HI: The Hawaii Mission Children's Society Library.

Biersack, A. (1982). The logic of misplaced concreteness: Paiela body counting and the nature of the primitive mind. *American Anthropologist, 84*(4), 811-829.

Chatman, E. A. (1992). *Information world of retired women.* Westport. CT: Greenwood Press.

Chatman, E. A. (1996). The impoverished life-world of outsiders. *Journal of the*

American Society for Information Science, 47(3), 193-206.

Chatman, E. A. (1999). A theory of life in the round. *Journal ofthe American Society for Information Science, 50*(3). 207-217.

Cressey, P. G. (1932). *The taxi-dance hull.* Chicago: University of Chicago Press.

de Certeau, M. (1988). *The practice of everyday life.* Berkeley, CA: University of California Press.

Falgout, S. (1984). *Persons and knowledge in Ponape.* Unpublished doctoral dissertation, University of Oregon.

Goetzfridt, N. (1997). *Tacking into context: The roots of LSCA public library services in Micronesia among the heritages and changes of an ocean world.* Unpublished doctoral dissertation, University of Wisconsin, Madison.

Hall, D. D. (1996). *Cultures of print: Essays in the history of the book.* Amherst, MA: University of Massachusetts Press.

Hanlon, D. L. (1998). *Remaking Micronesia: Discourses over development in a Pacific territory, 1944-1982.* Honolulu, HI: University of Hawaii Press.

Hanlon, D. L. (1999). The chill of history: The experience, emotion and changing politics of archival research in the Pacific. *Archives and Manuscripts: The Journal of the Australian Society of Archivists, 27*(1), 8-21.

Harris, M. H. (1976). Portrait in paradox: Commitment and ambivalence in American librarianship, 1876-1976. *Libri, 26*(4), 281-301.

Petersen, G. (1993). Kanengamah and Pohnpei' s politics of concealment. *American Anthropologist, 95*(2), 334-352.

Richard, D. E. (1957). *United states naval administration of the trust territory of the Pacjfic Islands, 3*, 414. Washington, DC: U.S. Government Printing Office.

Rogers, R. F. (1995). *Destiny's landfall: A history of Guam.* Honolulu, HI: University of Hawaii Press.

Shera, J. H. (1976). *Introduction to libraryscience: Basic elements of library service.* Littleton, CO: Libraries Unlimited, Inc.

Smith, V. (1998). *Literary culture and the paciflc: Nineteenth-century textual encounters.* Cambridge, MA: Cambridge University Press.

Warren, D. M. (1996). Comments on article by Arun Agrawal. *Indigenous Knowledge and Development Monitor, 4*(1), 13.

제13장

웹 기반 코스에서 교수의 질에 대한 성인 학습자들의 인식에 관한 사례연구

Terry T. Kidd, University of Houston-Downtown, USA
Holim Song, Texas Southern University, USA

요약

이 연구는 WebCT를 활용한 웹 기반 코스에서 온라인 원격학습 프로그램의 질에 대한 성인 학습자들의 인식을 평가하였다. 결과를 보면 온라인 원격학습 프로그램의 질에 대해 학습자들은 전반적으로 긍정적으로 인식하고 있는 것으로 나타났다(M = 3.51, SD = 1.1362). 수업의 질에 대하여 학습자들이 나타낸 인식도의 평균은 3.7에서 3.37의 범위를 보였다. 웹사이트의 시각적인 호소력과 코스 자료의 적절성은 높은 점수(M = 3.625)를 받았다. 내용요소 소개에 대한 명확성과 목적은 가장 낮은 점수(M = 3.37)를 받았다. 이런 결과들은 온라인 코스의 수업 질에 대한 학습자의 반응 중 중요하게 고려해야 할 점이 무엇인지와 밀접한 관계가 있다. 학습자에 의해 지적된 가장 중요한 측면은 코스와 연관된 온라인 콘텐츠 내용과 자료에 대한 아이디어였다. 또한 연구결과는 상호작용, 설계, 편리성, 피드백, 유용성을 포함하여 온라인 코스 질에 대한 학습자들의 관점에 영향을 미치는 다른 인지적 측면을 지적하였다.

도입

원격학습, *원격교육*, *온라인 학습* 그리고 *웹 기반 학습*이란 용어들은 비전통적 학습자(nontraditional students)뿐 아니라 성인학습집단을 위한 학습의 새로운 현상을 반영한다. 이제까지 학습환경을 설명하기 위해 사용되었던 이런 용어들은 성인 학습자들이 시간과 장소의 제한에서 자유롭게 교육과 훈련에 접근할 수 있는 개방성에 초점을 둔 접근 방법을 나타내고 있고 이런 환경의 대부분은 비형식적인 학습방법으로 개인과 집단에게 융통성 있는 학습기회를 제공한다. 원격교육 또는 원격학습은 세상에서 가장 빠르게 성장한 영역 중 하나이다. 그리고 모든 교육전달 체제에 대한 그것의 잠재적 영향은 WBI 테크놀로지, 특히 멀티미디어와 커뮤니케이션 테크놀로지의 발전을 통해 강조되어 왔다. 그리고 WebCT, Blackboard, Moodle과 같은 원격학습 플랫폼을 통해 월드와이드 웹은 더욱 중요하게 되어 왔다.

원격교육 환경 안에서 온라인과 웹 기반 코스는 교육 프로그램을 전달하기 위한 새로운 매체로써 학습자와 교육기관 모두에게 인기를 누리고 있다. 대학과 다른 교육 프로그램의 경우 멀리 떨어져 있는 다양한 학습자들에게 도달할 수 있는 우수한 방법이기 때문이다. 학습자들이 어느 곳에서나 학습을 할 수 있기 때문에 때로는 학교에 등록하여 학습하는 것을 보충하는 방법으로 활용될 수 있을지도 모른다. 이러한 방법들이 인기를 얻고 활용이 증가될 때 행정가와 교수들은 학습자들이 이런 매체를 사용하여 수업을 전달받는 것을 어떻게 인식하는지를 모니터링하는 것이 중요하다. 이런 피드백으로 학습환경과 교육 프로그램을 수정하고 개선할 수 있어 코스가 모든 측면에서 바람직하게 기능할 수 있기를 바란다.

이러한 개념에 초점을 두고 본 사례연구는 성인 학습자 또는 비형식적인 학습자가 온라인 수업의 질에 대해 어떤 생각을 가지고 있는지 그 인식에 영향을 미치는 요인을 알아보고자 하였다. 이 장은 매체를 통한 코스, 온라인 학습에서 교수와 학습의 질을 증진하는 데 혁신적인 전략수행과 개발방법에 대한 시사점을 제공해줄 것이다. 웹 기반 코스에서 성인 학습자에 관한 수행적인(conductive) 환경을 효과적으로 개발하기 위하여 교수설계자, 교육자, 훈련자, 운영자들은 성인 학습자에 관한 정보를 모으기 위하여 활용된 수업설계와 전달 모드, 사용된 테크놀로지에 관하여 특별히 주의를 기울여야 한다. 이렇게 할 때 비로소 우리는 온라인 원격학습이 힘을 발휘할 수 있도록 만들 수 있다.

배경

원격학습은 성인학습과 비형식적인 학습자를 위한 교수와 학습의 새로운 패턴을 만들어 내는 데 잠재성을 가진다. 이런 생각은 정보통신기술(ICT)과 밀접하게 관련되어 있다. 더 나아가 이것은 새로운 학습요구와 정보접근, 적용 그리고 학습의 패턴을 개발하는 것과 관련이 깊다. 원격교육과 테크놀로지의 진보는 교육의 주요 변화를 이끌어 왔고 심지어 교육 자체의 영역을 넘어서까지 영향을 미쳤다는 증거가 있다. 그러므로 원격학습은 글로벌 지식기반 사회를 탄생시키는 데 결정적인 역할을 하였다(Michael & Tait, 2002).

온라인 원격교육/학습 환경, 성인 학습자 또는 비전통적인 학습자 그리고 그들의 수업에 대한 인식에 영향을 이해하기 위하여 이런 환경과 연관된 용어와 개념을 이해해야 한다. 이런 환경을 만드는 요소 대부분은 성인학습 방법, 안드라고지, 실천학습 원리 그리고 정보처리 이론을 포함한 학습원리 및 이론과 관련이 있다. 달리 표현하자면 원격학습 환경은 수업설계, 원격학습/교육, 수업의 질, 학습 공동체, 학습관리시스템, 그리고 웹 기반 수업과 연관된다.

개방된 원격학습은 미래 교육과 비형식적 환경 내에서 성인학습을 위한 훈련체제의 중요한 요인이 될 것이라는 증거가 있다. 새로운 형태의 원격학습 출현은 새로운 ICT에 근거하는데 특히, 인터넷과 웹을 이용하는 것은 비형식적인 영역에서의 학습을 위해 교육적, 경제적, 조직적으로 암시하는 바가 크다. 더 나아가 많은 훈련, 조직개발, 그리고 지역대학 프로그램에 성인 학습자들이 참여하는 추세이다. 주요 선행 연구들이 원격교육 환경에 대해 수행된 반면 원격학습의 맥락에서 성인 학습자나 비형식적인 학습자에 대한 것은 거의 없고 어떤 요인이 촉진자나 교수자로부터 제시된 수업의 질에 대한 그들의 인식도에 영향을 미치는지에 대한 연구도 거의 없다.

온라인 코스에 대한 성인 학습자의 인식도와 관련된 주요 연구의 분석을 통해 학습자의 만족도를 결정짓는 데 포함되는 중요한 요인들도 밝혀지지 않았다(Anderson & Joerg, 1996; Cedefop, 2002; Hara & Kling, 2000; Polloff & Pratt, 2001). 수업의 질에 대한 명확한 이해를 하기 위해 현재 문헌은 9가지의 영역을 규명하여 수업의 질을 가늠한다. (1) 학습, (2) 열정, (3) 조직, (4) 집단의 상호작용, (5) 개인적 동질감, (6) 지식 · 경험의 범위(breadth), (7) 시험, (8) 숙제, (9) 학습량/난이도(Marsh, 1982, 1987, 1997; Marsh & Roche, 1997). 이러한 관점들을 통해 우리는 온라인 코스에 대한 학습자들의 인식도에 영향을 미치는 총체적인 영역을 고려할 수 있다. 문헌에서는 학습자의 인식도를 조사한 결과는 다양하지만 전반적으로 긍정적이라고 한다(Daugherty & Funke, 1998; Morss, 1999; Polloff & Pratt, 2001). 온라인 코스를 수강하는 제일 큰 이유는 융통성, 편리성, 학습강화이다. 학습자들은 온라인 수업에 언제, 어디에서라도 참여할 수 있다. 온라인 코스의 편리한 특성에는 장소이동의 경제성, 안락함, 가족적인 환경이 포함된다. 학습증진이라는 기대하에 참여자들은 수강을 하는 주요한 이유로 테크놀로지 요인과 이해력(comprehension)을 꼽았다(Polloff & Pratt, 2001). 온라인 코스의 단점은 테크놀로지 및 고립감과 관련이 있다. 테크놀로지는 비디오 질이 낮은 것과 인터넷에서의 속도 지연이 포함되었다. 고립감에 대해서 학습자들은 교사와 다른 학습자들과 비공식적인 사회적 활동의 기회가 결여되었다고 말했다. 상호작용과 관련해서는 참여자들은 가장 높은 순위에 교수자가 시의적절하게 반응하는 것에 따른 대인관계의 접촉과 개인발전에 대한 자기 모니터링을 들었다. 비록 각각의 상호작용 영역에서 지적이 되었지만 참여자들은 자기규제학습과 적절한 피드백이 가장 가치 있었다고 보고하였다. Polloff와 Pratt(2001)은 학습자들은 교수자가 빈번히 접촉하고 적극적인 학습기술을 사용할 때 높은 기대감을 가지고 있으며 구체적인 과제에 시간을 집중하고 신속한 피드백을 제공할 때 가장 만족했다는 것을 발견하였다.

Anderson과 Joerg(1996)에 따르면 학습자들은 온라인 코스를 가치 있는 학습전달 도구로서 인식하고 있으며 온라인 코스들이 다른 장소에서 언제라도 수업교재에 접근할 수 있는 역동성을 지닌다고 보고하였다. 한 연구(Anderson & Joerg, 1996)에 따르면 학습자들은 온라인 코스를 가치 있는 교육적 진보라고 인식하고 있었다. 그러나 학습자들은 인터넷 접속 문제와 테크놀로지의 이점과 관련된 계속된 질문 때문에 온라인 코스에 등록하는 것을 주저하고 있었다. 학습자들은 외부의 웹사이트에서 시간을 소비하는 것을 걱정하고 있었다. Cedefop(2002)에 따르면 온라인 교수자들은 코스의 수업 기준을 반영하는 데 필수적이지 않은 학습자료로 외부의 정보원에 의존하는 경향이 있었다.

학습자와 관련된 웹사이트의 설계 문제는 Polloff와 Pratt의 연구에서 지적되었듯이 학습자들이 온라인 코스 설계에 어느 정도 만족한다는 것이다. 만약 학습자들이 온라인 코스의 웹사이트 설계에 만족하지 않는다면 그들은 온라인 코스의 효과에 대하여 부정적인 인식을 가질 수 있다(Brush, 2001). 문헌에 따르면 Khan(1997)은 웹 기반 수업 환경을 두 개의 영역으로 구분하여 설명하고 규정지었다. 이름하여 구성요소(components)와 특성(features)이다. Khan(1997)에 따르면 구성요소들은 교수설계, 멀티미디어, 그래픽, 텍스트, 비디오, 오디오 스트리밍 그리고 동시적/비동시적 커뮤니케이션 모드와 같이 웹의 통합적인 부분이다. 이런 웹 기반 수업의 구성요소들은 온라인 코스에 대한 학습자의 인식도에 영향을 미치는 것으로 지적되었다. 멀티미디어적 요소들은, 만약 적절히 설계가 되었다면, 학습자들의 성취도와 학습과정에 긍정적인 영향을 미칠 수 있을 것이다(Ryan & Kasturi, 2002).

Chichering과 Ehrmann(1996)은 온라인 코스에서 성공적인 학습과 실행에 대한 몇 가지 원리를 제안하였다. 첫 번째 원리는 학습자와 교수자 간 상호작용을 활발히 하는 것이다. 학습자들은 온라인 코스에서의 학습 수행을 상호작용적인 코스 환경과 빈번한 토론이라고 인식한다(Jiang, 1998). 사실, 학습자들은 온라인 코스의 주요 이점 중의 하나로 그들의 교수자와 동료 학습자들과 상호작용하는 기회가 더 많다는 것을 꼽았다(Holmes, 2000). 그러나 만약 상호작용을 할 수 없다면 학습자들은 코스에 대해 불만족할 것이고 좌절하게 된다. Hara와 Kling(2000)에 따르면 학습자들의 좌절은 두 가지 원인에 기인하는데 기술적 문제와 교육적 문제이다. 기술 문제는 기술 지원을 받는 데 있어 학습자의 어려움이 포함된다. 기술 지원에 대한 접근성은 학습자의 온라인 코스 인식도에 결정적인 요인이 된다. 성공적 실행을 위한 두 번째 원리는 학습자들 간의 협력을 독려하는 것이다. 다른 학습자들과 함께 공부하는 것은 학습에 더 몰입하도록 하고 이해를 심화시킨다(CHickering & Ehrmann, 1996).

Schrum(1998)은 학습자들이 온라인 커뮤니케이션과 상호작용의 구성요소로써 말할 때보다 쓸 때 더 많은 반성적인 사고를 요구한다고 언급하였다. 비실시간 커뮤니케이션은 성찰과 구성(composition)을 위한 시간을 제공한다. 이메일 또는 게시판을 읽는 것은 성찰을 독려한다. 이런 전략의 활용은 온라인 코스의 수업 다양화를 위해 중요하다. 전자적인 커뮤니케이션은 협력과 그룹 상호작용을 촉진한다(Schrum, 1998). WebCT, Blackboard와 같은 학습관리시스템은 이런 형태의 수업을 지원한다. 학습을 스캐폴딩함으로써 교사는 협력의 분위기를 조성할 수 있다. 협력활동의 조직과 수행은 교사에 의해 시작되고 유지되는 것이 중요하다(McIssac, Blosher, Mahes & Charalombos, 1999). 학습자 협력에 있어 주요 요소는 온라인 교사에 의한 지원과 모니터링이다. 텍스트 형식에서의 커뮤니케이션이 대부분인 온라인 환경은 면대면 환경과 다르게 작용한다. 그러나 어떤 커뮤니케이션 형태는 결점을 가지고 있는데 그것을 이해하고 잠재적인 강점을 포착하여 약점을 차단할 수 있다. 가상학습환경에서의 커뮤니케이션을 이해하는 것은 더 자연스럽게 협력을 발전시킨다. 온라인 코스에 대한 비판은 커뮤니케이션 결여를 통한 학습자의 고립이다. 커뮤니케이션은 가상학습 공동체에서 매우 중요한데 이것은 학습공동체의 노트와 책이라고 할 수 있다(Schwier, 2001). 온라인 교사는 이러한 현실을 인식해야 하고 학습자와 함께 커뮤니케이션에 머물러야 한다. 교수자와 학습자 간의 커뮤니케이션뿐 아니라 학습자들 간의 다양한 커뮤니케이션 역시 중요하다.

학습자들에 의해 중재되는 온라인 토론에서 교사의 참여는 토론의 신뢰성을 제공한다(McIssac et al., 1999). 만약 온라인 학습자에 대한 이론적 배경이 인지적 도제에 기인한다면 교사가 적절한 토론의 에티켓에 모델이 되고 의미 있는 토론으로 안내하는 멘토의 역할을 하는 것이 중요하다. 또한 교사는 공적, 사적인 질문을 제공함으로써 토론의 주변인에서 참여자가 될 수 있다. 참여자들은 그들이 그 환경에서 편안하다고 느낄 때 전략적 지식을 공유한다. 교사는 토론의 주변인으로 옮겨가고 토론이 학습자 중심으로 신속히 되어 가도록 그 진행상황을 모니터링한다. 학습자들에 의해 명시화된 전략적 지식의 평가는 어떤 정보와 기술이 내재화되었는가를 보는 것이 도움이 된다. 온라인 모임 이전에 항상 면대면 모임을 가질 수는 없기 때문에 온라인 환경에서 상호작용과 사회적 실재감을 증진하는 것이 중요하다. 학습자들이 현재 온라인에서 사회적으로 상호작용한다고 느낄 수 있어야 하는 것이다(McIssac, et al., 1999). 학습자들이 가상학습 공동체의 주변인으로부터 공동체에 포함되어 감에 따라 공동체에서의 소속감을 요구하고 상호작용할 때 사회적 실재감을 느낀다.

웹 기반 코스와 코스 상호작용, 커뮤니케이션에 대한 문헌(Chickering & Ehrmann, 1996; McIssac et al., 1999; Schrum, 1998; Schwer, 2001)을 살펴보면, 커뮤니케이션과 성찰은 학습자들이 학업을 지속하는 데 있어 중요하다. 온라인 코스의 초기 모임은 학습유형에 대한 진단, 아이스브레이킹, 개방된 커뮤니케이션을 위한 활동을 포함해야 한다. 학습자들은 그들의 개인적인 학습유형을 알아야 할 필요가 있다. 교수자 또한 이러한 후자의 정보를 인식하고 있어야 한다. 학습자와 교사는 교수-학습 과정에서 서로를 보완하고 적응하여야 한다. 학습자들이 그들이 어떻게 학습해야 하는지를 이해할 때 그들은 학습의 방법을 확장시킬 수 있다. 온라인 코스에서 외적인 동기를 원하는 학습자는 내재적으로 동기화되는 방법을 찾고 독립적으로 학습하는 법을 찾아야 할지도 모른다. 교사는 이것을 인식해야 하고 학습자들이 교사-감독관뿐 아니라 학습자와 함께 지속적인 관계를 가질 수 있도록 도와주어야 한다. 이러한 초기활동은 학습자가 코스에 즉각적으로 참여할 수 있도록 한다. 학습자들이 스스로에 대해 이야기할 수 있도록 하는 것은 초기 단계에서 매우 중요하다. 코스 초반부의 스캐폴딩은 학습자들을 학습환경 내로 유도할 수 있고 그룹의 한 일원으로 느끼게 만든다. 코스를 통한 상호작용은 중요하며 대개 아이디어, 사람 그리고 과정에 대한 일종의 약속의 결과이다(Schwier, 2001). 세 번째 원리 또는 성공적인 실행에 있어 중요한 것은 신속한 피드백이다. 비록 많은 측면들이 효과적인 온라인 수업에 기여하는 것이 사실이지만 신속한 피드백은 학습자의 학습을 증진하는 강력한 도구로써 지속적으로 거론된다(Holmes, 2000; Polloff & Pratt, 2001).

비록 그동안 연구들이 온라인 코스에 대한 학습자의 인식을 조사해 왔지만 온라인 코스, 특히 성인 학습자 또는 비형식적인 학습자 집단을 대상으로 수업의 질을 평가한 연구는 거의 없다. 모든 온라인 코스들이 코스 내용 전달에 있어 효과성이라는 측면에서 균등할 필요는 없다. 대부분의 교직원들은 그들의 온라인 코스가 좋다고 가정하고 있지만 이것이 학습자들의 견해와 일치한다고 가정할 수는 없다. 학습자들의 수업의 질에 대해 인식을 형성하는 요인이 무엇인지를 규명하는 연구는 거의 없다. 그러나 학습자들의 인식은 웹기반 전달 방식의 프로그램이 향후 지속적으로 성장할 것이며 학교 프로그램에 장기적으로 영향을 가질 것이라는 사실 때문에 중요하다.

Methodology

연구문제를 검증하기 위해 사용된 자료는 다음에 대한 양적인 자료를 수집하여 온라인 질문지를 통한 응답에서 얻었다.

- 코스 내용과의 상호작용, 시각적인 호소력, 사용의 용이성, 그리고 코스 자료에 근거한 온라인 코스의 수업 질에 대한 학습자의 인식
- 코스 내용과 상호작용하는 데 웹 설계와 미적인 시각디자인이 학습자의 능력에 미치는 영향
- 코스 커뮤니케이션, 피드백 그리고 성찰에 영향을 미치는 요인들
- 명확한 수업을 위한 수업설계 전략

10개의 질문들이 온라인 웹 기반 코스에 대한 학습자의 인식을 조사하기 위해 개발되었다. 질문 중 9개는 다음의 선택사항이 있는 리커트 척도(Likert Scale)의 폐쇄형 질문이었다.

- 잘 모르겠다(No Basis for Judgment/Not Applicable)
- 전혀 그렇지 않다(Strongly Disagree).
- 그렇지 않다(Disagree).
- 그렇다(Agree).
- 매우 그렇다(Strongly Agree).

10번째 질문은 온라인 웹 기반 코스의 수업의 질에 가장 중요한 측면이 무

엇이라고 생각하는지에 대하여 참여자들의 의견을 묻는 개방형 질문이었다. 여름 1, 2학기 코스 마지막 부분에 제공되었고 6주 동안 조사되었다. 설문은 온라인 코스의 수업 질에 영향을 미치는 요인들에 따라 본 학습환경에 대한 학습자들의 인식도를 평가할 수 있도록 학습자들에게 주어졌다. 본 연구를 위해 선택된 코스들은 여름 1, 2학기 동안에 제공된 온라인 코스였고 다음의 학문 분야였다.

- College of Business
- College of Education
- Hilton College of Hotel and Restaurant Management
- College of Liberal Arts and Social Sciences
- College of Natural Sciences and Mathematics
- College of Technology

여름 1, 2학기 동안 TV 방송, 웹 또는 비디오로 제공된 222개의 원격교육 코스 가운데 169개의 코스가 32명의 교직원에 의해 온라인으로 전달되었다. 본 연구의 참여자들은 형식적인 대학 학위 프로그램에 참여한 성인 학습자들로 온라인 코스를 수강하는 학습자들이다. 설문 도구를 올린 웹사이트와 이메일을 연결하여 32명의 코스 교수자에게 보내졌고 학기말에 학습자들과 공유하도록 하였다. 학습자들은 설문을 성실하게 끝까지 완성하도록 독려되었고 그들의 반응은 학점에 영향을 미치지 않을 것이라는 점을 확실히 하였다. 여름 1, 2학기 강좌를 수강한 2500명 가운데 291개(11.64%)의 유효한 반응을 얻었다. 여학생이 54%, 남학생은 46%로 나타났다.

결과 및 토론

온라인 학습에 대한 학습자의 인식

참여자들은 WebCT를 활용한 온라인 교육의 수업 질에 관한 그들의 인식을 묻는 9개의 질문에 답하였다. 표 1은 기술적 통계자료를 보여준다.

표 1　온라인 코스의 수업 질에 영향을 미치는 요인

요인	무응답		전혀 그렇지 않다		그렇지 않다		그렇다		매우 그렇다		평균 (M)	표준편차 (SD)	순위
	n	%	N	%	n	%	n	%	n	%			
온라인 코스에서 제시된 자료가 학급에 적절하였다	7	2	8	3	120	42	107	37	46	16	3.70	1.06	1
코스 설계에 활용된 색상이 잘 조화되고 보기에 좋았다	9	3	8	3	138	47	66	23	70	24	3.66	1.07	2
적절한 그래픽, 사운드, 그림, 애니메이션의 활용이 웹사이트 자료를 시각적으로 호소력 있게 만들었다	26	8.8	27	9.2	99	34	51	18	88	30	3.55	1.33	3
텍스트, 그래픽, 사운드로 제시된 정보는 자료를 더 잘 이해하는 데 도움이 되었다	23	8	31	11	102	35	49	17	85	29	3.53	1.31	4
웹사이트 흐름은 읽고 이해하기에 쉬웠다	10	3	20	7	134	47	92	32	32	11	3.49	1.10	5
각각의 온라인 코스 섹션은 학습목표와 명확한 관계가 있었다	14	5	23	8	128	44	84	29	41	14	3.46	1.11	6
모든 숙제에 포함된 구체적인 과업은 명확히 기술되었다	17	6	29	10	102	35	108	37	34	12	3.45	1.14	7
새로운 코스내용과 자료는 잘 조직되었다	14	5	26	9	123	42	96	33	32	11	3.41	1.06	8
내용구획에 대한 도입은 명확하고 목적적으로 기술되었다.	11	4	30	10	133	45	86	30	31	11	3.37	1.04	9

※ 1=무응답; 2=전혀 그렇지 않다; 3=그렇지 않다; 4=그렇다; 5=매우 그렇다

전반적인 인식도

본 연구에서는 WebCT를 통한 온라인 코스의 수업 질에 관하여 전반적으로 긍정적인 반응을 얻었다. 수업의 질에 있어 온라인 코스의 시각적인 호소력과 코스 자료의 적절성이 가장 높은 순위로 나타났고 온라인 코스의 색상 사용이 그 뒤를 차지하였다. 연구결과는 학습자들이 온라인 코스의 수업 질에 관하여 웹사이트의 시각적인 설계를 높은 순위로 꼽았고 콘텐츠의 시각적인 제시가 온라인 코스에 대한 그들의 견해에 영향을 미치는 중요한 요인이라는 것이다. 온라인 코스의 시각적인 호소력은 코스 내용에 대한 학습자들의 학습에 결정적인 것으로 보이지는 않는다(Brush, 2001). 그러나 본 연구에서는 이러한 요인이 학습자들의 흥미 정도와 정보습득을 위한 사이트 활용에 영향을 미친다는 점을 보여주었다. 온라인 코스의 수업 질에 대한 중요한 측면에서 몇몇 학습자들은 온라인 코스에서 사용된 색상의 활용법으로 규명하였다. 그들이 말하기를 "웹사이트는 색상이 세련되지 않았고 쉽게 읽을 수 있도록 사용되지 않았다" 고 하였다. 그러므로 교수자들은 기능적으로, 미적으로 만족스러운 웹사이트를 만들어내야 하는 과제를 가지고 있으며 온라인 코스를 어떻게 제시할 것인가에 대한 책임도 가지고 있다.

웹 디자인에 대한 인식

비록 응답자들이 이 코스의 웹 설계에 대해 만족하고 있을지라도 많은 학습자들은 일반적으로는 대부분의 웹 기반 코스의 웹 설계에 대해 만족하지 못하고 있다. 응답자의 52%가 온라인 코스의 웹 설계에 만족한다고 응답하였지만 응답자들의 거의 절반 가량(46%)은 대개 설계에 만족하지 않는다고 응답하였다. 자신들의 코스로 WebCT를 활용하는 교수자들은 온라인 코스에서 우수한 설계 측면을 고려하여 함께 통합하지 못하는 것일지도 모른다.

수업 질과 관련된 요인

대략 응답자의 15%는 온라인 코스에서 우수한 웹 설계가 중요하다고 지적하였다. 이것은 수업 질의 측면에서도 세 번째로 높은 순위에 있었다. 본 연구의 결과 교수자들은 코스의 온라인 사이트의 구조와 사용자 인터페이스에 대한 고려를 해야 한다는 필요성을 인지하고 있다는 점을 재확인하였다(Brush, 2001). 사이트 구조는 학습자들이 원하는 정보에 쉽게 접근할 수 있도록 한다. Brush(2001)는 사이트 구조가 코스의 순서, 정보의 조직, 따라야 할 절차 그리고 부가적인 자원을 확고히 한다는 점을 강조하였다. 연구팀이 수행한 연구로부터 한 학습자는 다음과 같이 말하였다. "자료의 조직은 내가 원하는 것을 쉽게 찾을 수 있고 중요한 것을 볼 수 있어서 나에게 있어 가장 중요하다." 다른 학습자는 "자료의 레이아웃과 제시는 수업 자료들을 조화시키는 데 도움"이 된다고 하였다. 웹사이트의 구조가 잘 되어 있지 않을 때 학습자들은 필요한 정보가 있는 곳과 사이트를 내비게이션하는 데 좌절을 겪게 된다(Brush, 2001). 한 페이지에서 다른 페이지로 이동하는 것에 어려움을 겪은 학습자들은 원하는 정보를 얻기 위해 웹사이트를 활용하는 것을 포기하게 될지도 모른다. 이것은 온라인 코스에 대한 부정적인 견해를 이끌어 낼 수 있다. 온라인 코스 이용자의 한 학습자로부터 보고되었듯이 웹사이트의 조직은 간단하지 않고 혼란스럽고 복잡하다. 이것은 코스 자료를 발견하고 적절한 내용을 찾는 데 혼란과 좌절을 더해 준다.

본 연구는 웹사이트의 인터페이스 내비게이션의 구조가 온라인 코스에서 고려되어야 함을 보여준다. 인터페이스 설계는 학습자들이 학습과 필요한 코스 정보를 얻는 데 그들의 능력을 집중시킬 수 있도록 하는 데 영향을 미친다. 학습자들이 사이트의 한 섹션에서 다른 곳으로 큰 혼란 없이 이동할 수 있도록 인터페이스를 활용할 수 있을 때 사용자 인터페이스 설계는 효과적이다. 응답자의 대략 73%가 온라인 코스의 중요한 측면으로 쉬운 웹사이트 내비게이션을 들었다. 특히 "웹사이트 내비게이션의 용이성은 온라인 코스의 중요한 측면이다"라고 하였다.

응답자들의 거의 절반 가량(47%)은 온라인 코스가 멀티미디어 요소를 활용하여 정보를 제시할 때 자료를 더 잘 이해할 수 있다고 보고하였다. 온라인 코스의 중요한 측면에 관해서 한 학습자는 "애니메이션은 이 코스의 개념을 이해하는 데 도움이 된다"고 말하였다. 만약 멀티미디어가 적절히 디자인되지 않는다면 이것은 부정적인 영향을 미치게 된다는 생각이 있다. 연구로부터의 결과는 코스 자료와 멀티미디어를 다운로드하기 위한 시간소요 또한 온라인 코스에서 고려하여야 한다는 점을 밝히고 있다.

본 연구에서는 코스의 새로운 섹션과의 연결은 코스 목표와 명확히 관련성이 있어야 한다는 점을 발견하였다. 기본적으로 응답자의 51%는 새로운 섹션에서 목표의 명확성에 만족하지 못하는 것으로 나타났다. 많은 교수자들은 온라인 코스를 설계할 때 각각의 개별 수업의 목표 및 코스 목표와 같은 요인을 고려하지 않는다는 것을 연구를 통해 알아내었다. 명확히 진술된 목표는 온라인 코스에 대한 학습자들의 인식에 영향을 미친다는 것을 연구결과가 보여주었다. 연구결과에서는 코스의 수업 질에 대한 중요한 측면에 관하여 명확한 수업, 상호작용, 설계, 사용 용이성, 피드백, 유용성과 같은 학습자들의 응답이 밀접한 상관관계가 있음을 보여주었다. 설문에 따르면 응답자의 거의 86%가 수업 질의 가장 중요한 측면은 온라인 코스 내용과 코스와 관련된 자료에 대한 것이라고 생각하였다.

수업설계 모형

수업설계 모형(instructional design model: IDM)에 따르면, 코스 내용과 관련된 온라인 문서의 명확성과 순서는 코스와 연관성을 가진다는 학습자들의 인식도를 증가시킨다(Dick, Carey & Carey, 2001). Dick과 동료 연구자들(2001)은 더 나아가 수업설계의 체제적인 과정을 규명하였는데 그들의 모형에서 지식이 교수자로부터 학습자에게도 전이되는 것을 검증하였다. 본 연구로부터 얻은 결과는 수업설계 모형에 대한 경험적인 증거를 제공한다. 본 연구의 결과는 학습자가 이 모형을 활용하여 효과적으로 학습할 수 있고 지역사회의 실제적인 장에서의 활동을 증진시킬 수 있기 때문에 교수자는 온라인 코스에 수업설계 모형을 조화시켜야 한다는 점을 알려준다. 연구에서 응답자의 22%는 온라인 학습경험에서 가장 중요한 측면은 명확한 수업이라고 인식하였다. 명확한 수업은 한 학습자가 말했듯이 명확하고 정확하고 구체화된 방향(지시)을 주는 수업설계 문제이다. 학습자들은 수업의 계열성과 명확성을 요구하였고 학습자들에게 과제 마감일을 알려주고 어디를 읽고 어느 장을 시험을 보는지를 알려주어야 한다고 하였다. 만약 수업이 명확하지 않으면 "학습자들은 각각의 과제가 가치가 있는지를 알지 못하고", "학습자들은 최종 성적이 어떻게 계산되는지를 알지 못한다"고 하였다. 또한 심지어 "학습자들은 학기 전체를 잃어버린 느낌을 갖게 된다"고 하였다. 본 연구에 참여한 한 응답자는 명확한 수업은 그들의 학습과 내용 자료에 대한 그들의 이해 그리고 온라인 학습활동에서의 그들의 참여도에 직접적으로 영향을 미친다고 하였다.

성공적인 학습과 실행의 원리

이 장에서의 연구결과는 Chickering과 Ehrmann(1996)의 온라인 코스에서의 성공적인 학습과 실행의 원리를 지지한다. 좋은 실행을 위한 첫 번째 원리는 학습자와 교수자 간의 상호작용을 증진하는 것이다. 코스 관리 시스템 내에서 사용가능한 이메일, 토론방, 채팅, 게시판과 같은 온라인 커뮤니케이션 구성요소는 교실에서 면대면으로 이루어지는 전통적인 수업과 비교하여 학습자와 교수자가 상호작용하고 커뮤니케이션할 수 있는 기회를 더 많이 제공한다. 상호작용은 본 연구(21%)에서 온라인 코스의 수업 질을 결정하는 두 번째 중요한 요인이었다. 본 연구에서 학습자들은 "교수로부터의 커뮤니케이션이 중요하다", 그리고 "메시지 게시판과 WebCT의 이메일은 학습자와 교수자가 서로 커뮤니케이션할 수 있도록 도와준다"고 답하였다. 한 응답자는 긍정적인 측면으로 "교수자와의 빈번한 상호작용"을 말하였다. 학습자들이 교수자와 빈번히 상호작용할 때 그들은 "온라인 코스가 매우 성공적"이라고 느꼈고 "교수자가 모든 학습자들에게 도움이 된다" 그리고 "학습자들은 교사로부터 배우고 있다"고 느끼는 것으로 나타났다.

두 번째 성공적인 실행을 위한 원리는 학습자들 간 협력을 촉진하는 것이다. 또 다른 좋은 연습은 신속한 피드백이다. 본 연구의 응답자들(29%)은 동료 학습자와 교수로부터의 시의적절한 피드백은 수업의 질을 결정짓는 주요 요인이라고 하였다. 연구결과는 학습자들은 교수자가 학습자와 빈번한 접촉을 활발히 할 때, 적극적인 학습전략을 사용하고 높은 기대감을 나타낼 때, 과제에 대한 시간엄수, 신속한 피드백을 제공할 때 온라인 코스에 대해 긍정적으로 인식하는 것으로 나타났다.

온라인 코스를 선택하는 주요 이유

이전 연구에서 언급되었던 융통성, 편이성, 접근성과 학습 강화는 온라인 코스를 선택하는 주요 이유였다. 본 연구에서 얻은 결과는 응답자의 12%가 온라인 코스가 가지는 중요 측면을 편이성이라고 인식하였다는 것이다. 특히 "매우 바쁜 학습자와 캠퍼스에서 수업을 듣지 못하는 상황에 처한 학습자"를 위해서 좋은 방법이라고 하였다. 학습자들은 온라인 코스가 제공하는 편이성으로 그들이 교실에 앉아 수업에 참여하는 것보다 더 자주 코스를 방문할 수 있다는 점" 뿐 아니라 그들이 "24시간 자료에 접근"할 수 있고 "과제를 교실 밖에서도 볼 수 있다"는 점, 그리고 "일이나 집을 떠나는 일 없이 수업에 참여할 수 있다"는 점을 들었다. 따라서 본 연구는 온라인 코스의 편이성이 매우 중요한 측면이라고 결론지었다. 본 연구에서 응답자의 62%가 WebCT 활용의 용이성이 그들 학습에 있어 중요한 측면이라고 대답하였으며 응답자의 6%는 WebCT의 이전 버전이 사용하기에 쉽다고 하였는데 더 이전의 버전이 사용에 명확하고 간결하다고 대답하였다. 온라인 코스에 대한 학습자들의 부정적인 인식은 종종 컴퓨터의 접근성에 기인한다(McMahon, Gardner, Gray & Mulhern, 1999). 집에 컴퓨터를 가지고 있지 않은 학습자들은 컴퓨터 랩실을 방문하기 위해 추가적인 시간이 필요하다. 비록 컴퓨터에 대한 접근성이 그 당시로서는 중요한 문제이긴 했지만 본 연구에서는 응답자의 오직 15%만이 수업 질에 대한 중요한 측면으로써 수업 자료에 대한 접근성을 말했다. 본 연구결과에서 나온 다른 측면에는 교수자와 함께 할 수 있는 시간, 콘텐츠의 질, 교수자의 인성과 같은 것들이 포함되었다.

미래 동향

인터넷과 웹은 코스를 가르치기 위한 세계적인 집회장소를 제공한다. 예를 들어, 학습자는 언제든 원하는 자료를 검색할 수 있는 우수한 백과사전을 가지고 있다고 할 수 있다. 코스 자료는 역동적으로 업데이트되고 몇몇 관련된 자원들을 연결할 수 있다. 코스 텍스트, 예제, 연습문제들은 즉각적으로 그래픽과 함께 같은 설명을 하고 매개변수를 변화시켜 결과를 보여주며 학습자의 흥미에 따라 다른 웹사이트로 연결시켜 준다는 점에서 상호작용적이다. 웹 기반 학습 환경 또는 모형은 본질적으로 장소와 시간의 제한에서 자유롭기 때문에 흩어져 있는 성인 학습자와 비전통적인 학습자들까지 포함할 수 있다. 게다가 웹 기반 학습 모형은 학습자들에게 교실 모형에서는 결코 가능하지 않은 정보와의 연결을 제공한다. 다양한 형식으로 세계 곳곳에 흩어져 있는 정보와의 연결 가능성은 학습을 위한 풍부한 매체를 놀랄 만큼 만들어 내었다. 웹 기반 코스웨어는 단지 원래의 코스 자료의 전자적인 복사품이 아니다. 그것은 효과적이고 즐길 수 있는 학습과정을 만들기 위하여 새로운 웹 기술과 멀티미디어 기술의 이점을 최대한 활용하는 새로운 유형의 교육자료이다(Michael & Tait, 2002). 즉, 복잡한 개념들이 혁신적인 방법과 성인 학습자를 포함하며 그들을 학습과정에 통합시키는 방법으로 소개되었다. 활용할 수 있는 방대한 자원과의 연결은 원격교육에서 온라인 코스에 대한 가치를 높여 주었다. 웹 기반 코스는 역동적으로 자원을 끌어내도록 계획되어 성인 학습자와 비형식적인 학습자, 교수자 모두에게 혜택이라는 것을 입증하였다.

본 연구에 비추어볼 때 웹 기반 코스의 설계는 영화제작사에서 영화를 만드는 것과 같은 다방면적인 과정이다. 즉 다시 말해 전형적으로 교수 혼자서 개발되는 전통적인 수업과는 반대로 웹 기반 코스는 상호보완적인 기술을 가진 전문가 팀의 노력을 통해 개발된다. 설계자와 교수자는 다음 세대를 위해 질적 수준이 높은 온라인 학습 코스를 만들기 위해서는 설계, 유용성, 상호작용의 원리를 마음에 두어야 한다.

현재 풍부한 웹과 멀티미디어 기술은 전자적인 코스웨어 개발과 만났을 때 무한한 창의성을 가진다. 이것은 교육자들에게 흥미 있는 코스자료를 개발하기 위한 새로운 기회를 제공하는 반면 새로운 테크놀로지에 근거하여 그들 자신의 코스를 제공할 것을 다시금 생각하게 한다는 점에서는 실질적으로 도전이다. 성인 학습자와 비형식적인 학습자 집단을 위해 최선의 서비스를 제공하기 위하여 교수설계자, 교수자, 코스 행정가는 온라인과 웹 기반 코스에 대한 효과적인 코스 설계와 커뮤니케이션 전략을 적극적으로 살펴보아야 할 것이다. 대학과 다른 교육기관들은 단지 재정적인 자원과 하드웨어, 소프트웨어를 확보하는 것으로 충분치 않고 근본적으로 교수자들이 온라인 코스를 통해 성인 학습자 또는 비형식적인 학습자에게 학습경험을 효과적으로 가르치고 그들을 참여시키며 학습을 확장시키고 증진시키기 위한 준비를 해야 한다.

미래는 성인 학습집단과 비형식적인 학습자 집단을 위해 효과적이고 효율적인 온라인 코스를 설계하는 데 있어 교수자 훈련과 개발이 수반되어야 한다. 이러한 경향은 특히 성인 학습자 또는 비형식적인 학습자를 위해 온라인 코스와 이러닝 훈련 코스를 제공하는 많은 주요 연구기관에서 볼 수 있다. 교수자가 학습자와의 상호작용, 온라인 콘텐츠 및 자료와의 상호작용 그리고 설계와 웹 구조의 미적인 측면, 긍정적이고 유용한 피드백, 커뮤니케이션, 코스 내용 자료와 웹사이트의 유용성을 고려하여 효과적인 온라인 코스 설계를 준비함으로써 학습자들은 온라인 코스의 질에 대한 긍정적인 견해를 갖게 될 것이다. 온라인 환경에서 효과적인 학습을 위해 도움이 되는 환경을 육성하기 위하여 우리는 Marsh와 Roche(1997)에 의해 논의된 수업 질에 영향을 미치는 요인들에 관심을 기울일 필요가 있다. 그런 연구는 미래에도 매우 유망하고 촉진되어야 한다고 생각한다. 효과적이고 체제적인 교수설계, 미적인 면을 고려한 효과적인 설계, 커뮤니케이션 구조에 대한 설계, 그리고 온라인 코스에서 내용과 자료에 대한 개방된 접근에 대한 유용성, 특히 성인 학습자와 비형식적인 환경에서 공부하는 학습자에 대한 많은 논의가 있다. 이런 주제는 정밀한 조사하에 온라인 학습의 다른 측면에 대해서도 반복적으로 조사되어야 할 것이다. 우리는 설계와 전달에서 최적의 질을 얻기 위한 지식은 많이 알고 있지만 코스 내용에 대한 수업의 질을 규정짓고 측정하는 것은 더 어렵다. 이것은 우리가 이 문제에 대해 더 많이 논의할수록 더 많은 전략, 과정, 절차들이 개발될 것이기 때문이다.

요약 및 결론

본 연구로부터 얻은 결과는 미적인 웹 설계와 코스 정보의 접근용이성은 온라인과 웹 기반 코스의 수업 질에 영향을 미치는 주요 요인이라는 것을 명확히 보여주었다. 설문 결과는 웹 기반 학습환경은 학습자들이 그들의 학습과정에 더 많이 참여할 수 있도록 하고 문제해결력뿐 아니라 비판적이고 창의적인 사고력을 길러준다는 점을 보여준다. 더 나아가 수업설계과정과 코스 웹사이트의 효과적인 설계를 고수함으로써 학습자들은 커뮤니케이션, 팀웍, 협동심, 그리고 시간관리와 같은 학습기술 개발을 배워나갈 수 있다는 것을 밝히고 있다. 이것은 학습자들이 학습결과에 대한 주인의식을 갖도록 도와줄 뿐 아니라 온라인 웹 기반 코스 환경에 대한 통제권을 가지도록 돕는다. 온라인 코스에서 웹 기반의 도구와 온라인의 활용은 학습자들이 그들의 경험을 가치 있고 보람 있게 만들면서 그들의 수업을 혁신적인 방법으로 수행하도록 한다. 실제적인 면에서 볼 때 본 연구는 교수설계자, 교육자, 훈련자들에게 온라인 코스의 수업 질에 영향을 미치는 여러 측면에 대한 필요한 정보를 제공할 뿐 아니라 교육적 테크놀로지를 가지고 가르칠 수 있도록 혁신적인 접근을 제공하고 있다.

원격교육에서 온라인과 웹 기반 학습환경은 성인학습집단과 비형식적인 학습집단의 요구와 만나고 있다. 다양한 장소까지 도달할 수 있는 인터넷과 웹 기반 테크놀로지의 진보로 다양한 프로그램이 세계 각 곳을 통해 학습자들에게 제공될 수 있다. 수업의 질과 효과적인 온라인 코스의 설계는 참여자들 및 교수자과 학습자들 간 교환되는 지식의 양만큼이나 증가될 것이다. 그러나 웹 기반과 온라인 코스 수업의 질은 성인 학습자 또는 비형식적인 학습자의 성공에 결정적이라는 점을 이해해야 한다. 다양한 교수설계 원리, 웹 설계 개념, 그리고 핵심적인 학습스캐폴딩 모형의 활용을 통해서 교수자들은 모든 학습자들에게 적극적이고 역동적인 학습환경을 육성하는 다각적인 교수 경로를 통합할 수 있어야 한다.

전반적으로 본 프로젝트에서 얻어진 결과는 긍정적이고 고무할 만하다. 학습자들은 일반적으로 온라인과 웹 기반 학습환경을 즐겁게 생각했다. 그럼에도 불구하고 그들은 온라인 코스의 수업 질에 영향을 미치는 결정적인 요인들을 지적하였다. 본 연구에서 조사된 연구는 온라인 웹 기반 코스를 통해 성공적인 학습결과 및 수업의 질과 관련된 요인들이 무엇인지 교육자들에게 정보를 제공한다. 이런 코스 설계와 학습방법은 학습자들이 그들의 학습과정에 적극적으로 참여하게 한다. 즉 일관성있고 역동적인 웹 기반의 교육적 학습환경일수록 교수와 학습의 질의 증진을 이끌어 낸다. 이 사례연구는 온라인 원격학습 프로그램에서 성인 학습자의 수업 질에 영향을 미치는 요인들을 설명하고

자 하였고 온라인 수업을 위한 주요 전략과 이런 유형의 교육을 둘러싼 문제들을 설명하고자 하였다. 이러한 새로운 교육적 접근을 이해하는 것은 성공적인 온라인 코스를 전달하고 만들어 내기 위해 애쓰는 교수설계자와 교육자에게 도움이 될 것이다.

참고문헌

Anderson, T., & Joerg, W. (1996). WWW to support classroom teaching. *Canadian Journal of Education Communication, 25*(1), 19-36.

Brush, R. O. (2001). Effective Web design and core communication issues: The mission components in Web-based distance education. *Journal of Educational Multimedia and Hypermedia, 10*(4), 357-367.

Cedefop. (2002). *Joint Cedefop-European Comission study on e-learning in SMEs.* Brussel: CiRN.

Chickering, A., & Ehrmann, S. (1996). *Implementingthe seven principles: Technology as lever.* Retrieved August 13, 2006, from http://www.tltgroup.org/programs/seven.html

Daugherty, M., & Funke, B. L. (1998). University faculty and student perceptions of Web-based instruction. *Journal of Distance Education, 13*(1), 21-39.

Dick, W., Carey, L., & Carey, J. O. (2001). *The systematic design of instruction.* Boston: Addison-Wesley Educational Publishers, Inc.

Hara, N., & Kling, R. (2000). Students' frustrations with a Web-based distance education course. *First Monday, 4*(12). Retrieved August 13, 2006, from http://firstmonday.org/issues/issue4_12/hara/index.html

Holmes, P. (2000). *Online and just in time: The change implications of implementing a strategy to use technology in the delivery of learning solutions in a large organization* (5th ed.). New York: Addison-Wesley Longman. Retrieved August 13, 2006, from http://www.t2b.com/au/resources/Final-Project-Paper.pdf instruction.

Jiang, M. (1998). *Distance learning in a Web-based environment: An analysis of ftwtors influencing students' perceptions of online learning.* Unpublished doctoral dissertation, State University of New York, Albany, NY.

Khan, B. (1997). *Web-based instruction.* Englewood Cliffs, NJ: Educational Technology Press.

Knowles, M., Holton, E., & Swanson, R., (2005). *The adult learner: The definitive classic on adult education and resources development.* Burlington, MA: Butterworth-Fleinermann.

Marsh, H. W. (1982). SEEQ: A reliable, valid and useful instrument for collecting students' evaluations of university teaching. *British Journal of Educational Psychology, 52,* 77-95.

Marsh, H. W. (1987). Student's evaluations of university teaching: Research findings, methodological issues, and directions for future research. *International Journal of Educational Research, 11,* 253-388.

Marsh, H. W. (1997). *Student' evaluations of educational quality (SEEQ): An overview.* Cambelltown, New South Wales: University of Western Sydney.

Marsh, H. W., & Roche, L. A. (1997). Making students' evaluations of teaching effectiveness effective: The critical issues of valid ity, bias, and utility. *American Psychologist, 52*(11), 1187-1197.

McIssac, M. S., Blosher, J. M., Mahes, V., & Charalombos, V. (1999, June). Student teacher perceptions of interaction in online computer-mediated communication. *Education Media International, 39*(2), 121-131.

McMahon, J., Gardner, J., Gray, C., & Mulhern, G. (1999). Barriers to computer usage: Staff and student perceptions. *Journal of Computer Assisted Learning, 15,* 302.

Michael, M. M., & Tait, A., (2002). *Open and distance learning: Trends, policies, and sfrategy consideration.* Paris: United Nations Educational, Scientific, and Cultural Organization.

Morss, D. A. (1999). A study of student perspectives on Web-based learning: WebCT the classroom. *Internet Research: Electronic Networking Applications and Policy, 9*(5), 393-408.

Polloff, R. M., & Pratt, K. (2001). *Lessons from the cyberspace classroom.* San Francisco: Jossey-Bass.

Ryan, R. C., & Kasturi, S. (2002). Instructional design and use of interactive online construction exercises. In *ASC Proceedings of the 38th Annual Conference* (pp. 61-70). Blacksburg, VA: Virginia Polytechnic Institute and State University.

Schrum, L. (1998). On-tine education: A study of emerging pedagogy. *New Directions for Adult and Continuing Education, 78,* 53-61.

Schwier, R. A. (2001). Catalysts, emphases, and elements of virtual learning coinmunities. Implications for research and practice. *The Quarterly Review of Distance Education, 2*(1), 5-18.

부록: 용어와 개념 정의

활동학습

학습자들이 강의를 통해 수동적으로 정보를 흡수하기보다는 학습과정에 적극적으로 참여할 수 있는 과정과 원리들의 집합체이다. 활동학습에는 문제해결 과정에서 읽기, 쓰기, 토론, 참여를 포함하여 분석, 종합, 평가하는 활동이 포함된다. 활동학습은 또한 협력학습으로도 알려져 있다. 더 많은 정보를 위해서는 성인학습이론과 원리를 참고하라.

성인학습이론과 원리

Knowles, Holton, Swanson(2005)에 의해 개발된 원리들의 집합체로 교육/학습 상황에서 성인에 대한 교수(teaching)와 학습(learning)을 안내한다. 성인학습 원리는 다음과 같은 가정을 가진다.

- 성인 학습자들은 그들이 왜 학습하고 있는지를 알아야 할 필요가 있다. 측정되고 평가될 수 있는 구체적인 목적과 목표가 반드시 있어야 한다. 교수자는 수업과 수업자료가 학습자들이 자신의 목적을 달성하는 데 어떻게 도움이 될 수 있는지를 반드시 보여주어야 한다.
- 성인 학습자들은 자신의 학습과 학습환경에 대하여 자기주도적이고 자율적이 되어야 한다.
- 성인 학습자들은 일과 관련된 경험을 그들의 학습상황으로 가져온다. 성인 학습자가 학습할 학습내용은 그들에게 가치 있고 관련성이 있으며 유용해야 한다. 이러한 지식은 성인 학습자가 가진 삶의 경험 및 지식과 연관성을 가지게 된다.
- 성인 학습자들은 문제중심의 접근법을 가지고 학습을 경험한다. 교수자는 성인 학습자가 학습과정에 참여할 수 있도록 독려하고 그들의 학습을 촉진하는 역할을 해야 한다.
- 성인 학습자들은 외적, 내적 동기 모두에 의해 학습에 대한 동기를 가진다.

성인학습이론은 특히 온라인 원격학습 프로그램 개발 시 중요하게 고려되는데 왜냐하면 많은 프로그램의 대상이 성인들이고 그들 대부분은 정식 교육 환경에서 교육을 받지 못했기 때문이다.

앤드라고지

학습자 중심(예를 들어 학생의 요구와 필요가 교수과정의 중심이 되는 것), 자기주도학습(예를 들어 전통적인 교육상황보다 학습에 대한 책임이 학생에게 더 많이 부여되는 것), 인본주의 철학(예를 들어 인간성의 개발이 교육의 핵심이라고 여기는 것)으로 특징지어진다. 활동학습, 촉진적 학습(facilitated learning), 자기주도학습, 인본주의, 비판적 사고력, 경험학습, 전환학습과 같은 것이 포함된다.

원격교육

교수(teaching)의 전 부분 혹은 중요한 부분이 학습자와 시공간적으로 분리되어 사람이나 어떤 장치에 의해 수행되는 교육과정과 체제를 말한다. 원격교육은 구조화된 계획, 잘 설계된 코스, 특별한 교수기술, 전자적이거나 다른 테크놀로지에 의한 커뮤니케이션 방법뿐 아니라 특별한 조직과 행정 관리가 요구된다. 원격교육은 또한 학습자가 교수자와 물리적으로 분리된 장소에서 공부하는 것이 가능하도록 하는 테크놀로지와 관련되어 정의되기도 한다. 전형적인 원격교육 환경에는 비디오, 데이터, 인쇄물, 음성 기술이 포함된다.

원격학습

학습자들이 분배된 학습자원에 접속하여 학습하는 체제와 과정을 말한다. 원격학습은 매우 다양한 형태를 취하고 있긴 하지만 모두 다음과 같은 특성을 지닌다. (1) 교수자와 학습자, 학습자 간, 또는 학습자와 학습자원 간 시간과 공간의 분리, (2) 학습자와 교수자, 학습자 간, 학습자와 하나 혹은 하나 이상의 매체를 활용하는 학습자원 간의 상호작용. 다시 말해 전자적인 매체의 사용이 필수적으로 요구되는 것은 아니다.

교수설계

교수체제설계가 학습요구를 분석하고 수업에 대한 체제적인 개발을 하는 것으로 알려진 것과 같다. 교수설계자들은 수업 개발을 위한 방법으로서 교수기술을 활용한다. 교수설계모형은 수업방법을 구체화하는 것으로 이는 수업을 받아들이는 자들이 지식, 기술, 태도를 전이하는 것을 촉진한다.

수업 질

교실에서 이루어지는 교수자와 학습자 간 상호작용, 교수자로부터 학습자로의 지식 전수 혹은 학습과정에서의 자기 동기화(self-motivated)를 촉진시키도록 의도된 상호작용의 질을 말한다. Marsh(1982, 1987, 1997)와 Marsh와 Roche(1997)는 수업 질을 교수의 효과성으로 설명하였다. Marsh의 교수방법은 9가지의 구성요인을 포함한다. 학습, 열정, 조직, 집단 상호작용, 동질감, 폭넓음, 시험, 과제, 학업량이 그것이다.

학습공동체

활동학습, 협력, 소속감, 공유된 의사결정, 민주주의적인 참여의 감정에 의해 특징지어지는 교실 수업과 민주주의의 이상에 근거한 조직에 대한 접근방법이다. 학습공동체는 학습자와 그들의 교수자들이 목적이 있고 일관성이 있으며 통합된 학습 환경을 함께 경험하는 코스이며 통합교과과정의 성격을 지니는 코스이다.

학습관리시스템(LMS)

LMS는 구체적인 학습과정을 계획하고 수행하며 평가하기 위해 사용하는 웹 기반 기술 또는 응용 소프트웨어이다. 전형적으로 학습관리시스템은 교수자에게 콘텐츠를 만들고 전달하며 학습자의 참여를 모니터링하는 방법과 학습자 수행을 평가할 수 있는 방법을 제공한다. 학습관리시스템은 학습자들에게 토론방, 비디오 컨퍼런스, 게시판과 같은 것을 통해 상호작용하는 능력을 제공한다. 미국 국방성에 의해 지원된 진보된 원격학습 집단(Advanced Distance Learning group)은 학습관리시스템의 표준화를 위해 공유된 콘텐츠 객체 지향 모델(SCORM)을 만들어 내었다.

온라인 학습

수업과 상호작용이 인터넷과 월드 와이드 웹에서 활용가능한 기술에 우선적으로 근거하여 이루지는 학습형태이다. 웹 코스에 등록한 학습자들은 인터넷 기반으로 이루어지는 커뮤니케이션을 통해 교수자와 다른 학습자들과 상호작용한다. 더 많은 정보를 위해서는 웹 기반 수업을 참고하라.

인식

세상의 사물을 보고, 듣고, 맛보고, 냄새맡거나 느끼기 위해 감각 정보를 얻고 처리하는 것을 말한다. 즉 세상의 사물에 대하여 유기체의 행동을 안내하는 것을 의미한다. 인식이란 사물과 사건에 대한 의식적인 인식(awareness)이다.

웹 기반 수업

정보전달 방법에서 우선적으로 웹을 활용하는 컴퓨터 기반 수업의 형태이다. 일반적으로 필요한 교재와 다른 자료뿐만 아니라 교수자와의 상호작용도 코스 웹사이트를 통해 제공된다. 온라인 코스와 웹 기반 수업이라는 용어는 WBT에서 상호보완적으로 쓰인다.

제14장

평생학습과 온라인 교육:
미래교육의 역량을 위한 새로운 프레임워크

Marianthi Karatza, Bank of Cypress, Greece
Argiris Tzikopoulos, University of Athens, Greece
Niki Phillips, Bank of Cyprus, Greece

요약

이 장에서는 교육담당자(educator)의 측면에서 평생학습과 온라인 학습의 효과성을 탐색하였다. 온라인 학습이나 온라인 교육이 유연성(flexibility)을 중심으로 하는 새로운 맥락에서 이해되는 것과 마찬가지로, 평생학습과 평생교육에서도 유연성은 핵심적 요구가 되고 있다. 이와 같은 프레임워크 내에서 연구자들은 조직(organization), 학습자, 교육담당자들이 직면하고 있는 새로운 가능성과 함께 도전해야 할 문제를 발견하였다. 이에 변화하는 새로운 환경에서 효과적으로 업무를 수행하고 학습자를 지원할 수 있는 교육담당자의 역할을 묘사하고자 하였다. 본 보고서는 조직 내에 이미 존재하거나 또는 향후 등장하게 될 새로운 학습환경에서 학습과 지식관리에 관한 요구가 지속적으로 증가되는 것과 마찬가지로 자신들의 전문성을 발휘해야 하는 교육담당자에게 요구되는 역량 프레임워크를 포함하고 있다. 연구의 목적을 달성하기 위하여 구체적인 사례연구를 제시하였으며 이는 온라인 시스템이 금융조직 내의 학습을 지원하기 위해 시행될 수 있는 하나의 방법으로 고려될 수 있다.

도입

그간 평생학습은 학문영역과 정책분야에서 중요한 논쟁의 핵심이 되어왔으며 이것은 결코 우연한 일이 아니다. 평생학습이라는 용어는 지식기반사회로 특정화되는 우리 사회의 지속적인 지식의 획득과 향상에 대한 요구를 반영하고 있다. 또한 이 용어는 새롭게 등장한 융통적 학습방법이 기존의 낡고 전통적인 교육방법을 점진적으로 대체하고 있음을 의미한다(Jarvis, 2001). *국제화*와 *경쟁력* 측면에서, 이제는 인적 자원의 역량을 지속적으로 향상시켜야 한다는 모든 국가의 요구를 무시할 수 없게 되었고(DFEE, 1998; Griffin, 2004) 이와 같은 맥락에서 교육을 담당하는 전문가(practitioner)의 역할은 변화하고 있다. 즉, 개인의 학습(work)은 교육환경과 무관하게 이루어지고 있으며, 다수의 학습자에게 지식을 제공하던 전통적인 교사의 역할로부터 멀어지고 있는 것이다. 이에 따라 교육담당자의 역할은 교육이 이루어지는 모든 상황에서 변화되고 있으며 다수의 학습자를 대상으로 지식을 전수하던 전통적인 교사의 역할은 이미 사라지고 있다. 이러한 교육담당자의 역할은 학습집단 내에서 시행해야 하는 여타의 업무와 마찬가지로(Rogers, 2002) 개인들이 평생학습을 시도하도록 지원하는 능력이라는 의미로 변하고 있다(Comford, 2002).

이러한 변화에 영향을 끼친 다른 측면의 요인은 정보와 커뮤니케이션 테크놀로지(ICT)의 급속한 성장이다. 이미 ICT는 일상생활의 중요한 요소가 되었으므로 교수자 · 훈련담당자들은 학습자들이 교육매체로서 ICT를 원활히 사용할 수 있도록 도와야 한다(Huysman & Gerrits, 1998). 또한 ICT는 다양한 방법을 통해 개별화된 교육요구를 지원하는 가능성과 수단을 제공할 수 있다(Karatza, Phillips, & Apostolakis, 2005a; Kirkpatrick & McLaughlan, 2000; Stites, Hopery, & Ginsburg, 1998). ICT의 성장 및 교수-학습과의 연관성을 고려해볼 때, ICT는 기대하는 모든 교육훈련에 적용될 수 있을 것이라고 믿는 사람들이 있다. 즉 ICT의 도입이 모든 교육의 과정과 수행을 향상시킬 수 있다는 것이다(Tucker & Cordani, 1998). 반면 ICT를 도입하는 것은 교육의 발전을 위한 궁극적인 변화가 아니므로 신중하게 다루어야 한다고 믿는 사람들도 있다(Tsolakidis, 2004). Mayes(2002)에 따르면 새로운 테크놀로지의 파워와 잠재성이 새로운 방법을 가능하게 하는 수단이 될 수는 있으나 과거의 경험에 비추어 보면 새로운 테크놀로지가 교육의 변화를 이끄는 필수적 요인이 아니었다는 등의 논쟁이 이루어지고 있음을 밝히고 있다.

그러나 ICT를 사용하여 교육을 변화시키고자 하는 기대가 점차 확대됨에 따라 여러 관계자(contributor)와 벤더(vendor)의 참여로 인하여 복잡한 환경이 창출되고 있다. 또한 테크놀로지 애플리케이션이 교육의 분석과 평가에 운용되는 강력한 역할이 주어질 경우, 교육의 중요성과 성인교육의 원리를 과소평가할 위험이 예상된다(Thorpe, 2005). Mayes(2002)의 주장에 의하면 "교육에 실제 영향을 미치는 테크놀로지가 실패한 이유는 학습에 대해 널리 퍼진 오해에서 비롯되었는데 이것은 학습자에게 정보가 제시되는 방법이 어쨌든 모두 중요하다고 하는 설득력 있는 아이디어들이었다."는 것이다(p.164).

그간 많은 비용이 투자되었음에도 불구하고 결과가 빈약한 여러 이러닝 시스템이 생산된 후(Paulsen, 2003) 온라인 교육의 *효과성*, *교수법*, *수용성*, *질*과 관련한 관심이 높아졌다. 예를 들면 온라인 공동체가 웹(semantic web)과 같은 새로운 상황과 결합하면서 온라인 학습의 질 향상과 관련한 열성적인 토론이 시작되었다. 비록 전 세계의 여러 연구기관으로부터 중요한 연구와 작업이 이루어지고 있지만 현재까지도 성공적인 온라인 프로그램을 결정하는 핵심 요소에 대해 여전히 많은 의문이 있다.

이상의 상황을 고려하여 이 장의 목적은 교수자 · 훈련담당자가 핵심 역할을 담당해야 할 새로운 온라인 환경에 대한 분석을 제공하는 것이다. 학습이 이루어지기 위해서는 지속적으로 지원되는 새로운 환경을 확인하고 이해하는 것이 중요하므로 궁극적으로 교수자의 역할은 학습자가 *학습*, *지식*, *연습*이 지속적으로 요구되는 새로운 학습환경에 익숙해지도록 돕는 것이기 때문이다. 다시 말해 이 장에서는 이러닝 관련 용어를 새롭게 정의하고 개인들이 *학습*, *교육*, *훈련*환경을 정의하는 맥락을 소개한다. 그리고 앞서 언급한 상황이나 프레임워크 형태에 대한 가능성과 도전을 실험한다. 이어서 온라인 시스템이 인적 자원의 지속적인 개발을 고양하는 방법이라는 점에 초점을 두고 금융기관의 사례를 제시한다. 사례연구에서 제시된 시스템은 훈련요구를 담보하도록 제공된 융통적인 방법의 증거로서 사용되었다. 마지막으로 우리는 교수자가 개발하고 획득해야 하는 역량의 프레임워크를 제공한다. 본 연구의 궁극적인 목적은 교육담당자가 업무를 수행하는 데 필요한 역량, 특히 지식사회를 형성하는 새로운 학습환경에서 학습자를 지원하기 위해 요구되는 것들을 탐구하는 것이다.

학습에 대한 새로운 정의: 평생학습과 온라인 교육

평생학습이라는 용어는 지난 몇 년 동안 그 의미와 함께 폭넓게 적용되어야 하는 이유에 대해 지속적으로 언급되어 왔다. 이는 평생학습이 *학습, 교육, 훈련*과 관련한 새로운 프레임워크를 형성하는 데 기여하는 여러 가지 요소들을 포함하고 있기 때문이다. 이 장에서는 현 지식사회의 맥락을 정의하는 주요한 지침을 확인하고자 한다. 따라서 연구분야 및 관련 정책을 비롯한 평생학습과 연관된 다양한 분야를 조사하고 최종적으로 실행결과를 산출함으로써 "온라인 학습"과 "평생학습"이 효과적으로 결합할 수 있는 방법을 모색하였다.

대부분 평생학습에 관한 정책 보고서는 '개인들이 학습할 수 있도록 더 많은 기회를 제공해야 할 것'이라는 평가에 대해 매우 긍정적인 내용을 다루고 있다. 지난 2001년 유럽위원회(European Commission)의 보고서인 *Making a European Area of Lifelong Learning a Reality*에 따르면, 사회에 속한 개인들, 그리고 그들이 보유하고 있는 지식과 역량이 유럽의 미래라는 것을 확인할 수 있다. 특히 "평생학습은 개인으로서, 시민으로서, 사회적, 전문인으로서의 영역의 폭넓은 분야를 담보하는 생애 전반에 걸친 활동"(European Commission, 2001, p.9)이라고 언급하고 있다. 이렇듯 이 위원회의 목표는 대중의 *지식, 기능*, 그리고 특히 *역량*을 향상시키는 것이다. 이 보고서에서 제시하고 있는 프레임워크는 세계화(globalization), 인구의 변화, 디지털 테크놀로지, 환경위기 등 4개의 범주로 구성되어 있으며, 평생학습에 대한 요구를 규정하고 이 같은 내용을 전달하기 위한 방법의 주요 요소를 담고 있다. 한편 교육을 향한 새로운 접근의 필요성 또한 이 보고서에서 확인할 수 있는데 새로운 접근의 핵심 이슈는 "학습자 그리고 평등한 학습기회의 제공"에 초점이 맞추어져 있다(European Commission, 2001, p.9). 그러나 Field(1997)는 이 보고서에 대해 "핵심 이슈 안에 어떤 구체적인 제안도 없고 기본적으로 평생학습의 중요성이 *고용과 경제*의 관점에서 기술되었다" 고 언급하고 있다. 따라서 이 보고서가 정부에 제출될 경우 국가의 정책은 평생학습에 대해 편협한 안목을 갖게 될 것이다.

예를 들어 교육기술부의 보고서인 *21st Century's Skill : Realizing Our Potential*의 중심 내용은 글로벌 경제의 요구에 부합하는 유연한 노동력을 요구(DFES, 2003. p.22)하는 데 초점을 두고 있다. 그 보고서에는 "사람들이 더 잘 배우고 훈련이 되면 그들은 일터와 그 외의 장소에서 더 많은 경제력을 획득할 수 있는 기회와 자신의 재능을 활용할 수 있는 기회를 갖게 될 것" (DFES, 2003. p.18)이라는 내용을 포함하고 있다. 물론 이러한 진술은 평생학습이 사람들이 삶의 질을 향상하도록 돕는다는 것을 지적한다. 그럼에도 불구하고 이 정책보고서는 교육의 핵심 역할이 경영자에게 주어지고 있으며 그들의 요구를 따르고 있다(DFES, 2003, p.21). 그러므로 여기에서 발생하는 의문점은 평생학습이 사회적 통제도구로 전환할 위험이 증가하고, 사회적 합의, 시민의식 그리고 선택할 권리를 거부당하는 것이 아닌가 하는 것이다(Coffield, 2002; Open University, 2002). 이처럼 평생학습은 개혁을 위한 기초에 있기보다는 기존의 통제구조와 관심 안에 포섭되는 위험에 처해 있다(Eraut, 1997). 그러나 현 시점에서 비록 정책적 논의가 지속적으로 유지되기 어렵고 *국가의 경쟁력*과 *사회적 합의*를 요구하는 다양한 이익집단들로부터 지원을 이끌어 내는 일관된 시각을 갖는 것이 어렵다 하더라도(Edward, Raggat, Harrison, McCollum, & Calder, 1998), 국가 경쟁력 제고를 위한 전략으로서 평생학습을 제안하는 것은 가장 강력한 지지를 받고 있다(Ashton & Green, 1996).

많은 연구자들에 따르면 교육(education)이나 훈련(training)을 대신하여 평생학습이라는 용어를 사용한다는 사실은 학습자에게 교수-학습의 중심역할을 부여하고 개인들은 각자의 학습경로를 창출하기 위해 적절하게 시도해야 한다는 새로운 관점과 관련이 있다(e.g., Field, 2002; Kokkos, 2005a). 예를 들어, Edwards와 그의 동료들(1988)은 현대 사회의 평생학습 맥락에서 이상적인 학습자를 독자적인 고객(autonomous customer)으로 묘사하였으며, 이들은 개인적으로 요구하는 수준에 부합하는 모듈방식의 교육과정을 통해 개별화된 학습경로를 구성한다고 한다. 비록 이러한 묘사가 교육의 개별화와 개인들의 삶을 설계하는 데 도움이 될지라도 학습기회에 대한 불평등을 개선하는 데는 여전히 아무런 힘을 발휘하지 못한다(Keep, 1997). 실제로 교육 프로그램을 제공해야 하는 교육기관에 대한 지원금은 줄어들고 교육비용을 학습자 개인이 부담해야 하는 상황이 증가하고 있다. 이것은 많은 연구자들과 전문가들이 어떻게 *개별화*된 교육을 시행해야 하는가에 대한 지침을 명확히 해야 하는 하나의 사례에 불과하다(Kokkos, 2005a). 이러한 불안정한 프레임워크에서 평생학습이 지향해야 하는 목적을 생각할 때 정책입안자, 교육담당자, 연구자들은 온라인 학습 또는 온라인 교육이 우리에게 주는 의미에 대해 관심을 가져야 한다.

이 장에서는 이러닝, 컴퓨터 기반학습, 컴퓨터 보조학습, 웹기반 교육, 가상교육 등이 같은 의미로 사용된다. 온라인 학습과 이러닝을 구별하는 차이는 네트워크이다. 온라인 학습은 전자적 형태의 정보를 사용하는 것뿐만 아니라 네트워크의 이점을 바탕으로 지식과 교육과정을 전달하는 것을 일컫는다. 이것은 학습자가 학습 과정과 상호작용하고 그들이 이미 알고 있는 것 그리고 구체적으로 공동체가 개발한 규칙에 기초하여 실행한 것에 대해 토론하는 것을 가능하게 하는 동시적이거나 비동시적인 커넥션(연결망)이 있다는 것을 의미한다(Wenger, 1998, 2001). 이러한 규칙은 협력을 하는 과정에서 튜터와 공동체 내의 학습자가 함께 작성할 수 있다.

이 장에서 "온라인 학습" 또는 "온라인 교육"이라는 용어는 학습, 교육, 훈련분야에서 네트워크의 이용이라는 의미로 사용하고자 한다. 또한 이러닝이라는 용어를 언급할 때, 우리는 European Committee(2003)가 제공한 다음과 같은 정의를 따른다.

"이러닝은 원거리 교환과 협력과 같이 자원과, 서비스에 접근하는 것을 촉진하여 학습의 질을 향상하기 위해 새로운 멀티미디어와 인터넷을 사용하는 것이다." (para.7)

과거 수년간 이러닝 시스템을 창출하기 위해 다양한 방법들이 사용되어 왔다. 전문가 시스템을 비롯하여 멀티미디어, 시뮬레이션, 적응적 환경 등이 그 예이며 다양한 교수학습 환경에서 지속적으로 연구와 실험이 이루어지고 있다. 그것들의 일부는 학습과정을 향상하기 위해 교육도구로서 교실에서 사용되고 있고, 다른 것들은 주어진 주제를 학습하기 원하는 사람들에게 새로운 지식을 제공하는 독립적 프로그램으로서 활용되고 있다. Phillips(1998)에 따르면 이 분야의 신참자들은 교실에서 사용되는 전통적인 객관주의 접근을 취하고 컴퓨터에 관심을 두는 경향이 있다. 연구자들은 학습시스템의 효과성을 증진시키고 사용자들이 더 잘 학습하도록 돕는 특성을 발견하려는 노력을 기울이고 있으며 이러한 이유로 '인간-컴퓨터 상호작용'에 많은 관심과 논의가 집중되고 있다.

역사적으로 살펴보면, 이러닝의 발전은 4 단계로 구분할 수 있다. 첫째, 교수자 중심 훈련 시기(이전~1983년)이다. 이 기간 동안 교수자는 학습과정과 학습자원에 대해 책임을 갖고 있었고 실제적인 이러닝 상황은 아니었다. 둘째, 멀티미디어 시기(1984~1993년)로 독립적 애플리케이션의 생산에 초점을 두고 있다. 이 시대에는 정밀한 환경과 학습이 제시되는 방법이 중요해졌다. 셋째, 초기 웹 시기(1994~1999년)로 인터넷의 발전과 함께 시작되었다. 이 시기에 제공된 최초의 온라인 교육 애플리케이션은 커뮤니케이션의 증가와 시간과 장소의 어려움을 극복할 것이라는 희망을 갖게 되었다. 마지막 최근(1999~2005년) 시기는 차세대 웹이 개발되어 여러 온라인 교육기관에서 제공하는 온라인 코스를 완벽하게 개발하였고 다양한 목표와 기대가 이루어졌다(Leinonen, 2005).

많은 사례연구에 따르면, 지금까지 제공되어 온 온라인 교육은 일시적이고 성공적이지 못하며, 지속되지 않는 것으로 나타났다. Kruse(2003)는 이러닝 산업은 테크놀로지에 따른 과장된 순환에 의한 것이라고 주장하였다. 구체적으로 Kruse(2003)는 "…… 사실 이러닝이 번성한 기간(1995~2000년)이라는 것은 중요하고 야망 있는 프로젝트에 펀드가 주어졌던 결과에서 비롯된 것이다. 따라서 프로젝트가 종료된 기간(2000~2002년)에는 빈곤한 결과를 가져왔다. 그래서 블렌디드 러닝이나 이러닝 표준화 같은 새로운 아이디어들은 매우 중요하다."라고 주장하였다.

최근 많은 팀과 조직은 이러닝 시스템이 효과적이고 생산적이 되기 위해 가져야 하는 구체적인 속성과 관련된 지침을 설계자들에게 제공하기 위해 이러닝 표준화 개발에 주력하고 있다. 여러 조직들이 협력하여 표준화된 이러닝의 구체적인 내용을 개발하고 있고 ISO(International Standard Organization)와 같은 조직은 이러닝의 기준을 개정하고 있다(Apostolakis & Karatza, 2005). 이에 더하여 이미 시행된 시스템의 효과성을 다각도로 측정하기 위한 노력과 함께 이러닝 시스템의 질을 확보할 수 있도록 구체적인 요소를 확인하는 작업을 시도하고 있다. 최근 이러닝과 관련하여 폭넓게 인식되고 있는 핵심 이슈는 동기, 매력성, 학습의 질, 내용, 사용성이다. 이에 따라 자연스럽게 이러닝 시스템의 사용성, 사회성, 효과성과 관련한 문제가 현저하게 부상하고 있다. 연구자와 전문가들은 이러닝 시스템이 학습과 관련된 문제를 해결할 수 있는지 질문한다. 다시 말해 그들이 컴퓨터를 사용할 수 있는 사람과 그렇지 못한 사람 간에 새로운 장벽이 형성되는 것과 같이 새로운 테크놀로지에 접근하는 것과 관련된 문제를 이러닝 시스템이 해결할 수 있는지 그리고 학습시스템이 학습자의 고립을 증가시키는지에 대해 질문한다.

Nascimbeni(2005)는 우리가 관심을 가져야 하는 몇 가지의 다른 차원의 접근과 ICT가 제공하는 몇 가지 해결방법을 제시하고 있다.

1. 학습에 대한 정보의 접근: 공식적, 비공식적 방법을 통해 가능한 기회로 정보에의 접근을 의미
2. 교수(teaching)에 접근: 전통적인 교실기반 학습으로 고려되는 것에 대한 접근을 의미
3. 구조기반에 대한 접근: ICT, 학습자원, 인터넷에의 접근을 의미
4. 학습촉진에 대한 접근: 형식적, 비형식적, 무형식적 학습에 대한 물리적 또는 가상의 접근을 의미
5. 학습촉매에 대한 접근: 안내, 상담, 오리엔테이션과 같은 서비스에 대한 접근에 대한 지칭
6. 학습지원에 대한 접근: 튜터링이나 멘토링과 같은 인적, 또는 도구에 대한 지원 서비스를 지칭
7. 학습동기에 대한 접근: 학습경험을 동기화하는 접근을 의미
8. 이러닝에 참여하는 데 요구되는 경제적 지원이라는 측면에서 지원금에 대한 접근

이상의 차원은 평생학습에 대한 요구와 ICT, 온라인 교육, 훈련, 서비스가 잠재적으로 강력하게 연계되어 있음을 나타낸다.

최근 이러닝에 관한 변화 중의 하나는 네트워크 기능을 개발하려는 새로운 아이디어의 등장이다. 새로운 아이디어는 이러닝 시스템이 학습 공동체를 형성하여 개인 간의 연결을 창출할 수 있다는 것이다. 이러한 공동체는 일상 업무와 관련된 문제를 해결하는 것에서 시작될 수 있다. 공동체는 단순한 조직이나 업무분야에 따라 공동으로 활동하는 것이 아니며 기존에 그들이 목표로 하던 것과는 다르다(Preece, 2000). 따라서 팀의 기능과 역할, 그들 내에서 개발되는 규칙이 중요하다(Tzazikopoulos, Karatza, & Apostolakis, 2005a). 이것은 이러닝 공동체의 관점에서 중요한 원동력으로 인식되고 있다. 실천을 통한 학습 그리고 사회적이고 협력적인 방법으로 지식을 창출한다는 개념은 온라인 학습에 대한 새로운 가능성을 예측하게 하는 가장 중요한 아이디어이다(Wenger, 1998, 2001).

실제로 공간과 시간, 커뮤니케이션 그리고 학습에 관한 새로운 개념들이 나타났다. 평생학습과 온라인 학습의 개념은 보다 많은 기회와 도전을 제공함으로써 사람들과 문제해결을 지원할 수 있다. 그러나 이것이 포괄적인 교육의 필요와 같은 문제에 대해 일반적인 해결책을 보증할 수 없다. 온라인 교육은 평생학습을 지원하고 사람들이 컴퓨터 문해 능력을 기르고 지식사회에서 효과적이 되도록 돕는 전략을 강화할 수 있지만 이것은 학습 공동체, 실천공동체에 결합되어야 하고 평생학습을 증진시켜야 한다는 정책입안자의 결심이 있어야 한다.

Selwyn(2003)이 언급한 바와 같이 ICT는 그간 사회 내에 폭넓게 확대(go wider)되기보다는 학습에 접근 가능한 대상을 중심으로 깊이 있게(go deeper) 보급되도록 관리되었다. 말하자면 "ICT로 인하여 평생학습 할 수 있도록 참여를 확장시켰고, 이를 통해 사람들은 학습에 대한 태도를 갖추고 있고 학습을 위한 집단에 들어갈 준비가 되어 있지만 대부분의 소외계층은 그러한 혜택을 받지 못하고 있음" (Selwyn, 2003, pp.16-17)을 의미한다.

현재까지 알려진 제한점 중의 하나는 ICT 테크놀로지 접근에 관한 것으로(Tzikopoulos, Manouselis, Costopoulou, Yalouris, & Sideridis, 2005b) 일반인들의 ICT 활용능력(DFES, 2002; Selwyn & Gorard, 2003)과 모든 학습요구에 대한 궁극적인 해결책으로서 온라인 교육을 고려할 수 없다는 국가기관의 주장(Collis & Remmers, 1997; Damarin, 1998; Henderson, 1996) 그리고 구체적인 ICT 도구의 기술적 문제 등 여러 한계가 존재한다. 그러므로 우리는 새로운 학습도구에 대해 개방적인 태도를 가져야 하며 그것들의 유용성과 제한점에 대해 신중하게 판단해야 한다.

학습자, 조직, 교육담당자가 직면한 새로운 문제

학습자

개인들은 많은 어려움에 직면해 있는 경쟁적 환경에서 생존을 위해 노력해야 한다. 개인적인 수준에서 그들은 경력과 직무능력 외에도 대중적이고 사회적인 생활을 관리해야 한다(Goleman, 2000). 새로운 경쟁적 환경의 등장과 지속적인 변화는 개인들이 지속적으로 탐색하고 경쟁력과 직무능력을 개발하도록 요구하고 있다. 게다가 대중 생활의 변화는 높은 시민의식을 요구하고 있으나 당면한 문제는 실제적으로 진정한 발전을 이루지 못했다(Jarvis, 1999). 사실 경쟁력을 갖춘다는 것은 불평등과 관련되기 때문이다. 개인들은 자신을 만족시키는 완전한 삶을 요구한다. 이 같은 요구를 충족시키는 방법은 평생학습과 온라인 교육의 정책과 관련될 수 있다. 게다가 공적생활은 높은 시민의식을 요구하고 있으나 실제로 이러한 부문에서의 발전은 이루어지지 않고 있다. 이 같은 사실은 경쟁력을 갖는다는 자체가 불평등과 관련되기 때문이다. 그러나 점차 개인이 만족하는 완전한 삶에 대한 요구가 확대되고 이와 동시에 평생학습과 온라인 교육을 통한 다양한 학습기회들이 등장하였다.

최근 학습기회를 제공하거나 정책을 입안하는 경향은 학습자 개개인이 자신의 특별한 요구와 흥미에 따라 학습의 절차를 계획하고 특히 생애 경로를 설계하는 기회를 갖도록 학습의 개별화를 지향한다. 모든 시민들이 학습 프로그램에 참여하는 기회를 동등하게 가질 수 없다는 사실—온라인이건 아니건—은 이상에서 제시한 가능성을 막는 어려움이다. 그러므로 온라인 교육은 시간과 장소의 어려움을 극복하는 가능성 외에도 개인 간의 정보격차를 다룰 수 있어야 한다. 사람들은 다양한 방법으로 그들의 삶을 발전시키기 위해 ICT를 통한 학습기회를 찾아야 하며 정책입안자들은 이러한 기회를 제공하는 노력을 시작해야 한다.

조직

조직, 대중, 개인의 차원에 따라서 학습과 발전에 대한 요구가 다르며, 이에 관련한 실천과 목표에 특징이 있다. 우선적으로 이루어지고 있는 가장 큰 변화는 인적 자원에 대한 강력한 전환이 이루어지고 있다는 것이다. 경쟁적 환경은 우수한 제품과 서비스의 제공, 혁신적 아이디어 산출과 같은 이전과 다른 새로운 차원을 만들었고 직원들에게 창의성, 커뮤니케이션, 팀워크, 친화력, 리더십, 문제해결력과 같은 능력을 강력히 요구하고 있다(Galvin, 2003). 이 같은 이유는 기업의 경영자들이 사회적 스킬과 소프트 스킬(soft skills)의 형성이 기업의 경쟁력을 확보하는 주요한 수단이며 이러한 역량을 향상하기 위해서는 인적자원개발에 투자해야 한다는 것을 인식하게 되었기 때문이다. 따라서 변화하는 환경이 직원들을 힘들게 이끈다고 논쟁하는 연구자들이 있다. 이러한 맥락에서 평생학습과 온라인 교육은 직원들이 그들의 역량을 개발하고 복잡한 환경을 견딜 수 있도록 돕는 해결책을 제공할 수 있을 것이다.

학습조직과 학습관리시스템은 조직의 성장과 관련한 두 가지의 핵심 요인이다(Dep, 2001). 학습조직에 관한 토론은 장점과 단점을 확인하는 상당한 연구결과를 산출하였다(Fielding, 2001; Hawkins, 1994; Nyham, 2000). 물론 우리는 모든 조직의 중심이 일을 담당하는 사람이라는 사실을 잊어서는 안 된다. 교육과 평생학습은—온라인 기반이든 아니든—조직이 갖고 있는 모든 문제를 해결할 수 없다. 그러나 성인교육, 인간교육 그리고 경영자의 이익을 추구하는 현재의 환경과 같은 원리에 따라 평생학습은 더 많은 발전을 위한 기회와 실행을 제공할 것이다(Kokkos, 2005b).

교육담당자

조직에 있어서 교육담당자의 역할은 일반적으로 직원과 경영층 사이에 존재한다. 그러나 직원의 입장에서 본다면 교육담당자는 학습자들이 경쟁적인 환경에서 효과적으로 업무를 수행할 수 있도록 지원하는 역할에도 불구하고 경영자의 목적을 성취하도록 노력하는 사람이다. 따라서 교육담당자가 조직의 내부인인가, 외부인인가에 따라 학습참여와 결과에 차이를 나타내기도 한다. 이러한 모순은 교육담당자가 극복해야 하는 도전이다. 그들이 학습과 개방된 커뮤니케이션을 위한 적절한 환경을 정착시킬 필요가 있다는 사실을 고려할 때, 이것은 매우 어려운 과정이며 특히 직원들이 부가적인 문제에 실망했거나 관련되었다면 더욱 어려운 문제가 될 수 있다.

부가적으로 새로운 온라인 환경은 교육담당자들에게 ICT 문해 능력과 관련한 새로운 도전을 제공한다. 이것은 지원, 지식, 커뮤니케이션, 자원을 제공하는 새로운 방법을 탐색하는 것에 관한 지식과 같다. 기업이 교수학습의 목적을 달성하기 위해 온라인 테크놀로지를 활용하기로 결정하였다면 교육담당자들은 긍정적인 방법으로 직원들이 새로운 기회에 적응할 수 있도록 돕는 역할을 해야 한다.

금융기관의 사례

평생학습과 온라인 교육의 실제와 관련한 어려움을 연구하기 위해 대규모 금융기관의 사례를 조사하였다. 이 금융기관은 매우 경쟁적인 유럽시장에서 영업을 하고 있고 직원개발과 새로운 상품 개발이라는 주요한 문제에 직면해 있었다. 연구자들은 이 금융기관의 개략적인 역사를 살펴본 후, 훈련 시스템을 조사하였다. 그리고 조직 내의 훈련 요구를 기술하였는데 특히 훈련담당자의 역할이 기존의 실행 내에 유발해야 하는 새로운 상황이라는 점이 더욱 중요하게 부각되었다. 이에 온라인 훈련 시스템이 구체적인 해결책으로 제시되었다. 사실 이러한 문제는 단순히 사례연구를 통해 해결책을 제시하는 것은 불가능하다. 그럼에도 불구하고 금융기관의 기초적인 특성을 확인하고 수요와 경쟁적 환경 그리고 그 안에서 일하는 사람들을 고려한 이러닝 시스템을 설계하기 위한 프레임워크를 제공하려고 노력하였다.

역사적 배경

Cyprus 은행은 1899에 설립되었고 현재는 Cyprus 그룹의 자회사이다. 이 은행은 Cyprus 내의 선도적인 금융서비스 기관으로 현재 그리스에서 확고한 위치를 점하고 활발하게 사업을 추진하고 있으며 영국과 호주에 영업소를 개설하고 있다. 이 기관은 사이프러스와 그리스, 영국, 호주, Channel Islands를 포함하는 지역에서 폭넓은 금융상품과 서비스를 제공하고 있다. 사이프러스 내에서는 금융, 리스, 채권(팩토링), 중개, 펀드운영, 보험서비스와 투자금융서비스 업무를 하고 있다.

이 은행은 1991년 설립된 이래 그리스에서 영업하고 있다. 은행의 그리스 영업의 확장은 1999년에 시작되었고 이후 그리스 내에 110개의 지점을 개설하였다. 이 은행은 영국에도 설립되었고 그 지역에 거주하는 상당한 사이프러스인과 그리스 공동체에 서비스를 제공하기 위한 6개의 지점이 개설되어 있다. 이외에도 이 은행조직의 국제적인 활동은 오스트레일리아 내 모회사의 지배하에 있는 은행이 2천 개로 증가되었다. 오스트레일리아에는 10개의 지점이 있다. 또한 미국, 캐나다, 남아프리카, 러시아, 로마니아에 대표적인 사무소를 갖고 있다. 사이프러스 그룹의 은행 직원은 전 세계적으로 6천65명이다. 은행의 점유율은 사이프러스 증권거래소와 아테네 거래소에 상장되어 있다. 은행은 주식자본의 측면에서 사이프러스 증권거래소에 최고로 기록된 회사이며 다양한 주주 기반을 가지고 있다.

훈련현황

이 기관이 표방하는 비전의 일부분은 그룹 내의 지속적인 인적 자원개발과 연관되어 있다.

이 기관은 수년 동안 운영해 온 체계화된 훈련시스템을 보유하고 있다. 여기에는 두 가지의 주요한 훈련시스템이 있다. 하나는 직무중심 훈련(on the job training)으로 경력직원이나 전문 훈련담당자가 신입사원에게 제공한다. 또 다른 하나는 3일 동안 이루어지는 단기 세미나(short term seminar)를 통한 훈련이다. 이 세미나는 조직의 내외에서 수행되며 정식 훈련담당자(조직의 직원) 또는 다른 회사나 교육기관의 훈련담당자에 의해 이루어진다. 이러한 단기 세미나는 기술과정이나 특정한 직무와 관련된 사항, 커뮤니케이션, 팀운영, 스트레스 관리, 시간 관리와 같은 기능에 관한 내용을 다룬다. 직원들은 연간 3개의 세미나에 참석하고 있다.

직면한 문제

지난 10년 동안 이 조직은 지속적으로 성장하였다. 이러한 이유로 많은 새로운 직원들이 제한된 시간에 훈련을 받아야 하고 훈련에 대한 요구는 매우 중요해졌다. 또한 고객의 증가에 따라 새로운 상품들이 효과적으로 거래되도록 적정한 과정이 훈련 정착될 필요가 있었다. 그러한 상황은 빈번하고 지속적인 학습요구로 인하여 변화를 맞게 되었다. 그러나 기존의 훈련시스템은 새로운 요구에 부응하지 못하였고 세미나는 충분한 학습기회를 제공하지 못하는 것으로 나타났다. 직원들은 경영층에 이러한 도전적인 상황을 지원하고 선도할 것을 요청하였다. 그러나 이러한 상황을 해결하기 위해 보다 확대된 훈련코스를 제공할 경우, 업무시간, 출장과 비용은 극복하기 어려운 문제이다. 그러므로 *원격교육*과 *블렌디드 러닝이* 적합한 해결책으로 제안될 수 있다.

개선방법

온라인 교육 코스는 직원들이 다양한 문제를 처리하는 것을 돕도록 조직될 수 있는 방법이다. 이 그룹을 위해 제안된 시스템은 모든 직원이 사용할 수 있는 포탈사이트이며, 이 포탈사이트는 다른 팀들이 의사소통하고 일상 업무를 통해 지식을 공유하는 기회를 제공할 것이다. 이에 기존의 단기세미나는 원격 코스로 변경하고 여기에서 학습자들은 지속적으로 학습하고 확대된 시간동안 피드백을 받는 기회를 갖게 될 것이다.

시스템 개발의 기본 원칙

- 새로운 시스템은 이러닝의 표준화된 방식을 채택하고 조직에서 결정된 원리에 따라 설계될 것이다. 이 사실은 내용과 학습목표의 재사용성을 향상시킬 것이며 튜터들이 사용 가능한 잘 조직된 데이터베이스를 더 잘 사용할 수 있도록 도울 것이다(Apostolakisza, & Karatza, 2005).
- 학습스타일과 선호에 따른 개별화된 학습기회는 효과성을 향상시키기 위한 이 작업의 중요한 특징이다. 직원 개인의 학습스타일과 선호의 차이는 교육프로그램에 중요하게 적용되었다. 특히 직접적인 커뮤니케이션이 온라인 프로그램에 관련될 때는 불가능하다(Karatza et al, 2005a).
- 커뮤니케이션과 경험학습을 통한 새로운 지식의 구성은 성인들이 새로운 지식을 학습하고 이해하는 한 방법이다. 학습과정에서 학습자들은 일상의 경험을 공유하고 온라인 튜터의 도움을 받으면서 사례를 분석하는 것을 통하여 그들이 직면하고 있는 일상의 문제의 의미와 해결책을 발견하게 된다.
- 편안한 환경은 필수적이다. 모든 시스템의 학습자는 이미 학습의 어려움을 겪고 있으며 그들이 학습해야 하는 분야에 관한 새로운 아이디어에 익숙해 있다. 그러므로 복잡하고 사용이 불편한 가상환경을 만들어서 학습자들에게 어려움을 가중시켜서는 안 된다.
- 모든 효과적인 코스는 훈련자 간의 상호작용뿐만 아니라 훈련담당자와 훈련자 간의 상호작용이 필요하다. 온라인 교육에서 훈련자와 훈련담당자는 블랙보드, 이메일, 채팅룸과 같이 서로 상호작용할 수 있는 다양한 방법을 사용할 수 있다(Mariani, 2001).
- 비실시간 커뮤니케이션은 온라인 교육의 최대 장점이다. 메시지를 보내고, 읽고 다시 메시지에 응답하기, 반응에 대해 숙고하기, 해석에 대한 개정, 최초의 가정을 수정하고, 편안한 시간에 인지할 수 있다는 것은 온라인 교육의 가장 큰 속성 중의 하나이다(Chamberlin, 2001). 테크놀로지는 교육자들에게 많은 가능성을 주었지만 전통적인 교육환경에서 온라인 교육환경으로 전환하는 것은 쉬운 일이 아니다.

이 프레임워크에서 단지 새로운 온라인 플랫폼이 조직이 성장하면서 직면하게 된 현재의 모든 문제를 해결해 줄 것으로 기대할 수 없다. 그러나 직원들이 학습의 결과를 확대하고 보다 많은 지원과 지침을 받을 기회를 확대할 수 있다. 분명한 점은 이러닝이 비즈니스와 학술분야에서 가치 있는 도구로 인식되고 있다 하더라도 만병통치약은 아니라는 것이다. 그러므로 질 높은 성과를 달성하기 위해서는 시간, 노력, 학습의 질, 전문가가 투입되어야 한다.

훈련담당자

일 년에 한 번 이루어지는 전 그룹의 미팅을 대신하여, 교육담당자들은 새로운 교육 방법인 온라인 시스템을 통해 학습지원을 지속할 수 있는 기회를 확대하게 되었다. 게다가 그들은 학습과 토론에 필요한 더 많은 사례들을 제공할 수 있게 되었다. 물론 그러한 시스템이 효과적으로 운영되기 위해서는 훈련담당자들이 특정한 역량을 개발해야 한다. 훈련담당자들은 어려움 없이 네트워크 테크놀로지를 사용할 수 있어야 하고 학습자들이 테크놀로지를 사용하는 것을 지원해야 한다. 훈련담당자들은 원격교육의 원리와 효과적으로 학습내용을 전달할 수 있는 방법을 이해하고 실행할 수 있어야 한다.

원칙 1

학습의 촉진(facilitation)은 전문성과 사회적 맥락하에서 이루어져야 한다. 네트워크 공동체는 우연히 발생하는 것이 아니라 이것을 형성되도록 설계되고 리더십이 실행되어야 한다. 교수자는 효과적인 공동체가 형성되는 방법에 대해 학습자에게 가르칠 책임이 있다. 또한 온라인 교수자는 학습과정에서 일정 부분의 통제를 포기해야 하며 이를 통해 학습자가 권한을 갖고 온라인 공동체를 형성할 수 있다.

원칙 2

교육을 할 때, 측면에서 지원할 것인가 아니면 중심적 역할을 할 것인가의 유형을 결정하는 것은 온라인 교수자에게 중요하다. 성공적인 교수자는 전문적인 대답을 제시하기보다는 학습과정을 안내하는 촉진자이다. 따라서 학습자가 기계적으로 암기하는 대신에 실행을 통해서 학습하도록 뒷받침해 주어야 한다.

원칙 3

온라인에서 학습자를 촉진하기란 학습이 이루어지도록 하는 수단이다. 촉진자는 학습자와 상호작용할 수 있는 새로운 전략을 개발해야 한다(Collison et al, 2000). 이외에, 훈련담당자에게 요구되는 능력은 학생들의 참여를 독려하는 토론설계능력이다. 또한 학생들은 교수자의 피드백을 기대하고 즐기는 경향이 있기 때문에 종종 주말에조차도 이런 기대가 있을 수 있다는 것을 기억할 필요가 있다(White, 2000).

교육담당자의 역량을 위한 새로운 프레임워크

우리는 미래의 교육담당자들에게 필수적인 프레임워크를 제시할 것이다. 교육담당자들이 유사한 환경에 있는 학습자들이 경쟁적이고 효과적이 될 수 있도록 관심을 가져야 하는 주요한 지침을 조사하였다. 불안정한 환경에서 훈련담당자들은 학습과정에서 새로운 역할을 하도록 요청받고 있다(Tuijnman, 2002). 성인교육의 새로운 역할에 관한 여러 연구자의 관점에 따라 6개의 영역(dimension)이 확인되었다. 이러한 6개 영역은 성인교육의 기본원리와 평생학습의 지원과 향상에 대한 요구 그리고 이것들과 관련된 역량과 일치하는 훈련담당자의 통합모델을 포괄하도록 선정되었다. 아울러 이 프레임워크(Karatza, 2005; Karatza, Tzikopouos & Apostolakis, 2005b)에는 온라인 교육과 관련된 영역과 온라인 공동체를 지원하는 요구를 추가하였다. 훈련과정에서 평생학습의 증진에 기여하는 요소와 실제를 확인하는 것이 쉽지 않다는 것을 강조할 필요가 있다. 교육연구를 통해서 확인된 실제 연구결과는 *효과적인 학습*과 *평생학습*을 향상시키고 궁극적으로 학습의 과정을 *보상*하고 *만족*시킨다. 그러므로 훈련자는 평생학습에 대해 긍정적인 방법으로 영향을 받는 다는 것이 가능하다. 또한 온라인 공동체를 통한 비정기적인 대면을 고양시킬 수 있도록 훈련담당자의 측면에서 신중한 노력을 기울여야 한다. 우리는 이러한 목적을 달성하기 위해 훈련담당자로부터 이루어지는 신중한 절차와 노력으로서 평생학습의 증진에 밀접하게 연관된 영역과 실제를 선정하였다.

이것은 훈련담당자 자신이 평생학습의 실행에 대한 '사례'라는 점에서 중요하게 인식되어야 한다. 따라서 훈련담당자는 평생학습이 지향하는 목표와 일치되어야 하며 평생학습의 모델이 되어야 한다(Courau, 2000; Knowles, 1980). 새로운 지식과 정보의 생산은 너무나 급진적이어서 훈련담당자들은 훈련자가 최신의 지식을 획득하는 평생학습자가 되는 노력을 강화하는 실행을 지속적으로 학습해야 한다. 그러므로 훈련담당자들은 (형식적 학습이든 비형식적 학습이든) 학습자들이 자신의 학습경로에 대한 책임감을 갖도록 모든 학습과정에 반드시 참여해야 한다. Todoulou(2005)에 따르면, 훈련담당자는 그들 자신의 특성을 연구해야 한다. 또한 훈련담당자는 그들의 시각과 경험을 사회적 생활에 효과적이고 생산적인 참여를 위한 지속적인 노력의 예로서 참가자들에게 보여주어야 한다. 가상 학습팀에서 훈련담당자는 팀 내에서 학습목표로 ICT를 사용하는 효과적인 방법을 제시해야 한다. 이것은 네트워크상에서 효과적으로 탐색하는 방법, 타당하고 가치 있는 정보자원을 평가하는 방법, 팀 내에서 실제 경험과 지식, 전문성을 공유하는 방법이 될 수 있다.

이에 더하여 훈련담당자는 훈련자들이 포괄적인 스킬과 기본 역량을 개발하도록 적합한 환경을 창조하는 데 몰두해야 한다(Christofilopoulou, 2003; Karalis, 2003).

유럽훈련위원회(European Training Foundation)(1998)에 따르면 포괄적 스킬은 평생학습을 향상시키고 기본 스킬과는 분명하게 구별된다. 포괄적 스킬은 (1) 커뮤니케이션 스킬, (2) 문제해결, (3) 협력, (4) 의사결정, (5) 창의적 사고, (6) ICT와 지속적인 학습(인지전략과 학습전략)을 포함한다. 핵심 역량은 기본 스킬과 포괄적 스킬을 완성하고 개인들이 새로운 능력을 쉽게 획득하게 하고, 변화하는 테크놀로지 환경에 적응하도록 하며, 경력을 개발함으로써 노동시장에 이동성을 갖도록 하는 것들이다.

훈련담당자가 훈련을 제공하는 맥락과 관계없이, 그들은 어떠한 교육목적의 성과를 구체적인 사례로 제공할 수 있어야 한다. 예를 들어서 ICT 스킬을 지원할 때, 만약 교수자가 교실에서 적절한 개인용 컴퓨터를 갖고 있다면 그들은 인터넷으로부터 과제와 관련되고 학습자의 요구에 부합하는 특정한 자원을 제안할 수 있다.

온라인 교육의 맥락에서 그와 같은 목표는 더 많이 요구되고 있다. 훈련담당자는 참가자들의 수동적인 행동이나 테크놀로지로부터 발생하는 어려움에 대해 준비되어 있어야 한다.

이 장에서는 연구의 목적에 대해 유럽위원회(2005)에 의해 확인된 핵심 역량이 적용되었다. 유러피언 프레임워크인 "평생학습을 위한 핵심 역량"에 따르면, 핵심 역량은 일련의 전수자(transferee)이며 지식, 기능 그리고 모든 개인들이 개인적인 발전을 위한 요구, 관계와 고용에 대한 요구의 태도를 포함하는 다기능적 통합체이다. 구체적으로 살펴보면 이러한 역량들은 (1) 모국어 의사소통, (2) 외국어 의사소통, (3) 수학, 기초과학, 테크놀로지 스킬, (4) 디지털 도구사용능력, (5) 배움에 대한 학습, (6) 대인관계 능력, (7) 비즈니스 능력, (8) 문화적 소양이다(세부적인 내용은 표 1 참조).

이에 더하여 이상의 스킬과 역량을 개발하려면, 훈련담당자 학습절차에 학습자가 능동적으로 참여하도록 이끄는 것이 중요하다. 능동적 참여는 참가자들이 직접 실행하고 문제를 해결하는 기회를 갖거나, 다른 참가자와 협력하기, 창의적 사고 연습하기와 같은 다양한 테크닉을 사용하는 것으로 달성할 수 있다(Jaques, 2004; Noye & Pivetaeu, 1999; Silberman, 1998). Jaques(2004)에 따르면 다른 관점의 교환, 다른 참가자들의 행동에 대한 반응 등은 기억과 심층적인 이해를 발전시킨다. 게다가 훈련담당자는 개인들이 자신이 학습경로에 대한 책임감을 갖도록 도와야 하며 그들의 학습전략을 확장하도록 도와야 한다(Kokkos, 1999; Rogers, 1999). Rahman(1993)에 따르면 모든 사람들은 발견하고 창의적으로 사고하는 능력을 가지고 있지만 정보의 전달은 그러한 역량의 개발을 제한한다. 성인교육의 일면에서 우리는 자기의존, 자기견제, 비판적 학습의 계발을 추구해야 한다(Knowles, Holton & Swanson, 1998).

성인교육의 핵심 요소 중 하나는 참가자들이 기존에 가지고 있는 "경험"의 역할이다. 훈련담당자의 역할은 앞서 언급한 바와 같이 유능한 *촉진자*가 되는 것이다(Knowledge et al., 1998; Rogers, 2002). 훈련담당자의 실행은 개별화된 학습을 지원하는 지침을 가져야 한다. 이러한 새로운 역할의 다른 측면은

표 1 핵심 역량

모국어 커뮤니케이션	이 역량은 글쓰기와 말하기에서 사고와 감정, 사실을 표현하고 해석하며, 사회적이고 문화적인 맥락에서 적합한 방법으로 커뮤니케이션하는 능력을 말한다.
외국어 커뮤니케이션	이 역량은 이전에 제시한 모국어 커뮤니케이션에서 요구하는 것과 유사하다.
수리적 문해와 기초과학, 테크놀로러지 사용기술	이 역량은 기초적 수리(數理)의 사용과 테크놀로지 사용기술을 언급하며 결과보다는 과정을 중요하게 고려한다.
디지털 역량	이 영역은 업무, 오락 그리고 커뮤니케이션을 위해 전자매체를 사용하는 것을 포함한다. 이것은 성찰적 사고, 행정능력 그리고 잘 개발된 커뮤니케이션 기술과 관련이 있다.
학습방법 습득	학습방법을 습득하는 것은 팀 또는 개인적으로 학습을 조직하는 자발적 자세와 능력을 의미한다. 이것은 효과적인 시간관리, 문제해결 그리고 다른 맥락에서 지식을 평가하고 흡수하는 것을 포함한다.
대인역량	대인역량은 사회생활에 효과적이고 창의적으로 참여하기 위해 획득되어야 하는 모든 행위를 포함한다.
업무숙련	이 역량은 자기 자신의 변화에 대한 긴장과 외부 환경으로부터 주어지는 혁신에 유연하고 적응적으로 되는 것을 포함한다.
문화적 태도	개인들은 음악, 문학, 예술분야에 대해 아이디어, 경험, 감정을 창의적으로 표현하는 것의 중요성을 이해해야 한다.

출처: European Commission, 2005, pp.13-19

교육과정이 이루어지는 동안에 보다 정직하고 실제적이 되도록 노력을 기울이는 것이다(Rogers, 2002). 훈련담당자는 다른 관점을 수용하고, 표현방법과 다양한 표현을 깊게 이해하도록 준비되어야 한다. 좋은 실행은 학습자와 훈련담당자 간에 관계를 발전시킨다. 훈련과정에서 내적, 외적 관계의 형성은 참가자들이 자신의 향후 목표에 대해 깊게 생각하도록 하는 가장 중요한 요소이다(Jaques, 2004). 그러한 관점은 훈련담당자가 대답을 제공하는 사람이라는 전통적 관점과 비교해 볼 때 위험하고 많은 어려움을 나타낼 수 있다.

그러나 최근 훈련담당자와 학습자 간에 존재하는 관계는 심리 치료자와 환자 간의 관계와 유사하며 실제로 이러한 관계를 설명하는 강력한 증거가 있다(Jaques, 2004; Mezirow, 1990; Rogers, 2002). 폭넓은 프레임워크 내에 우리가 이 장에서 언급한 새로운 역할에 대한 영역은 개인들이 *학습과 지식사회*에서 일하는 사실에 대한 발견이다. 훈련담당자는 *평생학습*과 *온라인 교육*을 지원하고 향상시키는 활동을 시행하는 데 신중한 노력을 기울여야 한다. 이에 더하여 그들은 참여자들이 다른 학습환경과 공동체에 참여하는 것이 그들의 삶을 통해 얼마나 중요한 일인지를 이해하도록 도와야 한다. 이것은 *온라인 튜터링*이 많은 것을 요구하는 일이라는 것을 나타낸다. ICT로 조합된 훈련담당자와 학습자 간에 존재하는 거리 그리고 이메일, 포럼과 같은 도구들은 빈번한 상호작용을 통해 학습자의 경험을 향상시킨다. 이것이 학습자가 새로운 테크놀로지의 이용에 대한 다양한 이해를 얻는 것을 돕는 것이 중요한 이유이다(Cooley & Johnston, 2000; Huysman & Gerrits, 1998; Lunch, 1998). 기존의 연구들은 빈번한 상호작용과 피드백에 대해 학습자와 튜터의 관점 간에 차이가 있다는 것을 보여준다. 이것은 온라인 프로그램이 잘 조직되어야 하고 온라인 튜터들이 온라인 학습자들에게 효과적인 e-피드백과 e-커뮤니케이션을 제공하는 구체적인 방법을 개발해야 하는 이유이다.

앞서 살펴본 분석과 평가로부터 온라인 맥락에서 *평생학습*을 지원하기 위해 성인 훈련담당자들의 역할을 첨부해야 한다는 것이 명확해졌다. 우리는 훈련담당자가 획득해야 할 역량모델을 포함한 6개의 요소를 확인하였다. 그림 1은 어떻게 이러한 영역이 서로 연결되는지를 나타내고 있다.

우선 3가지 차원이 있는데 이는 훈련담당자가 자신의 프로그램을 설계하는 3가지 일상의 트레이닝 실행에 직접적으로 효과를 갖는 것으로 (1) 학습 프로세스에 학습자의 능동적 참여, (2) 일상업무를 위한 포괄적이고 기초적인 스킬의 개발 향상, (3) 촉진자로서 훈련담당자이다. 또한 학습의 실제에 능동적인 자세를 갖도록 평생학습과 학습사회에 대한 훈련담당자의 태도에 영향을 주는 2개의 부가적인 영역으로 구성되어 있다. 우리는 지식, 스킬, 태도를 목적으로 이상과 같은 프레임워크를 개발하였다.

현장에서 훈련담당자의 지식은 중요하다. 그래서 그들은 그들의 지식을 다른 맥락으로 적용할 수 있어야 한다. 훈련담당자는 상담심리학에서 하는 것과

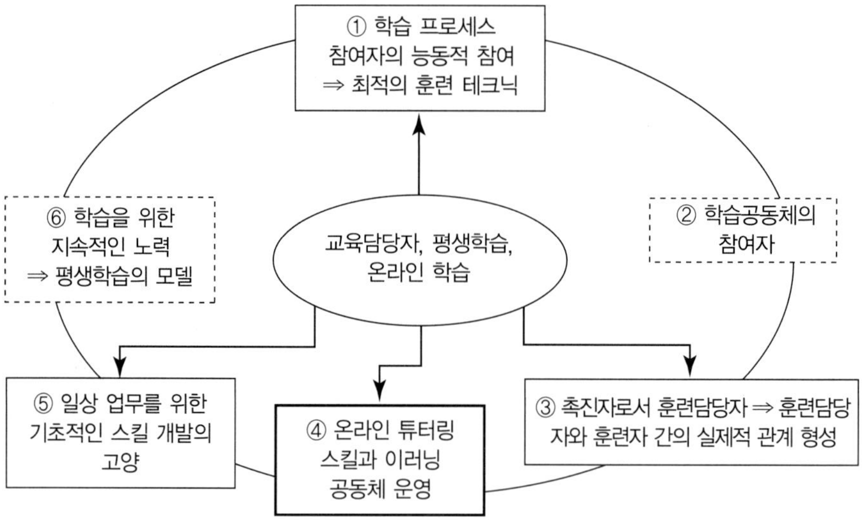

그림 1 미래 교육담당자의 역량 개발을 위한 프레임워크
(출처: Idea Group(2007). Copying or distributing in print or electronic forms without written permission of Idea Group Inc. is prohibited.)

같이 팀 안에서 형성된 역동성에 관련된 사항을 알아야 하고 또한 학습해야 한다.

기능과 관련하여 훈련담당자는 자신들의 포괄적 스킬과 기초 스킬을 발전시켜야 하고 아울러 훈련 테크닉의 적절한 사용과 관계된 스킬을 개발해야 한다.

이에 더하여 훈련담당자는 생산적이고 효과적으로 학습과 업무를 할 수 있도록 온라인 튜터링 스킬과 온라인 공동체를 형성하는 능력을 발전시켜야 한다. 마지막으로 훈련담당자는 훈련과정에서 형성되는 관계를 잘 유지할 수 있어야 한다. 태도의 영역에서, 훈련담당자는 평생학습에 대한 명확한 방침(orientation)을 갖고 있어야 한다.

결론

*업무, 지식, 학습*과 관련된 환경의 변화는 교육담당자가 수행해야 할 역할에 영향을 끼친다는 것은 분명하다. 온라인 테크놀로지는 원거리, 시간과 같은 어

려움에 직면해 있는 환경에서 커뮤니케이션의 가능성과 평생학습의 기회를 제공할 수 있다. 그러나 교육방법만으로는 모든 문제에 해답을 제공할 수 없다. 특히 사람들이 지식사회 안에서 창출된 복잡한 환경과 관련된 어려움을 고려할 때, 온라인 튜터링은 어렵고 많은 업무를 요구한다. 이 장의 목적을 위해 적어도 우리의 노력에도 포함할 수 없었던 영역이 있었음을 언급하고자 한다. 지식사회가 가져온 새로운 환경은 전 세계적인 인식에 대한 변화 요구와 다양성이 중요한 관심사로 확대되고 있다. 그러나 이러한 아이디어와 연구는 전반적인 새로운 장으로 확장될 수 있다. 우리의 노력의 범위는 실제 환경에서 훈련담당자의 역할에 영향을 주는 특정 요소가 무엇인지 확인하기 위한 사례연구와 밀접하게 연관된 것이다.

본 연구에서는 교육담당자와 훈련담당자가 효과적이고 생산적이 될 수 있도록 하는 그들의 지식, 기술, 태도를 개발시켜야 한다는 것을 확인하려고 시도하였다. 따라서 실제적이며 경쟁적인 요구와 훈련과 개발의 요구와 기대가 매우 높은 금융조직의 요구에 기초한 프레임워크를 개발하였다. 또한 본 연구에서 개발한 프레임워크는 조직에서 훈련담당자가 시의적절하고 효과적인 훈련을 하기 위해 무엇을 해야 하는지에 대한 첫 번째 대안이다. 다음 단계는 세부적인 온라인 시스템과 훈련담당자들이 이것을 지원하기 위해 필요한 역량을 얻도록 하는 훈련 프로그램을 개발하는 것이다. 이 프로그램은 훈련담당자들이 학습자들을 지원하기 전에 온라인 공동체 내에서 학습경험을 얻을 수 있도록 돕는 데 사용할 수 있는 방법과 도구로 조직될 것이다. 이러한 시행의 결과로, 본 모델의 개선 부분이 발견될 수 있을 것이다.

참고문헌

Apostolakis, I., & Karatza, M. (2005). The contribution of learning standards for the exploitation of ICT in education. In *Proceedings of the 3rd National Conference on Teaching Informatics.* Greece: University of Peloponnesus.

Ashton, D. N., & Green, F. (1996). *Education, training and the global economy.* Chelternham: E. Elgar.

Chamberlin, W. S. (2001). Face-to-face vs. cyberspace. *Syllabus, 15*(5), 10-11.

Christofilopoulou, E. (2003, November). *The contribution of training in the development of competencies.* Paper presented at the Meeting of EKEPIS for the National Program (Train the Trainers), Athens, Greece.

Coffield, F. (2002). Breaking the consensus: Lifelong learning as social control. In R. Edwards, N. Miller, N. Small, & A. Tait (Eds.), *Making policy work.* London: Routledge.

Collison, G., Elbaum, B., Haavind, S., & Tinker, R. (2000). *Principles that support effective moderation: Facilitating online learning.* Madison, Wi: Atwood Publishing.

Collis, B., & Remmers, E. (1997). The World Wide Web in education: Issues related to cross-cultural communication and interaction. In B. Khan (Ed.), *Web-based instruction* (pp. 85-92). Englewood Cliffs, NJ: Educational Technology Publications.

Cooley, N., & Johnson, M. (2000, July-August). Beyond teacher bashing: Practical, philosophical, and pedagogical influences on educators' use of educational technologies. *The Technology Source: Commentary.* Retrieved August 13, 2006, from http://horizon.unc.edu/TS/default.asp?show=article&id=786

Cornford, I. (2002). Learning to learn strategies as a basis for effective lifelong learning. *Journal of Lifelong Education, 21*(4), 357-368.

Courau, S. (2000). *The basic tools of the adult trainer.* Athens: Metaihmio.

Damarin, S. K. (1998). Technology and multicultural education: The question of convergence. *Theory into Practice, 37*(1), 11-19.

Deb, S. (2004). *Reinterpreting the learning organisation.* Retrieved August 13, 2006, from http://www.business.vu.edu.au/mgt/pdf/workingpapers/200l/wp3_2001_stewart.pdf

Department for Education and Skills (DFES). (2002). *Get on with IT: The post-16 e-learning Strategy Task Force report.* London: Author.

Department for Education and Skills (DFES). (2003). *21st century skills: Reaiising our potential.* Notingham: DFES Publications.

Edwards, R., Raggat, P., Harrison, R., McCollum, A., & Calder, J. (1998). *Recent thinking in lifelong learning.* London: DFEE, HMSO.

Eraut, M. (1997). Perspectives on defining "the learning society." *Journal of Education Policy, 12*(6), 551-558.

European Commission. (2001). *Communication from the commission: Making a European area of lifelong learning a reality.* Brussels: European Commission.

European Commission. (2005). *Proposal for a recommendation of the European parliament and of the council on key competencies for lifelong learning.* Retrieved Attgust 13, 2006, from http://etiropa.eu.int/comm/education/policies/2010/doc/keyrec_en.pdf

European Committee. (2003). *Glossary term: E-learning.* Retrieved August 13, 2006, from http://elearningeuropa.info/indcx.php?page=glossary&menuzone=1&int=l

Field, J. (1997). The European Union and the learning society: Contested sovereignty in an age of globalisation. In F. Coffield (Ed.), *A national strategy for lifelong learning* (pp. 95-Ill). Newcastle: University of Newcastle.

Fielding, M. (2004). *Learning organisation or learning community?* Retrieved August 13, 2006, from http://www.sussex.ac.uk/education/documents/learningorganisation.pdf

Galvin, T. (2003). Training top 100. *Training, 40*(3), 18-38.

Goleman, D. (2000). *Emotional intelligence in the workplace* (7th ed.). Athens: Elhinika Grarnmata.

Griffin, C. (2004). *Beyond the learning society.* Retrieved August 13, 2006, from http://www.adulteduc.gr

Hawkins, P. (1994). Organisational learning: Taking stock and facing the challenge. *Management Learning, 25*(3). 433-461.

Huysman, M., & Gerrits, H. (1998). *ICT and project-based education: Some finding from an explanatory research study* (Series Research Memoranda). Faculteit der Economische Wetenchappen en Econometrie, Amsterdam: vrije Universiteit.

Jaques, D. (2004). *Learning in groups.* Athens: Metaihmio.

Jarvis, P. (1999). *Adult and continuing education* (2nd ed.). London: Routledge.

Jarvis, P. (2001). *The age of learning.* London: Kogan Page.

Karalis, T. (2003). *The role of the adult trainer in the connection of training with employability.* National Program of Training the Trainers. Athens: EKEPIS.

Karatza, M. (2005). The role of adult trainer supporting lifelong learning. *Adult Education, 5*, 4-8.

Karatza, M., Phillips, N., & Apostolakis, I. (2005a). The use of ICT for the support of learning models in open and distance education. In *Proceedings of the 3rd International Conference on Open & Distance Learning: Applications of Pedagogy & Technology* (pp. 297-310), Hellenic Open University, Patra, Greece.

Karatza, M., Tzikopoulos, A., & Apostolakis, I. (2005b). *The role of adult trainer supporting lifelong learning.* Paper presented at the 1st National Conference on New Technologies and Lifelong Learning, Lamia. Retrieved August 13, 2006, from http://cosy.ted.unipi.gr/NT diaviou2005

Keep, E. (1997). There is no such thing as society ... : Some problems with an individual approach to creating a learning society. *Journal of Education Policy, 12*(6), 457-471.

Kirkpatrick, D., & McLaughlan, R. (2000). Flexible lifelong learning in professional education. *Educational Technology & Society, 3*(1), 24-31.

Knowles, M. (1980). *The modern practice of adult education.* New York: Adult Education.

Knowles, M., Holton, E., & Swanson, R. (1998). *The adult learner: The definitive classic in adult education and human resource development* (5th ed.). Houston: Gulf Publishing.

Kokkos, A. (1999). *Adult education: The field, the learning principles, the contributors.* Patra: Hellenic Open University.

Kokkos, A. (2005a). *Adult education: Detecting the filed.* Athens: Metaihmto.

Kokkos, A. (2005b). To develop social competencies: For what reason and in which way. In *Proceedings of the 2nd International Conference of Hellenic Adult Education Association: Adult Education and Social Skills* (pp. 5-23). Athens: HAEA.

Kruse, K. (2003). *The state of e-learning looking at history with the technology hype cycle.* Retrieved August 13, 2006, from http://www.e-learningguru.com/articles/hype 1_1.htm

Leinonen, T. (2005). *Critical history of lCT in education and where we are heading?* Retrieved August 13, 2006, from http://flosse.dicole.org/?item=critical-history-of-ict-in-education-and-where-we-are-heading

Lunch, M. M. (1998, December). Facilitating knowledge construction and communication on the Internet. *The Technology Source.*

Mariani, M. (2001). Distance learning in postsecondary education. *Occupational Outlook Quarterly, 45*(2), 1-10.

Mayes, T. (2002). The technology of learning in a social world. In R. Harrison, F. Reeve, A. Hanson, & J. Clarke (Eds.), *Supporting 1ifelong learning* (pp. 163-175). London: Routledge.

Mezirow, J. (1 990). *Fostering critical reflection in adulthood.* San Francisco: Jossey-Bass.

Nascimbeni, F. (2005). *E-column: E-learning and access to E&T.* Retrieved August 13, 2006, from http://eleamingeuropa.info/index.php?page=doc&doc_id=66

77&doclng=5&menuzone=1

Nyham, B. (2000). Building learning organisations: Putting theory to test. *European Journal, Vocational Training, 16*, 14-23.

Open University, The. (2002). E845 *Supporting lifelong learning: Audio notes.* Patra, Greece: The Open University/Milton Keynes.

Paulsen, M. F. (2003). *Online education and learning management systems.* Retrieved August 13, 2006, from http://www.studymentor.com/studymentor/

Phillips, R. (1998). Models of learning appropriate to educational applications of information technology, in B. Black & N. Stanley(Eds), *Teaching and learning in changing times.* Proceedings of the 7th Annual Teach ing Learning Forum, the University of Western Australia, Perth.

Preece, J. (2000), *Online communities: Designing usability supporting sociability.* New York: John Wiley & Son.

Rahman, A. (1993). *People's self development: perspectives on participatory action research.* London: Zed Books.

Rogers, A. (1999). *Adult education.* Athens: Metaihmio.

Rogers, C. (2002). The interpersonal relationship in the facilitation of learning. In *Supporting lifelong learning* (Vol. 1, pp. 25-39). London: Routledge.

Selwyn, N. (2003). *ICT in adult education: Defining the territory, international roundtable on ICT in non-formal and adult education.* Retrieved August 13, 2006, from http://www.literacy.org/ictconf/OECD_Sclwyn_final.pdf

Selwyn, N., & Gorard, S. (2003, March). Reality bytes: examining the rhetoric of widening educational participation via ICT. *British Journal of Educational Technology, 34*, 169-181.

Silberman, M. (1998). *Active training: A handbook of techniques, designs, case examples, and tips.* San Francisco: Jossey-Bass.

Stites, R., Hopery, C., & Ginsburg, L. (1 998). *Assessing lifelong learning technoiogy (ALL-Tech): A guide Jbr choosing and using technology for adult learning.* Walnut, PA: National Centre on Adult Literacy, University of Pennsylvania.

Thorpe, M. (2005). *New technology and lifelong learning, institute of educational technology.* Retrieved August 13, 2006, from http://www.open.ac.uk/lifelonglearning/papers/

Todoulou, M. (2005), *Methodology of adult education: The exploitation of the team in adult Education.* Athens: Hellenic Open University.

Tsolakidis, K. (2004, July 4-6). ICT in education: The dawn of new era or the development of an accessory? In *Proceedings of International Symposium on*

Advanced Technologies in Education, Kefalonia, Greece.

Tucker, J. T., & Cordani J. (1998). Teaching teachers to teach online. In *Proceedings of the Annual ACMSIGUCCS Conference on User* (pp. 293-297). New York: ACM Press.

Tuijnman, A. (2002). Themes and questions for a research agenda on lifelong learning. In R. Edwards, N. Miller, N. Small, & A. Tait (Eds.), *Making policy work* (pp. 6-29). London: Routledge.

Tzikopoulos, A., Karatza, M., & Apostolakis, I. (2005a). The contribution of elearning communities in Health. *Journal for the Quality of Life Research, 3*(2), 34-38.

Tzikopoulos, A., Manouselis, N., Costopoulou, C., Yalouris, C., & Sideridis, A. (2005b, October 12-14). Investigating digital learning repositories' coverage of agriculture-related topics. In *Proceedings of the international Congress on Information Technologies in Agriculture, Food and Environment (ITAFEO5)*, Adana, Turkey.

Wenger, E. (1998). *Communities of practice: Learning, meaning and identity.* Cambridge, UK: Cambridge University Press.

Wenger, E. (2001). *Supporting communities of practice: A survey of community-oriented technologies.* Unpublished manuscript.

저자에 대하여

Yukiko Inoue 박사(PhD)는 괌(Guam) 대학교 교육 연구 교수이며 현재 대학원 과정의 온라인 코스와 면대면 코스를 모두 가르치고 있다. 현재 그녀는 괌 대학교의 기반, 교육 연구, 기술 부서의 부서장이다.

Danilo M. Baylen 박사(EdD)는 Florida Gulf Coast 대학의 교육대학 조교수이다. Baylen은 교수 공학으로 박사학위를 받았고 Northern Illinois 대학에서 카운슬링으로 석사학위를 받았다. 그의 주요 연구 관심사는 커리큘럼 내 기술 통합, 미디어 교육, 온라인 학습과 교습, 그리고 교수 설계이다.

Glenn Finger 박사(PhD)는 호주 퀸즈랜드 소재 Gold Coast Campus Griffith 대학의 교육학과 교수진으로서 러닝 리서치 센터(the Centre for Learning Research)의 부이사이고 교육 및 전문가 연구 학교의 전임강사이다.

Joan Glacken 박사(EdD)는 Florida Gulf Coast 대학(FGCU)의 설립 교수단 멤버이며 교직평가(curriculum and assessment)의 학장이자 보건대학 건강과학부의 학과장이다. 그녀는 Rutgers 대학에서 보건학 석사학위를 받았다.

Nicholas J. Goetzfridt 박사(PhD)는 괌 대학의 도서관 과학 및 micronesian studies 교수이다. 그는 괌 대학에서 도서관 및 대학 행정가, 미크로네시아 연구 대학원 프로그램 의장, 그리고 Guam Humanities Council의 이사회의 현 일원이다. 또한 그는 최근 하와이 East West Center의 방문 연구원이었다.

Satomi Izumi-Taylor 박사(PhD)는 테네시 주 소재 멤피스 대학교에서 유아 교육 교수로 재직 중이다. 그녀는 Virginia Polytechnic Institute and State University 가정 어린이 발달 분야로 박사학위를 받았다. 그녀는 12년 이상 유아 교육 교사로 근무했으며 특별히 유아 구성주의 교실에 관심을 두고 있다.

P.Toyoko Kang 박사(PhD)는 괌 대학교 일본어 조교수로 1993년부터 괌 대학에서 제2언어로 일본어를 가르쳐왔다. 그녀는 일본에서 태어났고 일본과 미국에서 수학했다. 그녀는 일본 Kobe City University of Foreign Studies에서 러시아 어학으로 석사학위를 받았고 오스틴 주 소재 the University of Texas에서 응용 언어학으로 박사학위를 받았다.

Marianthi Karatza는 Open University 평생학습 분야 박사학위를 수여할 예정이다. 그녀는 the University of Piraeus에서 2003년 기술 교육 및 디지털 시스템 분야에서 첫 번째 박사학위를 받았다. Karatza는 그리스 내 거대 은행 기업에서 전임 트레이너로 근무 중이며 주로 효과적 커뮤니케이션, 스트레스 관리, 조직적 기술과 같은 소프트 스킬을 교육한다.

Candace Kaye 박사(PhD)는 롱 비치 소재 캘리포니아 대학교에서 종신 재직권을 받았고 전임 교수로 근무했다. 그녀는 현재 뉴 멕시코 주 대학교의 교육 대학교에 재직하고 있으며 온라인 교육 설계 분야를 연구하고 Department of Curriculum and Instruction에서 졸업 과정을 가르치고 있다. 그녀의 연구와 출판은 학생 중심 학습, 구성주의 철학과 그 적용에 집중되어 있으며 전통적 교실과 원격 교실의 다양성을 모두 지지하고 있다.

Terry Kidd 휴스턴 다운타운 대학교 컴퓨터 정보 시스템 및 웹 기술 지원 코디네이터 학과의 강사이다. 그는 이-러닝, 정보 기술, 그리고 문화 도시 연구 관련 여러 국제 컨퍼런스에서 프레젠테이션을 한 바 있다.

Gulsun Kurubacak 박사(EdD)는 터키 Anadolu 대학의 the College of Open

Education의 원격 교육학과 조교수이다. 그녀는 동대학에서 석사학위 및 교육공학 박사학위를 받았고 Cincinnati 대학교 curriculum and instruction 분야에서 박사학위를 받았다.

Ann F. Lovelace는 멤피스 대학교 Instruction and Curriculum Leadership 부서의 박사 후보자이다. 그녀는 유아 교육을 집중 연구하고 있다. 그녀는 공립학교와 사립학교 모두에서 5년 동안 교수 경험을 쌓았다.

Julia M. Matuga 박사(PhD)는 오하이오 주 Bowling Green 소재 Bowling Green State University(BGSU)의 교육 및 인간 발달(Education and Human Development) 대학교에서 교육 심리학 학과 조교수로 근무 중이다. 그녀는 대학원생 시절 Bloomington 소재 인디애나 대학교에서 학사과정 온라인 코스를 가르쳤다.

Joyce K. McCauley 박사(PhD)는 괌 대학교 명예직 교수이다. 그는 현재 텍사스 헌츠빌 소재 Sam Houston State University에서 가르치고 있다. 그녀는 Texas Woman' s University에서 reading으로 박사학위를 받았다. 그녀의 주요 연구조사 관심 분야는 다문화적, 범문화적 교습 전략, 드라마, 그리고 언어 예술과 제2언어 습득이다.

Niki Phillips 박사(PhD)는 Hellenic Open University의 Post Graduate Adult Education Program에서 성인 교육(adult education) 방법론을 가르치고 있다. 그녀는 경험 학습과 사회 기술 발달 분야를 전문으로 하여 성인 교육 박사학위를 받았다.

Holim Song 박사(EdD)는 텍사스 주 휴스턴 소재 Texas Southern University에서 교수공학 조교수로 근무 중이다. 그는 휴스턴 대학교에서 교수공학 박사학위를 받았다. 그의 연구 관심사는 온라인 상호작용의 설계, 웹 기반 교수를 위한 교수 전략, 온라인 교육에 멀티미디어가 미치는 영향, 그리고 교수 질을 향상시킬 수 있도록 멀티미디어 학습 목표를 설계하고 통합하는 것을 포함한다.

Lawrence A. Tomei 박사(EdD)는 Robert Morris University의 학사 업무 담당

부총장이며 교육학과 조교수로 재직 중이다. 오하이오 에이크론에서 태어났으며 오클라호마 대학교에서 1975년 MPA(행정학 석사)를, 1978년 MEd(교육학 석사)를, 1983년 EdD(교육학 박사) 학위를 받았다.

Argiris Tzikopoulos는 2004년부터 the Agricultural University of Athens의 Informatics Laboratory(정보학 연구실)의 연구원으로 근무해왔다. 그는 the University of Piraeus에서 2003년 기술 교육 및 디지털 시스템 분야에서 박사학위를 받았고 동대학에서 2006년 이-러닝 분야 박사학위를 받았다. 또한 동대학 정보학 연구실의 KM 시스템 분야 박사학위 수여 예정자이다.

Erica Volkers는 Santa Fe Community College의 교사 교육 부서장이며 post-baccalaureate(학사 졸업 후 과정) 학생들이 교사 임용 자격증을 부여받기 위해 수학하는 Teacher Certification Program에서 가르치고 있다.

Susan J. Wegmann 박사(PhD)는 플로리다 주 올란도 소재 the University of Central Florida의 조교수로 근무 중이다. 그녀는 플로리다 대학교에서 박사학위를 받았다. 그녀는 초등학교, 중학교, 대학교에서 온라인 수업 및 교실 수업에서 폭넓은 경험을 쌓았다. 그녀의 주요 연구 관심사는 온라인 상호작용과 학생의 참여에 영향을 주는 교사의 태도이다.

Volkan T. Yuzer 박사(PhD)는 터키 Anadolu University의 College of Open Education 원격 교육부(Department of Distance Education) 커뮤니케이션 사이언스 학과 조교수이다. 그는 2001년 박사학위를 받았다.

찾아보기

ㄱ

ㄴ

ㄷ

ㄹ

ㅁ

ㅂ

ㅅ

ㅇ

기타

| 역자 소개 |

고진경 경희대학교 의학전문대학원 연구교수 3장 번역
권성연 중부대학교 교직과 교수 5장 번역
김경숙 안산1대학 인터넷상거래과 교수 7장 번역
김나영 서울산업대학교 교수학습개발센터 초빙교수 11장 번역
김소희 세종대학교 강사 4장, 13장 번역
김지심 건국대학교 교수학습지원센터 책임연구원 8장, 12장 번역
김혜정 이화여자대학교 교육공학과 박사과정 수료 14장 번역
서희전 동명대학교 유아교육과 교수 6장 번역
이경순 신라대학교 교육학과 교수 10장 번역
이경희 대진대학교 교직과 교수 2장 번역
하영자 한양사이버대학교 교육공학과 교수 1장 번역
홍경선 군산대학교 교양교직과 교수 9장 번역

온라인 교육과 평생학습

발행일 • 2010년 5월 10일 1쇄 발행
저자 • Yukiko Inoue
역자 • 미래교육공학연구회
발행인 • 홍진기
발행처 • 아카데미프레스
주소 • 122-900 서울시 은평구 역촌동 58-9 부호아파트 102동 상가 3호
전화 • (02)2694-2563
팩스 • (02)2694-2564
웹사이트 • www.academypress.co.kr
등록일 • 2003. 6. 18, 제313-2003-220호
ISBN • 978-89-91517-80-6

가격 18,000원